Anita Burgholzer & Andreas Hübl

RÜCKENWIND

MIT DEM RAD UM DIE WELT

Raus aus der Tretmühle –
RAUF AUF DEN DRAHTESEL!

W0190716

1 EURO pro Buch geht zu 100% an eine gemeinnützige Organisation in Nepal.

Infos unter: **www.nandita.at**

Danke!

FSC
www.fsc.org

MIX

Papier aus verantwortungsvollen Quellen

Paper from responsible sources

FSC® C014496

IMPRESSUM

© Anita Burgholzer und Andreas Hübl, Steyr 2013
3. unveränderte Auflage 2015
FOTOS: Anita Burgholzer und Andreas Hübl
ENTWURF, SATZ UND GESTALTUNG: Anita Burgholzer
ILLUSTRATIONEN: Anita Burgholzer
DRUCK & BINDUNG: GGP Media GmbH, Pößneck

Einige Namen von Personen und weniger Orte wurden verändert, wenn es aus Gründen des Schutzes notwendig erschien. Erschienen im Eigenverlag. Alle Rechte vorbehalten.

ISBN 978-3-200-03297-2

INHALT

Dieses Buch ist all jenen gewidmet,
die nicht aufhören, an ihre Träume zu glauben.
Für unsere Familien und unsere Freunde,
die uns mit ihren guten Wünschen begleitet haben.
Überall und immer.

VORWORT – KOMMT ZEIT, KOMMT RAD

Es ist einsam geworden in der halbmondförmigen Bucht im Südwesten Sardiniens. Nachsaison, Ende September 2009. Genüsslich schrauben wir uns eine Flasche *Welschriesling** auf und blicken etwas schwermütig hinaus auf das stahlblaue Meer, welches sich sanft im leichten Westwind kräuselt. Wir schweigen, wärmen uns an den nachmittäglichen Sonnenstrahlen und saugen die Ruhe des Moments in uns ein. Eine Ruhe, die unseren Seelen gut tut. Es ist unser wohlverdienter Jahresurlaub. Mit unserem klapprigen VW Bus geht's kreuz und quer über die herbstliche Mittelmeerinsel, auf der es in der Nachsaison bereits angenehm ruhig geworden ist. Wir vertreiben uns die Zeit mit Klettern, Wandern und Nichtstun. Eigentlich sollten wir glücklich und zufrieden sein und die »beste Zeit des Jahres« in vollen Zügen genießen, doch unser Entspannungszustand löst sich von einer Sekunde auf die andere in Luft auf. »Mai 2010 würde ein idealer Zeitpunkt sein«, meint Anita plötzlich ohne Vorankündigung und blickt mich dabei fragend an. »Das wäre ja bereits in knapp einem halben Jahr«, entgegne ich überrascht und spüre ein erregtes Kribbeln in meiner Bauchgegend. Sofort weiß ich, worum sich ihre Frage dreht …

Lange schon reden wir davon, träumen diesen gemeinsamen Traum einer längeren »Auszeit«. Ihn zu verwirklichen aber waren wir bisher einfach zu feige – oder vielleicht auch zu bequem? Ich denke, letzteres trifft den Nagel auf den Kopf, denn im Prinzip führen wir ja kein schlechtes Leben! Seit einiger Zeit arbeitet Anita als Grafikerin in einer renommierten Werbeagentur. Ich habe erst vor einem halben Jahr den Job gewechselt und bin als Einkäufer in den Bereich erneuerbare Energien eingestiegen – zukunftsweisend, schenkt man aktuellen Berichten und Meinungen Glauben! Daheim sind wir in der schönen Eisenstadt Steyr in Oberösterreich, einem sehr lebenswerten kleinen Städtchen mit viel Grün, zwei sauberen Flüssen und unzähligen Freizeitmög-

---

* *In Österreich sehr beliebte Rebsorte*

lichkeiten. Die Lebensqualität sucht wahrlich ihresgleichen! Viele unserer Freunde leben hier, so auch ein Großteil unserer Familien. Die helle, geräumige Mietwohnung in einem lachsfarbenen Gemeindebau, keine zehn Minuten vom Zentrum und wenige hundert Meter vom geliebten Stadtstrand entfernt, haben wir erst vor einem Jahr bezogen. Wir fühlen uns ganz wohl in unserem kleinen Reich mit Fernwärme, Geschirrspüler und Balkon. Zum vermeintlich perfekten Glück fehlen uns demnach nur noch eine Horde niedlicher Kinder, zwei diamantenbesetzte Eheringe und ein geleaster BMW – wenn möglich einer dieser modischen SUV's, damit auch ja alle Racker nebst Kinderwagen und Wegwerfwindel-Großpackung darin Platz finden!

Nach außen hin schaut also alles nach dem ganz »normalen« Leben zweier Menschen Anfang/Mitte dreißig aus, doch was ist schon »normal«? Wer bestimmt, was zur Norm gehört und »richtig« oder »falsch« ist? Immer man selbst, nicht wahr? Und so entwickelten Anita und ich schon seit Beginn unserer gemeinsamen Zeit unsere »ganz normale« Welt. Nicht immer stießen wir damit auf Verständnis und Wohlwollen. Als wir nach Beendigung meines Studiums 2004 zu unserer ersten längeren Reise aufbrachen, ernteten wir so einiges an Unverständnis. »Die vier Monate werden euch in der Pension fehlen!«, war nur eine jener »gut gemeinten« Reaktionen aus unserem Umfeld.

Einige Jahre später, als wir erstmals mit unseren Rädern auf Tour gingen, machte man sich sehr große Sorgen um uns – besonders Anitas Opa, der als LKW-Fahrer in den späten Sechzigern bis nach Saudi-Arabien vorgedrungen war – damals ein riesiges Abenteuer! Klar steht der Jemen nicht gerade auf der Liste der populärsten Fahrrad-Destinationen und galt zu dieser Zeit auch nicht als sicheres Reiseland, doch es war genau das, was uns reizte: Das Unbekannte und eine völlig fremde Kultur erleben, aus dem für uns komplett neuen Blickwinkel des Fahrradlenkers. Wir wurden nicht enttäuscht. Umgehend wurden wir von dieser puristischen, intensiven Art des Reisens angesteckt und träumten seit der Heimkehr von unserer nächsten Tour, denn die vier Wochen erschienen uns im Nachhinein als viel zu kurz. Dass diese paar Wochen »Einradeln« auf der entlegenen und völlig ruhigen jemenitischen Insel Socotra nur ein kleiner Vorgeschmack auf das Bevorstehende waren, wussten wir erst viele Jahre später.

Schön langsam gewöhnten sich Familien und Freunde an unsere unbändige Reisefreude. Spätestens nachdem ich gemeinsam mit meinem Freund und

Wegbegleiter Hari in einem fast schrottreifen Fiat Panda von daheim in die Mongolei gezuckelt und entgegen aller Erwartungen in einem Stück wieder zurückgekehrt war, erklärten uns ohnehin alle für etwas verrückt. Entsprechend wenig Widerstand ernteten wir auch, als wir unser neues Vorhaben im Familienkreis ankündigten. »In etwa einem Jahr sind wir eh wieder daheim«, murmelten wir verlegen lächelnd und erröteten. Es war eine Notlüge – oder besser gesagt die »taktische« Annäherung an eine schmerzliche Trennung auf unbestimmte Zeit. Denn für uns war klar: Die Reise könnte drei Monate (unwahrscheinlich), aber auch drei Jahre (unglaublich, aber möglich) dauern. Und so wurde schließlich aus einem Traum langsam aber sicher Wirklichkeit.

Das Fahrrad als Fortbewegungsmittel war für uns von vornherein klar. Mit unseren treuen Packeseln reisen wir schnell genug, um in kurzer Zeit weite Distanzen zu überwinden, aber auch langsam genug, um auf unserem Weg fremden Menschen zu begegnen, Regen, Wind und Sonne auf der Haut zu spüren und tief in unbekannte Kulturen und Länder einzutauchen.

Außerdem ist das Fahrrad, vom Zu-Fuß-Gehen einmal abgesehen, die bei weitem ökologischste Art, die Welt zu entdecken. Dieser Aspekt war uns ausgesprochen wichtig. In den letzten Jahren haben wir uns oft gefragt, ob es wirklich notwendig ist, dass alles immer schneller, größer und »besser« werden muss. Ressourcen werden völlig ausgeschöpft, ohne darauf zu achten, wie sich unser Handeln auf das Leben der Generationen nach uns auswirkt. Gerade deshalb wollten wir mit unserer Tour einen möglichst verträglichen ökologischen Fußabdruck hinterlassen.

Anfang Mai 2010 sollte es endlich auf unsere große Reise gehen. In dem halben Jahr Vorbereitungszeit wurden unsere Jobs gekündigt, die traute Wohnung aufgelöst, das alte Auto verkauft. »Raus aus der Tretmühle und rauf auf den Drahtesel« war das Motto. Rein ins Abenteuer Leben. Ohne konkreten Plan. Dafür mit ganz viel Zeit und Freude im Herzen. Frei sein. Dorthin gehen, wohin wir möchten. Bleiben, wo es uns gefällt. Weiterfahren, wann immer wir das Verlangen danach haben oder das Reisefieber wieder in uns auflodert.

Natürlich legten wir uns eine grobe Route zurecht, wie es sich für zwei wohlerzogene Mitteleuropäer eben gehört. Starten wollten wir direkt vor unserer Haustüre in Steyr. Es sollte zunächst hoch nach Nordost-Europa, quer durch Skandinavien und mit der Fähre rüber nach Island gehen. Von dort aus planten wir, irgendwie auf den amerikanischen Kontinent überzusetzen und dann immer gen Süden zu radeln. Das grobe Ziel unserer Reise war schlicht und einfach Südamerika. Alles andere durfte sich entwickeln. Und das tat es schließlich auch.

Mittwoch, 5. Mai 2010, halb zwei in der Früh. Tag der Abreise. Die Packtaschen sind gefüllt, unsere To-Do Liste ist großteils abgehakt, ich stehe noch immer total unter Strom. Ausrüstung vollständig? Adressänderung überall bekannt gegeben? Alles erledigt, was erledigt werden musste? Tja, irgendwann muss Schluss sein! Fast wie in Trance tippe ich noch schnell einige Worte in unseren Internet-Blog und schmeiße mich erledigt ins Bett zu Anita, die bereits seit geraumer Zeit an ihrem Kopfkissen lauscht. Heute um sieben Uhr heißt es Tagwache, Frühstück und LOS. Endlich!!

Die letzten Tage vor der Abreise waren stressig, anstrengend und auch aus emotionaler Sicht sehr »intensiv«. Teilweise waren wir beide richtig ferngesteuert, aber das ist wohl Teil des Ganzen. Es ist ein großer Schritt, sich aus seiner Komfortzone zu lösen. Da will sich das »Alte« wohl nochmal aufbäumen und wichtig machen. Gut, dass dies jetzt ein Ende findet und die eigentliche Reise nun losgehen kann!

UND LOS GEHT'S!

Schweigend kauen wir am frühen Morgen an unseren Frühstücksbroten herum – irgendwie scheinen wir doch nervöser zu sein als angenommen! Hans, Anitas Papa, schaut uns motiviert an und meint fröhlich: »Auf geht's!« Netterweise hat er sich um die Routenplanung für die ersten Tage bis zur tschechischen Grenze gekümmert – wahrscheinlich, weil er auf Nummer sicher gehen möchte, dass wir auch tatsächlich aus Österreich rausfinden. Wir füllen unsere Wasserflaschen, zurren ungeschickt die prall gefüllten Packtaschen auf den Gepäckträgern fest und schlingern wackelig aus der Garage. Bei zehn Grad Celsius und leichtem Nieselregen rollen wir los. Die Reise beginnt.

TAGEBUCHEINTRAG ANDI – *Mi, 5.5.10, Steyr*

»… Schnaufend kurbeln wir unsere behäbigen Packesel den ersten Anstieg hoch und schon nach nicht einmal vier Kilometern stellen wir fest, dass uns die Kombination aus mangelnder Fitness und heilloser Überladung nicht gerade gut bekommt. Da wir ohnehin noch genügend Zeit auf unseren Rädern verbringen werden, haben wir auf ein entsprechendes Training verzichtet. Das Leiden war somit eigentlich vorprogrammiert. Aber dass es so schlimm wird? Überfordert und träge hecheln wir unserem fröhlich dahinstrampelnden Guide hinterher. Er hat ja gut lachen, mit seinem fast unbepackten Rad! Als Hans auf Anitas Drängen hin eine Probefahrt mit ihrem schwergewichtigen Stahlross macht, sieht er schließlich ein, dass unser Setup nicht gerade für Rekorddistanzen ausgelegt ist. »So schaffen wir heute keine 150 Kilometer!«, murrt er kurz darauf einsichtig. Seinen ehrgeizigen Plan, die 270 Kilometer bis Podersdorf in zwei Tagen zu schaffen, muss er wohl noch einmal gründlich überdenken.

Bald verlassen wir die stark befahrene Hauptstraße Richtung Haag und biegen auf eine hügelige Seitenstraße ab. Die Obstbäume zeigen sich uns in voller Blüte, zwischen knallig gelbem Raps und sattgrünen Maisfeldern hindurch biegen wir bald in den Donauradweg ein. Obwohl es nun vorwiegend flach entlang der Donau geht, kommen wir nur langsam voran. Neben dem ungemütlichen Nieselregen macht uns jetzt auch noch ein fieser Gegenwind zu schaffen! Irgendwie haben wir uns das alles anders vorgestellt. Aufgrund des Sauwetters lassen wir unser Zelt im Packsack und gönnen uns bei Aggstein eine schmucke Privatpension. Schließlich möchten wir uns ja langsam an unser »neues« Leben gewöhnen. Wobei »langsam« gut gesagt ist. Der Tacho zeigt hundertzehn Kilometer, mein rechtes Knie schmerzt und Anita sitzt völlig erschöpft und mit Tränen in den Augen neben mir. »Wie soll das bloß weitergehen, wenn wir jetzt schon aus dem letzten Loch pfeifen?«, meint sie mit langem Gesicht. Um ehrlich zu sein, ich habe keine Ahnung. Aber ein Rückzieher kommt jetzt nicht mehr in Frage. Just in diesem Moment flattert eine SMS einer Freundin herein, die sogar Anita ein zaghaftes Lächeln ins Gesicht zaubert:

IMPOSSIBLE IS JUST AN OPINION
Paulo Coelho ...«

Entlang des Donauradweges und quer durch Wien geht's in weiteren eineinhalb Tagen nach Podersdorf, an den Neusiedlersee. Wie gut, dass wir hier mit Freunden verabredet sind, denn mittlerweile humple ich wie ein alter Straßenköter und das Sitzen auf dem harten Ledersattel verursacht nicht nur bei mir ein schmerzverzerrtes Gesicht. Mit einem *G'spritzten* (Weißweinschorle) werden wir am Campingplatz empfangen, den schmerzenden Knien verpassen wir eine ordentliche »Portion« Pferdesalbe und zu guter Letzt bessert sich auch noch das Wetter. Jetzt heißt es feiern, genießen, lachen und Abschied nehmen. Damit wir fest mit unserer Heimat verwurzelt bleiben und ja nicht auf dumme Gedanken kommen, kriegen wir von unseren Freunden ein ganz besonderes Abschiedsgeschenk überreicht: einen Birnenbaum, den wir gemeinsam im Garten von Ernstls Opa pflanzen. An die zwei Jahre wird es dauern, bis er erste Früchte trägt – und die sollen wir dann persönlich ernten.

Wann werden wir tatsächlich all die bekannten Gesichter wiedersehen? Was wird sich während unserer Abwesenheit wohl alles tun? Wie viele Ehen geschlossen werden, Beziehungen scheitern? Wie viele Kinder werden geboren werden? Das alles steht in den Sternen.

Begleitet von unzähligen Moskitos und unserem Guide folgen wir der March Richtung tschechische Grenze, von wo aus wir nun auf uns alleine gestellt sind. »Passt auf euch auf! Und falls ihr mal den Weg nicht findet, meldet euch!«, scherzt Hans ironisch, bevor er sich mit einer letzten Umarmung von uns verabschiedet, seinen Lenker Richtung Westen dreht und schließlich hinter der nächsten Ecke verschwindet.

Die Landschaft wird nun nach und nach hügeliger, wir strampeln dank eines perfekten Radwegnetzes über einsame Nebenstraßen und Pisten durch Südost-Tschechien. Erste Abwechslung in unseren bisher recht meditativen Donau- und March-Radweg-Fahrstil bringen die tschechischen Ausläufer der Westkarpaten. Die steilen Anstiege der eher für Mountainbiker ausgelegten Route zwingen uns öfter mal dazu, abzusteigen und die Räder, teilweise zu zweit, die heftigen Schotterrampen hochzuwuchten. Keine leichte Aufgabe! Als Belohnung folgen anspruchsvolle Singletrail-Abfahrten durch dichten Nebel, die man normalerweise am Gardasee vermuten würde. Völlig unspektakulär und ohne Passkontrolle überqueren wir in Český Těšín schließlich die Grenze nach Polen. Das Wetter entwickelt sich leider zu unserem Nachteil, unsere Regenbekleidung kommt immer öfter zum Einsatz.

REGENGRÜSSE AUS KRAKAU

TAGEBUCHEINTRAG ANITA – *So, 16.5.10, Swietoszowka*

»… Ganz leise höre ich das monotone Plätschern des Regens auf unserer Zeltplane … noch immer. Wir drehen uns nochmal zur Seite, schlafen eine Stunde weiter und hoffen, dass der Regen endlich aufhört. Bis halb zehn wälzen wir uns in den klammen Schlafsäcken, der Regen hat sich mittlerweile in lautes Prasseln verwandelt. Andi huscht in der Unterhose und barfuß aus dem Zelt und kommt mit einer Wasserflasche und schmutzigen Füßen wieder zurück. In der Wiese des Sportplatzes, auf dem wir lagern, haben sich vor und hinter uns große Teiche gebildet. Wir frühstücken in aller Ruhe Müsli und Tee, doch das Wetter bleibt unverändert. Im strömenden Regen packen wir unsere Sachen und rollen das Zelt klatschnass zusammen.

Weiter Richtung Bielsko Biala. Auf der hügeligen, löchrigen Straße kämpfen wir gegen knöcheltiefe Sturzbäche. Unsere Goretex-Klamotten stoßen erstmals an ihre Grenzen, die vorbeifahrenden Autos spritzen uns mit mächtigen Fontänen voll. Wasser von allen Seiten.

Triefend und vor Kälte zitternd erreichen wir den Bahnhof von Bielsko Biala. Der nächste Zug ins siebzig Kilometer entfernte Krakau geht in einer halben Stunde. Weiterfahren bei dem Wetter macht keinen Sinn, auf den Straßen ist es aufgrund der schlechten Sicht mit den Rädern und dem dichten Verkehr viel zu gefährlich. Also nicht lange überlegen und rein mit uns ins Bahnhofsgebäude.

Auch während der Zugfahrt wird der Regen nicht weniger. Auf den Wiesen und Feldern entstehen weitflächige Sumpflandschaften und riesige Pfützen – der Boden kann einfach kein Wasser mehr aufnehmen. Im Abteil sitzt mir ein kräftig gebauter Mann mit Sonnenbrille auf dem Kopf gegenüber. Wir tuckern an weiten Birkenwäldern vorbei. Immer wieder müssen Andi oder ich aufstehen, um die Räder in Position zu bringen, die am Gang zwischen den Ausgangstüren stehen und durch das Geschaukel des Zuges hin und her rutschen. Zehn Minuten, nachdem der Herr die Sonnenbrille auf seine Nase gesetzt hat, ertönt ein leises, gleichmäßiges Schnarchen, das kurze Zeit darauf durch den Sturz meines Rades unterbrochen wird. …«

Das fängt ja gut an! Noch keine zwei Wochen im Sattel und wir sitzen in Krakau fest. Mürrisch hocken wir in unserem billigen Hostel, schlürfen warmen Tee statt kaltem Bier und starren ungläubig aus dem beschlagenen Fenster mit Ausblick auf die engen Straßen im etwas heruntergekommenen Bahnhofsviertel. Der Regen macht unseren Plänen einen gewaltigen Strich durch die Rechnung und bringt unsere anfängliche Euphorie zu einem abrupten Halt. In Südpolen, Teilen Tschechiens und der Slowakei sind aufgrund des Sauwetters Flüsse über ihre Ufer getreten und wir müssen warten, bis sich die Lage beruhigt.

Ganz so ungelegen kommt uns die Zwangspause eigentlich nicht. Wir nutzen die Zeit, um die Packordnung unserer Taschen zu optimieren und unsere Gedanken zu ordnen. Speziell Anita nagt ordentlich am Abschied. Wie sehr sie auch von dieser Reise geträumt hat: Ihr fällt es schwer, sich von ihrem alten Leben, ihren Freundinnen und ihrer Familie abzunabeln. Ich dagegen tue mir in diesen Belangen etwas leichter als sie. Klar verspüre auch ich einen gewissen Abschiedsschmerz, nur gehe ich damit anders um. Während Anita das Gespräch sucht, lenke ich mich mit banalen Dingen wie Routenplanung, Kochen oder Zelt aufbauen ab. Oder ich schweige. Zugegeben, oft bin ich etwas überfordert mit ihrem Gefühls-Wirrwarr … Es scheint, als müssten wir in Zukunft nicht nur an unserer körperlichen Fitness ordentlich feilen. Vierundzwanzig Stunden am Tag zusammen, sieben Tage die Woche, und das über viele Monate hinweg. Das könnte eine ordentliche Beziehungsprobe werden.

TAGEBUCHEINTRAG ANITA – *Mi, 16.6.10, Limbazi (Lettland)*

»… Der Wind wird immer stärker und wir haben beide Mühe, die Spur zu halten. Andi radelt ständig zehn Meter vor mir und macht es mir unmöglich, in seinem Windschatten zu fahren. Grrr … Wahrscheinlich bin ich ihm wieder zu langsam! Dafür redet er nichts. Gar nichts. Was mich noch grantiger macht. Ich frag mich ernsthaft, warum wir uns das alles antun!

Vermutlich habe ich vor der Reise nie ernsthaft darüber nachgedacht, wie es wohl sein wird »nur« mit Andi. Ohne den regen Austausch mit meinen Freundinnen. Der Möglichkeit schnell mal zum Telefon zu greifen. Manchmal fühle ich mich alleine. Mit mir selbst und meinen Gedanken, meinen Zweifeln und meinen Ängsten. Alles ist neu, alles ändert sich, alles ordnet sich neu. …«

Mariusz ist ein enthusiastischer Radler, der in einer heimeligen Zwanzig-Quadratmeter Wohnung nahe dem Krakauer Stadtzentrum wohnt. Trotz seiner beengten Wohnverhältnisse nimmt er uns für die letzten Tage in Krakau wie selbstverständlich bei sich auf. Der junge Pole ist, so wie wir, Mitglied bei *warmshowers.org*, einer sehr praktischen Internet-Community, auf der man sich entweder als Gastgeber oder als unterkunftssuchender Reiseradler registrieren und so eine private Schlafgelegenheit offerieren oder finden kann. Neben dem Geldspar-Effekt zählt für uns vor allem die Tatsache, dass man relativ einfach Kontakt mit Gleichgesinnten knüpfen kann und einen ganz anderen Blickwinkel über das Land und seine Leute bekommt.

Während wir zum Frühstück belebenden Grüntee trinken, bügelt Mariusz sein Hemd für die Arbeit. Zuerst den Kragen, dann beide Ärmel und die Vorderseite. Den Rücken lässt er aus. »Der wird ja ohnehin vom Sakko verdeckt«, meint er lachend. Dann drückt er uns seinen Wohnungsschlüssel in die Hand und macht sich auf den Weg. »Fühlt euch wie zuhause! Wir sehen uns dann später!« Obwohl wir uns weniger als einen Tag kennen, überlässt uns Mariusz ganz selbstverständlich seine Wohnung.

Drei Tage Warten und es kribbelt wieder in unseren Beinen. Das Wetter beruhigt sich halbwegs und wir wollen der Weichsel, die durch die Regenfälle der vergangenen Tage ein mächtiges Hochwasser führt, bis nach Warschau folgen.

AUF UMWEGEN NACH WARSCHAU

Bei leichtem Regen und kühlen Temperaturen verlassen wir die Stadt. Mariusz gibt uns Tipps für die weitere Routenführung mit auf den Weg, aufgrund des Hochwassers sind jedoch einige Brücken und großflächige Gebiete gesperrt. Immer wieder sind wir gezwungen, Umwege zu fahren, die unsere Kräfte und Nerven auf die Probe stellen und uns am Ende doch noch mit wunderschönen Momenten für unsere Mühe belohnen.

TAGEBUCHEINTRAG ANITA – *Do, 20.5.10, Partynia*
»… Regen. Schon wieder! Während Andi Grießkoch* macht, hänge ich meinen Gedanken nach. Dann geht's im Regen weiter. Mal mehr, mal weniger, bis sich ein leichtes Nieseln einstellt. Das schlechte Wetter schlägt auf unsere Stimmung – auch bei Andi, aber er würde es nie zugeben. Fahren die schwer befahrene Hauptstraße auf dem Pannenstreifen entlang, bis wir endlich wieder in eine ruhigere Nebenstraße münden.

Die Wolken werden immer dichter, rundherum Blitze und Donner. Keine zwei Minuten später schüttet es wieder heftig. Es hat den Anschein, als würden wir genau unter einer mächtigen Gewitterwolke radeln. Regen wie aus Eimern! Meine Handschuhe sind komplett mit Wasser gefüllt, unsere Nerven am Boden. Fangen wegen einer Kleinigkeit zu streiten an. Aber was hilft's. Wir müssen weiter. Komplett durchnässt stehen wir abends vor einem Motel, das einzige weit und breit. Unser klatschnasses Zelt sowie die vollkommen durchweichten Sumpfwiesen laden nicht gerade zum Campen ein.

Der engagierte junge Chef des Hauses fragt Andi Löcher in den Bauch, bevor er uns das Zimmer zeigt, das all unsere Erwartungen übertrifft. Wunderschön, riesengroß und genug Platz um all unsere Sachen zu trocknen, sogar ein Handtuchtrockner ist vorhanden! Als Andi später nochmal runtergeht, um die Räder abzuschließen, kommt er mit einer wärmenden Tasse Tee und einer stärkenden

---

* *Grießbrei*

Champignonsauce mit Semmelknödel zurück. Ein Geschenk des Hauses! Was für eine schöne Überraschung! Es ist nicht immer alles, wie es scheint – und dieses Zimmer ist offensichtlich die Belohnung für die vergangenen Tage. ...«

Am nächsten Morgen werden wir von der Sonne sanft aus unserem Tiefschlaf geholt. Endlich! Wir können es gar nicht glauben! Das schöne Wetter begleitet uns nun bis Warschau. Die längste Schönwetterperiode seit unserer Abreise! Es ist unglaublich, wie sich plötzlich nicht nur unsere Wahrnehmung verändert. Alles scheint zu strahlen und zu leuchten. Die Menschen arbeiten rundherum in ihren Gärten und Feldern. Bunte, frisch gewaschene Wäsche hängt überall auf den Veranden. Auf den Ortsplätzen spielen lachende Kinder mit ihren Großeltern, der Eisverkauf läuft auf Hochtouren, die Wiesen verwandeln sich in ein farbenfrohes Blumenmeer. Und als Höhepunkt spielt in einem Park in Ostrowiec Świętokrzyski eine Jazzband das Lied »What A Wonderful World«. Im selben Moment beobachten wir, wie ein kleines Kind neugierig den Rollstuhl eines alten, ihm fremden Mannes betastet, dieser sichtlich gerührt dem Kind sanft über den Kopf streichelt und dabei eine Träne über seine Wange kullert.

POLEN – FRÜHSOMMER, MÄRCHENWALD & RADURLAUB

Erfreulicherweise lässt sich der Frühsommer nun nur noch gelegentlich durch dunkle Wolken, kühle Winde oder dem einen oder anderen Schauer unterbrechen. Die Natur startet so richtig durch, alles grünt und gedeiht und auch wir sind nach der anfänglichen Regentaufe frisch motiviert. Unsere Körper gewöhnen sich langsam an die schweren Packesel. Die Knie verhalten sich wieder halbwegs normal, der Sattel ist eingeritten und die Gesäßknochen einigermaßen abgehärtet.

Verbrachten wir anfangs doch mehr Nächte als geplant in diversen Herbergen, freuen wir uns jetzt umso mehr über die Freiheit, abends unser Zelt im Grünen aufzustellen und draußen zu sein. Doch so schön das Campen auch ist, die Lagerroutine könnte noch etwas besser funktionieren. Gute zwei Stunden benötigen wir morgens, bis wir auf der Straße sind. Die Packordnung in meinen Taschen ist immer noch nicht ganz ausgeklügelt. Wichtige Ausrüstungsgegenstände befinden sich oft an den unzugänglichsten Stellen und ich ärgere mich über mein eigenes Chaos. Wie schafft es Anita bloß, immer eine Ewigkeit vor mir startbereit zu sein?

TAGEBUCHEINTRAG ANITA – *Fr, 28.5.10, nahe Gowarowo*
»… Es dauert eine Weile, bis wir wieder alles richtig eingeschlichtet und in den Taschen verpackt haben. Andi braucht eine gefühlte Ewigkeit und ist offensichtlich wieder mal total gestresst und überfordert. Als ich ihn frage, ob wir danach als Belohnung in den See springen, schnauzt er mich nur an: »Ich packe gerade!«. OK, also gehe ich alleine runter und lege mich auf das noch feuchte Gras. Die Zeit vergeht rasch, doch ein Blick nach oben verrät, dass Andi immer noch am Herumkramen ist. …«

Abgesehen von diesen kleinen Unstimmigkeiten gelingt es uns immer besser, uns auf die unmittelbare Umgebung einzulassen, zu beobachten und die kleinen Details des ruralen Nordostpolens in uns aufzusaugen.

TAGEBUCHEINTRAG ANDI – *So, 30.5.10, nahe Lomza*

»… Der Himmel ist bedeckt, wir fahren vorbei an wogenden Weizenfeldern und blühenden Blumenwiesen. Es ist kaum hügelig, dafür stemmen sich uns starke Böen von Ost entgegen. Das kostet Kraft. Als wir das Ortsschild von Gowarowo passieren, herrscht auf einen Schlag buntes Treiben. Das ganze Dorf ist rund um die Kirche versammelt – zur Pfingstmesse. Wettergegerbte Männer in altmodischen Anzügen scherzen mit schick gekleideten Damen, übermütige Kinder sausen johlend an uns vorbei. Auf der anderen Straßenseite bietet eine eifrige Marktfrau Socken, Altweiberunterwäsche und billiges Geschirr auf uralten Tapetentischen zum Verkauf an. Wir überholen zwei alte Herren, die mit ihren klapprigen Dreigang-Damenrädern am Nachhauseweg sind. In ihren Reifen gerade mal genügend Luft, dass die Felgen nicht ständig durchschlagen. Einige Minuten später blicken wir in den Rückspiegel. Unglaublich! Hinter uns sehen wir immer noch die beiden sportlichen Senioren, die unseren Windschatten nutzen und offensichtlich unbeeindruckt von unserem »rasanten« Tempo sind. Als sie in die nächste Seitenstraße abbiegen, winken wir ihnen nach. Sie schenken uns ein Lächeln und heben zum Abschied lässig ihren Hut. …«

Tja, vier Wochen Training waren anscheinend nicht genug, um es mit den zwei rüstigen Herren gebührend aufnehmen zu können. Oder waren wir doch etwas geschwächt von den vielen *Gelsen* (Stechmücken), die uns seit Warschau nicht nur abends, sondern auch tagsüber das Blut aus den Adern saugen?

An der Energiezufuhr mittels Nahrungsaufnahme kann es nicht liegen. Dann, wenn wir nicht gerade am Rad sitzen oder schlafen, stopfen wir Unmengen an Kalorienhaltigem genüsslich in uns rein. Gerade, wenn wir mal nicht so gut drauf sind, ist dies die beste Motivation. Als Zwischensnack bieten sich hier in Polen die süßen Backwaren und leckeres Tüteneis an, welche in jedem noch so kleinen Dorf erhältlich sind. Dank des niedrigen Preisniveaus können wir es uns kulinarisch gesehen richtig gut gehen lassen. Wir freuen uns über das abendliche Bier und die obligatorische Tüte Chips und kochen viel mit frischem Gemüse, das oft direkt vor dem Supermarkt von alten Großmütterchen verkauft wird. Auch wenn das Radfahren manchmal noch recht anstrengend ist, einen wesentlichen Vorteil hat es: Bei unseren »Schwimmreifen« geht nach wie vor die »Luft« aus.

Etwa hundertfünfzig Kilometer nordöstlich von Warschau treffen wir auf den Biebrza-Nationalpark: undurchdringliche Sumpflandschaften, weite Wiesen, dichter Urwald, eine unglaubliche Vielfalt an Wasservögeln sowie Heimat von etwa 400 scheuen Elchen – und die wahrscheinlich höchste Anzahl von Moskitos pro Kubikmeter Luft, die wir bisher erleben durften. In Twierdza Osowiec quartieren wir uns für zwei Nächte am örtlichen Biwakplatz ein. Sechs Zloty kostet der Spaß pro Person, das ist ein Euro fünfzig. Duschen kostet extra: sieben Zloty für zehn Minuten. Die Wasserflasche, die wir uns im Sklep (Dorfladen) kaufen, vier Zloty. Wenn man jetzt noch bedenkt, dass ein kleines Fläschchen Vodka drei Zloty fünfzig kostet, fragt man sich ernsthaft, wer hier die Preise festlegt.

TAGEBUCHEINTRAG ANITA – *Di, 1.6.10, Biebrza Nationalpark*

»… Neben uns grillt ein älterer Herr Brot am Feuer und wickelt es in Butterpapier. Für zuhause, als Erinnerung an die Ferien, die morgen enden. Als wir unsere Suppe im Schein der Stirnlampe essen wollen, meint er, wir sollten doch das Licht ausmachen – der Geschmack wäre dann viel intensiver.

Januszs Familie lebt schon in fünfter Generation in Warschau. Er selbst hat eine Wohnung dort, die er an Studenten vermietet, lebt aber außerhalb der Stadt in einem kleinen Gartenhaus. Viel Ärger hatte er schon mit den Studenten. Anfangs ist er ein wenig zurückhaltend. An seiner Halskette trägt er eine Madonna, sein Haar ist struppig, ein wenig wie das von Einstein. Meist sehe ich ihn barfuß umherlaufen und nach dem Zähneputzen singt er am Weg zu seinem Zelt »Va Pensiero« von Verdi. Der Dreitagebart und seine zerlumpte Kleidung verraten nicht, dass er eigentlich einmal Landschaftsarchitekt war. Vor einigen Jahren zumindest. Jetzt ist er siebzig. Für zwei Jahre war Janusz in Damaskus, Syrien – ein Wohnprojekt. Dann nimmt er das Wort Nigeria in den Mund. Klar, dass er auch dort war. Er erzählt aber nicht viel darüber. Mit der EU ist er nicht sehr glücklich. »Jedes Land, jeder Mensch verliert an Individualität!«

Immer wieder beobachte ich ihn, wie er durch die Wiesen geht, Blätter und Blüten zupft, bis er uns erklärt, dass er im Urlaub nie Gemüse kauft, weil ja doch überall um uns welches wächst. Löwenzahn, Sauerampfer. Kosten müssen wir natürlich auch, genauso wie den selbst gebrauten Brandy. »Very good for your health.« …«

TAGEBUCHEINTRAG ANITA – *Mi, 2.6.10, Richtung Augustow*

»… Um vier Uhr morgens wache ich auf, weil das Vogelkonzert rund um uns seinen Höhepunkt erreicht hat. Herrlich, so in den Tag zu starten! Nehmen die Straße Richtung Norden, die uns der Parkaufseher empfohlen hat. Doch nach wenigen Kilometern stehen wir vor einem überfluteten Abschnitt. Ein Herr im Ruderleibchen (Ärmelloses T-Shirt) meint, es würde ein bis drei Kilometer so weiter gehen. Maximal knietief. Wäre einen Versuch wert! Wir schieben die Räder durch das trübe Wasser, neben uns schwimmen gelegentlich Blutegel vorbei. Die Landschaft ist wunderschön. Störche gleiten über unsere Köpfe und nach eineinhalb Stunden mühsamen Watens haben wir tatsächlich wieder trockenen Boden unter den Füßen. Das letzte Stück bis Augustow ist steilhügelig und anstrengend. Sind beide müde und fangen vor lauter Hunger zu zanken an. Das Mini-Eis, welches es am Hauptplatz zur Stärkung gibt, hebt die Stimmung auch nicht wirklich. Wollen eigentlich nicht mehr weit fahren, aber es kommt einfach keine gute Gelegenheit zum Zelten. Unter ein paar alten Kiefern und zwischen Millionen blutrünstiger Gelsen schlagen wir schließlich unser Lager auf. Nach einer Flaschendusche und zig Stichen mehr auf meinem Körper legen wir uns erschöpft endlich zu Bett. …«

Der Czarna Hancza befindet sich im äußersten Nordosten Polens, er ist ein lieblich dahin mäandernder Fluss unweit der Grenze zu Weißrussland, etwa acht bis fünfzehn Meter breit und mit einer schwachen Strömung. Die Ufer werden von einem dichten Schilfgürtel gesäumt, im Mittelstück bewegt er sich wie eine Schlange durch wunderschönen Mischwald. Uralte, umgestürzte Bäume hängen ins glasklare, warme Wasser, lange Gräser weisen am Flussgrund die Strömungsrichtung. Die Luft riecht nach Kiefern und hunderte Vögel singen ein Lied der Freude. Für drei Tage tauschen wir unsere Räder gegen Kanu und Paddel. Drei Tage wohlverdienter Urlaub vom Fahrrad.

Entlang des Flussufers finden wir abends liebevoll errichtete Biwakplätze vor, meist mit Feuerstelle, einigen Tischen, Toiletten und wenn man Glück hat, mit Sauna. Alte Mütterchen sitzen auf freien Wiesenflächen oder Stegen, verkaufen Selbstgebranntes und eingelegtes Gemüse. Gelegentlich trifft man auf größere Kajakgruppen. Oft hängen sich mehrere Boote aneinander und bilden gemeinsam ein Floß. Mit an Bord: Bier, Schnaps und ein Radio, aus dem grauenhafter, polnischer Dancefloor dröhnt. Meist aber haben wir den Czarna Hancza für uns alleine – begleitet von hunderten indigo-blau-farbenen Libellen. Der größte Vorteil des fließenden Gewässers ist jedoch, dass sich die Moskitos hier nicht besonders wohlfühlen. Somit gestalten sich unsere Abende umso entspannter. Wir erfrischen uns im glasklaren Wasser, sitzen bis spät in die Nacht am Lagerfeuer und genießen die Ruhe. Das Pad-deln selbst ist wenig anstrengend, denn die Strömung erledigt einen Großteil der Arbeit für uns und so sammeln wir neue Kräfte für die Weiterreise.

SOMMERTAGE IM BALTIKUM

Flach ist es im Baltikum, jener Region im äußersten Nordosten Europas, zu der sich die drei Staaten Litauen, Lettland und Estland zählen. Dichte Wälder, unzählige Seen, Sümpfe und Flüsse, sanfte Hügel, liebliche Küstenlandschaften, ländliche Selbstversorgeridylle, holprige »Wellblechpisten« und mittelalterliche Metropolen bestimmen das idyllische Landschaftsbild. Nach fast fünfzigjähriger Besatzung durch die Sowjetunion erlangten die baltischen Staaten im Jahre 1991 die Unabhängigkeit und haben sich seither überdurchschnittlich gut von ihrem kommunistischen Erbe erholt. Auch wenn die Wirtschaft aufgrund der Rezession stockt, in manchen Belangen gehören die traditionsverbundenen Balten mittlerweile sogar zu Vorreitern. Estland zum Beispiel zählt in Sachen Technik weltweit zu den Top-Fünf-Ländern. Freier Internetzugang gilt hier per Gesetz zu den Grundrechten der Menschen. Das Parlament ist das einzige weltweit, welches ohne Papier arbeitet. Gewählt wird per SMS oder online. Da könnten sich unsere Politiker was abschauen! Fernab der größeren Städte ist von diesem Fortschritt jedoch nur wenig zu verspüren, was uns aber mehr als recht ist.

LITAUEN

Litauen empfängt uns mit Sonnenschein, Rückenwind und einer frischen Trinkwasserquelle am Straßenrand. Als Anita zum Pinkeln ins hohe Gras geht, setzt sich ein Schmetterling auf ihren Handschuh und schleckt genüsslich das Salz herunter. Der Windzug beim Weiterfahren scheint ihn nicht zu stören, über einen Kilometer reist er als »blinder Passagier« mit uns.

Fünf Tage benötigen wir für die Durchquerung des südlichsten Landes im Baltikum, in dem der sowjetische Einfluss – trotz der seit über zwanzig Jahren bestehenden Unabhängigkeit – immer noch spürbar ist.

Unsere Route führt uns durch das wenig besiedelte Landesinnere, welches von weiten Agrarflächen geprägt wird. Es kommt nicht selten vor, dass diese Felder noch per Hand bzw. Pferd bestellt werden. Uralte, bunte Holzhäuschen, liebevoll gepflegte Blumen- und Gemüsegärten, klapprige Pferdefuhrwerke und nahezu kein Verkehr machen das Radfahren zu einem Genuss! Zumindest auf Straßen ersten Ranges. Genauso ursprünglich wie teilweise die Feldarbeit betrieben wird, gestaltet sich auch ein Großteil des Straßennetzes in Litauen. Vermeintlich gute Nebenstraßen verwandeln sich oft von einem Meter auf den anderen in holprige Schotterpisten, denen laut Anita nicht mal der beste Sport-BH standhält.

Mit der Orientierung hier ist das so eine Sache. Trotz unserer relativ guten Straßenkarte stehen wir öfter vor Kreuzungen, die nicht eingezeichnet sind. Nur gut, dass die Litauer ein sehr freundliches und hilfsbereites Volk sind.

Als wir an einer Kreuzung zwei Straßenarbeiter nach dem Weg fragen, stürmt der eine voller Tatendrang zum Beifahrersitz seines Autos und kommt mit einem GPS zurück. Er tippt auf dem Display herum und läuft sogleich mit seinem »Zaubergerät« einige Meter nach vor und wieder zurück. »This direction ok!!«, sagt er stolz und wir amüsieren uns alle köstlich über seinen spontanen Einsatz.

Vom Wind lassen wir uns die nächsten zwölf Kilometer in den Norden tragen – zum »Hügel der Kreuze«, der eine ganz besonders mystische Atmosphäre ausstrahlt. Die Legende erzählt von einer weißen Frauengestalt, die einst einem Mann erschien. Sie beauftragte diesen mit dem Aufstellen eines Holzkreuzes für seine schwer kranke Tochter. Nachdem er es auf dem Hügel platziert hatte, war sie wieder geheilt. Mit der Zeit kamen immer mehr Kreuze dazu, der Hügel entwickelte sich zu einem Wallfahrtsort und in Zeiten des kommunistischen Regimes erlangte er Symbolcharakter gegen die sowjetische Herrschaft. Er trotzte mehreren Zerstörungsversuchen, erlangte durch den Besuch von Papst Johannes Paul II im Jahre 1993 internationale Berühmtheit und zählt heute mehr als 50.000 Kreuze.

TAGEBUCHEINTRAG ANITA – *Fr, 11.6.10, nördlich von Siauliai*
»… Wir haben Glück, denn als wir den »Hill of Crosses« erreichen, verlässt gerade ein Touristenbus diesen besonderen Platz. Es liegt wirklich etwas Heiliges in der Luft. Ich meine, den Duft von Weihrauch wahrnehmen zu können. Die kleinen Kreuze, die im Wind baumeln und ein leises Geläut von sich geben, spielen gemeinsam ein Lied. Vielleicht ist es das Lied der Erlösung. Das Bild vom gekreuzigten Jesus endlich zurückzulassen und ihn runterzunehmen …

Eine Marienstatue und Jesus mit weit geöffneten Armen spenden Hoffnung – dass der alte Schmerz nun endlich, endlich gehen darf – genauso wie die bunten Kinderzeichnungen mit Herzen und Blumen, die das eine oder andere Mal zwischen den Kreuzen befestigt sind.

Wir bleiben noch lange auf der Wiese sitzen, lassen den Gedanken ihren Lauf nehmen und lauschen den Geschichten, die der Wind von all den Menschen erzählt, die an diesem Ort waren. ...«

LETTLAND

Die Straßen in Lettland sind ein einziger Fleckerlteppich. Mit einfachen Mitteln versucht man, die Winterschäden einigermaßen budgetneutral zu sanieren, was mir etwas sinnlos erscheint und beim Radfahren größte Aufmerksamkeit erfordert. Ein starker Seitenwind begleitet uns bis nach Riga. Wir haben ordentlich damit zu kämpfen, die Spur zu halten und den tellergroßen Schlaglöchern auszuweichen. Hochkonzentriert schlängeln wir uns zwischen den Hindernissen durch, nebenbei müssen wir den Rückspiegel gut im Auge behalten, um nicht von hinten niedergewalzt zu werden. Als zusätzliche Herausforderung muss man immer damit rechnen, von einer der fiesen Böen versetzt zu werden. Dann und wann gilt es, einem der bellenden und zähnefletschenden Köter auszuweichen, dem Erzfeind eines jeden Tourenradlers. Ich finde es irgendwie spannend und komme mir vor, als würde ich der Protagonist eines Computerspiels sein. Auf ein Game-Over bin ich jedoch nicht so scharf.

Kurz vor der lettischen Hauptstadt beginnt Anita freudig zu jodeln, denn zum ersten Mal in unserem Leben erreichen wir aus eigener Muskelkraft das Meer. Die Freude ist riesig! Neununddreißig Tage sind wir nun schon unterwegs und gut 2.100 Kilometer haben wir in den Beinen. Wir sind richtig stolz auf uns. Das Zelt schlagen wir heute direkt am Strand auf und werden mit einer atemberaubenden Abendstimmung belohnt. Vom Land schieben sich dunkle Wolken Richtung Meer, die tief stehende Sonne taucht die Szenerie in ein magisches Licht.

Von nun an folgen wir so gut es geht der Ostseeküste. Wir orientieren uns grob am internationalen Fernradwanderweg *Eurovelo 10*, der teilweise noch in Planung ist und irgendwann einmal die gesamte baltische See umrunden soll.

Ab Riga begegnen uns nun immer wieder andere Tourenradler, die nicht gegensätzlicher sein könnten: vom australischen Langzeitradler mit schwedischen Wurzeln, der von London bis nach Serbien unterwegs ist, über ein nettes Linzer Pärchen, das eine zweiwöchige Genusstour von Riga nach Tallinn unternimmt, bis hin zum siebenundsechzigjährigen, exzentrischen Esten, der sich in seinem Alter noch was beweisen möchte.

TAGEBUCHEINTRAG ANDI – *Sa, 19.6.10, nahe der Tuhu-Sümpfe*
    »… Kurz nach dem Start ein Radreisender auf der Gegenfahrbahn. Ein alter Este, hager und klein. Kommt gerade von den Estnischen Inseln. Es bietet sich ganz gut an, ihn nach seinen persönlichen Empfehlungen zu fragen, da diese Inseln auf unserer Route liegen. Sachlich faltet er unsere Straßenkarte auf und unter ständigem »oooooh, aaaaaaah« erklärt er uns, was wir uns unbedingt ansehen sollen. Danach dürfen wir uns im Schnelldurchlauf seine Lebensgeschichte anhören. »Zu Sowjetzeiten war ich bei einer Holzfirma als Ingenieur tätig. Ich hatte immer viel Ferien und war dann in den Bergen, im Pamir, Tien Shan oder Ural. Jetzt trainiere ich für meine Fahrt ans Nordkap«, erzählt er uns in gebrochenem Englisch. Was wir eigentlich hier treiben, ist ihm relativ wurscht. So schnell wie unser gestresster Senior aufgetaucht ist, so flink tritt er nach einer flüchtigen Verabschiedung auch schon wieder in die Pedale. …«

In Riga sind wir mit Ieva und Andris verabredet. Die beiden haben wir über *Couchsurfing*, dem größten Gastfreundschaftsnetzwerk der Welt, kennen gelernt. Ähnlich wie Warmshowers nutzen wir diese Internetplattform gelegentlich, um vor allem in größeren Städten eine Unterkunftsmöglichkeit zu finden. Für die nächsten Tage dürfen wir bei den beiden in ihrer Wohnung in einem Sechzigerjahre-Plattenbau aus Sowjetzeiten am westlichen Stadtrand wohnen. Wieder haben wir großes Glück mit unseren Gastgebern, die uns einen sehr tiefen Einblick in die Seele ihres Landes gewähren.

Ieva hat eine Zeit lang in Norwegen und Irland gelebt. Sie ist ein unglaubliches Sprachentalent und veröffentlicht historische Abhandlungen über die Entwicklung der lettischen Dialekte. Nach dem Abschluss ihres Studiums unterrichtete sie Englisch. Jetzt, nach fünfzehn Jahren und der Kündigung im Museum, gibt sie Privatunterricht in Norwegisch. Tja, die Wirtschaftskrise hat auch Lettland erwischt. Norwegen braucht aber nach wie vor Arbeitskräfte – besonders gesucht ist lettisches Pflegepersonal. Ieva scherzt und fragt sich, welche Sprache sie wohl in zehn Jahren lehren wird ... Chinesisch? Die beiden lachen und schenken sich einen liebevollen Blick. Ihre gemeinsame Leidenschaft ist die Erhaltung der traditionellen, lettischen Kultur mit all ihren bunten Trachten, Festen und Tänzen. Andris zeigt uns stolz seine selbst geschusterten Lederschuhe und wir staunen nur so über seine handwerklichen Fähigkeiten. Er arbeitet als Zimmerer und ist auf Holzstiegen spezialisiert. In ihrer Freizeit investieren sie viel Zeit in das Fertigen von Trachten und folkloristisch anmutenden Kostümen sowie in das Musizieren auf alten, landestypischen Instrumenten. Auch wir dürfen uns an einem dudelsackähnlichem Ding versuchen, aber mehr als ein jämmerliches Entengekrächze kommt dabei nicht heraus.

Nicht nur die Traditionen des eigenen Landes haben es Ieva und Andris angetan, sondern auch die norwegische Wikingerkultur. Voller Begeisterung erzählen sie uns von wilden Wikingerfesten, an denen sie auch öfter mal aktiv mitwirken. Und da wir ohnehin durch Norwegen radeln werden, bekommen wir von Ieva einen Geheimtipp: Wir sollten doch unbedingt das *Gudvangen Viking-Festival* besuchen, welches in einigen Wochen an einem wunderschönen Fjord in Norwegen stattfinden wird.

ESTLAND

Mitte Juni überqueren wir die Grenze nach Estland. Wieder keine Passkontrolle, keine Stempel, nichts. Nur ein verwachsenes, rostiges Schild am Straßenrand weist darauf hin, dass wir im nördlichsten Land des Baltikums angekommen sind.

Die siebzig Kilometer bis Pärnu sind ausnahmsweise recht angenehm zu radeln. Wie durch ein Wunder ist der Wind auf unserer Seite, die Straßen präsentieren sich durchgehend asphaltiert und zur Wohltat unserer geschundenen Hinterteile ohne Schlaglöcher.

Quuuuiiiietsch!!! Gerade noch schaffe ich es, meinen Drahtesel zum Stillstand zu bringen, ohne unfreiwillig mit Anitas Hinterrad zu verschmelzen. Ganz ohne Vorankündigung legt sie eine spontane Vollbremsung ein. »Das war so was von klar, dass ich jetzt anhalte!« Ich blicke nach rechts und mir wird der Grund ihres unerwarteten Verhaltens klar. Das Wort »Pagaritööstus«

prangt auf einem Holzschild, was die etwas ungewohnt klingende, estnische Übersetzung für Bäckerei ist. Um meinen Schock zu verdauen, gönne ich mir eine starke Tasse Kaffee und die wohl beste Mohn-Schoko-Schnecke der Welt. Was für ein Genuss, dieses fein-flaumige Kunstwerk estnischer Backtradition in mich hineinzustopfen! Für uns sind solche Zwischenstopps immer wie ein kleines Stück Heimat, erinnern sie uns doch gerne an die gemütlichen Nachmittage daheim, im Café von Anitas Mutti. Als wir der jungen Dame an der Kassa ein paar Fragen stellen und sie auf Englisch antworten »muss«, erröten ihre Wangen. Fast dasselbe Rot wie in unseren Gesichtern – anscheinend ist unsere Haut keinen temperierten, windstillen Raum mehr gewöhnt.

Obwohl wir als Österreicher natürlich immer gut vorbereitet sind, gehen eines Abends, kurz vor den Estnischen Inseln unsere Wasserreserven zur Neige. Wie gut, dass wir in der Ferne ein altes, etwas heruntergekommenes Bauernhaus entdecken. Dort gibt es bestimmt einen Brunnen. Beim Radreisen bist du oft auf die Hilfe der lokalen Bevölkerung angewiesen, erlebst die nettesten Begegnungen – und lernst dabei auch mal so manche Weisheit fürs Leben.

TAGEBUCHEINTRAG ANDI – *Fr, 18.6.10, Haeaedemeeste*

»… Der freundliche Hausherr bittet mich in die Küche, mich trifft fast der Schlag. Überall Essensreste, dreckiges Geschirr, Chaos und unangenehmer Geruch. Auch der Wasserhahn ist alles andere als sauber. Ich halte die Luft an, fülle die Flaschen und raus. Als wir später zu kochen beginnen, bemerken wir, dass das Wasser gelblich ist und kommen zu einem (lebens)wichtigen Schluss: Don't drink yellow water!! …«

Seit gut zwei Wochen haben wir unsere Stirnlampen nicht mehr in Gebrauch. Je weiter nördlich wir kommen, desto kürzer werden die Nächte. Diese Zeit ist gerade in den nordeuropäischen Ländern etwas ganz Besonderes. Doch manchmal passieren Dinge, die einen komplett aus der Bahn werfen – und die Welt für eine Zeitlang still stehen lassen.

TAGEBUCHEINTRAG ANITA – *Mo, 21.6.10, Hiiumaa*

»… Der längste Tag im Jahr. Was für ein zauberhafter Morgen! Frühstück mit Blick aufs Meer und Sonnenschein. Als ich einfach wieder einmal mein

Telefon einschalte um zu sehen, ob wir eine Nachricht bekommen haben, stehe ich plötzlich wie angewurzelt sprachlos neben Andi: »Sebastian wollte sich nicht länger bremsen lassen und hat heute kurz nach halb vier in Steyr das Licht der Welt erblickt« ... Wow. Wirklich? Jetzt schon? Plötzlich schießen mir Tränen in die Augen. Meine Freundin ist zum ersten Mal in ihrem Leben Mama geworden, hat gerade ihren Sohn geboren. Und ich bin hier in Estland. Kann sie weder umarmen, noch mit ihr reden oder Sebastian auf der Erde begrüßen. Fange zu weinen an und kann einfach nicht mehr aufhören. Auch die ersten Kilometer am Rad weine ich noch leise vor mich hin – aus Freude, aber auch aus Wehmut. Am heutigen Tage wird mir erst richtig bewusst, dass wir wirklich nicht zuhause sind. ...«

Am 23. Juni wird traditionellerweise die Sommersonnenwende – hier in Estland das Jānis-Fest – gefeiert. Wir verbringen die Tage rund um diesen Feiertag auf den nordwestlich der Küste gelegenen Inseln Saaremaa und Hiiumaa.

TAGEBUCHEINTRAG ANDI – *Mi, 23.6.10, Jānis auf Hiiumaa*

»... Im Supermarkt herrscht Hochbetrieb. Alle kaufen für DIE Nacht ein. Tonnenweise Fleisch zum Grillen und vor allem viel Bier. Auch wir verfallen in einen wahrhaften Konsumrausch und würden am liebsten die Regale leer räumen. Bier, Grillkäse, Butter, Nutella, Chips. Alles, was wir uns normalerweise nicht gönnen oder besser gesagt nicht in unseren Taschen Platz hätte. Ich kann den Rucksack danach kaum noch heben.

Mit den restlichen Gästen des Campingplatzes entzünden wir gemäß alter Tradition ein stattliches Feuer, schlemmen wie die Könige und tanzen ausgelassen barfuß ums Feuer. Die anwesenden Bayern sind aufgrund des Sieges der deutschen Nationalmannschaft im WM-Spiel gegen Ghana in zusätzlicher Freudenstimmung. Wir haben morgen Ruhetag und so entwickelt sich eine feucht-fröhliche Fete, die erst um vier Uhr früh zu Ende geht – und das auch nur, weil es kein Bier mehr gibt. ...«

Zwei regnerische Tagesetappen bringen uns schließlich in die Landeshauptstadt Tallinn. Das Flair der mittelalterlichen Altstadt sowie Kaiserwetter und Temperaturen um die zweiundzwanzig Grad lassen uns frohlocken. Von hier wollen wir mit der Fähre direkt nach Stockholm, Schweden übersetzen.

Dank Couchsurfing verbringen wir die Tage im *Seltsimaja*, einem alternativen Wohnprojekt in einem heruntergekommenen, alten Holzhaus mit Charakter. Zehn fixe Bewohner geben sich mit wechselnden Gästen aus aller Welt die Türklinke in die Hand. Chaotisch, nicht sehr gepflegt, dafür mit innovativen, jungen Menschen, guter Laune und immer genug Cider im Kühlschrank. Treffpunkt für Systemkritiker, Kreative, Yogis und Lebenskünstler. Die entspannte Atmosphäre, die offenherzigen Bewohner und das lieb gewonnene, zugige Matratzenlager am Dachboden machen es uns nicht leicht, wieder aufzubrechen. Wir fühlen uns mit jedem Tag mehr und mehr zuhause, nehmen uns Zeit zum Entspannen und Entschleunigen – da besteht Gefahr, ein wenig länger hängen zu bleiben.

Doch bevor wir Estland verlassen, besorgen wir uns einen großen Karton, in den wir all die Dinge packen, die sich im Laufe der letzten Wochen als sinnloser Ballast herausgestellt haben und unsere Räder unnötig beschweren: einen Wanderrucksack für Mehrtagestouren, diverse Klamotten, zwei schwere Vorhängeschlösser, ein Zusatzblitzgerät für die Kamera und noch so einiges an Zeug, welches wir »vielleicht irgendwann mal benötigen könnten«. Ganze sechs Kilo hat unser Heimatpaket schließlich, als wir es dem Postbeamten überreichen. »Bitte nach Österreich schicken. Die billigste Versandart – das Paket hat viel Zeit!«

»Das ist genauso schön wie Wohnung ausmisten! Man fühlt sich danach viel leichter!« Anita hat Recht. Wir werfen mit unserer Entrümpelungsaktion nicht nur physischen Ballast über Bord. Vielmehr ist es für uns ein Teil der Abnabelung von unserem alten Leben. Das Zurücklassen von Dingen, die wir JETZT nicht mehr benötigen. Nach und nach konzentriert sich alles auf die Essenz – auf die wenigen Dinge, die wir tatsächlich benötigen, um den Moment zu leben. Uns wird bewusst, wie viel an Ballast wir oft unnötig horten – nur für den »Fall«. Wenn man versucht, sich aufs Wesentliche zu konzentrieren, lebt man viel freier und leichter. Und falls der »Fall« dann doch mal eintreten sollte, ja dann kann man sich doch immer noch Gedanken darüber machen und an einer Lösung tüfteln. Oder nicht?

LAKE-HOPPING IN SCHWEDEN

Siebzehn Stunden dauert die Fährpassage von Tallinn nach Stockholm. Vorbei sind ab nun die Zeiten des täglichen Gute-Nacht-Biers und der üppig gefüllten Einkaufskörbe. Auch auf die Kaffeepausen mit leckerem Plundergebäck, die ja mittlerweile fixer Bestandteil unseres kulinarischen Tagesablaufs sind, müssen wir Dank der drastisch gestiegenen Preise verzichten. *Välkommen till Sverige!*

Von Ost nach West durchqueren wir in zehn Tagen das Land und staunen nicht schlecht, mit welch tropischen Temperaturen wir in Skandinavien beglückt werden. Nur gut, dass es in Schweden über 96.000 Seen gibt. Dank des »Jedermannsrechts« fühlen wir uns hier wie im Paradies: Jeden Abend stellen wir unser Zelt direkt am Ufer eines Sees auf, manchmal sogar auf gemähtem Rasen und mit öffentlichen Toiletten – das alles ganz legal und gratis! Nach einem anstrengenden Radtag ins erfrischende Wasser zu hüpfen, im kühlen Nass ein paar Runden zu schwimmen und am frühen Morgen so seinen Kreislauf in Schwung zu bringen, ist purer Reiseradlerluxus. Doch nicht nur wir lassen unsere Abende so ausklingen, auch für die Schweden sind Tage wie diese etwas ganz Besonderes. Bis spät in die Nacht kommen die Leute an die Badestellen, um sich vorm Schlafengehen noch mal abzukühlen. Die Sommer sind kurz, die heißen Tage rar – umso kostbarer diese Zeit, in der jede Sekunde mit Hingabe und Lebensfreude ausgekostet wird.

Vor der Touristen-Info mitten in Stockholm bremsen wir uns ein, denn wir möchten die erste Nacht gerne in einem Hostel verbringen. Wir müssen eine Nummer ziehen, uns eine halbe Stunde anstellen und ergattern eine lange Liste. Auf Empfehlung der jungen Dame begutachten wir eine Jugendherberge ein Stück südlich des Stadtteils Gamla Stan. »That's a cool and cheap place to stay!« Tja, das Hostel ist eigentlich ein Hotel und bei weitem nicht so »cool« wie angepriesen. Das günstigste Zimmer kostet achtundzwanzig Euro – Massenlager mit zwölf Personen, ohne Frühstück. Nein – danke! Auch die anderen Absteigen sind alles andere als unseren Vorstellungen entsprechend. Zu klein, kein Platz für die Räder oder haufenweise pickelige Teenager, mit denen wir das Zimmer teilen müssten. Es scheint, als wären wir für klassische

Jugendherbergen doch schon etwas zu alt. Also beschließen wir, lieber zu zelten und erst mal was essen zu gehen. Durch Zufall landen wir in einem vegetarischen Restaurant, das uns vorher schon ins Auge gestochen ist. Volltreffer! Wir fühlen uns wie im Himmel. Vor uns breitet sich ein fantastisches Buffet aus: Lasagne, Cous Cous, Dal, Hummus, Tsatsiki, Ratatouille, Salate in allen Variationen. Alles unbeschreiblich lecker und noch dazu All-You-Can-Eat für acht Euro – ein wahres Schnäppchen hier in Schweden! Wir sind der Dame von der Touristen-Info richtig dankbar, dass sie uns in diese Ecke der Stadt geschickt hat, denn sonst hätten wir dieses »geniale« Lokal nie und nimmer gefunden.

Ein Nachmittag in den wuseligen Straßen Stockholms genügt, um uns die Flucht in den botanischen Garten antreten zu lassen, wo wir etwas Ruhe und einen Schlafplatz suchen. Auf einem Steg genießen wir die warme Abendsonne, schlabbern unser letztes estnisches Bier und freuen uns auf eine herrliche Nacht im Zelt. »Woits net bei uns in da Studentenbude schlofa?«, hören wir plötzlich auf feinstem Bayrisch hinter uns. »Was, wir?« Christian und Flo, zwei gut gelaunte, bayrische Studenten am Ende ihres Auslandssemesters haben uns tratschen gehört und laden uns spontan zu sich ins Studentenheim ein. Natürlich nehmen wir die unerwartete Einladung gerne an! Solche Geschenke kann man einfach nicht abschlagen. Bis spät in die Nacht sitzen wir in Flos Zimmer, lachen, blödeln und tauschen uns bei chinesischem Schnaps und Bier über das Leben aus. Ein lustiger, bunter Abend – und wunderschöner Empfang in Schweden!

Der Weg aus dem Stockholmer Großstadtdschungel ist »etwas« mühsam. Die schwedische Karte im Maßstab 1:250.000 ist viel zu ungenau, wir müssen uns immer wieder durchfragen und benötigen mehr als drei Stunden, um das Gröbste hinter uns zu bringen.

Gegen Abend bringt uns eine Fähre auf die Schären-Insel Östra Lagnö. Ein sanftes Auf und Ab durch einen hügeligen Märchenwald. Die Bäume moosbewachsen und in wunderschönes Licht getaucht, überall Blumen und frisch gemähte Wiesen. Es duftet herrlich! Am nordöstlichsten Ende der Insel suchen wir uns in einem Naturreservat auf glatten, flachen Granitfelsen direkt am Meer ein Plätzchen zum Lagern. Zelt brauchen wir bei diesen Temperaturen keines. Irgendwie haben wir jedoch nicht ganz bedacht, dass Schweden nicht nur für seine Seen, sondern auch für seine Gelsen berühmt berüchtigt ist, und so werden wir zu späterer Stunde von hunderten gierigen Moskitos attackiert. Aber ganz ehrlich: Wen kümmert das schon, wenn die ganze Nacht über eine zauberhafte Lichtstimmung über dem See liegt? Und irgendwann werden ja schließlich auch die Blutsauger müde – oder besser gesagt satt.

TAGEBUCHEINTRAG ANDI – *Mo, 5.7.10, nahe Vittinge*
»… Zurück auf der Hauptstraße müssen wir feststellen, dass uns heute ein starker Gegenwind das Radeln schwer machen wird. Und ja, es wird mächtig anstrengend! Ziehen bis Sala durch, gehen zum LIDL einkaufen. Immer den Werbespruch im Ohr: »LIDL lohnt sich!«
Gejausnet* wird mitten am Ortsplatz. Wir beobachten das bunte Kommen und Gehen der Leute. Der Thai-Imbiss und die Würstelbude am Platz machen heute keinen Umsatz. Nur der gegenüberliegende Musikverkäufer lockt die Zielgruppe »sechzig plus« mit schwedischem Country und Schlager an und beschallt damit den gesamten Ortsplatz. Nach einer halben Stunde können wir schon fast mitsingen, da sich die Lieder dauernd wiederholen. …«

Das Schöne am Unterwegssein ist, dass man lernt, sich mehr und mehr auf das Ungewisse einzulassen. Weil einem manchmal auch nichts anderes übrig bleibt. Es gibt Dinge, die unvorhersehbar sind. Schlechte Pisten zum Beispiel, die in der Karte nicht verzeichnet sind, ewig lange Baustellen oder gemeine Plagegeister, gegen die nicht einmal Mückenspray hilft.

TAGEBUCHEINTRAG ANITA – *Di, 6.7.10, nach Fagersta*
»… Grober Schotter und unzählige, steile Anstiege stellen uns ordentlich auf die Probe, denn der Tag ist bereits viel länger als uns lieb ist. Links und rechts der Straße erstrecken sich endlose Nadelwälder, die dann und wann von kleinen, malerischen Seen unterbrochen werden. Das Wasser glitzert in der untergehenden Sonne, die Häuser auf den gegenüberliegenden Ufern spiegeln sich farbenfroh auf der Oberfläche. Erschöpft steigen wir von den Rädern, um uns nach einem Lagerplatz umzusehen und erleben eine böse Überraschung: Tausende, winzig kleine Kriebelmücken gehen auf uns los, fliegen mir in die Nase und meine Ohren, beißen kleine Stücke aus der Haut. Es ist zum Wahn-

---

* *Eine Zwischenmahlzeit einnehmen.*

sinnigwerden!! Schlimmer als die Moskitos in Polen! Wie zum Teufel sollen wir heute unser Zelt aufstellen, ohne dass diese Biester mit reinkommen? Ans Kochen und Waschen will ich gar nicht denken!

Ein einheimischer Fischer beobachtet uns mit einem mitleidsvollen Lächeln und lotst uns schließlich zu einer idyllischen Hütte mitten im Wald. Er bringt uns sogar noch Feuerholz. »Weil der Rauch«, so meint er, »vertreibt die Knots auf jeden Fall«. Der alte Schwede behält Recht und am Ende ist alles gut … und für uns eine Bestätigung, dass hinter jedem Hindernis ein kleines Wunder wartet. …«

TAGEBUCHEINTRAG ANITA – *Do, 8.7.10, Torsby*

»… Einige Kilometer nach Torsby fängt es zu nieseln an. Nachdem wir nicht mehr viel Lust zum Weiterradeln haben, stellen wir unser Zelt neben einer alten Hütte am Ufer des Sees auf. Der Regen hört nach einer Weile auf, dafür ärgern Andi hunderte Knots beim Kochen.

Das Bier macht mich wieder mal redselig. Was gut ist, denn wir besprechen viele Dinge. Zum Beispiel, dass ich oft das Gefühl habe, wir würden durch die Länder rasen, uns keine Zeit nehmen. Wir fahren zu viele Kilometer und dadurch bleibt außer Radfahren, schnell Kochen, Tagebuchschreiben und Schlafen nicht mehr viel vom Tag übrig. Es ist nicht gut, sich ständig selbst »Druck« zu machen. So und so viele Kilometer fahren zu »müssen«, damit man noch da oder dort hinkommt. Man ist gestresst, unglücklich, streitet wegen jeder Kleinigkeit und vergisst, den Moment an sich zu genießen. Wir beschließen, einen neuen Rhythmus zu finden. Unseren Rhythmus. Denn manchmal ist weniger einfach mehr. …«

Mit unserem neuen Vorsatz im Kopf pedalt sich es gleich viel entspannter, auch wenn die Umsetzung wohl noch ein wenig Zeit in Anspruch nehmen wird. Der Mensch ist schließlich ein Gewohnheitstier, und da muss man sich bestimmt das eine oder andere Mal gegenseitig an die Vorsätze erinnern. Gut, wohl eher Anita MICH, als ich sie. Vor allem, weil sich mein männlicher Ehrgeiz doch ganz gerne immer wieder mal aufbläht.

Trotz langer Baustellen und Mückenplagen überrascht uns Schweden fast täglich mit unerwarteten Geschenken: ein Mann, der uns am Badesee einfach so zwei eisgekühlte Bier schenkt; eine Elchkuh, die zwanzig Meter vor uns gemächlich die Straße quert; die tägliche Portion frische Walderdbeeren, die unser Frühstück bereichert oder ein Caféhaus, das zufällig fünfzigjähriges Jubiläum feiert und Kaffee und Torte bei uriger Country-Musik für sage und schreibe zwei Euro anbietet.

Mit großen »Tritten« nähern wir uns der norwegischen Grenze. Hügeliger wird das Gelände – ein gutes Training für die bevorstehenden Bergwertungen.

AUF UND AB IN NORWEGEN

Norwegen. Eine intensive Zeit liegt vor uns. Drei Wochen geht's auf bzw. ab – und das nicht nur beim Radfahren. Unsere Regenklamotten sind fast täglich im Einsatz, ein ständiges An- bzw. Ausziehen. Regenjacke an, weil's regnet, dann wieder aus, weil's aufgehört hat, dann wieder an, weil's bergab kühl wird, dann wieder aus, weil's bergauf geht. Doch nicht nur bei der Auswahl der richtigen Radbekleidung müssen wir uns seit kurzem in Flexibilität üben.

TAGEBUCHEINTRAG ANITA – *Sa, 10.7.10, Skarnes*
»… Als wir in den ersten Supermarkt zum Einkaufen gehen, trifft uns fast der Schlag: Die Preise sind unglaublich hoch, aber noch viel schrecklicher ist das Warenangebot. Die Regale sind gerammelt voll mit Fertigsaucen und -gerichten, die Fleischabteilung nimmt etwa ein Drittel der Warenfläche ein. Das einzige frische Gemüse und Obst, das angeboten wird, lädt auch nicht gerade zum Kauf ein. Kartoffeln aus Israel, Äpfel aus Argentinien, einzeln in Plastik eingeschweißte Paprika und fertig in Alufolie gewickelte Ofenkartoffeln. Da macht Einkaufen wirklich keinen Spaß mehr! Wo bleibt die heimische Qualität? Wenn ich da an Tschechien oder Polen denke – das waren noch Zeiten! …«

Norwegen wird mit Sicherheit nicht als kulinarisches Highlight in unserer Erinnerung bleiben. Es ist eine ganz eigene Erfahrung, sich nicht alles leisten zu können, oder besser gesagt zu wollen. Mit knurrendem Magen vor dem Fenster eines Restaurants zu stehen, in dem die billigste Pizza für zwanzig Euro serviert wird und zu wissen, dass das einfach nicht im Budget liegt.

Wer Norwegen bereist, ist aber im Normalfall darauf vorbereitet, sieht darüber hinweg und freut sich viel mehr auf die atemberaubenden Naturlandschaften, die Mutter Erde hier gezaubert hat.

Will man von Schweden rüber an die norwegische Atlantikküste, muss man unweigerlich über die Skanden. Jenes Gebirge, welches die skandinavische Halbinsel von Süd nach Nord durchzieht. Wir freuen uns riesig, denn jetzt wird es richtig abenteuerlich. Hatte sich unsere Route bisher auf flache bis hügelige Etappen beschränkt, warten nun erste längere Bergwertungen auf uns. Obwohl wir im Grunde nie mehr als 1.000 Höhenmeter überwinden müssen, bereiten wir uns mental darauf vor. In den Anden müssen wir später noch oft daran zurückdenken und über uns schmunzeln, wenn wir mitten in einem vierzig Kilometer langen Anstieg stecken.

Radfahrtechnisch entpuppt sich unsere Skanden-Überquerung als nicht ganz so happig wie vermutet. Doch die raue, wunderschöne Bergwelt des Landes wird uns trotz alledem noch so manche Lektion lehren.

TAGEBUCHEINTRAG ANDI – *Mi, 14.7.10, Rallarvegen*

»... Kurz nach Mittag treffen wir in Haugastol ein, mittlerweile herrlicher Sonnenschein. Insgesamt warten sechsundachtzig Kilometer Schotter auf uns, 400 Höhenmeter bergauf und 1.300 hinunter bis auf Meeresniveau. Der alte Bahnarbeiterweg ist für den Verkehr gesperrt. Wir fahren ein weites Hochtal hinein, immer dem Lauf der Eisenbahn folgend. Hier liegt die Baumgrenze auf etwa 1.100 Meter, daher befinden wir uns meist in freiem Gelände. Vorbei an tosenden Katarakten, schimmernden Gletscherseen und mächtigen Wasserfällen zieht sich der Rallarvegen immer weiter hinein in eine fantastische Landschaft. Wir passieren weite Almen und erhaschen erste Blicke auf den Hardanger Jøkul Gletscher, der Teil des Hardangervidda, des größten Hochplateaus Europas, ist. Es kommt sofort eine gewisse Vertrautheit auf, ja fast ein wenig Heimatgefühl! Schneebedeckte Berge, grasende Schafherden und verwitterte Holzhütten ...

In die Berg bin i gern
und do gfreit si mei Gmüat,
wo die Almröslan wochsn
*und da Enzian blüaht**

Einige Kilometer nach dem Bahnhof von Finse schlagen wir unser Lager auf einer ausgesetzten Geländekuppe, auf 1.300 Meter, mit traumhaftem Ausblick auf den Hardanger Jøkul Gletscher, auf. Die Sonne scheint, nur ein Hauch von Wind – was für ein Lagerplatz!

---

* *Österreichisches Volkslied*

Aber dass sich der Wind drehen und mitten in der Nacht in einen Orkan verwandeln wird, damit haben wir nicht gerechnet. Die Geräuschkulisse ist so laut, dass wir erst mit Ohrenstöpseln ein wenig Schlaf finden. Unser Tunnelzelt steht quer zum Sturm, hat schwer zu kämpfen, den starken Böen Stand zu halten. Spätestens jetzt wird uns der eigentliche Sinn unserer lose schlackernden Zelt-Abspannleinen bewusst, denen wir bisher nur wenig Beachtung geschenkt haben. »KLACK«, hören wir plötzlich am Morgen. Eine der Zeltstangen ist gebrochen und bohrt sich durch Gestängekanal und Außenhaut.

Mit dem Rücken stützen wir das wild flatternde Zelt. Jetzt heißt es schnell handeln, bevor noch mehr kaputt geht. Unter extremen Bedingungen bauen wir unser beschädigtes Zelt ab, haben zu tun, dass unsere Ausrüstung nicht Opfer des Orkans wird. Selbst die gepackten Taschen drohen, davongeblasen zu werden.

In voller Regenmontur treten wir in die Pedale, benötigen aber nicht sehr viel Kraft, um voranzukommen, denn der wütende Sturm schiebt uns sogar ansteigende Schotterrampen hoch. Eine gefährliche Angelegenheit, denn mächtige Windböen von der Seite drohen uns vom Weg abzudrängen. Besonders an Abhängen und rutschigen Holzstegen ist dies eine grenzwertige Angelegenheit.

Die Banane, die wir vor der Abfahrt eilig in uns reingeschlungen haben, hält ganz gut an. Wahrscheinlich fordert uns aber das ganze Drumherum so sehr, dass wir nicht mehr an den Hunger denken.

Wir kämpfen uns weiter, neben uns brodeln milchig-braune Gletscherseen im eisigen Wind. Einige tiefblau schimmernde Eisbrocken treiben darin, zeugen vom unbändigen Klima des Hardangervidda. Gegen Mittag versagen Anitas Bremsen, und ich muss die Bremsbeläge in einem feuchten Felstunnel wechseln. Hier sind wir zwar vor dem Regen geschützt, doch der durchpfeifende Wind kühlt unsere Körper innerhalb kürzester Zeit aus. …«

Erfreulicherweise liegt das Schlimmste bald hinter uns. Der Regen hört auf, der Sturm wird zum Wind und auch die Temperaturen klettern wieder etwas nach oben. Welch Wohltat! Das raue Hochplateau weicht einem wunderschönen Bergtal, unzählige Wasserfälle, egal wo wir hinblicken.

Im Zick-Zack windet sich die Schotterstraße durch eine herrliche Märchenlandschaft und wir sehen vor lauter Erschöpfung schon lauter kleine Hobbits rund um uns.

Völlig durchnässt und durchfroren schwören wir uns, dass wir in Zukunft ein wenig mehr nachdenken werden bei der Auswahl unseres Lagerplatzes.

Der Rallervegen hat uns gut durchgewaschen und schließlich am Fuße des idyllischen Nærøfjords wieder ausgespuckt. Es stellt sich heraus, dass die schrulligen Fantasy-Wesen nicht nur in unseren durchgepusteten Köpfen herumgeistern, sondern wir es mittlerweile auch zum *Gudvangen Viking Market* geschafft haben. Ursprünglich wollten wir uns hier mit unseren lettischen Freunden Ieva und Andris treffen, die eigentlich als Protagonisten aktiv am Festival teilnehmen wollten und auch für uns ein Wikingerkostüm mitgenommen hätten. Leider haben sich deren Pläne kurzfristig geändert und so lassen wir uns zu zweit in die Welt der wilden Rotbärte zurückversetzen.

Eine Leinenzelt-Stadt bildet das Zentrum des bunten Geschehens. Vom Schmied, Schneider und Schuster über Musiker und grimmig dreinblickenden Krieger ist die gesamte Sippe vertreten. Kinder üben sich brüllend im Schwertkampf und in einer kleinen Hütte werden die Besucher von Geschichtenerzählern in fantastische Welten entführt. Ein aufwändiges Spektakel für Jung und Alt, aber als aktiver Teilnehmer wäre das Ganze bestimmt noch lustiger gewesen.

Von Gudvangen bringt uns eine Fähre über den Nærøfjord ans nördliche Ufer des Sognefjords, der mit zweihundert Kilometern der längste Fjord der Welt ist und teilweise eine Tiefe von bis zu 1.300 Meter erreicht. Mit an Bord befinden sich hunderte neugierige Touristen, die von einer Ecke des Decks zur anderen laufen, um jeden Quadratmeter des UNESCO Naturerbes auf Digital- bzw. Videokamera zu bannen. Verständlich, denn auf beiden Seiten steigen mächtige Felswände hunderte Meter gen Himmel, unterbrochen von plätschernden Kaskaden und engen Schluchten, in denen üppiges Grün dominiert.

Wir folgen der nördlichen Küstenstraße Richtung Westen und treffen zu unserer Überraschung auf viele Obstplantagen, meist Apfel- aber auch einige Kirschbäume. Das Klima ist hier verhältnismäßig mild, der Boden fruchtbar und das ganze Jahr über gibt es viel Niederschlag.

Aufgrund der hügeligen Topografie ist das Radfahren jedoch recht anstrengend und auch die Lagerplatzsuche gestaltet sich schwieriger als gedacht. Vielleicht liegt es aber auch daran, dass wir immer noch etwas unterschiedliche Vorstellungen von einem perfekten Radtag haben.

TAGEBUCHEINTRAG ANITA – *So, 18.7.10, Torfund*

»… Obwohl ich eigentlich nicht mehr lange fahren möchte, zögert sich wieder mal alles raus. Andi ist der Lagerplatz, den ich vorschlage, nicht »gut genug« – ich habe aber das Gefühl, dass er einfach noch Kilometer machen möchte. Tja, so fahren wir über zwanzig Kilometer weiter, wobei mitten drin ein ordentlicher Anstieg liegt, der einfach nicht enden will. Beginnen zu streiten, weil ich nicht einsehe, warum wir immer etwas tun »müssen« – Kilometer machen, reinbeißen … grrr!! Warum nicht ein gemütlicher Tagesausklang??

Viel zu spät bauen wir unser Zelt in der Wiese eines Rastplatzes auf, der direkt an einem Fjord liegt. Als ich ein Stück Richtung Wasser gehe, damit ich ein wenig mit mir alleine sein kann, hör ich plötzlich ein Blasgeräusch. Das kenne ich doch! Ein DELFIN!! JA!! Das gibt's doch nicht! Grad vorher hatte ich noch den Satz im Kopf: »Jedes Hindernis bringt ein riesiges Geschenk für euch.« Ganz elegant taucht er zweimal auf und verschwindet dann im Meer. Kurz darauf sehe ich weiter draußen noch mehr Delfine!

Voller Demut stehe ich wortlos am Felsen, Tränen kullern meine Wangen runter. Plötzlich sind alle Zweifel verschwunden und die Zankereien der vergangenen Stunden vergessen.

Nach dem Essen setzen wir uns nochmal gemeinsam zu den Felsen ans Meer. Wolken in allen Farben ziehen in hoher Geschwindigkeit über unsere Köpfe, die Sonne beleuchtet abwechselnd die Bergspitzen und formt einen Spot, der über die Flanken der Berge wandert. Der Halbmond schimmert durch die Wolkendecke – und da: ein Blasgeräusch! Schon wieder! Bleiben lange sitzen und tauchen tief in die heilige Stimmung des Moments ein. Da hör ich es noch einmal: das Ausatmen eines Delfins, oder besser gesagt von zwei Delfinen. …«

Auf so einer Reise liegt oft alles sehr knapp beieinander: Streit, Friede, Ärger, Glück. Es ist ein einfaches, aber umso intensiveres Leben auf dem Fahrrad. Aber je länger wir unterwegs sind, desto mehr lernen wir darauf zu vertrauen, dass am Ende immer alles gut wird.

Mittlerweile ist es fast Ende Juli, für uns höchste Zeit, sich über die Weiterreise nach Island Gedanken zu machen, denn nur zwischen Mitte Juli und Ende August kann man die Insel im Nordatlantik per Fahrrad erkunden. Und so machen wir uns schleunigst auf den Weg nach Bergen, von wo aus wir ein Fährticket nach Island buchen möchten.

TAGEBUCHEINTRAG ANDI – *Mo, 19.7.10, Kalland*

»… Der Austgulfjord mündet in den Eidsfjord, es geht auf und ab, durch zwei Tunnels. Es ist später Nachmittag. Wir halten die Augen nach einem Lagerplatz offen, finden aber nichts Passendes und im Nu stehen wir im Fährhafen von Sløvag. Überall wird Schotter abgebaut, am gegenüberliegenden Ufer verschandelt eine riesige Ölraffinerie das Landschaftsbild. Welch ein Kontrast zu den Fjorden! Mangels Alternativen müssen wir die Fähre noch heute nehmen, obwohl dies eigentlich erst für morgen geplant gewesen wäre. Etwa eine viertel Stunde mit schrecklichem Ausblick. Es dauert weitere fünf Kilometer, bis wir schließlich einen Lagerplatz finden. Beginnen gleich zu kochen, leider hat es wieder einmal viele Knots, was das Essen nicht gerade angenehm macht. Da hilft nur der Rückzug ins Zelt, obwohl die Wolkenstimmung zum Verweilen einladen würde. Kaum liegen wir in unseren Schlafsäcken, prasseln die ersten Regentropfen auf die Zeltplane. Perfektes Timing. …«

Drei Tage Dauerregen machen die Weiterreise nach Bergen nicht gerade zu einem Hochgenuss. Die Regenbekleidung erweist sich in Anbetracht der gewaltigen Wassermengen nach kurzer Zeit als relativ wertlos. Triefend und zitternd vor Kälte sehnen wir uns nach einer Nacht im Trockenen, doch diesmal wird es nicht ganz so einfach wie erhofft.

TAGEBUCHEINTRAG ANITA – *Di, 20.7.10, Vågenes*

»… Der erste Versuch, eine Hütte zu ergattern, schlägt fehl. Alles ausgebucht. Wir werden aber zum nächsten Campingplatz vermittelt, nicht weit entfernt. Klatschnass fahren wir weiter. Auf, ab, auf, wieder ab. Mein Körper ist irgendwie am Ende, obwohl wir gerade mal dreißig Kilometer gefahren sind. Endlich angekommen, sagt man uns auch hier, dass alles voll ist. Als ich den Boss frage, ob wir in der Waschküche schlafen könnten, meint er nur »nein«, kratzt sich am Kopf und murmelt vor sich hin. Dann sagt er plötzlich, er hätte vielleicht was, schon ewig nicht mehr gebraucht und auch nicht geputzt, aber wir könnten dort bleiben. »Mhm, mhm, mhm«, murmelt er in seinen Bart.

Er führt uns zu einer leicht baufälligen, aber ziemlich urigen kleinen Hütte, die mitten in einer sumpfigen Wiese steht. Ein Stück Holz verschließt die Eingangstür. Der Mann schüttelt den staubigen Teppich aus und schraubt an der Lampe herum. Licht an, aus, an, aus – nichts tut sich. Egal, wir haben eine

Stirnlampe. Hauptsache wir sind im Trockenen. »Perfekt«, sagen wir ihm. »Mhm, mhm, mhm«. Folgen ihm durch den Regen zurück zur Rezeption, bezahlen hundert Kronen und stapfen mit unseren vollbepackten Rädern durchs klatschnasse Gras zurück.

Fast gleichzeitig steht auch der »Big Boss« wieder vor dem Eingang der alten Hütte, eine neue Glühbirne in seiner Hand. Mit endlosem »Mhm, mhm, mhm« wird die Birne gewechselt, und siehe da, es werde Licht! Andi besorgt uns noch einen Besen und wir kehren den gröbsten Dreck vom Boden. Schnell haben wir unser ganzes Zeug verteilt, und es wirkt, als würden wir schon länger hier hausen. ...«

Im strömenden Regen radeln wir tags darauf Richtung Bergen. Da unsere Gastgeber erst am Abend zuhause sein werden, legen wir noch eine ausgedehnte Pause in etwas ungewohnter Umgebung ein.

TAGEBUCHEINTRAG ANITA – *Mi, 21.7.10, Bergen*

»... Klatschnass machen wir nach dreißig Kilometern endlich die erste Pause. Am Stadtrand stellen wir unsere Räder in den Eingangsbereich eines Einkaufszentrums. Genau, als wir bei der Tür reinkommen, spielen sie uns »Don't worry, be happy«. Suchen uns auf den Stufen ein Plätzchen zum Jausnen: den restlichen Salat von gestern, die übrig gebliebenen Nudeln, Chips, Streichkäse aus der Tube und ausgetrocknetes Brot. Danach ist uns beiden übel. Kein Wunder! Unglaublich, was man in sich reinstopft, wenn man hungrig ist. Es dauert eine gefühlte Ewigkeit, bis die Klamotten einigermaßen trocken sind – und das, obwohl ich zwischendurch immer zum Handtrockner am Damen-WC gehe.

Zum Aufwärmen kaufen wir uns heißen Kakao, essen Kekse und sitzen ohne ein Wort zu reden bestimmt eine Stunde lang nebeneinander. Rund um uns einkaufswütige Norweger, ein alter, gebrechlicher Mann, der in den Mülleimern nach Pfandflaschen kramt und ein bestens gelaunter Security, der freudestrahlend seine Runden dreht. Aus den Lautsprechern dröhnt Musik und ich sauge die Lieder richtig in mich auf. Wenn man so selten Musik hört, ist alles gleich noch intensiver. Witzig, mit wie vielen Songs man Erinnerungen verknüpft ...

Nach ganzen zwei freiwilligen Stunden im Einkaufszentrum machen wir uns – zugegebenermaßen etwas unmotiviert – wieder auf die Socken. Draußen regnet es immer noch in Strömen. ...«

Wir sind überglücklich, die nächsten zwei Nächte bei den Couchsurfern Cathy und Richard verbringen zu dürfen. Die beiden Engländer leben seit sieben Jahren hier und arbeiten auf der Uni. Cathy hat extra für uns gekocht: Indisches Dal – was für ein Genuss! Über die mitgebrachten, frisch gepflückten Heidelbeeren freuen sie sich sehr. Unsere Gastgeberin zaubert sogleich einen leckeren Kuchen daraus, den wir noch warm verputzen.

»Was für ein Panorama!«, meint Anita voller Freude, als wir unser heimeliges Gästezimmer mit Glasfront und Fjordblick beziehen. Das Haus der Engländer klebt spektakulär an einem licht bewaldeten Hang mit grandioser Aussicht. Zwei Nächte lang dürfen wir den Luxus einer trockenen, festen Bleibe genießen. Obwohl wir hauptsächlich mit dem Organisieren unserer Weiterreise beschäftigt sind, bleibt genug Zeit, die rustikalen Holzhäuser und steilen Gassen der alten Hansestadt zu besichtigen und als »normaler« Tourist in den Massen unterzutauchen.

Leider werden jedoch seit geraumer Zeit keine direkten Passagen mehr von Bergen nach Island angeboten, und so müssen wir zuerst per Fähre nach Dänemark übersetzen und von dort aus weiter nach Island. Unsere Route führt uns über Stavanger, wo wir einen kleinen Zwischenstopp einlegen, um DAS touristische Aushängeschild Norwegens zu bestaunen: den *Preikestolen*.

TAGEBUCHEINTRAG ANDI – *Sa, 24.7.10, Preikestolen*

»… Es ist sechs Uhr abends, die Besucherlawine des Tages rollt uns entgegen. Jung, alt, dick, dünn, Asiate, Afrikaner, High-Tech Outdoorer, Flip-Flop Teenie – alles auf den Beinen! Nach oben sind dafür nur mehr wenige Leute unterwegs. Der Aufstieg ist »normal« anstrengend und für uns nicht sehr anspruchsvoll. Nur der Packsack, den ich mir mit einem Spanngurt provisorisch wie einen Rucksack umgeschnallt habe, drückt auf die Schultern. Die letzten fünfhundert Meter geht's entlang eines ausgesetzten Felsbandes, dann endlich stehen wir auf ihm – dem Preikestolen. Die Kante des 25 mal 25 Meter großen Felsplateaus fällt 604 Meter senkrecht in den darunter liegenden Lysefjord ab. Vor uns tut sich ein Panorama auf, welches spektakulärer nicht sein könnte. Weit unter uns zieht sich der fast vierzig Kilometer lange Fjord durch eine ursprüngliche Landschaft, die von steilen Granitformationen, grünen Tälern und kahlen, von Seen durchsetzten Hochebenen dominiert wird. Die letzten Tagestouristen brechen auf, nur ein süddeutsches Pärchen, zwei Mädels und

wir sind für ein Biwak vorbereitet. Eine super Entscheidung! Fast alleine, bei magischem Abendlicht, erscheint uns die Kulisse wie eine überdimensionierte Postertapete. Vom Schlafsack aus genießen wir den wohl spektakulärsten Ausblick Norwegens, den aufgehenden, fast vollen Mond, ein Bier und unsere köstlichen Brote. Herrlich, diese Ruhe! Ein paar Knots belästigen uns, aber angesichts dieses grandiosen Naturschauspiels nimmt man das gerne in Kauf. Es wird kühl und feucht, aber auch das stört uns wenig. Ein fantastisches Gefühl, hier oben die Nacht verbringen zu dürfen! …«

Weiter per Fähre nach Hirtshals, nördliches Dänemark. Ein kleiner »Fehler« bei der Buchung der Island-Passage beschert uns einen spontanen Fünf-Tage-Aufenthalt, der überraschend nett, aber wieder mal großteils verregnet ausfällt.

Vorwiegend flach radeln wir zuerst an den nördlichsten Zipfel Dänemarks. Dort, wo sich Nord- und Ostsee vor einer weiten Dünenlandschaft berühren. Schon dem Märchendichter Hans Christian Andersen hatten es die liebliche Landschaft und das grandiose Licht hier in Skagen angetan. Auch wir fühlen uns sehr wohl und quartieren uns spontan in einer kleinen Ferienwohnung ein, in der wir wohl jedes einzelne Elektrogerät verwenden, das vorhanden ist. Wir nutzen Waschmaschine und Trockner, um unsere Schlafsäcke und Klamotten vom Moder der letzten Wochen zu befreien, backen Pizza und liegen seit einer Ewigkeit wieder einmal in einer richtigen Badewanne. »Herr, ich bin im Himmel!«, frohlockt Anita entspannt. Während wir in unseren kuscheligen Betten eine Flasche Rotwein trinken, prasseln dicke Regentropfen auf das geschlossene Fenster und im Fernsehen beginnt pünktlich um viertel nach acht ein romantischer Rosamunde-Pilcher-Film. Was für ein herrlicher Tagesausklang!

Zwei feuchte Tagesetappen auf verkehrsfreien, gut ausgeschilderten Radwegen bringen uns schließlich nach Hanstolm, von wo aus wir mit dem Schiff nach Island übersetzen.

ISLAND – OUT OF THIS WORLD

»Hart war es, aber unbeschreiblich schön!«, resümiert Anita unsere ein-monatige Odyssee durch das sagenumwobene Land der Vulkane, Trolle und Elfen, als wir etwas müde und vom Gegenwind gezeichnet Reykjavik errei-chen. Wir schieben unsere Räder durch die Wiese des Campingplatzes und uns wird plötzlich bewusst, dass wir gerade unsere letzten europäischen Kilometer geradelt sind. Welch schräge Vorstellung!

Insgesamt 109 Tage auf Achse, der Tacho zeigt 5.700 Kilometer und 24.800 Höhenmeter. In unserer Statistik verbuchen wir zudem zehn Länder, zwei Plattfüße, einen kaputten Mantel, je eine verschlissene Kette und von Sonne und Wind getoastete Gesichter. Aber erst mal alles der Reihe nach.

TAGEBUCHEINTRAG ANDI – *Do, 5.8.10, Seyðisfjörður*
»... Um neun Uhr legen wir in Seyðisfjörður im Nordosten Islands an. Rollen aus dem Bauch des Schiffes und sind überwältigt: nebelbehangene Berg-hänge, einsame Farmen, üppiges Grün. Unecht wirkt die Landschaft, wie aus einem Hochglanz-Bildband. Das kleine Dorf liegt entlegen in einem maleri-schen Fjord, Wasserfälle plätschern die kargen, niedrig bewachsenen Hänge herab. Wolkenfetzen ziehen durchs Tal, die vergilbten Holzhäuschen und die blitzblaue Kirche passen perfekt in die Gegend. Wir checken am Campingplatz ein und sind froh, nicht gleich weiterradeln zu müssen, denn wir haben nach wie vor einen ordentlichen Seegang und auch die Mägen sind etwas flau. ...«

Wer mit dem Fahrrad nach Island reist, dem bieten sich je nach Aben-teuerlust und Erfahrung zahlreiche Routenmöglichkeiten. Für Islandneu-linge empfiehlt sich eher die fast durchgehend asphaltierte Ringstraße, die einmal rund um die Insel führt. Mutigere Pedalritter finden ein mehr oder weniger dichtes Netz an anspruchsvollen Hochlandrouten, die oftmals von Einsamkeit, extrem schwierig zu fahrenden Belägen, reißenden Gletscher-fluss-Durchquerungen und widrigen Wetterbedingungen geprägt und nur während des sehr kurzen Hochsommers befahrbar sind. Wir entschließen uns nach langem Abwägen für eine Kombination aus nördlicher Ringstraße und Kjölur-Route, der einfachsten und kürzesten Hochlandquerung, die mittlerweile komplett mit Brücken versehen ist.

Gerüstet mit wertvollen, fast väterlichen Tipps vom netten, alten Herrn aus der lokalen Touristen-Info, nehmen wir zwei Tage nach unserer Ankunft den ersten Pass Richtung Elilsstadir in Angriff. Im Hinterkopf hallen die gut gemeinten Worte nach: »Auf einer Schotterstraße immer nach unten schauen, wenn ein Auto vorbeirast, damit das Gesicht geschützt ist und niemals im Nebel halten! Gute Fahrt und viel Glück!«

Unser erster Anstieg entpuppt sich als halb so schlimm. Umso besser, denn so können wir uns voll und ganz auf die wunderschöne Gegend konzentrieren, die uns von Beginn an in seinen Bann zieht. Tosende Wildbäche stürzen in die Tiefe, auf den moosbewachsenen Hängen grasen dicke, kuschelig aussehende Schafe, die uns ungläubig anstarren und mit Sicherheit einen guten Pullover abgeben würden. Der Wettergott ist seit unserer Ankunft gnädig mit uns und beschert uns leicht wechselhafte, niederschlagsfreie erste Tage mit mäßigem Wind. Perfekte Bedingungen, um unsere Hochlandtauglichkeit zu testen.

TAGEBUCHEINTRAG ANITA – *Sa, 7.8.10, Möðrudalur*

»… Radeln das Hochplateau entlang, bis wir zu einer Abzweigung kommen: alte oder neue Straße? Asphalt oder Schotter? Eigentlich haben wir uns schon für die einfachere Variante entschieden, doch als wir vor der Infotafel stehen und mit einem Mitarbeiter der Straßenaufsicht ins Gespräch kommen, sind wir wieder motiviert, die vierzig Kilometer der alten Ringstraße in Angriff zu nehmen. »Die Piste ist einfach und das Wetter gut!«, meint er lässig und zieht mit seinem Allrad-Pickup von dannen. Wir radeln durch eine kahle, menschenfeindlich anmutende Landschaft, fühlen uns wie auf einem fernen Planeten. Der erste Berg hat's gleich ordentlich in sich: zwölf Prozent Steigung! Ich gehe leicht an meine Grenzen – aber wir haben schon Schlimmeres geschafft, nicht wahr? Der zweite Anstieg ist nicht mehr ganz so happig, freu mich aber trotzdem, als es wieder bergab geht. In einer kleinen, mit Torf gedeckten Schutzhütte wärmen wir uns mit einer Tasse Kaffee und »gebackenen Mäusen«. Auf der Weiterfahrt merke ich erst, wie kaputt mein Körper ist. Finden Gott sei Dank rasch ein »würde-*

---

* *Österreichische Mehlspeise*

volles« Plätzchen für unser Lager. Waschen im eiskalten Bach, leckere Nudeln mit Tomaten-Auberginen-Sauce und eine unglaubliche Abendstimmung vor dem Schlafengehen. ...«

Nach unserem ersten, recht harmlosen Offroad-Ausflug geht's voller Vorfreude weiter in die Gegend von Myvatn, um den idyllischen Myvatn-See sowie einige geologisch aktive Gebiete zu erkunden. An den kahlen Berghängen rund um den See kocht und brodelt es, was das Zeug hält. Eine surreale Landschaft mit laut pfauchenden Dampflöchern, blubbernden Schlammkesseln und bunten Mineralstrukturen. Der eigenwillige Geruch von Schwefel liegt in der Luft. Eine vorzeitlich wirkende Landschaft, gespickt mit Kratern, Seen und dampfenden Schloten. So muss es wohl vor Millionen von Jahren auf der Erde ausgesehen haben. »Fehlen nur noch die Dinosaurier!«, scherzt Anita, als wir spät abends auf den im Licht der untergehenden Sonne orange schimmernden See blicken.

Wir folgen der Ringstraße gegen den Uhrzeigersinn, freuen uns über den lichten Verkehr, die für Island ungewöhnlich sommerlichen Temperaturen und darüber, dass uns sogar die Hunde gut gesinnt sind.

TAGEBUCHEINTRAG ANDI – *Sa, 14.8.10, Öxnadalsheidi*

»... Die Sonne kämpft sich durch dicke Nebelschwaden. Kühl ist es, ich koche das Frühstück draußen, gegessen wird aber im Zelt. Nach dem Zusammenpacken gehen wir nochmal an die steile Flanke. Unten im Tal laufen zwei Flüsse herzförmig zusammen. Danach geht's mit Rückenwind bergab, es läuft fast wie von selbst. An einer Farm erwecken wir die Aufmerksamkeit eines neugierigen Hundes. Sofort spurtet er los, bis der Zaun, der uns trennt, endet. Doch stoppen kann ihn das nicht. Elegant wie eine Gazelle springt er im hohen Bogen darüber und teufelt wie der Blitz weiter neben uns her. Teilweise durch dichtes Gras, sodass man ihn kaum mehr sehen kann. Über Steinwälle, durch Pfützen und Bäche. Er hat offensichtlich eine Riesengaudi und denkt gar nicht dran, uns wieder alleine zu lassen. Nach einigen Kilometern lässt seine Kraft nach. Immer öfter stolpert er, wird merklich müde. Der Arme tut uns schon ganz leid, deshalb stoppen wir zweimal für ihn, damit er ein wenig ausschnaufen kann. Voller Freude lässt er sich von uns kraulen, die Zunge hängt ihm beim Hecheln beinahe bis zum Boden. Als auf der gegenüberliegenden

Straßenseite ein anderes Radlerpärchen auftaucht, halten wir, quatschen kurz und lassen die beiden mal vorfahren. Und siehe da, unser Begleiter schließt sich den »Schnelleren« an – Gott sei Dank! …«

Erstaunlich aber wahr, gerade in Island begegnen uns außergewöhnlich viele Tourenradler – und das, obwohl dieses Land wahrlich nicht zu den einfachsten Bike-Destinationen auf unserem Planeten zählt. Vielleicht ist es gerade diese Herausforderung, die abenteuerlustige Menschen aus allen Ecken Europas und Übersee anzieht und teilweise ganz schön leiden lässt. Im Nachhinein sind wir mehr als glücklich darüber, dass wir uns ganze drei Monate für Island warm radeln konnten und der unbarmherzige Wind öfter als erwartet auf unserer Seite war. Aber gerade im Hochland sollte man immer auf alles gefasst sein.

TAGEBUCHEINTRAG ANDI – *So, 15.8.10, Afangi*

»… Es regnet, wie schon die ganze Nacht. Wollen heute ins Hochland aufbrechen und warten ein wenig ab, ob sich das Wetter doch noch bessert. Um elf Uhr werden wir ungeduldig und brechen im Nieseln auf. Der Wind immer noch aus Süd-West, für uns also von der falschen Seite. In ein schönes Tal hinein zieht sich die Piste Nummer 734, parallel zur 35er, der Kjölur Route. Hier beginnt die Schotterstraße. Vorteil dieser Variante ist, dass es nahezu keinen Verkehr gibt, bis wir später wieder auf die 35 einbiegen. Stetig geht's leicht bergauf. Eisig kalt ist es. Der Gegenwind und der Regen tragen nicht gerade zu guter Laune bei. Immer einsamer wird das Tal, der Kilometerzähler scheint fast zu stehen. Völlig durchnässt und ausgefroren machen wir in einem miefigen Heustadel Pause, stopfen eilig Käsebrote in uns rein und fahren rasch weiter, um nicht noch mehr auszukühlen. Unter großer Anstrengung wuchten wir unsere Packesel einen steilen Anstieg hoch, bis wir die Abbruchkante des endlos erscheinenden Hochplateaus erreichen. Glücklicherweise lässt der Regen nach, der starke Wind stemmt sich aber weiterhin gegen uns. Mit maximal sieben Kilometern pro Stunde schleichen wir die hügelige, endlose Steinwüste entlang. Weit und breit nur der Horizont, keine Menschenseele begegnet uns. Nach einer nicht endend wollenden Schinderei erreichen wir endlich die Kreuzung am Blöndulon-Stausee. Für zehn Kilometer haben wir den Wind nun im Rücken, danach wird's nochmal so richtig heftig. Orkanartige Seitenböen erwarten uns, als wir

im rechten Winkel auf die 35er abbiegen. Teilweise bläst es uns fast in den Straßengraben. Immer wieder müssen wir aus den Pedalen hüpfen, um nicht umzufallen. Einige fiese Anstiege können wir nur schiebend überwinden.

Fix und fertig stolpern wir nach knapp sieben Stunden im Sturm in die Schutzhütte bei Afangi. Ein warmer Kakao, die nette Hüttenwirtin, leckere Nudeln und ein entspannender »Hot Pot*« lassen den Tag dann doch noch gebührend ausklingen. Der heftige Regen, der nachts auf das Zelt trommelt, stört uns nicht beim Einschlafen. Kein Wunder nach dieser Tortur! ...«

Körperlich und geistig sind Tage wie dieser eine echte Herausforderung für uns. Doch wir merken, dass wir gerade, wenn es richtig anstrengend wird, noch mehr im JETZT sind und unsere Umgebung umso intensiver wahrnehmen. Die traumhafte Landschaft erscheint uns noch spektakulärer, unsere einfache Campingkost schmeckt besser als ein Fünf-Gänge-Menü, jeder Schluck Wasser ist ein kostbares Geschenk. Wir fühlen uns, als wären wir dem »Nabel der Welt« näher als je zuvor.

Der Windgott stellte uns gestern zwar ordentlich auf die Probe, die folgenden drei Tage ist er aber mehr als gnädig mit uns und bläst uns, begleitet von strahlendem Sonnenschein, förmlich über das Plateau in den Süden. Und das sogar bergauf! »Yiiihaaaa! Das ist schöner als Fliegen!«, juble ich mit einem breiten Lächeln im Gesicht. Ich stehe in den Pedalen, lasse mich ohne treten zu müssen vom Sturm antreiben und kann mir nun ansatzweise vorstellen, wie einfach man es eigentlich auf einem Motorrad hätte. Trotzdem würde es mir nicht in den Sinn kommen, mein behäbiges Stahlross gegen ein motorisiertes Zweirad zu tauschen. Viel zu schnell wäre mir das Tempo auf Dauer. Da hätte man ja gar nichts mehr von seiner Umgebung!

Die Landschaft im Hochland ist »*Out of this world*« – »von einer anderen Welt«. Weite Steinwüsten, bis zu tausend Meter dicke Gletscher, schwarze Lavafelder, roter Sand, der vom Sturm aufgewirbelt wird, zischende Geysire. Es scheint, als wäre die Zeit stehen geblieben und die Region von der Evolution vergessen worden. Die Piste in einem miserablen Zustand – Waschbrett, Sandpassagen, tiefe Schlaglöcher, loser Schotter. Wieder einmal bewähren sich unsere treuen Drahtesel bestens. Nachdem wir vier Tage lang so richtig

---

* *In Island sehr beliebter, heißer (Whirl-)Pool, oftmals mit Thermalwasser gespeist.*

durchgerüttelt wurden, ist es ein unbeschreibliches Erlebnis, zurück in die Zivilisation zu kehren und wieder Asphalt unter den Rädern zu haben! Vom Rückenwind getrieben schweben wir förmlich dahin, nur das monotone Brummen unserer Stollenreifen in den Ohren …

Nach der erfolgreichen Durchquerung des kahlen Hochlands ist der verhältnismäßig grüne Südwesten Islands eine Wohltat für unsere Augen. Auf unserem Weg in Richtung Hauptstadt liegen einige der bekanntesten Sehenswürdigkeiten des Landes, die wir natürlich nicht auslassen möchten. Gemeinsam mit hunderten anderer Touristen stehen wir mit offenem Mund und gezückter Kamera rund um den Geysir Strokkur, dem kleinen Bruder des erloschenen »Großen Geysirs«, dem Namensgeber aller Springquellen. In einem Abstand von zehn bis zwanzig Minuten stößt er unter dem aufgeregten Raunen der Massen eine etwa zwanzig Meter hohe Fontäne aus. Obwohl uns das fast schon hysterische Gewusel der Touristenmassen anfangs etwas »überfordert«, fasziniert uns dieses imposante Naturschauspiel.

Der Gullfoss ist nicht weniger spektakulär. Der wohl bekannteste Wasserfall der Insel stürzt laut tosend über zwei mächtige, fast rechtwinkelig zueinanderstehende Kaskaden in eine zweieinhalb Kilometer lange und siebzig Meter tiefe Schlucht. In der aufsteigenden Gischt bilden sich dutzende Regenbögen – magisch!

Bei so viel Urkraft erklärt es sich fast von selbst, warum Island Weltmeister in Sachen erneuerbare Energie ist. Hundert Prozent des Energiebedarfs deckt das Land mit regenerativen Quellen ab, davon kommt etwa ein Fünftel aus geothermischen Kraftwerken, der Rest wird durch Wasserkraft erzeugt. Durch gezielte Investitionen und langfristige Entscheidungen hat es Island geschafft, die geologisch günstigen Gegebenheiten sinnvoll zu nutzen und ein umweltfreundliches Versorgungsmodell für Generationen umzusetzen. Die schier endlos vorhandene Energie ist so günstig, dass sie nicht nur zum Heizen und für die Stromgewinnung genutzt wird. So werden beispielsweise Gehsteige im Winter eisfrei gehalten und riesige Gewächshäuser temperiert!

In der Kleinstadt Hvergagerði, etwa vierzig Kilometer östlich von Reykjavik, quartieren wir uns auf dem Campingplatz ein. Das Städtchen liegt in einer geologisch besonders fragilen Zone und ist bekannt für seine ungewöhnlich hohe Dichte an Gewächshäusern, heißen Quellen und kleinen Erdbeben. Beim jährlich stattfindenden Blumenfest feiern wir gemeinsam mit jungen, ausgesprochen freundlichen Teenagern, der Bürgermeisterin persönlich und Menschen aus allen Altersschichten. Egal ob Jung oder Alt, viele tragen den kratzigen, für Island so typischen Wollpullover mit altmodischen Mustern und es scheint, als wäre der respektvolle Umgang zwischen den Generationen und die Bewahrung einer starken Volksseele etwas ganz Selbstverständliches. Ich habe den Eindruck, dass die Abgeschiedenheit der Insel, das raue Klima, die langen Nächte und die oftmals harten Zeiten die Menschen des Landes noch mehr »zusammenrutschen« lassen. Der Kommentar des isländischen Schriftstellers Hallgrimur Helgason über den Staatsbankrott von 2008 könnte dies nicht besser zum Ausdruck bringen:

> *»Die Krise hat uns gut getan,*
> *weil die Menschen in einer falschen Realität lebten,*
> *weil sie in Luftschlössern wohnten.*
> *Dann ist alles zusammengebrochen.*
> *Und so kehren wir nun*
> *zu unseren Wurzeln zurück.«*

TAGEBUCHEINTRAG ANITA – *Sa, 21.8.10, Hvergagerði*

»… Nutzen das Angebot des Blumen-Festivals und düsen nach dem Frühstück zum Gesundheitszentrum mit angeschlossenem Bad, denn da ist heute der Eintritt gratis. Die Isländer legen viel Wert auf Sauberkeit in den Bädern, daher sind gründliches Duschen und Waschen eine absolute Selbstverständlichkeit. Als wir voller Freude in den Outdoor-Pool steigen, wird Andi von einer Frau angesprochen: »Ich hoffe, Sie sind geduscht!« – Andi sieht ja wirklich ein bisschen »wild« aus mit so vielen Haaren am ganzen Körper! Den Isländern kommt es nämlich immer eigenartig vor, wenn jemand mit Handtuch ins Bad kommt, denn sie selbst verbringen maximal ein bis zwei Stunden in den Badeanstalten um ein paar Runden zu schwimmen.

Whirlpool, Dampfbad, Sauna und danach sogar ein Haarfön! Mein Kopf kennt sich überhaupt nicht mehr aus und der Rotton meiner Haut erreicht von Minute zu Minute neue Rekorde.

Erfrischt und tiefenentspannt treten wir wieder in die Pedale, und schon wenige Minuten später frage ich mich, ob es nicht besser gewesen wäre, den Bus zu nehmen. Quälen uns einen Anstieg hoch, starker Seitenwind und heftiger

Verkehr machen die Fahrt zu einem Albtraum. Die Autos rücksichtslos, das Bankett teilweise nicht befahrbar und die Straße eng. Beschließen, noch ein Stück zu fahren, was sich als vollkommener Blödsinn herausstellt, denn weit und breit gibt es keine Bushaltestellen. Autostopp mit zwei Rädern unmöglich. Sind beide leicht genervt, zanken uns. An einer Tankstelle beruhigt uns der heiße Kaffee und unsere Körper wärmen sich wieder ein wenig auf. Bis zum Ortsschild »Reykjavik« sind es nur noch fünfzehn Kilometer. Beim Weiterfahren stellen wir mit Freude fest, dass der Wind, oder besser gesagt die Straße, gedreht hat.

Kurz vor sieben erreichen wir den Campingplatz von Reykjavik, wo ein Zelt dicht an das nächste gereiht ist – wegen der jährlichen »Menningarnött« – der »Cultural Night«. Ein Drittel der isländischen Bevölkerung ist bei diesem Musikspektakel dabei. In der ganzen Hauptstadt gibt es heute Konzerte, das dürfen wir uns nicht entgehen lassen. Stellen unser Zelt auf, ziehen alles an, was wir bei uns haben und machen uns bei frostigen fünf Grad auf den Weg in die Stadt. Wollen ein wenig feiern, denn immerhin sind wir heute unsere letzten Kilometer in Europa gefahren. Leider erzählt uns die Dame an der Rezeption, dass bereits alle »Vinbudins*« geschlossen haben und so begnügen wir uns mit Leichtbier vom Supermarkt und stellen wieder mal fest, dass es absolut keinen Geschmack hat. In Reykjavik selbst ist die Hölle los. Von allen Seiten strömen Menschen in die Gassen, überall klingt Musik: eine grönländische Reggae-Band, Musik aus den Achtzigern, Dancefloor und Elektro, Skurriles und Traditionelles. Alles ist vertreten. Das Fest wird mit einem grandiosen Feuerwerk beendet, und auch wir machen uns danach auf den Rückweg, der viel länger dauert als gedacht. Fallen todmüde ins »Bett« und schlafen sofort ein. Wieder mal ein »ausgefüllter« Tag. Gut, wenn Mama kommt, dann können wir endlich den Fuß vom Gaspedal nehmen – Haha, wir sind ja echt vollkommen verrückt und selbst schuld, dass wir uns immer so einen Stress machen! …«

Nach drei Monaten auf Achse steht nun verdienterweise der erste Urlaub vom Rad an, denn Anitas Mutti hat sich für einen Besuch angemeldet. Die

---

* In Island ist Alkohol nur in 48 staatlich geführten Läden, den Vinbudins, sowie in Bars und Restaurants erhältlich.

Wiedersehensfreude ist riesig, ganz besonders für Anita, die nun endlich wieder jemanden für »echte« Frauengespräche hat – etwas, was ihr ja seit Beginn der Reise wirklich gefehlt hat. Natürlich tut auch mir die Gesellschaft mit meiner lustigen Schwiegermutter gut, die immer für einen Scherz zu haben ist und sich extra für uns in den Flieger gesetzt hat – das erste Mal in ihrem Leben ganz ohne Begleitung!

Für zehn Tage tauschen wir unsere Fahrräder gegen einen geländetauglichen Mietwagen ein, einen Lada Niva. Wir machen den Süden der Insel unsicher, lassen es uns so richtig gut gehen und feiern das Leben.

Der »Urlaub vom Urlaub« ist ein krönender Abschluss unserer Zeit in Europa. Unsere Beine können sich gut erholen und anstatt brennender Oberschenkel haben wir diesmal Bauchmuskelkater vom Lachen. Unser Gast schlägt sich wacker und fühlt sich sichtlich wohl. Spontan verleihen wir ihr bei der Abreise die Auszeichnung »Hardcore-Camper of the Year 2010«. Es war ihr erster Campingurlaub – und das gleich auf Island, wo wir seit unserer Abfahrt die mit Abstand kältesten Nächte verzeichnen! »Tschüss Mutti, komm gut nach Hause! Danke für alles und bis bald!«

Mittlerweile ist es Anfang September, der isländische Herbst rückt mit großen Schritten näher. Der Dauerregen und die eisige Kälte lassen die Vorfreude auf einen Tapetenwechsel in uns wachsen. Wir zerlegen unsere Räder, packen sie sorgfältig in zwei Radkartons und setzen uns nervös in den Flughafentransferbus. Etwas verspätet heben wir vom Rollfeld ab, der heftige Wind schüttelt die Maschine und wir blicken ein letztes Mal hinab auf die kahle, herbstliche Insel mit ihren schwach kontrastierenden geologischen Strukturen und Muster. Wir sind glücklich. Glücklich darüber, dass bisher alles so gut gelaufen ist und darüber, dass es jetzt erst »richtig los geht«. Der Flieger taucht durch das dichte Wolkenmeer, ich schließe meine Augen und lasse die vergangenen Wochen Revue passieren.

USA – WILD WILD WEST

Es ist fast Mitternacht, als unser Flugzeug mit dem Landeanflug beginnt. Rund um uns Schwarz, nichts als Schwarz. Plötzlich taucht unter uns ein Lichtermeer auf, das wie durch eine scharfe Messerschneide von der umliegenden Wüste Nevadas getrennt zu sein scheint. Las Vegas. Willkommen im Disney World für Erwachsene.

»Warum fliegt ihr nach der traumhaften Natur in Nordeuropa ausgerechnet nach Vegas?« Nicht nur in einer E-Mail werden wir nach unserem Kontinentwechsel mit dieser durchaus berechtigten Frage konfrontiert. Die Antwort ist relativ simpel. Es war schlicht und einfach der billigste Flug von Island auf den amerikanischen Kontinent. Für Alaska oder Kanada ist es schon zu kalt, und wir wollen ja schließlich immer noch nach Südamerika radeln!

TAGEBUCHEINTRAG ANITA – *Mi, 8.9.10, Las Vegas*
»… Machen uns gemütlich fertig und marschieren den Strip entlang, um zu frühstücken. Der Kontrast zu Island könnte nicht stärker sein. Die extreme Hitze macht uns schon nach den ersten Metern zu schaffen. Überall Reklame, Leuchtschilder, Röcke, die grad mal über den Po gehen und nackte Haut, wohin das Auge reicht. Skurrile Hotelburgen ragen in den wolkenlosen Himmel und überbieten sich gegenseitig an Geschmacklosigkeit. Nach den ersten Minuten stellt sich raus, dass die Entfernungen doch weiter sind als angenommen. Völlig verschwitzt landen wir schlussendlich in einem »All-You-Can-Eat-Lokal« und kommen aus dem Staunen nicht mehr raus: Essen im Überfluss. Und zwei total überforderte, ausgehungerte Radfahrer, die sich einfach nicht entscheiden können. Omeletts, frisches Obst, Pfannkuchen, Toast, Käse, Gemüse, unzählige warme Gerichte und eine meterlange Desserttheke.

Der übergewichtige Mann am Tisch nebenan holt sich nach unzähligen Tellern noch zwei Stück Torten, isst ein halbes Stück und erhebt sich danach keuchend, um aus dem Restaurant zu verschwinden. Kein Wunder, dass hier überall Rolltreppen sind, ja sogar Drive-In Bankomaten! …«

Da Anita und ich weder im Elvis-Kostüm heiraten noch unser Geld verzocken wollen, halten wir uns gar nicht zu lange in Vegas auf. Irgendwie ist diese verschwenderische Glitzerwelt nicht ganz unser Ding. Wenn man sich vor Augen führt, dass die Wüstenstadt im Verhältnis zur Größe weltweit den höchsten Strom- und Wasserverbrauch hat und ein Großteil der Energie aus Kohlekraftwerken stammt, kommt einem zwangsweise das Gruseln. Wir flüchten nach drei Tagen in die weiten Wüsten und Canyons des Südwestens der USA und erfahren sogleich am eigenen Leib, dass es hier in der knochentrockenen Mojawe-Wüste alles andere als selbstverständlich ist, zwischen plätschernden Wasserfontänen und blinkender Neonreklame in vollklimatisierten Hotelburgen zu sitzen und eisgekühltes Bier zu schlürfen.

TAGEBUCHEINTRAG ANDI – *Mo, 13.9.10, Death Valley*

»… Siebenundvierzig Kilometer noch bis Furnace Creek, einer Oase mitten im Death Valley Nationalpark. Sechzehn davon gehen rauf auf knapp tausend Meter Seehöhe, der Rest fällt permanent bis unter Meeresniveau ab. Am Scheitelpunkt der Straße hat es bereits mehr als fünfunddreißig Grad, obwohl es erst halb elf ist. Dann beginnt der Downhill ins Tal des Todes. Je weiter wir runterkommen, desto unerträglicher wird die Hitze. Die Aussicht auf eine Erfrischung im Besucherzentrum treibt mich voran.

»Keinen Meter fahr ich mehr!«, schimpft Anita, als wir hechelnd an einem Aussichtspunkt anhalten. Die Hitze macht ihr Angst. »Es gibt aber kein Zurück mehr, zumindest nicht jetzt um die Mittagszeit!«, entgegne ich ihr energisch. Beginnen daraufhin ordentlich zu streiten. Schweigend treten wir die letzten Kilometer an. Die Temperaturen sind unvorstellbar! Es ist eine heiße, trockene und unbarmherzige Hitze. So was habe ich echt noch nie erlebt. Dann endlich, das Besucherzentrum Furnace Creek. Auf zwei Schaukelstühlen essen wir im Schatten wortlos ein Eis. Es vergeht fast über eine halbe Stunde, bis wir wieder vernünftig reden können.

Unser Plan, das Death Valley zu durchqueren, steht unter keinem guten Stern. Mit dem hiesigen Radvermieter (ja, so was gibt es wirklich im Death Valley!!) checke ich eine mögliche Route. Viel Mut macht er mir nicht. Von meiner Idee, um vier Uhr morgens von hier aufzubrechen, bis in den späten Vormittag hinein zu radeln und uns während der größten Mittagshitze im Schatten unserer Zeltplane aufzuhalten, hält er wenig. »Man braucht einfach

zu viel Wasser, auch ohne körperliche Anstrengung! Das ist Selbstmord!«,
warnt er uns mit ernster Miene.

Dass er nicht so Unrecht haben kann, beweist die Tatsache, dass ein komplett
durchnässtes, über den Körper gezogenes T-Shirt innerhalb von zehn Minuten
wieder staubtrocken ist – und das im Schatten! Also disponieren wir um. Wir
wollen schon heute am späten Nachmittag los und bis tief in die Nacht hinein
fahren. Morgen soll's um vier Uhr in der Früh weitergehen, dann wären wir
gegen Mittag wieder bei einer bemannten Rangerstation.

17:45 Uhr, vierzig Grad im Schatten, ein heftiger Gegenwind hat eingesetzt.
Es fühlt sich an, als würde dir jemand einen überdimensionierten, heißen Fön
vors Gesicht halten. Wir riskieren es und brechen auf, beide mit zwanzig Litern
Wasser im Gepäck. Angespannt plagen wir uns im Schneckentempo einige Ki-
lometer gegen die Elemente und stellen schnell fest, dass unser Unternehmen
nicht ganz risikolos ist. Bei diesem Wind würden wir für die angestrebte Strecke
viel zu lange brauchen und unser Leben unnötig aufs Spiel setzen. Also kehren
wir niedergeschlagen um. Im Dunkeln erreichen wir den Campingplatz in
Furnace Creek. Es hat immer noch sechsunddreißig Grad, unvorstellbar! Die
Nacht verbringen wir auf Aluminiumtischen liegend ohne Schlafsack, im Zelt
würde man wohl krepieren. …«

Mal abgesehen von solchen selbst auferlegten Sonderprüfungen scheint es,
als hätten wir all die Anfangsschwierigkeiten und Mühen nun endlich hinter
uns gelassen. Mit jedem Tag machen das Herumzigeunern und Sich-Treiben-
Lassen mehr und mehr Freude. Vielleicht liegt es am trockenen Klima und
den sommerlichen Temperaturen, die unseren Tagesablauf um einiges ver-
einfachen und angenehmer gestalten? Möglicherweise sind es aber auch die
Offenheit und Neugierde der Amerikaner, die uns tiefe Einblicke in die wahre
»Seele des Landes« gewähren und das Reisen erst richtig spannend machen.

TAGEBUCHEINTRAG ANITA – *Do, 16.9.10, Washington, Utah*

»… In Washington überbrücken wir die Mittagshitze in einer schattigen
Parkanlage mit Teich. Stelle mich gleich ins Wasser und wasche meine ver-
schwitzten Klamotten durch. Während wir hungrig unsere Brote verschlingen,
beobachte ich einen Mann, der mit einem Metalldetektor durch die Wiese
läuft. Ab und zu wird das monotone Geräusch lauter. Außer einer drei Jahre

alten Münze und einem rostigen Nagel findet er aber nichts. Als ich ihn frage, ob es sich lohnt, erzählt er uns, er hätte gesamt schon einige tausend Dollar damit verdient. Das Ganze hätte aber auch einen guten Nebeneffekt, denn auf Spielplätzen entferne er auch den Müll. »Wenn es zu viel wird, rufe ich den Reinigungsservice.«

Chris und seine Frau Shelly haben sich in Rhino kennengelernt, wo Chris eine Zeitlang in einer Bar gearbeitet hat. Momentan ist er am Umsatteln – wegen der Bandscheiben. Das Handybusiness hat es ihm angetan. »Alles wird digital, besser, schneller. Man braucht nur zur richtigen Zeit die richtige Idee und ein wenig Glück«, meint er. Tja, den Diamantanhänger, den Shelly trägt, hat Chris schließlich auch im Park gefunden. Die beiden haben viele Träume und um sie ein wenig greifbarer zu machen, sammeln sie diese auf ihrem »Dreamboard*«. Als wir von uns und unseren Plänen erzählen, meint Chris plötzlich, er hätte unglaublich gerne eine signierte Visitenkarte von uns. Die würde sich gut auf ihrem Dreamboard im Wohnzimmer machen. Wir würden ihn so sehr inspirieren, denn wir beide leben ja JETZT unseren Traum! …«

Es ist ein wirklich schönes Gefühl zu sehen, wie man andere mit seiner eigenen Geschichte ein wenig beflügeln kann. Gut gelaunt setzen wir unsere Reise fort. »Die Amerikaner sind doch gar nicht so schlimm wie in unseren Medien dargestellt!«, meine ich beim Dahinradeln gedankenversunken zu Anita. Im gleichen Augenblick schäme ich mich für meine unüberlegte Aussage. Warum bloß bin ich immer so voreingenommen? Dabei habe ich gar keinen Grund dazu, denn bisher wurde ich immer ausnahmslos eines Besseren belehrt! Egal in welchem noch so verrufenen Staat. Tja, und wieder einmal bewahrheitet sich eine These, die ich mir in solchen Situationen ins Gedächtnis zu rufen versuche und die ich wirklich jedem ans Herz legen kann:

> *Wenn du Vorurteile*
> *gegenüber einem Land und*
> *dessen Leute hast,*
> *dann bereise es.*
> *Du wirst überrascht sein!*

---

* *Pinnwand zur Manifestierung von Träumen*

TAGEBUCHEINTRAG ANITA – *Fr, 17.9.10, Virgin*

»… Als wir Virgin erreichen, ist es bereits dämmrig. Klopfen an die Tür eines Hauses und fragen nach, ob es hier in der Nähe eine Möglichkeit zum Zelten gäbe. Mike, der große, etwas hagere Hausherr, begrüßt uns mit seinen drei Söhnen und meint, wir könnten unser Zelt einfach in seinem Vorgarten aufstellen. »If you need anything, just knock on my door!« Der fünfjährige Schäferhund Grim, mit Hüftleiden, läuft die ganze Zeit um uns rum, wedelt mit seinem Schwanz und freut sich über die extra Streicheleinheiten.

Ganz verschlafen krieche ich morgens aus dem Zelt. Mike sitzt mit seinem ältesten Sohn bereits an der Bushaltestelle, schlürft an einer Tasse Kaffee und wartet solange, bis Damien in den Schulbus steigt. Der Kapuzenpulli und die abgetragene Jeans sind mit dunklen, öligen Flecken übersät – wahrscheinlich vom Arbeiten, denn Mikes Leidenschaft ist die Metallkunst. Im Gegensatz zu seinen Nachbarn hat er viele Aufträge, und das, obwohl er diesen Beruf nie erlernt hat. Er bittet uns in sein Haus und schenkt uns eine Tasse heißen Kaffee ein. Die zwei jüngeren Söhne sind dabei, sich für die Schule fertig zu machen und lauschen unserem Gespräch. Überall im Haus selbst gebaute Regale und Bilder der Kids. Außer einer bunten Hawaiikette ist nur wenig Dekoration zu sehen. Eindeutig ein Männerhaushalt, denk ich mir. Nur ein einziges Familienfoto und eine Kinderzeichnung, auf der »for Mom and Dad« steht.

Das Beste an seiner Arbeit wär aber, dass die Werkstatt zuhause sei und er so viel mehr Zeit mit seinen Söhnen verbringen könne. Während er das sagt, streichelt er liebevoll seinem Sohn über den Rücken und meint, es wäre an der Zeit, zum Bus zu gehen. Wir dürfen solange im Haus warten. »Make yourself comfortable!« Ich wünsche den Jungs einen wunderschönen Tag und sehe ihnen zu, wie sie gemeinsam die Straße runtergehen. Die absolut beste Zeit seines ganzen Tages, erzählt mir Mike später. …«

Radfahrtechnisch stellen uns die USA vor ganz neue Herausforderungen. »Pffff« und der nächste *Potschn**! Immer wieder verirren sich fiese Dornen und Drahtstücke in unsere Reifen, und so bekomme ich – öfter als mir lieb ist – Extra-Training für die Oberarme. Etwa zweihundert Mal muss ich die kleine Handpumpe betätigen, bis der Reifen nach dem Flicken wieder eini-

---

* *Plattfuß*

germaßen fahrbar ist. Natürlich könnte man in solchen Situationen einfach aus der Haut fahren, was normalerweise eher meinem Naturell entspricht. Mit einem kleinen Trick aber gelingt es mir, die negativen Gedanken wieder in die richtige Richtung zu lenken. Spontan komponiere ich während einer Reifenpanne mitten im Nirgendwo einen Song und ich beginne drauf los zu singen:

Glei in da Fruah
derf i Potschn picka heit.
Potschn picka heit.
Potschn picka heit.
Glei in da Fruah
mocht ma des die größte Feud.
Potschn picka heit.
…
Glei in da Fruah
jo do kost uns des vü Zeit.
Kost uns des vü Zeit.
Kost uns des vü Zeit.
Glei in da Fruah
hamma recht a Gaudi heit.
Potschn picka heit.
…

Bei den vielen Bergwertungen kommen uns diese Zwangspausen auch irgendwie ganz gelegen. Dass es hier im Südwesten nämlich extrem hügelig ist, wussten wir mangels entsprechender Recherche und schlechtem Kartenmaterial leider nicht. Unsere Höhenrekorde steigern sich kontinuierlich und so manches Mal sehnen wir uns doch für ein paar Stunden auf den flachen Donauradweg zurück.

TAGEBUCHEINTRAG ANITA – *Do, 23.9.10, Jacob Lake*
»… Unser Morgenritual dauert heute länger. Andi hat am Vorderreifen wieder mal einen Plattfuß. Zum »Aufwärmen« gibt's dann gleich einen Pass mit etwa vierhundert Höhenmetern, dafür sind die folgenden zwanzig Kilometer ein wahrer Genuss! Sanft geschwungene Red Rock Formationen, dichte

Vegetation und riesengroße Bäume erfreuen unsere Äuglein. In Kanab legen wir in einem kleinen, von der hiesigen Mormonenkirche gesponserten Pavillon eine Pause ein und stocken Vorräte für den Grand Canyon auf.

Die Weiterfahrt gestaltet sich mehr als anstrengend, denn die vermeintlich flache Strecke entpuppt sich als stetiges Auf und Ab. Wobei es mehr bergauf geht und die sengende Sonne noch eins drauflegt. Bis wir den »richtigen« Anstieg erreichen, sind wir beide schon ordentlich platt. Hilft nichts. Wir müssen noch heute nach Jacob Lake, weil wir unser Wasser zu knapp kalkuliert haben. Nach etwa acht Kilometern halten wir an einem Aussichtspunkt und erkundigen uns bei zwei netten Kaliforniern, wie lange die Straße noch steigen wird. SCHOCK!! Anscheinend die restlichen zwanzig Kilometer bis Jacob Lake!! OH NOOOO!! Noch dazu fühle ich mich heute den ganzen Tag schon etwas schwach! Fahren langsam weiter. Kämpfen uns Meter für Meter voran. Die Sonne ist schon lange untergegangen, die Temperaturen kühlen rasch ab. Als wir um halb neun in völliger Dunkelheit und fix und fertig am höchsten Punkt ankommen, belohnen wir uns erst mal mit einem Bier und werden dann auch noch von einer älteren Dame angepöbelt, ob wir überhaupt schon alt genug seien für Alkohol!?

Stellen unser Zelt am Campingplatz neben der Tankstelle auf und kochen uns Fertignudeln und Suppe, um unsere ausgehungerten Körper aufzuwärmen. Noch bevor alles fertig ist, bin ich schon fast eingeschlafen. Auch das Essen selbst ist eher mühsam. Ich stopfe es mir nur rein, um meinem Körper Energie zu geben. Resultat dieses Tages: 1.640 Höhenmeter und 7,5 Stunden reine Fahrzeit. Absoluter Rekord. Bin nur froh, dass in unserer Straßenkarte keine Höhenlinien verzeichnet sind, sonst wäre ich wohl des Öfteren am Morgen – und besonders heute – ziemlich demotiviert. Manchmal ist es wirklich besser, wenn man nicht alles weiß. …«

Nach solchen Tagen fragen wir uns, was eigentlich anstrengender ist: Arbeiten oder Radreisen. Aber wenn ich näher über dieses Thema nachdenke, fällt mir auf, dass sich unser neuer Alltag ja im Prinzip wirklich nicht viel von unserem alten Leben unterscheidet. Ganz reduziert betrachtet bedeutet das: Essen – Arbeiten – Essen – Schlafen. Aber ganz ehrlich, wir haben noch nie zuvor in unserem Leben eine anstrengendere Arbeit gehabt! Abends sind wir so fix und fertig, dass wir sofort nach dem Essen erschöpft aber völlig zufrieden einschlafen.

E-MAIL ANITA – *An eine Freundin, Betreff: Ihre Sorgen möchten wir haben*
»Neulich hat mich eine Freundin gefragt, ob wir nie über solche Dinge wie Heiraten und Kinderkriegen reden. Ja wie denn? Wir haben doch andere Sorgen! Wie viele Kilometer sind es noch? Wie viele Höhenmeter haben wir schon? Wo schlafen wir heute? Was essen wir? Haben wir noch genügend Wasser? ...«

Auch wenn wir uns vor ein paar Wochen geschworen haben, etwas vom Gaspedal zu gehen, müssen wir uns des Öfteren aus unserer Reserve locken. Die Reise wird mehr und mehr zu einem ständigen Flirt mit dem »vertrauten« Unbekannten. Doch so hart das Leben im Sattel oft sein mag: Selten haben wir uns lebendiger und glücklicher gefühlt.

Amerika ist immer für Überraschungen gut – und obwohl wir hier bis jetzt mit Abstand die meisten Sonnentage hatten, ist unsere Ausrüstung mehr denn je gefordert. Sei es ein Sturm, der unsere geparkten Räder über Nacht in den Graben weht, eine undichte Schlafmatte, die innerhalb von einigen Stunden die gesamte Luft verliert, oder die vielen Plattfüße, die wir gar nicht mehr zählen wollen. Ach ja, da war doch noch was!

TAGEBUCHEINTRAG ANITA – *Sa, 18.9.10, Zion National Park*
»... Der Gratis-Shuttlebus bringt uns rein in den Canyon. Golden, unser Busfahrer, erzählt viele interessante Dinge am Weg zum Wheeping Rock und ich bin erstaunt, mit welcher Hingabe er das macht. Immerhin wiederholt er das Gleiche mehrmals täglich. Alleine die Fahrt in den Canyon ist einmalig. Schroffe, steile Sandsteinwände, unzählige Feigenkakteen und üppig grüne Bäume, die wie aus dem Nichts wachsen.
Wieder zurück am Campingplatz kühlen wir uns erst mal im Fluss ab, bevor wir uns ans Kochen machen. Als ich die Taschen mit dem Proviant hole, kann ich es fast nicht glauben: LÖCHER!!! Das gibt's doch nicht!? Oder doch? Tja, das haben die Menschen davon. Zuerst füttern sie die »lieben« Eichhörnchen und dann werden die kleinen Tierchen zu »Monstern«, weil es von einem Tag auf den anderen verboten wird. So ein kleiner »Fresssack« hat sich tatsächlich durch meine, aus dicker PVC-Plane gefertigte, Packtasche genagt und war offensichtlich richtig hungrig: Tomaten, Brot, Salat und als Nachspeise Banane. Die Käseverpackung hat es nur aufgebissen, anscheinend war es ein Veganer. Und ich hab immer gedacht, wir müssen wegen der Bären aufpassen! ...«

Mit unseren vollbepackten Reiserädern ist es nicht verwunderlich, dass wir auch in den USA viel Aufmerksamkeit auf uns ziehen. Im Unterschied zu den bisher bereisten Ländern werden wir hier jedoch ungewöhnlich oft angesprochen. »Where are you from? Where are you heading?« Die ständige Fragerei nach dem Woher und Wohin ist grundsätzlich sehr nett, kann manchmal doch ein wenig zeitraubend und nervig sein. Meist bleibt es bei kurzem, oberflächlichem Smalltalk. Doch gerade dann, wenn wir am wenigsten damit rechnen, begegnen uns Menschen, deren Worte auch lange Zeit später noch in unseren Köpfen nachklingen und uns zeigen, dass jede Begegnung etwas Besonderes sein kann.

TAGEBUCHEINTRAG ANDI – *Di, 5.10.10, 29 Palms*

»… Als wir am schattigen Parkplatz vor dem Supermarkt die Lebensmittel in unsere Taschen packen, spricht uns Curt, ein siebzigjähriger Navy-Rentner, an. »Wann habt ihr das letzte Mal geduscht?«, möchte er spontan wissen. Anfangs sind wir etwas verblüfft über diese Frage. Gut, dass man nicht besonders angenehm riecht, wenn man den ganzen Tag bei vierzig Grad auf dem Rad sitzt, ist klar. Aber dass wir von wildfremden Menschen direkt vorm Supermarkt darauf angesprochen werden, darauf sind wir nicht vorbereitet. Es stellt sich heraus, dass Curt Gefallen an unserer Reiseart hat und uns eigentlich nur zu sich nach Hause einladen möchte.

Curt und seine Frau Eva heißen uns herzlich willkommen. Während Anita eine warme Dusche genießt, bekomme ich eine Hausführung. Alles sehr liebevoll gepflegt, etwas abgewohnt, einige Bibelsprüche an den Wänden. Seit dreißig Jahren leben die beiden hier in ihrem kleinen Bungalow am Rande der Wüste, denn Curt war in der hiesigen Militärbasis stationiert. Ursprünglich aus Kentucky, vermisst er das Grün und die angenehmeren Temperaturen. Aber nach dreißig Jahren wieder zurück in die alte Heimat zu ziehen steht nicht zur Diskussion, denn die Kinder und Enkel wohnen alle in der Gegend und die sind sein Ein und Alles. Als wir von unseren Plänen erzählen, macht er uns spontan das Angebot, uns die nächsten zwanzig Kilometer der ansteigenden Straße in den Joshua Tree National Park zu fahren. »Das macht doch keinen Sinn. Ihr habt ja gerade geduscht! Dann wäre es komplett umsonst gewesen!« Wer kann da noch widersprechen? Laden alles in seinen 89er-Dodge Pickup und Curt füllt noch schnell einen Zwanzig-Liter Eimer Wasser für uns, denn auf den

Campingplätzen im Park gibt es keine Wasserversorgung. Am Parkeingang steck Curt zum Wechselgeld »heimlich« sechzig Dollar dazu und lässt es sich nicht nehmen, uns dieses Geschenk zu machen. Unter Protest nehmen wir es schlussendlich voller Dankbarkeit an und sagen ihm nochmal, dass alleine die Begegnung mit ihm Geschenk genug wäre. »Ich mag euch beide!«, sagt er gutmütig lächelnd. Und falls wir unsere Pläne änderten, könnten wir jederzeit zu seinem Haus zurückkommen. Als er uns zum Abschied dann bei den Händen nimmt und ein Gebet für uns spricht, bin ich sprachlos und ziemlich gerührt. »Gott segne euch! Und ihr wisst, der Weg nach 29 Palms ist ein einziger, langer Downhill.« Er schenkt uns ein Lächeln und meint dann noch: »Wir sehen uns »oben« wieder!« ...«

Zwischen bizarr anmutenden Joshua-Bäumen, runden Granitfelsen und stacheligen Kakteen führt uns die einsame Piste vom Nationalpark zuerst hinunter in den Schlund des San Andreas Grabens. An diesem weithin sichtbaren Netz aus tektonischen Verwerfungslinien treffen die Pazifische und Nordamerikanische Platte aneinander. An der südlichen Grenze des Grabens erreichen wir bald den Salton-See, der im Jahre 1905 nach einem Dammbruch künstlich entstand und dessen Ufer weite Obst- und Gemüseplantagen säumen. Das üppige Grün und der bläulich schimmernde See bilden einen starken Kontrast zu den kahlen Abhängen, die selbigen eingrenzen. Von hier aus ist es nicht mehr weit an die mexikanische Grenze.

Einen kleinen Vorgeschmack auf unser zwölftes Reiseland bekommen wir mittlerweile fast täglich, denn die hispanischen Einflüsse werden mit jedem Kilometer stärker. An allen Ecken Taco-Restaurants und zweisprachige Beschilderung, aus den Autos der Erntehelfer dröhnen mexikanische Polkas.

Über 3.100 Kilometer ist sie lang, die Grenze zwischen Mexiko und den USA. Sie besteht aus kilometerlangen Hochsicherheitsmauern und Stacheldraht und ist eine der am besten bewachten Grenzen weltweit. Auf der einen Seite herrschen Wohlstand und Überfluss, auf der anderen der tägliche Kampf ums Überleben, Drogenkriege und Chaos. »You wanna go to Mexico? Be careful! It's terrible down there! They will kill you!« Aufpassen sollen wir, weil es so schrecklich dort unten ist. Umbringen werden sie uns!

Die von den Medien und Politikern der USA gepushte Angstmache vor den bösen Nachbarn ist so groß, dass wir den neugierigen Amerikanern irgendwann nicht mehr erzählen, wohin wir unterwegs sind. Für viele ist es ohnehin nicht nachvollziehbar, warum man freiwillig den »Goldenen Käfig« verlässt. Natürlich verunsichern uns die Warnungen und vielen Patrouillen-fahrzeuge vor der Grenze. Die vermehrte Präsenz der Grenzpolizei zeigt uns jedoch deutlich, dass wir das südliche Ende der USA erreicht haben. Wir sind uns auch bewusst, dass gerade in der Grenzregion viele Ganoven und Kartelle aktiv sind. Aber zwei staubige, abgemagerte Reiseradler sind mit Sicherheit keine potentiellen Opfer für die Drogenbanden. Und ehrlich ge-sagt glauben wir auch nicht, dass hinter jedem Mexikaner ein skrupelloser Krimineller steckt. Genau so wenig, wie wir Österreicher ausschließlich Le-derhosen tragen und uns jodelnd verständigen.

BAJA CALIFORNIA –
VIVA MEXICO!

»Was? Mit dem Rad durch ganz Mexiko? Respecto!« Bei der Einreise nach Mexiko wird uns von den Grenzern erstmals mehr Aufmerksamkeit geschenkt. Nach etwas ineffizienter Bürokratie und kleineren Missverständnissen rollen wir voller Vorfreude, aber auch etwas nervös, durch die hügeligen, bunten Gassen der kleinen Grenzstadt Tecate. Während wir die ersten Eindrücke in uns aufsaugen, meine ich zu Anita: »Wir gehen jetzt in Phase drei über!« »Was meinst du mit Phase drei?« »Naja, Phase eins war die Abnabelung von unserem alten Leben. Phase zwei die Wiederentdeckung der Freiheit, und nun geht's in die dritte Phase: Das Abenteuer kann beginnen.«

Waren die bisherigen Länder noch sehr stark westlich geprägt und entsprechend einfach zu bereisen, erwartet uns nun eine völlig »neue« Welt. Wir freuen uns riesig! Vor uns liegen tausende Kilometer mit neuen Herausforderungen, einer fremden Sprache, anderen Lebenskonzepten, fremden Gerüchen, Geschmäckern und Landschaften. Jetzt geht's richtig los!

Die Baja California, unser nächster Etappenabschnitt, ist eine langgestreckte Halbinsel im Nord-Westen Mexikos. Sie ist etwa so groß wie Italien, das Klima ist großteils trocken, Schatten findet man so gut wie keinen. Wir wollen der Mex1 folgen, die sich wie eine Schlage durch die gebirgige, kakteengesäumte Halbwüste windet und erst seit 1976, dem ehrwürdigen Jahr meiner Geburt, durchgehend asphaltiert ist. Sie ist die einzige Nord-Süd Verbindung der Baja und hat unter Radreisenden und Abenteurern Kultcharakter.

TAGEBUCHEINTRAG ANDI – *Mi, 13.10.10, Testerazo*
»… Kurz vor einem kleinen Dorf ein Schild: »Archäologische Ausgrabungen und Camping«. Das kommt uns gelegen. Es ist schon später Nachmittag und in der Grenzregion wollen wir nicht unbedingt wild zelten. Vom Campingplatz jedoch keine Spur mehr. Eine ältere Dame kreuzt unseren Weg, wir fragen sie nach einer Möglichkeit zum Übernachten. Sie kenne nur ein paar Campinghütten ganz in der Nähe. Am Weg dorthin winkt sie einem Mann zu,

redet kurz mit ihm. Er stellt sich als Alvaron vor, lädt uns spontan auf seine »Rancho Santa María« ein. »Es ist sicher dort!« Folgen ihm die staubige Straße bergab und finden eine kleine Farm mit Orangenhain, einigen Hühnern und drei feigen, lauten, aber lieben Hunden vor. Bevor er sich nochmal kurz verabschiedet, holt er extra für uns sein batteriebetriebenes Radio raus, um danach seine Frau nebst Schwiegermutter abzuholen. Mit einem Bewässerungsschlauch dürfen wir uns brausen – ahhh, wie herrlich! Schlagen das Zelt unter einem Orangenbaum auf, kochen Nudeln und schlafen bald ein.

Herrlich ruhig war die Nacht. Sitzen vor unserem Zelt und schauen der Hausherrin und ihrer Mutter, die für ein paar Tage zu Gast ist, beim Werkeln in der Freiluftküche zu. Es gibt keinen Strom hier auf der Ranch, gekocht wird am offenen Feuer. Alvaron bringt uns heißen Kaffee und lädt uns ein, am Frühstückstisch Platz zu nehmen. Handgemachte Tortillas, Rührei, Avocados und pikante Salsa. Zwischen unseren Beinen flitzen abwechselnd Hühner und Hunde durch, während die Schwiegermutter mit Alvaron scherzt und dabei laut kichert. »Gib es zu, du wirst eine Party feiern, wenn ich heimfahre!«, meint die rüstige Dame, während sie fröhlich zwei Küken in eine Kartonbox steckt. »Und du wirst wieder Strafe zahlen im Bus. Genauso wie letztes Mal, als du versucht hast, das Hundebaby im Gepäck mitzuschmuggeln, obwohl das verboten ist. Du lernst es einfach nie«, kontert Alvaron. Tja, das Verhältnis zwischen Schwiegersohn und Schwiegermutter ist anscheinend auch überall gleich auf der Welt.

Die kleine Ranch gehört einer mexikanischen Familie, die in Amerika lebt. Alvaron darf hier mit seiner Frau kostenlos wohnen, muss aber dafür sorgen, dass das Anwesen wieder auf Vordermann gebracht wird. Bis vor kurzem waren hier Jugendliche zur Rehabilitation einquartiert. Haben einen riesigen Saustall hinterlassen, den er nun nach und nach aufräumt. Zu Beginn haben die Kojoten gerne Hühner gestohlen, ein Schaf ist draufgegangen. »Anfangsschwierigkeiten«, meint er mit einem verschmitzten Lächeln. Er selbst hat zuvor jahrelang in einem Restaurant in Tijuana gearbeitet, welches die Mafia seinen Angaben zufolge zum Geldwaschen betreibt. Er wollte nichts wie weg von diesen schlechten Einflüssen und ist nun mehr als dankbar für sein »neues« Leben am Land. Alvaron ist ein streng gläubiger Mensch und erzählt uns, er hätte gestern Abend noch ein Gebet gesprochen und um Hilfe gebeten, weil seine Frau für ein paar Tage unterwegs sein wird und sie doch sonst immer für ihn kocht. Er meint, uns hätte Gott geschickt und er wäre sehr dankbar dafür, denn mit unseren restlichen zehn Dollars, die wir ihm geschenkt haben, kann er sich nun die nächsten Tage woanders Essen kaufen. …«

Unser Bauchgefühl hat uns auch diesmal nicht im Stich gelassen. Entgegen aller Befürchtungen sitzen wir zwei Tage nach unserer Einreise in einem kleinen Motel-Zimmer in San Vicente, etwa zweihundert Kilometer südlich der Grenze. Die »kritische Zone« haben wir überwunden, ohne dass uns auch nur ein einziges Haar gekrümmt wurde. Im Gegenteil! Überall winkende, grinsende und sehr hilfsbereite Mexikaner, das Essen fantastisch und die Lebenskosten um gut die Hälfte gesunken. Herz, was willst du mehr!

Doch kurz bevor wir bei Ensenada auf den Pazifik treffen, schlägt das Wetter um und wir trauen unseren Augen nicht: kühl, nebelig, windig … brrr! Wir fühlen uns fast wie nach Island zurückversetzt. Dieses Sauwetter ist absolut untypisch für die Jahreszeit und lässt nicht gerade Hochstimmung in uns aufkommen.

TAGEBUCHEINTRAG ANDI – *Do, 14.10.10, Ensenada*
»… Landen in einem schäbigen, heruntergekommenen Motel mit Trailerpark, der seine Blütezeit offensichtlich in den Achtzigern hatte. Keine Gäste, dafür ein redseliger, schrulliger Besitzer. Wir zelten auf dem lieblosen Schotterparkplatz, direkt am Pazifik. Nicht gerade eine Bilderbuchkulisse. Die Duschen wurden schon lange nicht mehr benutzt und gereinigt, das Wasser ist abgedreht. Erst auf meine Bitte hin schraubt uns der alte, siebzigjährige Hausmeister den Haupthahn auf.

Während ich unter der Dusche stehe, quasselt er Anita auf Spanisch voll. Die versteht nur Bahnhof, was den alten Herrn jedoch nicht beirrt, unentwegt weiter zu quatschen. Wir kochen vor dem Zelt, es ist feucht und kühl, die Umgebung wirkt trist – so haben wir uns die Baja nicht vorgestellt. …«

Kurz nach El Rosario wird die Baja California so richtig einsam. Die Straße dreht sich hinauf in eine bizarre Landschaft aus gigantischen Kakteenwäldern und schroffen Kalksteinformationen. Normalerweise schwitzt der fleißige Radtourero in dieser gottverlassenen Gegend, uns ist aber eher nach Tee und Funktionsjacke zumute.

TAGEBUCHEINTRAG ANDI – *Di, 19.10.10, Chapala*

»… In der Nacht hat es ein paarmal geregnet. Kalt ist es und immer noch sehr windig. Gerade als wir mit dem Ausräumen beginnen, setzt erneut ein Schauer ein. Das Zelt ist wieder komplett nass. Erst kurz vor halb zehn geht es in voller Regenmontur und langer Radhose weiter. Chapala, vier Kilometer weiter, begrüßt uns mit einer aufgelassenen, völlig versauten Werkstatt, vor der sich meterhoch alte Autoreifen türmen. Das Thermometer zeigt zwölf Grad, der Himmel hängt tief, hie und da blinzelt die Sonne durch das dichte Grau. Die Luft riecht nach nasser Erde und den Blüten eines mir fremden Strauches. Mächtige Trucks rasen trotz nasser Fahrbahn unbeirrt an uns vorbei. Wen wundert es da, dass alle paar Kilometer ein Gedenkschrein an verunglückte Verkehrsteilnehmer erinnert. …«

Das rowdyhafte Verhalten der oftmals übermüdeten mexikanischen Lastwagenfahrer mit ihren fast schon museumsreifen, amerikanischen Zugmaschinen, deren Motorbremsen wie ausgediente Hubschrauber knattern, macht uns das Leben auf der engen Fahrbahn nicht gerade einfach. Viele Trucker nutzen die Mex1, um von Zentralmexiko in den Norden zu gelangen, oder umgekehrt, da die Route viel schneller ist als durchs bergige Landesinnere. Nicht nur einmal müssen wir die Flucht in den sicheren Straßengraben antreten, wenn sich zwei dieser rasenden Kolosse auf unserer Höhe begegnen. Unsere Rückspiegel erweisen sich hier nicht nur als ausgesprochen nützlich, sondern sind ein unverzichtbares Überlebensutensil.

Andere Länder, andere Sitten. So vielseitig und interessant fremde Kulturen auch sind, manchmal – und vor allem dann, wenn man mit einer Darmverstimmung im Bett liegt und eigentlich nur schlafen will – wünscht man sich doch, dass trotz der samstäglichen Fiesta ein bisschen mehr Rücksicht genommen würde.

TAGEBUCHEINTRAG ANDI – *Sa, 23.10.10, Guerrero Negro*

»… Gegen vier Uhr morgens parkt ein Auto vor unserem Motelzimmer. Die HiFi-Anlage bis zum Anschlag aufgedreht. BUM, BUM, TSCHATTABUM, AYYAYYYAYY! Eine junge Mexikanerin und ihr Freund geben ihr gesamtes Musikrepertoire zum Besten: schnelle, mexikanische Polka, schlechter Techno, Shakira, sentimentale Schnulzen. Zusätzlich ist die junge Dame pausenlos am

Plappern, anscheinend ohne je einmal Luft holen zu müssen. Es dauert eine geschlagene dreiviertel Stunde, bis jemand lauthals auf Spanisch rausschreit und die beiden zum Abdrehen der Musik bringt. Als Krönung versuchen sie dann tatsächlich, UNSER Zimmer aufzuschließen! Ich springe auf, fluche auf Deutsch, was das Zeug hält – bin richtig sauer. Höre ein kurzes »Tschuldigung« und sehe die beiden vom Fenster aus kichernd Richtung Rezeption gehen.

Tja, an tiefen Schlaf ist danach nicht mehr zu denken, da es sich die beiden im Nachbarzimmer gemütlich machen, wo sie sich für den Rest der Nacht einem leidenschaftlichen und vor allem lauten Liebesspiel hingeben. Als es endlich ruhiger wird, setzt ein Lieferwagen zurück, dessen Gepiepe das Gestöhne untermalt – piep, piep, piep, ooooh, aaaaah, piep, piep, piep! ...«

Auf unserem Weg in den Süden brausen des Öfteren vollkommen überdimensionierte Wohnmobile oder -anhänger an uns vorbei. Die Snowbirds ziehen wieder – meist pensionierte Amerikaner oder Kanadier –, die für drei bis sechs Monate im Jahr der Kälte des Winters entfliehen. Riesengroße Gespanne mit Satellitenschüssel, gekühltem Bier und oft sogar einem Pickup oder einem kleinen Geländefahrzeug im Schlepptau, um auch vor Ort entsprechend mobil sein zu können. Ist schon ein eigenartiges Völkchen. Meist etwas weltfremd, schrullig, doch im Innersten ganz nett.

Gesprächsthema Nummer eins: diverse Wehwehchen, belangloser Klatsch und Tratsch. An Mexiko und seiner Kultur wird nur wenig Interesse gezeigt. Vielmehr gilt es, sein Hab und Gut vor den verständlicherweise neidischen Blicken der hiesigen Bevölkerung zu verbergen. Und so quartiert man sich am besten in einer der zahlreichen Snowbird-Enklaven, den »RV Parks«, ein. Finden wir mal keinen geeigneten Lagerplatz, kommen uns diese gut ausgestatteten Campingplätze ganz gelegen, vor allem auch, um unsere Wäsche wieder mal zu waschen. Wie mickrig unser kleines Zeltlager doch inmitten ihrer klimatisierten Luxusheime wirkt!

Eines Abends bringt uns unser amerikanischer Nachbar während des Abendessens zwei Klappsessel vorbei, weil wir es doch am Boden so unbequem haben. Ihm zuliebe setzen wir uns tatsächlich drauf, obwohl wir eigentlich lieber auf der Matte lümmeln würden. Wir fragen uns, wie viele Menschen auf solch eine Weise unbewusst »zwangsbeglückt« werden.

TAGEBUCHEINTRAG ANITA – *Fr, 29.10.10, Bahia Conceptión*

»… Direkt am Strand legen wir unsere wohlverdiente Mittagspause ein. Türkisfarbenes Meer, strahlend blauer Himmel, weißer Sand – endlich zeigt sich die Baja California von ihrer sanften Seite. Beobachten, wie Pelikane elegant ganz knapp über dem Wasser dahingleiten und bekommen eine Einladung auf Nachtisch. Gekühltes Yoghurt mit Banane. Unser Gastgeber, Frank aus New Mexico, erweist sich jedoch als ein wenig mühsam und will uns überreden, die Nacht hier zu verbringen. Schon seinen fünften Winter in Folge verbringt er hier. Offensichtlich ist es aber doch nicht so spannend, ein paar Monate am gleichen Platz zu verbringen wie die meisten Snowbirds meinen. Denn Frank ist anscheinend auf der Suche nach Gesellschaft, obwohl er seinen alten Wohnanhänger absichtlich abseits jeglicher Zivilisation platziert hat. Tja, was macht man auch tagein tagaus, fünf Monate lang. Alleine. Denk mir schon, dass man da dankbar für etwas Abwechslung ist. Uns ist er trotzdem ein bisschen zu aufdringlich und so bedanken wir uns und radeln gut fünfzehn Kilometer weiter. Als wir auf dem Scheitelpunkt eines Hügels die nächste Bucht erblicken, danken wir Gott, dass wir auf unsere Intuition gehört haben. Nur drei Autos und wenige Pavillons, aus Palmblättern gebastelt. Wunderschöne, türkisfarbene, ruhige See, Pelikane und Kinder, die am Strand spielen. Perfekt! Hüpfen gleich ins Badezeug und beschließen, an diesem Abend in einem der Pavillons zu schlafen. Ein mexikanischer Fischer schenkt uns frisch gefangenen Fisch und genügend Wasser, sodass wir sogar noch eine zweite Nacht bleiben können. Unser Glück ist perfekt!

Im Schatten der Palmblätter erinnere ich mich an die einsamen Nächte auf der jemenitischen Insel Socotra, die wir 2007 mit unseren Fahrrädern bereist haben. Die Energie ist hier ganz ähnlich. Unberührt, zauberhaft, paradiesisch.

Als unsere Nachbarn Klaus und Parvin auf einen Tratsch rüberkommen, wundere ich mich wieder mal, über welche Dinge man in zwanzig Minuten sprechen kann, wenn man auf derselben Wellenlänge schwingt. …«

Nach den ungewöhnlich kalt-feuchten Tagen in der einsamen Kaktuswüste sind wir umso glücklicher über die Wetterbesserung, denn für gut zweihundert Kilometer haben wir den Golf von Kalifornien direkt zu unserer Linken. Die ausgedehnten Badestopps haben wir uns jetzt wohl verdient! Darüber hinaus finden wir für unser Lager wahre Oasen, die zum Verweilen einladen.

TAGEBUCHEINTRAG ANITA – *Mi, 27.10.10, Mulege*

»… Stellen unsere »Casita del Sol*« zwischen Mandarinensträuchern und bunten Blumen auf. Kolibris saugen Nektar aus den strahlend gelben Blüten, die wunderbar duften. Hinter uns liegt ein dickes Schwein faul im Schatten eines Baumes. Der warme Wind weht sanft und lässt die Palmblätter leise rascheln. Manuél, der Besitzer des kleinen Campingplatzes, meint, wir könnten uns ruhig so viele Mandarinen und Limetten von den Bäumen pflücken wie wir wollten. Die einzigen Gäste außer uns sind witzigerweise auch Langzeitradler: das Schweizer Ehepaar Ueli und Vreni. Die beiden sind kurz vor der Pensionierung, hatten genug vom stressigen Arbeitsleben und sind nun schon über eineinhalb Jahre »on the Road«. Sie sind von daheim aus nach Asien gefahren, später per Flieger in die USA. Als wir am Abend bei Gemüsesuppe, Kartoffellaibchen und Rotwein beisammensitzen, lauschen wir gebannt ihren spannenden Geschichten. Ich denke, die beiden hätten bestimmt noch tagelang weiter plaudern können. Spontan schenken sie uns ein paar Geldscheine – iranische Rial, die ihnen übrig geblieben sind und die außerhalb des Landes wertlos sind. »Vielleicht braucht ihr sie ja irgendwann mal!« …«

Im südlichen Teil der Baja wird es wieder ziemlich einsam. Besonders als Radfahrer sollte man sich deshalb auf seine Etappen gut vorbereiten, sonst kann so ein Radtag ganz schön lange werden. Und selbst wenn man dies tut, entwickeln sich die Dinge oft anders als geplant.

TAGEBUCHEINTRAG ANITA – *So, 31.10.10, Loreto*

»… Bei Kilometer Sechzig halten wir am einzigen Restaurant auf dem Weg nach Loreto, nur damit wir dann zu hören bekommen, dass es nichts zu essen gibt. Die Köchin ist heute nicht da. Erdbeer-Fanta und Traubensaft hätten sie. Unsere Essensvorräte sind komplett zur Neige gegangen, da wir von diesem Restaurant wussten und alles entsprechend kalkuliert hatten. Also Zuckerschub durch die »lustigen« Getränke und weiter geht's. Die restlichen dreißig Kilometer laufen ganz gut, wir kommen aber ziemlich hungrig in Loreto an und halten gleich beim ersten Supermarkt. Nach einem Yoghurt-Getränk und Kuchen fühlen wir uns besser und Andis miese Laune hebt sich etwas.

---

* *Seit Mexiko hat unser Zelt diesen spanischen Namen: Er bedeutet »kleines Sonnenhäuschen«.*

Die Suche nach einem Campingplatz gestaltet sich wieder kompliziert. Klappern die halbe Stadt ab, bis wir über einige Umwege im schäbigen Motel- und RV Park »Morro« landen. Nach einigen Diskussionen dürfen wir für sechs Euro in einer dreckigen, engen Nische zelten. Anscheinend funktioniert aber die Wasserleitung nicht. Und das, wo wir den ganzen Tag schon ohne Essen hundert Kilometer gefahren sind! Na ja, werden schon eine Lösung finden, weitersuchen wollen wir nicht mehr. Als Andi das Zelt aufbaut, entdecke ich an der Wand einen Wasserhahn, der zu unserer Überraschung funktionsfähig ist! Die Freude bremst sich aber gleich wieder ein, denn Andi klopft sich beim Zelthering-Einschlagen auf den kleinen Finger. Und aus welchem Grund auch immer bricht kurz danach eine Zeltstange und verspießt sich so blöd im Gestängekanal, dass wir sie fast nicht mehr rausbekommen. Irgendwie finde ich die Situation lustig, trau mich aber nicht recht zu lachen, denn Andi findet es alles andere als komisch.

Nach einem verpfefferten Essen laufen wir durch die Gassen von Loreto, in denen heute viel los ist. Überall verkleidete Kinder mit ihren Eltern, gruselige Masken und tonnenweise Süßes: Halloween ist voll im Gange. Genießen die Atmosphäre, bevor wir wieder gemütlich zurückschlendern. Die Nachbarn, die beim Weggehen noch getanzt haben, sind schon zum Karaoke übergegangen. Was für ein verrückter Tag! …«

Es ist schon interessant. Jetzt, wo wir den Schritt aus dem goldenen Käfig gewagt haben, spüren wir sie erst so richtig: die Freiheit, unterwegs zu sein. Das Campen ist mittlerweile Routine, die Waden stramm, das Radfahren selbst nicht mehr ganz so mühsam. Es sind so viele Eindrücke jeden Tag, doch die schönsten sind immer mit den Menschen selbst. Oft sind es nur ein winziger Augenblick, ein Gespräch oder ein Lächeln.

TAGEBUCHEINTRAG ANITA – *Mi, 3.11.10, Todos Santos*

»… Gegen Mittag wollen wir am Strand Pause machen, biegen auf eine Piste ein und werden auf einen alten Mann aufmerksam, der im Schatten eines Holzverschlags Früchte feilbietet. Für nicht einmal einen Euro kaufen wir bei Manuél Papayas und er erzählt uns, was er so alles anbaut. Ganz stolz zeigt er uns seinen bescheidenen Garten, in dem er Papayas, Gurken, Bohnen und Tomaten züchtet. Schuhe trägt er keine, als wir über die Erde stapfen, nur So-

cken. Dann reißt er zwei Gurken ab und schenkt sie uns. Eigentlich ist Manuél aus Monterrey, nahe der Grenze zu Texas. Als er sich nach unten beugt und eine Mini-Landkarte in den Sand zeichnet, stöhnt er und greift sich auf seinen Rücken. »Zwei Kilometer weiter ist ein viel schönerer Strand«, sagt er lächelnd, »dort könnt ihr eine ausgedehnte Siesta einlegen«. Manuél behält recht! Leuchtend weißer Sand, türkisfarbenes Wasser, Kakteen, dutzende orangefarbene Monarch-Schmetterlinge, die sich an gelben Blüten eines Busches laben und ein einziger Baum, der uns Schatten spendet. Wie für uns geschaffen! Wir überlegen nicht lange, beschließen, den Tag für heute zu beenden und die Nacht hier zu verbringen. Was für ein herrlicher Flecken Erde!

Während Andi am späten Abend zufrieden neben mir einschläft, hänge ich noch lange meinen Gedanken nach. Ich frage mich, ob ich jemals in all den vergangenen Jahren wahrhaft in mich hineingehört habe. Oder ob es die Ziele, Träume und Gedanken meines Umfelds waren, die ich als die meinen angesehen habe. Ob ich vielleicht auch zu bequem war, darüber nachzudenken, was ich will? Was mir Spaß macht? Wo mein Herz zu tanzen beginnt?

Die Gelegenheit, die Andi und ich jetzt haben, ist ein Geschenk von unschätzbarem Wert. Ich meine, wie viel Zeit hat man schon gemeinsam, wenn beide einem Vierzig-Stunden-Job nachgehen? Die Möglichkeit, über einen so langen Zeitraum beisammen zu sein, haben viele erst in der Pension. Erst jetzt fällt mir auf, wie viel ich mit meinen Freundinnen über meine Gedanken, Ängste und Träume gesprochen habe und wie wenig ich sie mit Andi geteilt habe.

Seit wir von zuhause aufgebrochen sind, ist vieles neu. Die Schablonen, die wir uns jahrelang gegenseitig draufgedrückt haben, dürfen endlich verschwinden. Wir können nicht nur den Anderen neu entdecken, sondern auch uns selbst. Und wer weiß, vielleicht ist es gerade Andis Schweigsamkeit, die meine Waage wieder ins Gleichgewicht bringt. …«

Einen knappen Monat später erreichen wir den südlichen Zipfel der Baja California. Es ist heiß und wolkenlos, die Sonne brennt erbarmungslos vom stahlblauen Wüstenhimmel. Eines schönen Nachmittags gehen unsere Wasserreserven zur Neige. Grundsätzlich ist das nichts Ungewöhnliches, denn in diesem trocken-heißen Klima verdunsten unsere Körper enorme Mengen an Flüssigkeit und unser Verbrauch gleicht dem eines durstigen Kamels. Manchmal aber dauert es etwas länger, bis man seine Flaschen wieder auffüllen kann.

TAGEBUCHEINTRAG ANITA – *Fr, 5.11.10, Migrino*

»… Als weit und breit kein »Abarrotes*« auftaucht, fragen wir bei einem Haus nach. Drei Kilometer noch, anscheinend. Aber irgendwie kommt nichts. Etwas »verdörrt« finden wir dann doch noch das besagte Restaurant und Andi ärgert sich über den überzogenen Preis des Wassers. Dann nochmal, weil die großen Flaschen Pacifico Bier aus sind und wir zwei kleine nehmen müssen. Am Weg zum Strand entdecken wir wie aus dem Nichts ein weiteres Geschäft, wo es große Flaschen gäbe. Und Andi ärgert sich, weil wir das Bier zu früh gekauft haben. Er ist oft so »lustig«!

Der einsame Strand ist wunderschön und endlos lang. Und was noch besser ist: Es ist erst vier Uhr nachmittags und genau heute vor sechs Monaten sind wir von zuhause aufgebrochen. Schnappen uns die zwei Bierflaschen und laufen ans Ufer. Die Brandung ist gigantisch hoch, wir spielen wie kleine Kinder im Schaum der Wellen. Genießen die Sonne, die Stille und die Einsamkeit. Der Aufprall der riesigen Brecher lässt den ganzen Strand erzittern. Immer wieder laufen kleine Vögel an uns vorbei, winzige Krebse wärmen sich an den letzten Sonnenstrahlen …

Die Zeit ist oft sehr abstrakt. Manchmal kommt es uns vor, als wären wir erst gestern losgefahren und dann wieder fühlt es sich an, als würden wir schon eine Ewigkeit auf dem Rad sitzen. Terminkalender existieren nicht für uns. Manchmal vergessen wir sogar, welchen Wochentag wir haben. Das Einzige, was für uns zählt, ist der Stand der Sonne. Morgens kitzelt sie uns wach und am Abend, wenn sie hinter dem Horizont verschwindet, sagt sie uns, dass es Zeit ist, den Tag zu beenden …

Waschen uns im restlichen Abendlicht und zaubern zur Feier des Tages einen pikanten Kichererbsen-Eintopf. Als Dankeschön für die letzten sechs Monate machen wir im Kerzenschein gemeinsam ein Ritual. Wir bedanken uns abwechselnd für die großen und kleinen Geschenke auf der Reise und all die Menschen, denen wir bisher begegnen durften. Etwas Magisches liegt in der Luft und nachdem alles gesagt ist, sitzen wir still nebeneinander und bewundern den grandiosen Sternenhimmel. Plötzlich hören wir eine dumpfe »Stimme« vom Meer her, die uns beide für einen Moment erstarren lässt. Kurz darauf noch einmal, nur lauter! Ein Buckelwal, der unglaublich nahe am

---

* *Laden*

Strand sein muss!! … Das ist wohl die Antwort auf unser Dankeschön.

Liegen lange unterm leuchtenden Sternenhimmel, reden, staunen und erblicken gleichzeitig die hellste und langsamste Sternschnuppe, die wir je gesehen haben. Was für ein »heiliger« Abend. …«

Die Baja California ist mit Sicherheit eines der bisherigen Highlights. Einsam, wild und »bien tranquilo« – »schön ruhig« – wie die Einheimischen zu sagen pflegen. »Mexiko Light« könnte man fast meinen. Trotzdem freuen wir uns drauf, auf dem Festland ein wenig tiefer in die mexikanische Kultur einzutauchen, denn bisher waren die amerikanischen Einflüsse doch noch sehr stark spürbar. Wir besorgen uns zwei Tickets für die alte Fähre rüber ans Festland. Über Mazatlan soll es dann ins mexikanische Hochland gehen, wo alte Kolonialstädte und einzigartige Landschaften darauf warten, von uns entdeckt zu werden.

Doch bevor wir den Golf von Kalifornien überqueren, nehmen wir uns Zeit, um die Inselwelt vor La Paz, der Hauptstadt der Baja California, zu erkunden. Dort sollen sich ein paar sehenswerte Flecken befinden. Es stellt sich heraus, dass an diesen Gerüchten wirklich was dran ist.

TAGEBUCHEINTRAG ANDI – *Di, 9.11.10, Isla Espiritu Santo*
»… Unser Kapitän ist ein rasanter Fahrer, gibt ordentlich Gas. Er genießt es offensichtlich, wenn das kleine Boot über die Wellen hüpft. Zwei Stunden dauert die Fahrt entlang der Ostküste der Isla Espiritu Santo. Immer wieder halten wir an besonders beeindruckenden Stellen. Mal weiße Sandstrände, mal schroffe, rote Felsen, dann dunkle Lavabänder und raue Sandsteinwände. Das Highlight jedoch: Los Islotes, am nördlichsten Punkt. Eine kleine, steil aufragende Felseninsel.

Zahlreiche Wasservögel – Reiher, Pelikane, Möwen, Fregattvögel – jagen nach leckerem, reichlich vorhandenen Fisch. Genauso wie die etwa vierhundert Seelöwen, die hier rund um das Eiland leben. Es herrscht eine unglaubliche Geräuschkulisse »ou, ou, ou, buurp, ou, ou …« An den Ufern sonnen bzw. gebärden sich riesige schwarze Bullen, gold-braun schimmernde Weibchen mit ihren Babys und verspielte »Teenager«. Ihre flexiblen Körper schmiegen sich perfekt an den Fels an, auf dem sie liegen – was sehr lustig aussieht! Als würde man einen länglichen, feuchten Sandsack auf einen gewellten Felsen klatschen.

Das Boot wird an einer Boje festgezurrt, voller Freude hüpfen wir mit Flossen und Taucherbrille bewaffnet in die tiefblaue See. Sofort sind wir umringt von dichten Sardinenschwärmen, die nur ein paar Zentimeter ausweichen, wenn man in sie hineintaucht. Dazwischen stehen Schulen von Snappern, Barschen und vielen anderen stattlichen Fischen. Als nicht mal einen Meter neben mir ein Pelikan ins Wasser stürzt und mich mit gefülltem Schnabel fragend ansieht, fühle ich mich wie in eine andere Welt versetzt. Eine Seelöwenmutter sucht meinen Kontakt und es ist, als würden wir miteinander im Wasser tanzen. Die Jüngeren sind besonders neugierig. Jedes Mal, wenn ich nach unten tauche, schwimmen sie freudig auf mich zu, als wollten sie mit mir Fangen spielen. Ich tauche so oft es geht ab und genieße es, für einige Momente Teil des Meeres zu sein. ...«

Mexico
Nov. 2011

EN EL CORAZON DE MEXICO –
IM HERZEN MEXIKOS

E-MAIL ANITA – *An eine Freudin, Betreff: Mexiko*
»*Alles ist anders und doch so vertraut. Es fühlt sich gar nicht so an, als wären wir in Mexiko. Mit dem Rad reist man so langsam, dass ALLES Heimat ist. Das ist wirklich faszinierend.*

Ich fühle mich unglaublich wohl hier. Die Leute sind so warmherzig, die Grundstimmung ist freundlich und positiv. Und die Familie, die ist ihnen heilig – genauso wie die Religion. Ich weiß gar nicht, wie oft wir in diesem Land schon gefragt wurden, ob wir einen Glauben haben und welchen. Es tut so gut, weil man sich automatisch selbst wieder öfter fragt, was einem wirklich wichtig ist und woran man glaubt …

Neulich habe ich mit einem älteren Herrn vorm Supermarkt getratscht, als Andi einkaufen war. Bevor er sich von mir verabschiedet hat, gab er mir einige Worte mit auf den Weg, die immer noch nachschwingen:

> »*Geld ist nicht wichtig.*
> *Auch nicht die vielen Dinge,*
> *die man besitzt.*
> *Es sind die Erlebnisse und Momente,*
> *die man am eigenen Leib spürt*
> *und das ganze Leben lang*
> *nicht mehr vergisst.*«

Danach hat er mir seine Hand gereicht, die zweite liebevoll oben draufgelegt und uns wunderschöne Begegnungen und viel Glück gewünscht. …«

Wie schon vermutet, ist das »Festland-Mexiko« ganz anders als die Baja. Bunt, laut, in den Straßen wuselt es, alles pulsiert. Der Verkehr noch chaotischer, für uns auf den ersten Blick undurchschaubar. Aber irgendwie muss es ein System geben, denn es scheint, als würden die Mexikaner gut aufeinander achten. Auf unserem Weg von Mazatlan hoch in die Sierra Madre gehen wir leicht an unsere Grenzen und wünschen uns das eine oder andere Mal ein »neues Paar Beine«. Etwa 5.500 Höhenmeter in drei Tagen – ein neuer Höhenrekord und müde Waden. Anita ist durch eine leichte Magenverstimmung etwas geschwächt, quält sich nörgelnd die vielen Höhenmeter rauf. »Für dich wär es eigentlich super, wenn du rauchen würdest«, necke ich sie schelmisch, »dann könntest du immer Rauchpausen einlegen«.

Für unsere Mühen werden wir nicht nur mit einer einzigartigen Gebirgslandschaft belohnt, sondern lernen in kurzer Zeit die verschiedensten Facetten Mexikos kennen – von wohlhabenden, touristisch geprägten Kolonialstädten bis hin zu verwahrlosten, armen, ruralen Dörfern.

TAGEBUCHEINTRAG ANDI – *Mo, 15.11.10, Richtung Durango*

»… Strampeln weiter gegen die Schwerkraft, gewinnen rasch an Höhe. Bei 1.700 Metern Seehöhe überqueren wir den Wendekreis des Krebses. Auf ca. 2.000 Meter ziehen wir uns wärmere Sachen an, da es nur noch dreizehn Grad hat. Die Vegetation hat sich wieder geändert, viele Pinien, auf denen rötlich blühende Orchideen und Kakteen wachsen. Dazwischen Agaven und knallig blühende Büsche, die von flinken Kolibris bevölkert sind. »Passt auf, in Palmito gibt es viel Gesindel«, warnt uns ein freundlicher Straßenarbeiter, als wir uns kurz vor der Dorfeinfahrt des besagten Orts befinden. Etwas verunsichert halte ich den Pfefferspray griffbereit, um uns im Notfall gegen die »Gente mala*« verteidigen zu können. Doch wieder einmal ist alles anders als erwartet. Anstatt finsterer Typen ein neugieriger Pfarrer und zwei freundliche Ladenbetreiberinnen. Stocken Wasser auf und fahren weiter. Teilweise bergab, tendenziell aber bergauf. Winden uns eine in steile Bergflanken gesprengte Straße hoch, durch unzählige, enge Kurven. Links senkrecht aufragende Kalksteinwände, rechts geht's hunderte Meter hinab. Das Panorama ein Traum! Nebelschwaden ziehen dann und wann über die grünen Bergrücken und hüllen uns für einen Moment ein. Die Nachmittagssonne setzt die Szenerie in ein warmes Licht.

Es ist bereits dämmrig, als wir fix und fertig einen Lagerplatz auf knapp 2.500 Metern Seehöhe finden. Das Thermometer zeigt neun Grad, schnell bauen wir unser Zelt auf, in dem wir auch den Rest des Abends verbringen. …«

---

* Die bösen Leute

TAGEBUCHEINTRAG ANITA – *Di, 16.11.10, El Salto*

»… El Salto selbst ist viel größer, als wir dachten. Die staubige Stadt lebt vom Holzbau und ist Handelsdrehscheibe der umliegenden Gegend. Nisten uns in einem heruntergekommenen Hotel ein – das einzige, das wir finden. Für sechs Euro die Nacht, mehr ist es auch nicht wert. Ungeheizte kleine Zimmer, wilde Gemeinschaftsdusche, Klo mit Eimer-Spülung und Wasserplätschern am Gang – wegen eines Rohrbruchs. Im Zimmer hat es gerade mal zwölf Grad.

Die Häuser auf dem Weg zum nächsten Supermarkt haben auch schon einmal bessere Zeiten gesehen, die Gesichter der Menschen sind geprägt von einem rauen Alltag. Überhaupt wirkt die ganze Stadt ein wenig verwahrlost und vergessen. Kaufen Jause für den nächsten Tag, sowie Chips, Bier und eine Pizza zum Mitnehmen, auf die wir bestimmt eine dreiviertel Stunde warten müssen. Dafür läuft im Fernsehen in der Pizzeria »Reich und Schön« auf mexikanisch – und ich frage mich wieder mal, wie es sich wohl anfühlt, wenn man in seiner eisig kalten Hütte sitzt, gerade mal genug zu essen hat und solche Bilder sieht. …«

In Durango gönnen wir unseren Waden eine Pause und genießen das Flair dieser eindrucksvollen Kolonialstadt. Naja, zumindest für ein paar Stunden, denn am Abend der Ankunft werden wir auf einer Plaza vom »Grande Maestro« und seiner Ehefrau zum öffentlichen Tanz aufgefordert.

TAGEBUCHEINTRAG ANITA – *Mi, 17.11.10, Durango*

»… Der alte Herr ist bestimmt schon über siebzig, bewegt sich aber, als wäre er fünfunddreißig – und womöglich hat er noch nie zuvor in seinem Leben mit jemandem getanzt, der so wenig Gespür für lateinamerikanische Rhythmen hat wie ich! Auf die darauf folgende Vernissage einer Kunstausstellung zum Thema Revolution werden wir natürlich auch noch eingeladen und von vier unterschiedlichen Personen darauf hingewiesen, dass wir uns am Buffet bedienen sollen. Wir müssen echt hungrig aussehen mit unseren von der Sonne geküssten Wangen. …«

Das zentrale Hochland Mexikos ist in erster Linie für seine hervorragend erhaltenen Kolonialstädte bekannt. Sie waren Hauptschauplatz für die dramatische Geschichte Mexikos, vor allem für den Unabhängigkeitskampf im neunzehnten Jahrhundert. Und wie es der Zufall so will, feiert Mexiko genau heuer das *Bicentenario*: zweihundert Jahre Unabhängigkeit von den spanischen Eroberern sowie den Beginn der mexikanischen Revolution vor hundert Jahren. Viva Mexico!

TAGEBUCHEINTRAG ANITA – *Sa, 20.11.10, Zacatecas*

»… Hat mich halbwegs erwischt! Der Hals kratzt, die Nase ist verschleimt und die Nebenhöhlen sind zu. Schon die kurze Stiege hoch zur Terrasse bringt mich außer Atem. Zusätzlich liegt die Stadt auch noch auf 2.700 Metern Seehöhe. Nach einem Frühstück über den Dächern von Zacatecas machen wir uns auf in die Altstadt. Das Flair lässt einen an norditalienische Städte denken. Enge, steile Gässchen, bunte Häuser kleben an den Flanken der umliegenden Hügel. Mit uns strömen viele Menschen Richtung Zentrum, die Hauptstraße wird gerade für den Verkehr gesperrt, die Leute reihen sich links und rechts der Straße aneinander. Fliegende Verkäufer bieten Kinderspielzeug, Luftballons und jede Menge Snacks an: von grell gefärbter Zuckerwatte über Kartoffelchips mit Salsa und Limette bis hin zu in Maisblätter gewickelte »Tamales« (Gefüllte Maistaschen).

Heute ist ein besonderer Tag für Mexiko: hundert Jahre Revolution, zweihundert Jahre Unabhängigkeit – und nebenbei bemerkt, unser zweihundertster Reisetag – ein gutes Zeichen! Eine farbenfrohe Parade wartet auf uns. Marschmusik, nachgestellte Szenen aus der Geschichte, perfekt einstudierte Parolen. Offensichtlich geplagte Mädchen, die in viel zu hohen Stöckelschuhen salutierend durch die Straßen ziehen, trommelnde Jungs und pausbäckige Trompeter. Und als Höhepunkt »Mexiko von Morgen«: eine Gruppe gehandicapter Menschen, die im Gleichschritt an uns vorbeimarschieren, getragen vom tosenden Applaus des Publikums … und ich stehe, wie so viele andere neben mir, voller Rührung und mit Tränen in den Augen, klatschend am Straßenrand. …«

Kritisch betrachtet hätte das Land aber keinen Grund zu feiern – alleine zehntausend Menschen fielen in diesem Jahr bereits dem Drogenkrieg im Norden des Landes zum Opfer. Es herrscht eine enorme soziale Ungerechtigkeit und ein Korruptionsskandal reiht sich an den nächsten. Trotz zahlreicher wirtschaftlicher und sozialer Probleme sind die Mexikaner stolz auf ihre Nation und zeigen dies gerade beim Bicentenario sehr offen und emotional.

Vielleicht haben die Feierlichkeiten die mexikanische Regierung dazu be-flügelt, mehr Geld in den Straßenbau zu investieren, denn überall im Land wird fleißig an neuen gebührenpflichtigen Autobahnen, den Cuotas, gearbei-tet. Auch wir sind auf den Geschmack dieser Straßen gekommen, die eigent-lich für Radfahrer verboten sind. Am Pannenstreifen lässt es sich gemütlich und stressfrei radeln und wir kommen sehr gut und sicher voran. Selbst die gelegentlich vorbeirasenden Polizeiwagen sind für uns keine Gefahr. Meist werden wir freundlich gegrüßt und mit einem »Thumbs up!« motiviert. Nur ganz schön laut ist es auf den Cuotas. Die Trucks blasen uns den stinkenden Dieselqualm direkt in die Lungen und der Gestank der verwesenden Tier-kadaver am Straßenrand ist kaum auszuhalten. Deshalb radeln wir eigentlich viel lieber auf den kleineren Nebenstraßen Mexikos.

TAGEBUCHEINTRAG ANDI – *Fr, 26.11.10, Guanajuato*

»… Als wir auf die Verbindungsstraße Richtung Guanajuato abbiegen, wird der Verkehr endlich weniger und das Häusermeer von Leon lichtet sich. Etwa fünfzehn Kilometer, meist bergauf, sind es bis zu den Randbezirken. Irgendwie ist es gar nicht so einfach, ins Zentrum zu gelangen, denn die zahlreichen Tun-nel, welche die Stadt unterwühlen, sind für uns tabu. Die Umgehungsstraße windet sich durch hügelige Vorbezirke, die farbenprächtigen Häuser bedecken jeden Fleck der steilen Flanken.

Machen uns auf, um den Hausberg der Stadt zu erklimmen. Es geht durch ein Labyrinth aus steilen Gässchen und Stiegen hoch. Oben bietet sich uns ein herrlicher Ausblick auf die »Legostadt« und ihre gepflasterten Wege, Gärten, kleinen Plätze und pastellfarbenen Fassaden. Einige Schulklassen sind auf Ex-kursion. Die heillos überforderten Lehrer haben ganz schön zu tun, ihre über-mütigen Kids in Zaum zu halten. …«

Guanajuato ist eine unübersichtliche, sehr lebendige Stadt mit einem ausge-prägten Studentenleben, in der wir uns auf Anhieb wohl fühlen. Ein Streifzug durch das historische Zentrum ist nicht nur wegen seines kolonialen Kerns ein Hochgenuss. Wir machen es uns in einem der zahlreichen kleinen Cafés gemütlich und lassen das sonntägliche Leben an uns vorbeiziehen. Familien schlendern durch die Straßen, Luftballonverkäufer erfreuen Kinderherzen und knallbunte Clowns bringen die Menschenansammlungen zum Lachen.

Über einen knapp 3.000 Meter hohen Pass und zahlreiche Hügel arbeiten wir uns in eineinhalb Tagen nach San Miguel De Allende vor, einer unter Künstlern und wohlhabenden Ausländern sehr beliebten, kleinen Stadt.

TAGEBUCHEINTRAG ANITA – *So, 28.11.10, San Miguel Allende*

»... »Kommt ihr aus Deutschland?«, fragt uns eine adrette, ältere Dame, als wir auf der »Plaza« (Platz) unsere wohlverdiente Mittags-Siesta halten. Stefanie und ihr Ehemann Horst leben bereits zwölf Jahre hier – seit seiner Pensionierung. Die beiden sind in ihrem Leben viel gereist, vor allem in Mittel- und Südamerika. Wie sich herausstellt, ist Stefanie Buchautorin und eine Expertin in Mayakultur (Ohne Spuren in der Nacht / Erzählungen aus Yucatan). Natürlich lassen wir uns ein paar Tipps für unsere Weiterreise geben. Schlussendlich werden wir von ihnen zum Abendessen eingeladen. Eigentlich wäre heute ein befreundetes Ärzte-Ehepaar gekommen, aber die Frau hatte sich leider über Nacht eine heftige Magenverstimmung zugezogen. Tja, das Menü ist schon bestellt und die beiden haben sich schon tagelang dasselbe essen sehen. Diese Einladung nehmen wir natürlich liebend gerne an!

Kommen ziemlich ins Schwitzen, bis wir staunend vor dem Haus stehen. Eine wunderschöne Villa mit Springbrunnen, einer antik anmutenden Holztür und bunten Blumen und Sträuchern im Garten. Stefanie und Horst empfangen uns voller Freude und lassen uns die Räder in der Garage unterstellen. Das Haus ist mit greller, mexikanischer Kunst, antiken Steinfiguren und eindrucksvollen Gemälden dekoriert. Die Räume sind unglaublich hoch, eine offene Küche, dunkle Holzbalken ziehen sich über die Decke. Die untergehende Sonne, die durch die Glastür zum Garten scheint, lässt das ganze Haus erstrahlen. Sechs Katzen haben die zwei, alles Findelkinder. Bekommen gleich ein Glas Sekt und Cashewnüsse in die Hand gedrückt und dürfen uns überall umsehen, solange sie das Essen vorbereiten. Im ganzen Haus sind mit viel Liebe und Genauigkeit Sammlerstücke und kleine »Schätze« verteilt. Die beiden laufen ganz leger in Jeans und Shirts umher und freuen sich, dass wir so interessiert an ihrer Sammlung sind. Jeder Gegenstand, jedes Bild, jeder Kasten hat seine eigene Geschichte. Ihre gemeinsame Passion ist die Kunst, sie fördern junge Maler und Bildhauer. Der Gewinn, den Stefanies Buch einbringt, geht zu hundert Prozent an SOS Kinderdörfer. Horst betätigt sich aktiv bei »Feed the Hungry«, einer karitativen Organisation, die im Raum San Miguel vierunddreißig Schulküchen betreibt. Zum viergängigen, exklusiven Menü trinken wir erstklassigen Wein aus Silberkelchen und werden von zwei Katzen, die wie Göttinnen am Nebentisch liegen, beobachtet. Unsere Gastgeber strahlen und kichern wie Teenager, als sie uns mit Begeisterung von ihrem bewegten Leben erzählen. Achtundvierzig Jahre sind sie jetzt verheiratet. Stefanie ist siebzig, ihr Mann zwei Jahre älter. Sie haben lange genug in Deutschland gelebt, aber hier in Mexiko fühlen sie sich richtig zuhause. Horst war fast sein ganzes Leben lang bei einem deutschen Konzern in leitender Position tätig und vorwiegend in lateinamerikanischen Ländern stationiert. Seine Frau ist auf unzähligen Reisen nach Yucatan immer tiefer in die Mayakultur eingetaucht. Der Abend vergeht viel zu schnell. Horst lässt es sich nicht nehmen, uns zurück in die Stadt zu begleiten. Damit wir sicher ankommen, fährt er mit eingeschalteter Warnblinkanlage hinter uns nach, bis direkt vor unser Hostel. Umarmen uns zum Abschied und bedanken uns für den inspirierenden Abend und die herzliche, familiäre Gastfreundschaft. ...«

Auch wenn wir nur ein paar Stunden mit Horst und Stefanie verbringen durften, gaben sie uns doch ein gewisses Gefühl von Familie, nach dem wir uns manchmal sehnen.

E-MAIL ANITA – *An eine Freundin, Betreff: Hochzeit und Kinder*
»... Witzigerweise habe ich in letzter Zeit schon öfter mal über dieses Thema nachgedacht. Du kennst ja meine Einstellung. Tja, das hat sich irgendwie ein bisschen geändert. Nach all den heiligen Momenten würde ich es vielleicht doch irgendwann mal in Erwägung ziehen.

ABER: Ich finde das so gemein, denn es ist wirklich schon SEHR oft passiert, dass wir beide beim Essen oder beim Sonnenuntergang sitzen. Und irgendwie liegt – für mich zumindest – ein Knistern in der Luft, eine Vertrautheit, Innigkeit, ja sogar ein Funken Erotik ... und dann lässt Andi einen fahren. JA! Richtig gelesen! Und in diesem Moment könnte ich ihm eine schießen und ich frage mich, wie ich das Heilige an unserer Beziehung sehen soll, wenn er in so einem Moment einen fahren lässt! Ich versuche dann, ihm das zu erklären und frage ihn, ob es nicht möglich wäre, solche »Dinge« ein wenig zu unterdrücken. Wenigstens während des Essens oder in romantischen Situationen, denn bei unseren ersten Dates hätte er das bestimmt auch nicht gemacht. ...«

Ich muss gestehen, mein Verdauungsapparat läuft unter dem Einfluss von üppigem Essen und übermäßig körperlicher Leistung tendenziell ziemlich auf Hochtouren. Nur was soll ich dagegen tun?

Da soll noch einer meinen, unsere Radreise wäre ein Langzeiturlaub ohne Sorgen und Probleme! Man klebt wirklich ständig aufeinander und kriegt im wahrsten Sinne des Wortes jeden »Schas« (Furz) des anderen mit. Meist ist man abends völlig verschwitzt und schmutzig, zum Waschen steht einem oft nur eine kleine Trinkflasche Wasser zur Verfügung. Die tagelang getragenen Radklamotten duften auch nicht nach Rosen und das Zelt weist nach einer längeren Schlechtwetterphase nicht gerade die exklusivsten Geruchsnoten auf. Kein Wunder, dass man sich da manchmal einfach nicht mehr riechen kann.

Weiter auf der Quota Richtung Mexiko City. Riesige Lastwagen donnern stetig an uns vorbei und hüllen uns mit schwarzem Dieselqualm ein. Mit der Verständigung haben wir unsere Probleme, denn der Lärmpegel ist unglaublich hoch. Je mehr wir uns dem Moloch Mexiko City nähern, umso unerträglicher wird der Verkehr. Aufgrund der dichten Besiedelung sind die Lagerplätze rar, aber irgendeine Lösung gibt's bekanntlich immer.

TAGEBUCHEINTRAG ANDI – *Di, 30.11.10, Tecolapan*

»… Der Sohn der Restaurantbesitzerin zeigt uns einen nicht gerade optimalen Fleck Wiese hinterm Haus. Mühsam schieben wir die Räder durch den holprigen, dicht überwucherten Acker, wollen mit dem Aufbau des Zeltes beginnen. Saukalt ist es mittlerweile, sind auf 2.600 Metern Seehöhe. Der Wind bläst unangenehm, lässt die gefühlte Temperatur noch eisiger wirken. Da kommt der Sohn noch einmal und meint, dass seine Mutter uns ins Haus einlädt. »Ihr könnt doch bei dem Sauwetter nicht im Zelt schlafen!« Naja, können schon. Aber wenn's nicht sein muss?

Werden in einer netten, kleinen und sogar geheizten Wohnung einquartiert. Die Wände bunt, überall Jesusbilder, alte Hochzeitsfotos und Portraits der Kinder. Alles picobello sauber und ganz einfach eingerichtet. Dass das Wasser in der Dusche eiskalt ist, können wir verkraften. Natürlich gehen wir zum Essen runter ins Restaurant, lassen uns von Oma verwöhnen: mit süßem, mit Zimt gewürzten Kaffee, Rührei, Bohnen und Tortillas. Wir erzählen kurz von uns und unserer Reise, doch die Aufmerksamkeit von Oma, ihrem Sohn und dessen

Gattin ist nur begrenzt, denn im Fernsehen läuft gerade eine »Telenovela*«. »Wehe, man versäumt eine Folge«, meint Oma, während sie wie gebannt auf den Bildschirm starrt und an ihrem Kaffee nippt. Jede Schlüsselszene wird ausgiebig kommentiert und die vollkommen überzogenen Emotionsschübe der üppig proportionierten Schauspieler lösen ebensolche bei den völlig gefesselten Zuschauern aus. Erst nachdem die Serie zu Ende ist, wagen wir es, die drei wieder anzusprechen, um unsere Rechnung zu begleichen. Für uns ist's Zeit, uns zurückzuziehen, denn der Tag war anstrengend. Draußen dröhnen die LKWs, in Omas Bettchen mit sieben schweren Decken ist es kuschelig warm. ...«

In Mexiko City leben zwanzig Millionen Einwohner auf einer Fläche, die so groß wie das Bundesland Salzburg ist. Vier Millionen Autos, zehntausende Lastwagen, mehr als 100.000 Taxis und knapp 30.000 Busse verstopfen täglich das 11.000 Kilometer umfassende Straßennetz der Hauptstadt. Diese alarmierenden Zahlen machen nicht gerade Lust auf einen Ausflug ins Zentrum. Es bedarf keiner längeren Diskussion um zu entscheiden, dass wir diesen gigantischen Hexenkessel im wahrsten Sinne des Wortes rechts liegen lassen. Nur kurz nähern wir uns der Stadtgrenze, um ein historisches Highlight zu besuchen, welches wir auf keinen Fall auslassen möchten.

TAGEBUCHEINTRAG ANITA – *Do, 2.12.10, kurz vor Teotihuacan*
»... Mich hat die Sonne ordentlich erwischt, aber nur auf der rechten Gesichtshälfte. Als wir endlich das Ausfahrtsschild Richtung Teotihuacan erblicken, sind wir beide erleichtert. An der Mautstation bitten uns die mit einer Pumpgun bewaffneten Sicherheitsleute weiter rechts die Straße zu queren – wegen der Kameras und im Boden eingelassenen Sensoren. Wir »Schwarzfahrer« würden sonst ihre Abrechnung durcheinanderbringen. Sechs bis sieben Kilometer sollen es noch bis zum nächsten Laden sein, wo wir Wasser kaufen können. Die Straße ist in einem erbärmlichen Zustand und wir werden gewaltig durchgeschüttelt, bis wir dort ankommen. Gleich neben einer modernen Pemex**-Tankstelle ist der kleine Shop, in dem wir alles finden, was unser Herz begehrt. Die Pemex-Burschen stehen versammelt in der Abendsonne an der

---

* *Herz-Schmerz-Daily-Soap*
** *Staatlicher Mineralölkonzern Mexikos*

Hauswand und scherzen. Einer von ihnen lässt über die Lautsprecher seines Autos mexikanische Polka erklingen. Woher wir kommen, wollen sie wissen und wie es weitergeht. »Stellt euer Zelt ruhig auf dem kleinen Wiesenfleck auf! Aber eher auf der rechten Seite, denn links wird immer hingepieselt!«, rät uns einer der Jungs. Perfekt, denn es ist schon sehr spät und ich habe keine Lust mehr weiterzufahren. Als Andi noch schnell aufs Töpfchen geht, kommt der dreijährige Sohn des Ladenbesitzers zu mir und inspiziert unsere Räder: »Que es esto?« »Y que es esto?« »Porque?« ... »Pero porque?« Hihi, bin ziemlich gefordert, weil mein Spanisch noch etwas lückenhaft ist. »Was ist das?« »Und was ist das?« »Warum?« ... »Aber warum?« »Und warum braucht man viel Wasser beim Radfahren?« »Was ist ein Helm?« »Warum setzt du den auf?«

Als wir im Laden seines Vaters vor der Kassa stehen und aufs Zahlen warten, läuft der Kleine einfach nach hinten, klimpert in der Kassa rum, legt einige Pesos auf den Tisch und läuft wieder raus. Uriel heißt der wissbegierige junge Herr, der auch beim Zeltaufbau kaum die Augen von uns lässt. Als ihn die Pemex-Männer ein wenig auf die Schippe nehmen, streckt er ihnen selbstbewusst und ohne zu zögern seinen Mittelfinger entgegen.

Sobald die Sonne untergegangen ist, sinken die Temperaturen rasch, denn wir befinden uns auf 2.270 Metern Seehöhe. Verkriechen uns in unserer Casita del Sol und fangen zu kochen an. Als Belohnung für die heute erreichte 10.000 Kilometermarke gibt's süffigen Rotwein aus dem Valle Guadalupe, Baja California. Beim Chips-Holen wird Andi von drei Kindern belagert und mit Fragen bombardiert. Uriel hat Verstärkung durch seine älteren Brüder bekommen. »Woher bist du?« »Welche Sprache spricht man dort?« »Und warum sprichst du dann Spanisch?« »Weshalb hat dein Bart so eine eigenartige Farbe?« Wir amüsieren uns prächtig mit den Kids, sie sind ja wirklich herzig! Immer wieder schauen sie neugierig in unser Zelt, lachen etwas schüchtern und hüpfen übermütig über die Hecken, sobald wir ihnen etwas Aufmerksamkeit schenken. Ein wunderbarer Abend, und der ausgezeichnete Wein tut den Rest dazu. ...«

Nach der bisher kältesten Nacht in Mexiko (null Grad im Zelt, Raureif und gefrorene Wasserflaschen), sind es nur noch wenige Kilometer nach Teotihuacan. Zwischen 100 vor bis etwa 650 nach Christus war hier das Zentrum einer blühenden Hochkultur. Das Gelände rund um die heiligen Stätten hat in seiner Blütezeit etwa 175.000 Einwohner beheimatet. Schon lange, bevor die Maya an Einfluss gewannen, war Teotihuacan eine große Handelsmacht. Der wirtschaftliche und kulturelle Einfluss Teotihuacans in *Mesoamerika*** war so groß, dass er sich in der Architektur und Kunst der Maya widerspiegelte. Warum die Hochkultur schlussendlich zerfallen ist, weiß man nicht genau. Heute sind Teile der Stadt zwar gut erhalten, aber leider etwas überrestauriert.

TAGEBUCHEINTRAG ANITA – *Fr, 3.12.10, Teotihuacan*

»… Der Weg zu den Ruinen schleust uns erst mal an unzähligen Souvenir-Shops vorbei und führt uns schließlich an einen besonderen Platz, direkt vor die drittgrößte Pyramide der Welt, der »Piramide del Sol«. Voller Stolz und Kraft türmt sie sich vor uns auf und lässt uns an frühere Zeiten denken, an denen hier der Sonnengott angebetet wurde. Ewas unaufdringlicher, aber nicht weniger kraftvoll, erblicken wir am nördlichen Ende der »Avenida de los Muertos«, der Straße der Toten, die »Piramide de la Luna«, welche uns mit ihrer weiblichen Präsenz immer näher zieht. Es ist erstaunlich, wie die beiden Relikte einer uralten Kultur auch heute noch wirken. Wir spazieren die Avenida entlang und lesen die Zeilen aus unserem Reiseführer. Die wenigen Infotafeln am Gelände sind relativ oberflächlich.

Um uns herrscht reges Treiben, viele Schulklassen sind unterwegs, die sich bei den Souvenirverkäufern mit Flöten, die lustige Tiergeräusche simulieren, und Pfeil und Bogen ausrüsten. Bei diesem Anblick muss ich laut lachen und stelle mir die gestressten Lehrer auf der Rückfahrt vor, die im Bus von fünfzig hyperaktiven Kindern mit Flöten beschallt und Pfeilen attackiert werden. …«

Kein Wunder, dass diese monumentale Anlage Massen von Touristen anzieht, liegt sie doch nur gut fünfzig Kilometer östlich von Mexiko City. In Anbetracht dessen rechnen wir eher mit geldgierigen Keilern, unfreundlichen Wärtern und fiesen Kleindieben. Aber selbst dort, wo man es am wenigsten erwartet, sind die Menschen extrem hilfsbereit. »Wo wollt ihr heute schlafen?«, will der freundliche Herr, den wir nach dem Weg zur Ausgrabungsstätte fragen, von uns wissen. »Keine Ahnung. Vielleicht radeln wir noch ein Stück

---

* *Region in Mittelamerika, in der historische Hochkulturen angesiedelt waren. Es umfasste großräumige Gebiete der Staaten Mexiko, Belize, Guatemala, El Salvador, Honduras, Nicaragua und Costa Rica.*

raus aus Teotihuacan und campen dort.« »Ihr könnt gerne bei mir im Garten zelten. Dort ist Platz genug! Ich warte gegen sechs Uhr hier auf euch. Meine Frau kocht vorzüglich!« »Sehr gerne – hasta luego!«

TAGEBUCHEINTRAG ANDI – *Fr, 3.12.10, Teotihuacan*

»… Reyes kommt pünktlich um achtzehn Uhr an die Kreuzung. Wir folgen ihm durch die Straßen zu seinem Haus, wo wir im wunderschönen Hinterhof unser Zelt unter einer riesigen Palme aufschlagen dürfen. Wenig später sitzen wir mit ihm und seiner Frau Julia in der Küche. Während die Bohnen am Gasherd nochmal aufgewärmt werden, erzählen uns die beiden über ihr bescheidenes Leben. Zwei Kinder haben sie, beide studieren, was sehr kostenintensiv und bei einem Wocheneinkommen von hundert Dollar alles andere als einfach ist. Reyes „buckelt“ als einfacher Angestellter sechs Tage die Woche, von neun bis achtzehn Uhr, fertigt Masken und Skulpturen aus Obsidian, die vom Arbeitgeber teuer an westliche Touristen verkauft werden. Auch das mit der Sozialversicherung ist so eine Sache. »Es gibt Unterstützungen für Medikamente, wenn du krank bist. Falls du aber etwas Ernsthaftes wie Krebs hast, wirst du beinhart im Stich gelassen.« Gut, dass das Haus, in dem sie leben, vom Vater geerbt ist und zumindest das Wohnen fast nichts kostet. Sie freuen sich auf die Zeit, wenn die Kids endlich unabhängig sind, dann wird ordentlich gefeiert! Einen beachtlichen Teil ihres Einkommens geben sie für Lebensmittel aus, die in den letzten Jahren um ein Vielfaches teurer geworden sind. An Urlaub oder Reisen brauchen sie gar nicht zu denken.

»Soy feliz« – »ich bin glücklich«, sagt Reyes trotz seiner »kleinen« Alltagssorgen. »Und außerdem ist Mexiko der »Bauchnabel der Welt« – »El Obligo del Mundo«. Und falls sie einmal untergehen sollte, brauchen wir keine Angst zu haben. Denn sogar bei einem schrecklichen Unfall bleibt der Bauchnabel ausnahmslos heil.« …«

E-MAIL ANITA – *An eine Freundin, Betreff: Armut*

»… Wir sind den ganzen Abend gemeinsam mit seiner Frau Julia in ihrer einfachen Küche gesessen, haben geredet und gelacht. Und so viel über das »normale« Leben in Mexiko erfahren. Ich meine, erahnen kann man viel, aber wenn man mit jemandem darüber spricht, ist es einfach anders. Ich hab mich nach diesem Abend wieder mal gefragt, wie es sein kann, dass das »Pendel der

Welt« so aus dem Gleichgewicht geraten konnte. Ich habe schon viele »arme Länder« bereist, aber du kannst dir nicht vorstellen, wie viele Menschen hier auf der Straße Essen verkaufen, singen oder musizieren, um sich ein paar Pesos zu verdienen. Und ganz ehrlich, ich hätte weinen können, wenn ich daran denke, wie viele Tonnen verpackter Lebensmittel bei uns in den Müll geworfen werden. ...«

In Puebla, etwa hundertzwanzig Kilometer südöstlich der mexikanischen Hauptstadt, verbringen wir einige erholsame Tage, die meist mit organisatorischen Dingen und viel Essen ausgefüllt sind. Irgendwie scheinen wir diesmal aber etwas entspannter zu sein als an normalen Ruhetagen. Ich denke, es liegt an der Tatsache, dass unsere Räder in den kommenden Wochen Pause haben werden. Das Christkind fliegt heuer extra für uns Anitas Papa Hans und ihren Bruder Roland ein! Wir freuen uns riesig! Nur leider haben wir es nicht geschafft, bis zum vereinbarten Termin runter nach Südmexiko zu strampeln. So sind wir gezwungen, uns in den Bus zu setzen und die noch verbleibenden 1.500 Kilometer bis Cancun ganz bequem aus einer für uns eher ungewöhnlichen Perspektive zu genießen.

»Viva Mexico!«, begrüßen wir freudig unsere zwei temporären Reisegefährten Hans und Roland, als sie am Abend des 11. Dezember in die wuselige Empfangshalle des Flughafens treten, in dem eine mexikanische Mariachi-Gruppe fröhliche Volkslieder für die urlaubshungrigen Neuankömmlinge spielt. Die Wiedersehensfreude ist groß! Nach einer kurzen Akklimatisationsphase im schrecklich amerikanisierten Cancun geht's per Mietwagen kreuz und quer über die tropische Halbinsel Yucatan, wo es unzählige Maya-Tempel, sehenswerte Städte und Naturwunder zu entdecken gibt. Besonders reizvoll ist es, ein wenig tiefer in die Welt der Maya einzutauchen. Es sind vor allem deren Kulturstätten, die Yucatan nicht nur für uns, sondern auch für Touristen aus aller Welt so interessant machen. Diese einst am höchsten entwickelte Kultur auf dem amerikanischen Kontinent ist spätestens seit dem ausgebliebenen Weltuntergang am 21. Dezember 2012 wirklich jedem ein Begriff. Bis heute gibt es nur vage Theorien über das Leben der Maya und über ihr Reich, das zu seiner Blütezeit aus rund fünfzig Kleinstaaten bestand, verteilt auf eine Fläche, die viermal so groß wie Österreich ist und sich von Südmexiko bis hinunter nach Honduras erstreckte.

Wir begeben uns auf Spurensuche und neben den bekannteren Ruinen wie Chichen Itza oder Tulum beeindrucken uns vor allem die entlegeneren Mayastätten, die oft schwer erreichbar im undurchdringlichen Regenwald liegen.

Die Weihnachtsfeiertage verbringen wir dank Hans feudal in einem All-Inclusive Club in der Touristenhochburg Playa del Carmen. Zugegeben, mit Mexiko hat das ganze »Halli Galli« hier nur wenig zu tun. Auch wenn wir anfangs so unsere Zweifel hatten, ob wir für diese Art der Feriengestaltung geschaffen sind, fühlen wir uns pudelwohl und lassen es uns für zwei Wochen so richtig gut gehen. Die Anlage ist üppig bepflanzt, weitläufig und mit kleinen, gemütlichen Bungalows ausgestattet. Hier lässt sich's aushalten – vor allem an den überlangen Buffettischen, die wir – und auch die anderen Gäste – in regelmäßigen Abständen leerplündern.

TAGEBUCHEINTRAG ANDI – *Fr, 24.12.10, Playa Del Carmen*
»… »Another day in paradise, huh?«, fragt der übergewichtige Amerikaner vom Nachbartisch den mexikanischen Kellner, während er selig auf seinen mit Pfannkuchen, Rührei und Würstchen überladenen Teller blickt. Der Kellner nickt freundlich und serviert ihm eine Tasse Kaffee. Seine Gedanken möchte ich jetzt lesen können. …«

Wenn wir gerade mal nicht essen, schlürfen wir Mojitos am Strand und faulenzen in der Hängematte auf unserem Balkon. Selbst die hochmotivierten Animateure verstehen nicht, wie jemand so faul sein kann und sich partout nicht zu einem ihrer doofen Spiele überreden lässt. Das süße Nichtstun und die Gesellschaft von Hans und Roland tun richtig gut, mehr brauchen wir gerade nicht. Es ist schön, nach der langen Zeit wieder eine Familie zu haben, zusammenzusitzen, zu lachen und Geschichten auszutauschen.

Fast einen Monat nicht im Fahrradsattel, stattdessen weiche Autositze, bequeme Sonnenliegen und noch mehr essen als sonst. Tja, was sollen wir sagen, unsere Fettreserven sind wieder aufgefüllt und in manchen Momenten vergessen wir sogar, wie es sich anfühlt, auf unseren Drahteseln zu sitzen und den Elementen ausgesetzt zu sein. Doch alles hat ein Ende – und in diesem Falle ist es gar nicht so schlecht, denn sonst passen wir nicht mehr in unsere Radklamotten!

Am siebten Januar 2011 schnipseln wir uns das Club-Band vom Handgelenk und tauschen die Badehose wieder gegen unsere sonnengebleichten Raddressen.

SCHWIERIGE ZEITEN

Manchmal passieren Dinge im Leben, mit denen man nicht »rechnet«. Die von einer Sekunde auf die andere alles ändern, die Welt still stehen lassen und vieles in Frage stellen. Wenn man einen geliebten Menschen »verliert«, ist es dem Herzen egal, ob du im verschneiten Österreich bist oder an einem Strand in der Karibik …

Am Abend unserer Weiterreise ereilt uns die bittere Nachricht, dass unser Freund Hari in den Bergen verunglückt ist. Die Hiobsbotschaft trifft mich wie ein Stein ins Gesicht. Ich bin gelähmt und kann es nicht glauben. Fühle mich hilflos und leer. Nichts ist mehr so, wie es war. Weinend liege ich im Bett, Anita hält mich ganz fest im Arm. Welt, warum bist du nur so ungerecht!

Seit dem tödlichen Unfall ist auch für uns einiges anders. Viele Gedanken, Bilder, Erinnerungen kreisen in unseren Köpfen. Für eine Zeit lang haben wir sogar ernsthaft den Sinn unserer Reise in Frage gestellt und selbst nicht mehr gewusst, warum und wozu wir all das machen. Wir haben viel geredet, über das Leben, den Tod, auch darüber, wie lange oder kurz eine Sekunde sein kann. Langsam kehrt wieder Frieden ein. Und eines ist uns noch klarer geworden: Wie wertvoll jeder einzelne Tag in unserem Leben ist.

Hari und ich waren gemeinsam oft in den Bergen unterwegs, haben viele Abenteurer erlebt. Mit der Transsib nach Hong Kong, in einem alten Fiat Panda von Steyr in die Mongolei. Hari war ein außergewöhnlicher Mensch. Es war jedes Mal faszinierend, mit welch ansteckender Begeisterung und Energie er bei den Dingen war, welche Entscheidungskraft und Entschlossenheit er besaß. Er verstand es wie kein anderer, seine Träume ohne Kompromisse zu leben, nicht lange darüber zu reden, sondern es zu TUN. Das, was seinem Herzen Freude bereitete. Er war ein Grenzgänger, stand zu sich selbst und war sich hundert Prozent treu. Für mich war es immer inspirierend, mit ihm Zeit zu verbringen, gemeinsam zu lachen und den Planeten Erde zu erforschen.

TAGEBUCHEINTRAG ANDI – *Sa, 8.1.11, Sian Kaan Nationalpark*

»… Ohne Motivation, mit schwerem Kopf, starten wir in den Tag. Die Haferflocken, die ich hinunterwürge, schmecken nach nichts. So wie der Kaffee. Fahren los, alles wirkt belanglos, unwichtig. Ich nehme meine Umgebung nahezu nicht wahr. Wie in Trance trete ich in die Pedale. Hinein in den einsamen Sian Kaan Nationalpark, vorbei an wunderschönen Buchten und Lagunen. Durch dichten Pinienwald. Pelikane segeln über unsere Köpfe. Am Straßenrand ein toter Vogel. Die Piste holprig, nur wenige Autos begegnen uns. Irgendwann halten wir, Pause am Strand. Die Gedanken kreisen immer um das Eine …

Unsere Räder drehen sich weiter. Im letzten Licht der Dämmerung erreichen wir erschöpft einen Aussichtsturm mitten im dichten Dschungel. Schlagen das Zelt auf einer kleinen Lichtung auf, der Boden dreckig und uneben. Es wird eine der ungemütlichsten und einsamsten Nächte der ganzen Reise. …«

And the beat goes on. So schwer es uns auch fällt, wir müssen versuchen, nach vorne zu blicken. Doch einfach ist es nicht. Es schmerzt, so weit weg von daheim zu sein und nicht an Haris Verabschiedung teilnehmen zu können. Aufgrund unseres beschränkten Budgets wäre die Heimreise das vorzeitige Ende der Reise, und das bringt mich in einen starken Gewissenskonflikt. Was bin ich für ein Freund, wenn ich ihm nicht einmal die letzte Ehre erweise! Als wäre die Trauer alleine nicht genug, lastet zusätzlich dieser Gedanke schwer auf meinen Schultern. Einzig das Gespräch mit Anita hilft einigermaßen, aus meiner Abwärtsspirale zu entkommen. »Glaubst du wirklich, ihm kommt es auf deine Anwesenheit beim Begräbnis an?«, tröstet Anita mich. »Solange du im Herzen bei ihm bist, ist alles gut. Hätte er die Möglichkeit, dir etwas zu sagen, würde er dich mit Sicherheit zum Weitermachen motivieren. Er würde nie von dir verlangen, dass du jetzt deinen Traum aufgibst!« Anita hat wahrscheinlich recht, trotzdem fühle ich mich schlecht. Ich werde wohl noch einige Zeit benötigen, um dies einzusehen.

Auch wenn wir unser Umfeld momentan nicht ganz so intensiv wahrnehmen, gibt es doch so manch kleine Überraschung, die eine wundervolle Abwechslung in unseren monotonen, gedämpften Alltag bringt.

TAGEBUCHEINTRAG ANITA – *Mo, 10.1.11, C. Puerto*

»… »Ich hab' dort unten ein schönes Grundstück, direkt an der Lagune!

Wenn ihr wollt, könnt ihr bei mir campen!« Was für eine nette Einladung. Wir zögern nur kurz, kaufen Essen ein und fahren die enge Straße hinunter. Als wir dort ankommen, traue ich meinen Augen nicht: wie ein kleines Paradies! Palmen, sattgrüne Wiese, türkis schimmerndes Wasser und ein Holzsteg, auf dem fünf Kinder spielen. Werden ganz herzlich empfangen, bauen unser Zelt auf, schwimmen in der Lagune und beschließen, Hari heute zum »Essen« einzuladen. Beim Kochen gesellen sich die kleinen mexikanischen »Chicos« (Jungs) zu uns. Jeden Handgriff beobachten sie, stellen neugierig Fragen und halten ihre Nasen so nah über den Kochtopf, dass sie sich trotz mehrmaliger Warnung fast verbrennen. Nachdem sie auch beim Umrühren helfen, wollen sie natürlich auch eine Kleinigkeit mitessen. Alle paar Minuten kommen sie wieder zu uns, um Nachschlag zu holen. Fünf kleine »Raupen Nimmersatt«.

Der anfängliche »Respektabstand« von zwei Metern ist schnell überwunden, bis alle fünf auf unserer Matte herumspringen und ständig »Andres, Andres!« rufen. Der ältere der Kids hilft mir sogar noch beim Abwasch im See. Nachdem die Bäuche voll sind, düsen sie aber gleich ab. Ins Bettchen zu Vati und Mutti. Andi und ich müssen lachen, denn obwohl wir immer viel zu viel kochen, haben wir heute nicht mal einen kleinen Nachschlag bekommen!

Die Sonne ist schon lange untergegangen und obwohl der Mond nicht einmal halb voll ist, ist sein Schein kräftig und hell. Hand in Hand gehen wir zur Lagune und setzen uns an den Steg. Das Wasser ist spiegelglatt, sodass sich Sterne und Mond darin reflektieren. …«

ALLES, WAS EINMAL WAR, IST IMMER NOCH, NUR IN EINER ANDEREN FORM.

Hopi-Weisheit

UNBELIZEABLE

Kurz nach der tragischen Nachricht von Haris Tod überqueren wir die Grenze nach Belize. Der »Tapetenwechsel« tut gut, hilft uns auf andere Gedanken zu kommen. Langsam aber sicher kommen wir wieder in Schwung.

Obwohl Mexiko nicht weit entfernt ist, sieht die Umgebung völlig anders aus. Weite Zuckerrohrfelder, duftende Orangenhaine, grüne Vorgärten, auf Stelzen gebaute Häuser und dichter Dschungel. Und was uns am meisten freut: seit langer Zeit wieder glasklare Flüsse! Die Bevölkerung der ehemaligen britischen Kolonie ist eine bunte Mischung aus *Garifuna*, *Kreolen*, *Mestizen** und Nachkommen der Maya. Der Lebensmittelhandel liegt fest in chinesischer Hand und die ebenfalls sehr geschäftige Gemeinschaft deutschstämmiger Mennoniten wird von den Locals neckisch »Money-nites« genannt.

Relativ flach ist es in Belize, dem zweitkleinsten Land auf dem amerikanischen Kontinent – zumindest an der Küste. Im Jahre 1961 wurde diese vom Hurricane Hattie stark in Mitleidenschaft gezogen. Das Land, welches damals noch British Honduras hieß, verlegte daraufhin die gesamte Hauptstadt in höhere Gefilde. Unsere Route bringt uns über Belize City an die Karibikküste, welcher wir dann den Rücken zuwenden, um unsere Räder über die Maya-Berge zu wuchten und bei San Ignacio ins nördliche Guatemala weiterzureisen.

TAGEBUCHEINTRAG ANITA – *Do, 13.1.11, Crooked Tree*

»… Nach vierzig Kilometern zweigen wir auf eine Schotterpiste ab. Die mystische Wolkenstimmung über dem Steppensee erinnert mich an Island – wären da nicht die vielen Palmen. In Crooked Tree halten wir erst mal am Besucherzentrum. Dort muss man sich für einen kleinen Betrag von acht Belize Dollar registrieren lassen. Zu unserem Erstaunen treffen wir auf ganze vier Angestellte, die alles andere als gestresst wirken. Aber wie hat schon der Grenzbeamte gemeint: »Take it easy, relax!« Das war wohl nicht nur so daher gesagt. Ist witzig, sich mit den vieren zu unterhalten. Obwohl es immer noch eigen-

---

* *Afro-Kariben, Afrikanische Nachkommen in den ehemaligen europäischen Kolonien Amerikas, Nachfahren von Weißen und der indigenen Bevölkerung* *artig ist, dass hier fast alle Englisch sprechen. Irgendwie passt das nicht ganz, oder doch? Auf sämtlichen Geldscheinen ist nach wie vor Queen Elisabeth abgebildet, obwohl Belize schon seit 1981 unabhängig ist.*

Nehmen uns in einem netten Haus ein winzig kleines Zimmer, dessen Raumhöhe gerade mal zwei Meter beträgt. Die Holzwände sind abwechselnd türkis und rosa lackiert, rund ums Haus stehen riesige Cashewnuss-Bäume und zwei verspielte Hunde ringen um Aufmerksamkeit. Die Wände des Hauses sind so dünn, dass wir jedes Geräusch, jedes Räuspern von unten hören. Sogar die gesamten News auf CNN inklusive Wettervorhersage. Der Hausherr, ein betagter, dunkelhäutiger Garifuna, bestimmt über siebzig Jahre alt. Seine Hände sind von der Gicht geplagt, die Knie machen etwas Probleme, erzählt er Andi. Die Wehwehchen scheinen sein Gemüt aber nicht zu trüben. Immer wieder muss ich schmunzelnd auf sein schwarzes Käppchen schauen, denn die Aufschrift im Zusammenhang mit der Gesamtsituation ist echt genial: »Men in Black«. Als wir etwas später unser Zimmer bezahlen wollen, müssen wir warten, denn JETZT wird gegessen. Herrlich! Ich glaube, in diesem Land können wir noch viel lernen! …«

Das kleine, verschlafene Dörfchen ist umgeben von fischreichen Süßwasserlagunen und besonders in der Trockenzeit Heimat tausender Zugvögel. Die Menschen hier wirken glücklich und entspannt und wir bewundern, mit welch bewusst langsamem Tempo sie sich bewegen. Eigentlich kein Wunder, denn die Hitze des Tages lässt sich nur in der Hängematte unter einem Schatten spendenden Mango- oder Cashewnuss-Baum einigermaßen ertragen. Ein Kapitel für sich ist jedoch die für unsere Ohren mehr als ungewöhnlich klingende Art der verbalen Kommunikation der Belizer. In den Straßen hört man ein vielstimmiges Sprachengewirr aus Englisch, Spanisch, Chinesisch und Kreol, einer schrägen Mischung aus Englisch und afrikanischen Sprachen. Sie wird vorwiegend von den Nachkommen der afrikanischen Sklaven gesprochen, die im 18. Jahrhundert hierher verschleppt wurden, um für die britische Möbelindustrie Edelhölzer zu schlagen. Lauscht man den Locals beim Small-Talk, klingt es, als würde im Radio ein Reggae-Sender Bob Marleys Songtexte rezitieren: »Ya man, dat stuff kicks like a mule!« – »Ja Alter, das kickt wie ein Muli«, beschreibt beispielsweise die – oftmals erwünschten – Nebenwirkungen des übermäßigen Konsums von billigem Cashew-Wein.

Eine schwache Tagesetappe bringt uns nach Belize City. Die Häuser brüchig und schäbig, die Menschen nicht ganz vertrauenerweckend. Alkoholleichen auf den Gehwegen, misstrauische Blicke, vergitterte Läden. Es wirkt, als wären wir im falschen Viertel gelandet, dabei stehen wir mitten im Zentrum der 70.000-Einwohner-Stadt. Der ehemalige Regierungssitz ist alles andere als sehenswert. Keine Stunde treiben wir uns auf der Suche nach einer adäquaten Unterkunft in den vermüllten, muffigen Gassen umher und uns wird recht schnell klar, dass wir hier nichts verloren haben. Zügig verlassen wir die Stadt, um dreißig Kilometer später im Hinterhof eines kleinen Restaurants die Nacht zu verbringen. Der wachsame Hund der Besitzerin Pearle verschafft uns mit seinem Gebelle zwar einen etwas leichten, aber sicheren Schlaf.

Über den Hummingbird Highway geht's von der Karibikküste hoch in die üppig-grünen Mayaberge. Mit jedem Meter werden die Temperaturen etwas erträglicher, wenn auch noch lange nicht angenehm. Wieder einmal stellen wir fest, dass wir uns – für Österreicher ist das ja eigentlich klar – in den Bergen viel wohler fühlen als an der Küste. Dies liegt nicht nur an den tendenziell optimaleren Bedingungen für körperliche Betätigung, sondern viel mehr daran, dass sich unsere von Sandfliegen und Moskitos zerstochenen Beine wieder einigermaßen regenerieren können.

Zu unserer Freude ist seit kurzem die Orangenernte voll im Gange. Schwer beladene Trucks brausen im Minutentakt an uns vorbei, erfrischen uns mit dem Duft der süßen Zitrusfrüchte. An Vitamin C-Mangel leiden wir in Belize mit Sicherheit nicht, denn gehen unsere Wasserreserven zur Neige, biegen wir schnurstracks in den nächsten Orangenhain ein und produzieren händisch frischen »Jugo de Naranja«. Unser Rekord inklusive Sammeln, Aufschneiden, Pressen und Umfüllen liegt nach etwas Übung bei unter zehn Minuten für 1,5 Liter herrlich fruchtigen Orangensaft.

Ein Großteil des Landes ist von undurchdringlichem Tropenwald bedeckt, der von karstigen Kalksteinbergen durchzogen wird – ein Zeichen, dass die Landmasse früher einmal unter Wasser lag. Durch Erosion entstanden in den letzten Jahrmillionen mächtige Höhlensysteme, die später von den Maya als Kultstätten genutzt wurden. Die Eingänge zur Unterwelt waren für die Priester von größter Bedeutung und wurden entsprechend frequentiert. Unter den über dreihundert in Belize entdeckten Höhlen gibt es angeblich keine einzige, in der KEINE Maya-Artefakte gefunden wurden!

TAGEBUCHEINTRAG ANITA – *Do, 20.1.11, Actun Tunichil Muknal Höhle*

»… Carlos ist für einen Belizer überraschend pünktlich. Hüpfen in seinen alten, ausgedienten KIA-Bus und holen die restlichen Gäste ab. Zwei Jungs aus LA, einer davon indischer Abstammung, und ein Mädel aus Oregon. Eine Stunde dauert die Fahrt bis zum Parkplatz, wobei das letzte Stück über eine holprige, ausgewaschene Piste führt und uns immer tiefer in den Dschungel bringt. Bohnenfelder, Orangenhaine, Mahagoni- und Teakholzplantagen, riesige Ceiba-Bäume und Leguane, die sich in den Baumkronen sonnen. Vom Parkplatz aus wandern wir entlang eines Flusses, den wir dreimal queren müssen. Ein schattiger, wunderschöner Weg. Carlos erzählt uns über die Pflanzen, die Heilkräuter der Maya und skurrile Geschichten von vergangenen Führungen. Alleine die Wanderung zum Eingang der Actun Tunichil Muknal Höhle ist den Ausflug wert. Die tropische Pflanzenwelt, der intensive Duft der Blüten, das Vogelgezwitscher und das herrlich klare Wasser. Den unscheinbaren, verwachsenen Höhleneingang, aus dem ein kleines Bächlein sprudelt, hätten wir ohne Carlos wohl selbst nie entdeckt.

Stärken uns mit frischen Früchten, checken die Ausrüstung: Helm, Stirnlampe und Socken. Dann geht's los, in eine völlig fremde, einzigartige Welt. Die ersten Meter müssen wir schwimmen, bald waten wir durch knietiefes Wasser, die Höhle verengt sich. Als uns Carlos bittet, die Lichter abzuschalten und in die Richtung zu blicken, aus der wir gekommen sind, erfüllt sich mein ganzer Körper mit Ehrfurcht und Dankbarkeit. Direkt am Eingang bilden Felsen die Silhouette eines großen Mayakopfes: das Gesicht des Wächters. Der Zustieg wird immer abenteuerlicher, das Wasser mal tiefer, mal ganz niedrig. Die Felsen oft so eng, dass man einige Tricks benötigt, um seinen Körper durchzuschlängeln. Immer wieder bittet uns Carlos, die Lichter abzudrehen, zu spüren und auch im Dunkeln zu gehen. Faszinierend, welche Magie und Geborgenheit diese Höhle ausstrahlt. Als ich in der Finsternis knöcheltief im Wasser stehe, habe ich das Gefühl, mit Mutter Erde zu verschmelzen. Ich fühle keine Grenzen mehr zwischen mir und dem Wasser, der Dunkelheit und den Felsen. An den Wänden glitzern Stalaktiten, als wären es hunderte Sterne oder gar Galaxien. …«

TAGEBUCHEINTRAG ANDI – *Do, 20.1.11, Actun Tunichil Muknal Höhle*

»… Wir klettern eine rutschige Schräge hoch, ziehen unsere Sandalen aus

und gehen in Socken weiter. Bald betreten wir eine weite Halle und stehen staunend vor den ersten Zeugen einer längst vergangenen Epoche. Über 1.000 Maya-Artefakte befinden sich noch genau dort, wo die Priester sie vor Jahrhunderten zurückgelassen haben, als sie Zeremonien an den Regengott Chack richteten. Nur mit Fackeln ausgestattet, angsteinflößende Schatten tanzten an den Kalksteinwänden, tagelang kein Sonnenlicht. Die Maya-Priester nahmen an diesem spirituellen Ort Kontakt mit den Geistern auf. Sie versetzten sich mit Hilfe halluzinogener Substanzen in eine mystische Welt, die nur den »Höchsten« vorbehalten war. Um diese zu besänftigen und um Regen zu bitten, schreckte man nicht davor zurück, Menschenopfer zu bringen.

Wahrlich ist dieser Ort etwas, was ich noch nie zuvor in meinem Leben gesehen habe. Einzigartig auf der ganzen Welt. Unzählige dunkle Ton- bzw. Keramikkaraffen verteilen sich auf dem Boden, sind teilweise beschädigt und mit einer Kalkschicht vom runtertropfenden Wasser überzogen. Vierzehn Skelette liegen zusammengerollt wie Föten in den Nischen. Sie sind vermutlich Menschenopfer, viele davon Kinder.

Auf dem Rückweg aus der Höhle lässt uns Carlos vorgehen. Auf die Frage, ob wir links oder rechts gehen sollen, kommt immer die gleiche Antwort: »FOLLOW YOUR HEART!« ...«

Die Tatsache, dass die Höhle für die Touristen zugänglich ist, erstaunt mich im Nachhinein sehr. Carlos erzählt von skrupellosen Geschäftemachern. »Sie drücken die Preise, um noch mehr Besucher anzulocken. Mit viel zu großen Gruppen, schlechten Taschenlampen und ohne Sinn für den unschätzbaren Wert dieser Artefakte, marschieren sie wie die Trampeltiere durch«, ärgert er sich. Immer wieder werden Keramiken beschädigt. Meist unbewusst, aber unwiederbringlich. Mit orangen Bändern hat Carlos einen Weg definiert, der die Besucher leiten soll. Doch einigen Guides ist das egal, ihnen geht es nur um den Profit. Carlos führt einen Kampf, der meines Erachtens erst gewonnen ist, wenn die Actun Tunichil Muknal – Höhle für die Öffentlichkeit wieder geschlossen wird.

TAGEBUCHEINTRAG ANITA – *Do, 20.1.11, San Ignacio*
»… Der Weg aus dem Dschungel ist der ideale Ort, um all das, was wir gerade sehen durften, zu verarbeiten. Interessanterweise sind auch die restli-

chen Teilnehmer unserer Gruppe schweigsam. Der Vollmond ist noch hinter den Dächern versteckt, als wir zu unserer einfachen Unterkunft zurückkehren.

Auf dem Flachdach lassen wir die intensiven Eindrücke des heutigen Tages Revue passieren. Als sich der dunkelrote Mond in seiner ganzen Pracht zeigt, gesellt sich ein »Junge mit seiner Gitarre« zu uns und beginnt herzerwärmende Songs zu spielen, die er selbst komponiert hat. Da sitzen wir, mitten in Belize. Ein Bier in der einen Hand, eine Packung Chips in der anderen, lauschen der Musik des jungen Neuseeländers, der schon seit zweieinhalb Jahren mit Rucksack und Gitarre unterwegs ist und in neun Tagen nach Hause fliegt – und fassen es nicht, mit wie vielen Dingen wir so reich beschenkt werden …«

GUATEMALA, HONDURAS, EL SALVADOR

Zehn Belize-Dollar (etwa vier Euro) kostet der wunderhübsche, bunte Stempel in unserem Pass. Als der guatemaltekische Grenzbeamte merkt, welch Freude wir damit haben, wünscht er uns gleich zweimal »Bienvenidos a Guatemala!« – »Willkommen in Guatemala!«

Sobald man die Grenze zu einem anderen Land überschreitet, ändert sich unverzüglich die Energie im Außen – und Innen. Guatemala fühlt sich sofort gut an. Freundlich, glücklich, heimatlich. Die Menschen gehen fleißig ihrem Tagwerk nach, winken uns zu, Kinder quietschen am Straßenrand. Die Gegend wechselt von dichter Tropenvegetation auf lichtes, sanft welliges Weide- und Agrarland, was an den unerträglich hohen Temperaturen nicht viel ändert. Als Ausgleich dafür finden wir wieder unzählige Obst- und Gemüsestände, die in Belize so rar waren.

Seit Wochen sind wir einer tropisch-schwülen Hitze ausgesetzt. Dies macht sich vor allem daran bemerkbar, dass der Körper bis zu sechs Liter Flüssigkeit am Tag benötigt, wir aber im gleichen Zeitraum nur zweimal hinter die Büsche müssen. Tja, manchmal würde mich wirklich interessieren, wie viele Liter wir schon ausgeschwitzt haben, seit wir vor knapp neun Monaten von zuhause aufgebrochen sind. Aber nicht nur tagsüber schnaufen wir schwer. Selbst nachts kühlt es kaum ab und unser Zelt, die treue Casita del Sol, bereitet uns hier in den Tropen so manch schlaflose Nacht. Stickig und schwül ist es in unserem »norwegischen Häuschen« – und wir können es oft nicht erwarten, dass endlich der Tag anbricht. In Zentralamerika werden sogar wir zu Frühaufstehern – und das mag was heißen!

Über teilweise schlechte Lehmpisten geht es zwei Tage lang gegen den Wind nach Tikal, einer der größten und bedeutendsten Städte der klassischen Maya-Periode. Tief in den Regenwäldern des Peten gelegen, erstreckt sich die mystische Ruinenstätte über eine Fläche von fünfundsechzig Quadratkilometern. Ein faszinierender Ort, der einem die einstige Größe des Maya-Imperiums eindrücklich näherbringt.

TAGEBUCHEINTRAG ANDI – *Sa, 22.1.11, Tikal*

»… An der Kreuzung zu Tikal kaufen wir »Futter« für zwei Tage ein und kämpfen uns danach gleich mal über einen gewaltig steilen Anstieg hoch. Der Besitzer des kleinen Ladens am Scheitelpunkt grinst, als wir uns völlig verschwitzt eine zuckersüße Cola genehmigen und meint: »Ziemlich anstrengend, nicht wahr?« Auf und ab geht's die nächsten dreißig Kilometer bis zum Eingang des Nationalparks. Die Straße zieht sich durch eine hügelige, grüne Landschaft. Frauen verkaufen selbst gemachte Maistortillas, fröhliche Kids rufen uns nach, laufen sogar ein kleines Stück mit. Gelbe Verkehrsschilder warnen vor Wildkatzen, Schlangen und Nasenbären. Am vom Dschungel eingerahmten, menschenleeren Campingplatz schlagen wir unser Lager auf. Duschen, essen und machen uns auf den Weg zu den heiligen Tempelanlagen von Tikal. Es ist leicht bedeckt und nicht zu heiß. Durch dichten Urwald geht's in etwa fünfundzwanzig Minuten zur Plaza Mayor, wo die imposanten Pyramiden steil in den Himmel wachsen. Erklimmen die siebzig Meter hohe Pyramide Vier, von der man einen grandiosen Ausblick auf das unendliche Dickicht des Regenwaldes hat. Die dicht bewachsenen Hügel am Horizont sind in einen dunstigen, vom letzten Licht des Tages orange-rötlich gefärbten Schleier gehüllt. Rund um uns geben Brüllaffen der Sonne zum Abschied ein surreales Konzert, im Blätterdach turnen Spinnenaffen, gelbschnabelige Tukane und grellgrüne Sittich-Pärchen ziehen kreischend an uns vorbei. …«

»So a Sch…!«, höre ich Anita hinter mir fluchen, als sie ihr im Staub liegendes Stahlross mühsam wieder aufrichtet. Wie ein weicher Holzstab ist nun auch ihr Fahrradständer unter dem Gewicht ihres Rades nach außen geknickt – zwei Wochen, nachdem meiner der Schwerkraft nachgegeben hat. Solch ein Abstellmechanismus ist zwar nicht das wichtigste Teil eines Fahrrades, er erleichtert einem aber das Handling ungemein, sei es bei einer Pinkelpause oder beim Parken vor dem Supermarkt. Deshalb machen wir uns schnurstracks auf die Suche nach dem nächsten Dorfschmied.

TAGEBUCHEINTRAG ANITA – *Di, 25.1.11, Flores*

»… In Santa Elena biegen wir zur ersten Autowerkstatt ein. Ein motivierter und ein etwas verschlafener Guatemalteke sehen uns mit erstaunten Augen an, als wir auf sie zurollen. Es dauert eine Weile, bis sie verstehen, was wir

brauchen. Danach machen sie sich unter den Anweisungen von Andi schön gemütlich an die Arbeit. Nach etwa eineinhalb Stunden, einer Packung Cashewnüssen und eingeschlafenen Arschbacken ist mein Ständer wieder funktionstüchtig. Doch die richtige Herausforderung wartet noch auf die Herren, denn Andis »Teil« ist richtig ramponiert und an zwei Stellen eingerissen. Eine Zeit lang sitze ich noch da, warte, hoffe, bange, ob es der Patient überlebt. Als dann auch noch ein wichtiger Kunststoffteil kaputt geht, hat unser motivierter Mechaniker keine Hoffnung und Andi ein paar graue Haare mehr. Der verschlafene Kollege ist lieber mit seinem Handy beschäftigt als mit uns. Doch erfreulicherweise trudelt noch ein Dritter ein, der Boss, welcher Mc Gyver um nichts nachsteht. Insgesamt drei Stunden dauert die Operation, und unser Patient kann gerettet werden – ein Wunder. ...«

»Ich verstehe nur Spanisch«, sage ich zu Anita, nachdem wir die Werkstatt wieder verlassen haben. »Na immerhin, ich verstehe genau gar nichts«, entgegnet sie mir deprimiert. Die Kommunikation mit den Jungs war schwierig und im Nachhinein steht fest, dass die Reparatur bei besserer Beherrschung der Landessprache viel einfacher koordiniert werden hätte können. Nachdem sich unsere Spanisch-Kenntnisse auf Standardfloskeln beschränken und unsere Aussagen meist auf völliges Unverständnis stoßen oder verlegenes Grinsen verursachen, ist es höchste Zeit, einen Crashkurs in Spanisch einzulegen. Am wunderschönen Lago Petén Itza, im Norden von Guatemala, gönnen wir unseren Gäulen eine Ruhepause, kehren für eine Woche zurück auf die Schulbank und lassen uns bei einer etwas schweigsamen Gastfamilie nieder, die uns allem Anschein nach eher wegen des lukrativen Zusatzeinkommens bei sich aufnimmt.

TAGEBUCHEINTRAG ANDI – *Do, 27.1.11, San José Petén*

»... Pünktlich um acht Uhr finden wir uns im »Bio Itza«, unserer Sprachschule, ein. Die Professorinnen erwarten uns bereits. Kriege gleich die volle Dröhnung Grammatik – regelmäßige und unregelmäßige Verben, inklusive Konjugationen in Gegenwart und Vergangenheit, reflexive Verben. Zudem darf ich gleich eine Geschichte schreiben.

Nach vier Stunden mit einer kurzen Kaffeepause raucht mir der Kopf. Wir freuen uns richtig aufs Mittagessen! Nudelsuppe, Eier mit Spinat, Bohnen und

Tortillas. Danach versuchen wir unsere Hausaufgaben zu lösen. Schon nach den ersten Minuten bin ich völlig überfordert. Doch Anita lacht nur laut, als ich mich beschwere, dass wir den Stoff noch gar nicht durchgemacht haben! ...«

E-MAIL ANITA *– An eine Freundin, Betreff: Spanischkurs*
»... Sitze gerade in meiner Schule. Ja, richtig gelesen! Anita drückt freiwillig die Schulbank! Jeden Tag um sieben Uhr aufstehen, frühstücken und von acht bis zwölf lernen. Ich habe meine eigene Professorin, obwohl ich mir so sehr einen Lehrer gewünscht habe. Sie heißt Oneida und ist nicht ganz so engagiert wie Andis Lehrerin. Vielleicht liegt es am Alter. Andis Professorin ist sechsundzwanzig und meine dreiundvierzig. Letztes Mal habe ich Oneida sogar gefragt, ob sie mir nicht mehr Hausübung aufgeben kann! Das hätte ich vor Jahren nie gemacht! Ich werde zum Erste-Reihe-Sitzer und Warm-Duscher. Oneida rotzelt immer ganz viel und spuckt dann vom ersten Stock auf die Straße runter (da würde man sie ja am liebsten an den Ohren ziehen).
Wir wohnen bei einer siebenköpfigen Mormonen-Familie. Sie reden nicht sehr viel mit uns, aber das Essen ist sehr lecker – und ich denke, ihr siebzehnjähriger Sohn kann genauso gut spanisch wie ich: »Buenos dias!«, »Adios!« Unser Zimmer ist der Oberhammer, finde ich. Eine selbst gebastelte, riesige Prinzessin auf der einen Wand und Pilze (aber echte) auf der anderen. Übrigens, wir haben ein neues Mittel gegen den Gestank von Schimmel und unseren Blähungen gefunden: am »Tiger-Balsam« riechen – oder noch besser: gleich in die Nase schmieren! Im Raum neben uns wohnen zwei junge Mormonen, die gerne Marihuana rauchen und daraufhin die ganze Nacht lang Kirchenlieder singen. ...«*

Speziell hier in Zentralamerika müssen wir des Öfteren auf ein Zimmer zurückgreifen, da sich kein geeigneter Lagerplatz findet. So sind wir oft gezwungen, unsere gewohnten Standards beiseite zu legen, denn selbst als anspruchsloser Radreisender stößt man auf der Suche nach einer bezahlbaren Bleibe dann und wann an seine Toleranzgrenze. Gut, was soll man schon erwarten, wenn man für ein Zimmer drei bis fünf Euro pro Nacht löhnt – und das für zwei Personen! Dass die Möbel wackeln, die Matratze durchgelegen und keine

---

* *Ätherische Allzweck-Salbe*

Klimaanlage vorhanden ist, nimmt man angesichts der Preisklasse natürlich in Kauf. Man sieht auch über die hellhörigen Wände hinweg, die einem oft zu späterer Stunde einen lautstarken Einblick in die Fernsehgewohnheiten oder das Liebesleben der temperamentvollen Nachbarn gewähren. Aber ein wenig Putzmittel, frische Leintücher und eine halbwegs funktionierende Zimmerausstattung sind doch nicht zu viel verlangt, oder? Manchmal leider doch. So erwischen wir uns immer wieder beim Putzen oder Instandsetzen unserer temporären Unterkünfte. Es ist beeindruckend, wie vehement sich manche Vermieter gegen ein paar einfache Handgriffe zugunsten des zahlenden Gastes wehren.

Abgesehen von unserem ekeligen Zimmer und den reservierten Gastgebern ist der Aufenthalt in San José recht angenehm. Eine Woche Sprachaufenthalt ist zwar nicht die Welt, aber ein guter Anfang. Dank Zoila, meiner Spanischlehrerin, bekommen wir überdies einen guten Einblick in das lokale Leben einer einfachen, jungen Familie.

TAGEBUCHEINTRAG ANITA – *Fr, 28.1.11, San José Petén*

»… Über eine richtig steile Straße bringt uns Zoilas Lebensgefährte mit dem Tuk Tuk hoch zu ihrem bescheidenen Haus, das aus Wellblech und Holz gebaut ist. Seit vier Monaten wohnen sie mit ihren beiden Kindern hier, das Grundstück war ein Geschenk ihrer Mutter. »Klein ist unser Haus, dafür ist die Sicht von hier oben ein Traum«, sagt Zoila, als sie mit uns zur Freiluftküche geht.

Unter uns funkelt der Lago Petén Itza in einem kräftigen Blau, die gelben Blüten der Bäume bilden einen herrlichen Kontrast dazu. Wie in fast allen Häusern, die wir bisher in Guatemala gesehen haben, wird ganz einfach im Garten, auf offenem Feuer, gekocht. Während uns Zoila in die Kunst der Zubereitung von Empanadas einweiht, flitzt ihr ältester Sohn Adam an uns vorbei und leckt an einer sauren Orange. Alle fünf Minuten fragt er seine Mutter, ob er auch ein paar Tacos haben darf. Dass die Tacos eigentlich Empanadas sind, ignoriert der junge Herr. Die mit Kartoffeln gefüllten Teigtaschen, die in heißem Öl frittiert werden, schmecken ihm aber sichtlich genauso gut.

Sitzen auf einer selbst gebastelten Holzbank, blicken auf den spiegelglatten See und lassen uns die Empanadas schmecken, die laut Zoila um ein Drittel größer geworden sind als normal. Radler-Empanadas halt! Voller Begeisterung zeigt uns Adam, wie weit er mit seinen vier Jahren Steine werfen kann. Darauf

meine ich scherzend zu Zoila, dass sie wohl bald anstatt dieser wunderschönen
Aussicht einen riesigen Steinhaufen vor dem Haus haben wird. ...«

Für uns ist Guatemala ein recht günstiges Reiseland. Führt man sich jedoch vor Augen, dass ein Guatemalteke durchschnittlich zwischen 1.500 und 2.000 Quetzales verdient (150 bis 200 Euro), wird einem bewusst, dass es die Menschen nicht gerade einfach haben. Zoilas Lebensgefährte Daniel ist zum Beispiel als Tuk Tuk-Fahrer bei seinem Onkel angestellt. Sieben Tage die Woche, zwölf Stunden am Tag. Nur zwei Tage im Monat hat er frei. Bei einem Verdienst von 1.500 Quetzales kommt man auf einen Stundenlohn von 4,4 Quetzales – das sind 44 Euro-Cent. Trotzdem machen wir oft die Erfahrung, dass gerade die ärmsten Menschen am großzügigsten sind und ohne Zögern das Bisschen teilen, das sie besitzen.

TAGEBUCHEINTRAG ANITA – *Mo, 31.1.11, San José Petén*

»... Zweiundsiebzig Jahre alt ist Don Reginaldo. Seinem silberglänzenden Haar hat er einen modernen Schnitt verpasst, alles andere an ihm ist leger und einfach. Die Augen uralt und voller Güte. Wie nur mehr ganz wenige beherrscht Don Reginaldo Maya-Itza, die Sprache seiner Vorväter. Obwohl diese einst von der Regierung verboten wurde, haben ihm seine Eltern die fast ausgestorbene Maya-Sprache vermittelt. Vor zwanzig Jahren hat er die »Association de Bio Itza« gegründet, um das uralte Wissen und die Sprache der »Itza« zu bewahren, an die jungen Generationen weiterzugeben und die örtlichen Frauen zu unterstützen. Zuvor hat Don Reginaldo das »weiße Gold« in den Wäldern Guatemalas gesammelt. Der anstrengenden, harten, aber angesehenen Arbeit als »Chiclero*« ging er ganze fünfundzwanzig Jahre nach, doch jetzt gilt seine Liebe dem Bio Itza.

Voller Begeisterung geht er mit uns durch seinen Garten, der für mich auf den ersten Blick mehr nach Unkraut aussieht, um uns in die Heilkraft der uralten Kräuter der Maya Itza einzuweihen. Sein ganzes Wissen hat er von seinen Eltern und Großeltern erlernt, die seinen Wissensdurst von klein auf gestillt haben. Als er so mit uns durch sein kleines Reich stapft, denke ich mir wieder einmal, dass das eigentlich das natürlichste auf der Welt ist. Die Erde kennt

---

* *Männer, die natürlichen Kaugummi (Chicle) vom Breiapfelbaum ernteten.*

alle Antworten, die Natur hat alle Kräuter gegen unsere Wehwehchen. Wenn man daran denkt, wie wenige Menschen in unserer Kultur über die Kraft der Heilkräuter Bescheid wissen und wie viele chemisch hergestellte Pharmazie bevorzugen, anstatt zu biologischer, natürlicher Hilfe zu greifen … und wie teuer bei uns vergleichsweise Naturprodukte sind. Tja, da sollte man sich ernsthaft fragen, ob da nicht einiges in die »falsche« Richtung läuft. Wie schön, dass es Menschen wie Don Reginaldo gibt, die ihr ganzes Leben dem Erhalt einer so großartigen Kultur wie der Maya Itza widmen. …«

TAGEBUCHEINTRAG ANDI – *Do, 3.2.11, vor Rio Dulce*

»… Am Straßenrand weiden Kühe, Schweine liegen faul im Schatten, Hühner stolzieren durchs hohe Gras, Pferde ruhen sich von den täglichen Mühen aus. Bananenstauden, farbenfrohe Rhododendren und zartrosa blühende Bäume wechseln sich mit Maisfeldern, Kokos- und Dattelpalmen ab. Schweißtreibend windet sich die Straße durch spitze Kegelberge. Weiße Zähne leuchten aus den Autos, winkende Hände, bunte Wäsche hängt zum Trocknen auf dem Stacheldraht vor den Häusern. Die Wolken werden dichter und dunkler, bald öffnet der Himmel seine Schleusen. Es ist trotzdem angenehm warm, unsere Körper sind auf bester Betriebstemperatur, also radeln wir ganze zwei Stunden im Regen weiter. Tiertransporter rasen waghalsig in mexikanischem Tempo an uns vorbei, Truthähne glucksen in den Vorgärten. Die Straße ist meist in gutem Zustand, die Pannenstreifen jedoch werden alle paar hundert Meter um fünf Zentimeter höher bzw. niedriger. Vielleicht ein Zeichen dafür, wo der Straßenarbeiter eine Pause eingelegt hat oder pinkeln musste.

In einem kleinen Ort fragen wir nach der nächsten Tortilleria. Die Hausherrin bietet an, uns frische zuzubereiten. Für die Wartezeit bringt uns die zehnjährige Tochter extra zwei Plastikhocker. Ganz einfach sind die Häuser hier, nicht größer als bei uns ein durchschnittliches Wohnzimmer. Meist aus Wellblech, Plastikplanen und einem Dach aus Palmblättern. Kurz darauf bringt uns die Dame heiße, in Alufolie gewickelte Maisfladen und meint, es sei ein Geschenk. Wir lassen es uns aber nicht nehmen, ihr auch eine kleine Gegenleistung dafür zu geben.

In einem kleinen Laden wollen wir Wasser kaufen. Als wir mit den Rädern halten, ist es, als hätte jemand genau in diesem Moment die Musik abgedreht. Etwa zwanzig Männer starren uns mit offenem Mund an und beobachten uns beim Flaschen-Befüllen. Einige werfen Anita verwegene Küsschen zu, wenn ich gerade nicht hinsehe. ...«

Die stark befahrene CA9 bringt uns vom tropisch-schwülen Osten in den trocken-heißen Süd-Westen des Landes. Kurz vor Guatemala City drehen wir unsere Lenker scharf nach links und begeben uns ins bergige, einsame Grenzgebiet zu Honduras und El Salvador. Auf dem Weg zum kleinen Wallfahrtsort Esquipula erwartet uns ein anstrengender, zehn Kilometer langer Anstieg, der uns ganze zwei Stunden mehr als nur in Anspruch nimmt. In der prallen Sonne quälen wir uns im Schneckentempo die steile Straße hoch, die Schweißproduktion läuft auf Hochtouren. Mitten im Anstieg werden wir von Hamblin, dem Obmann der lokalen Tourismusbehörde, angehalten. »Wenn ihr wollt, könnt ihr in meinem Hotel übernachten – zum Selbstkostenpreis natürlich!« Oben angekommen, fühlen wir uns wie eine spanische Salzkartoffel. Wie gut, dass es zum Abkühlen nun fünf Kilometer steil bergab geht und eine eiskalte Dusche sowie angenehme Abendtemperaturen auf uns warten.

Von Esquipula aus radeln wir an die honduranische Grenze, aber schon fünfundzwanzig Kilometer weiter wartet der Schlagbaum des Grenzüberganges nach El Salvador auf uns, unserem sechzehnten Reiseland.

Aufgrund des erhöhten Sicherheitsrisikos im Land sind wir uns anfangs nicht ganz sicher, ob wir uns die Durchreise zutrauen sollen. Die Alternative hieße Honduras, welches ebenfalls als nicht gerade problemlos gilt. Über die Google-Gruppe »Panam-Riders«, einem gut funktionierenden Netzwerk, in dem *Panamericana**-Radler Infos austauschen und mit Gleichgesinnten in Kontakt treten können – erkundigen wir uns nach aktuellen Erfahrungen anderer Radreisender. Das durchwegs positive Feedback nimmt uns unsere anfänglichen Bedenken, denn sofern wir die Hauptstadt San Salvador meiden, sollten wir mit dem nötigen Hausverstand und Bauchgefühl ohne gröberes Risiko unterwegs sein können.

TAGEBUCHEINTRAG ANITA – *Di, 8.2.11, La Palma*
»... La Palma ist das wichtigste Kunstzentrum in El Salvador. Bunt bemal-

---

* *Die Panamericana ist jenes Straßennetz, welches den gesamten amerikanischen Kontinent von Nord nach Süd durchzieht und Alaska mit Feuerland verbindet.*

te Keramiken mit stilisierten Figuren, einfachen Darstellungen des Lebens der Menschen. Als wir durch die Straßen schlendern, muss ich mir eingestehen, dass ich mir dieses Land anders vorgestellt habe.

Die Häuser einfach, wie in den Bergen von Guatemala. Viele sind vergittert und eingezäunt, die Läden nicht begehbar. Waren werden durch ein kleines, vergittertes Fenster herausgegeben. Die Dame des Hauses rät uns, nach neun Uhr nicht mehr aus dem Haus zu gehen. Aber das tun wir ja ohnehin nicht. …«

TAGEBUCHEINTRAG ANITA – *Mi, 9.2.11, Richtung Suchitoto*

»… Gleich nach dem Frühstück kämpfen wir uns einige hundert Höhenmeter rauf, die Gott sei Dank noch im Schatten liegen. Dunst liegt in der Luft. Am Scheitelpunkt angekommen, erhaschen wir erste Blicke auf die Silhouette einer fernen Vulkankette. Von hier geht's nun 900 Höhenmeter bergab. Am Fuße des Berges halten wir an einem vergitterten Laden und belohnen uns mit Limo und staubtrockenem Kuchen. Während wir dort sitzen, schwafelt uns ein völlig besoffener, heruntergekommener Typ an und zeigt Andi demonstrativ seine Pistole, die er in der Gesäßtasche trägt.

Etwas sensibilisiert fahren wir weiter, vorbei an bunten Obst- und Gemüseständen und unzähligen Tischlern, die ihre Ware direkt neben der Straße zur Schau stellen. Gegen Mittag halten wir an einem kleinen Essensstand unter einem großen, schattigen Ceiba-Baum. Die Dame hier verkauft das Nationalgericht El Salvadors: Pupusas – köstliche Maisfladen mit Käse oder Bohnen gefüllt, darauf Krautsalat mit würziger Tomatensauce. Sie schmecken wirklich vorzüglich und wir bestellen uns nach vier Stück nochmal Nachschlag.

Das Leben in El Salvador sei momentan alles andere als einfach, erzählt uns die etwa vierzigjährige Chefin, das Gas werde immer teurer, der Preis für das Hauptnahrungsmittel Mais sei viel zu hoch. Verlangen könne sie aber nicht mehr als früher, denn dann würden die Kunden ausbleiben.

Beim Zahlen meint sie, der Nachschlag sei ein Geschenk des Hauses. Jede Diskussion ist zwecklos. Nicht mal ein Euro für vier Stück Pupusas – für uns NICHTS und für diese Frau doch so viel. Und dann schenkt sie uns auch noch was! Die Tränen in meinen Augen kann ich nicht verstecken – aber manchmal ist es nicht möglich, die großen Unterschiede einfach so hinzunehmen. …«

Gut dreißig Kilometer nördlich der Hauptstadt biegen wir auf die fast ver-
kehrsfreie Nebenstraße nach Suchitoto, einer sympathischen, kleinen Kolonialstadt mit weißgetünchter Kirche und holprigem Kopfsteinpflaster, ab. Nach
einem erholsamen Ruhetag geht es in einer halben Tagesetappe an die
Mündung zur CA1, El Salvadors Anteil an der Panamericana.

TAGEBUCHEINTRAG ANDI – *Fr, 11.2.11, Richtung San Vicente*
*»… Links und rechts der Straße reiht sich eine Ziegelei an die nächste. Von
den Brennöfen steigen dunkle Rauchsäulen auf. Wir bremsen uns bei Rosa
und Wilfredo ein, die eines dieser kleinen Familienunternehmen betreiben.
Sie stellen »Dejas« und »Ladrillos« her – Dachschindel und klassische, recht-
eckige Ziegel aus Ton. Alles wird händisch gefertigt und wir staunen, wie schnell
so ein Dachziegel geformt ist. Danach müssen sie für zwei Tage in der Sonne
trocknen, bevor sie gebrannt werden. Die fertigen Dejas werden um sechzehn
Cent pro Stück und die Ladrillos für zehn Euro pro hundert Stück verkauft. Ich
darf sogar selbst »meinen Dachziegel« produzieren. Die Masse wird in einen
Holzrahmen gestrichen und dann auf eine halbrunde, nach vorne konisch zu-
sammenlaufende Form gezogen. Schaut einfacher aus, als es ist! Wilfredo und
Rosa geben mir Anweisungen und amüsieren sich prächtig über meine unge-
schickten Versuche. Ziegel Nummer eins wandert gleich wieder zurück auf den
Rohmassehaufen, der zweite sieht schon ganz brauchbar aus.*
*Etwa tausend Ziegel werden pro Tag produziert, nach der Schule bekommen
die beiden Verstärkung von ihren Kids, die den rohen Ton vom nahen Hügel
holen und in einem Erdloch mit Wasser zerstampfen. Ruhetag gibt es keinen.
Wir sind fasziniert, mit welcher Freude sie ihre Arbeit machen, Tag für Tag,
und wie viele hübsche Lachfalten ihre Gesichter schmücken. …«*

Bei San Martin treffen wir schließlich auf die CA1. Der Verkehr chaotisch,
die Luft verpestet, seltsame Typen. Die Nähe zur Hauptstadt ist spürbar. Einige Besoffene betteln nach Geld für »Medizin«, auf der gegenüberliegenden
Straßenseite werden zwei Jugendliche in Handschellen abgeführt, die T-Shirts
über ihre Köpfe gezogen. Die Polizisten gehen nicht gerade zimperlich mit
den beiden um.
Die Hauptstraße erweist sich als ein starker Kontrast zu den beschaulichen Nebenrouten, auf denen wir bisher unterwegs waren. Wahnsinnige

Autofahrer rasen mit geringem Seitenabstand an uns vorbei, vorsintflutlich anmutende Lastwägen fauchen uns mit rußig-schwarzen Dieselwolken an. Der Pannenstreifen löchrig und vermüllt. Gut, dass sich dieser Zustand mit fortschreitender Entfernung zu San Salvador etwas bessert. Zwei staubig-heiße Tagesetappen bringen uns schließlich an die Grenze zu Honduras.

TAGEBUCHEINTRAG ANITA – *So, 13.2.11, Richtung San Vicente*

»… Einige Kilometer vor der honduranischen Grenze bekommen wir bei einer Trinkpause von einem hilfsbereiten, netten Zeugen Jehovas »Was zu lesen«. Kurz darauf fange ich mir zwei längere Drahtstücke ein – Plattfuß am Hinterreifen. An der stark befahrenen Straße flickt Andi den Schlauch. Der heftige Gegenwind bläst Staub und Müll auf uns, hab zu tun, alle Dinge beisammen zu halten. Ein älterer, leicht beduselter Herr, der mit seinem Pferd anscheinend beim nächsten Wirt war, spricht mich an. Tja, es ist Sonntag. Da wird, wie in vielen anderen Ländern Lateinamerikas, gerne ein Glas zu viel getrunken. Weiter geht's gegen den Wind, bis zur nächsten Tankstelle, wo Andi feststellt, dass er den Adapter für das französische Ventil verloren hat. Unter ständigem »Sch…, Sch…, Sch…« durchwühlt er seine Lenkertasche und ich befürchte ernsthaft, dass sich der Wind noch mehr »nimmt«. Kaum anzusprechen ist er, während ich versuche, den netten Burschen zu erklären, was passiert ist. Andi ist nach wie vor damit beschäftigt, sein »Sch…, Sch…, Sch… Mantra« aufzusagen, und das, obwohl die Jungs echt bemüht sind, eine Lösung zu finden. Schlussendlich schafft es Andi doch noch, den Reifen mit einer Luftpistole auf Betriebsdruck aufzupumpen. …«

Nachdenklich überqueren wir die Grenze zu Honduras. Uns wurde in den letzten Tagen zwar kein Haar gekrümmt, aber die sozialen Probleme des kleinsten und am dichtest besiedelten Landes Zentralamerikas waren weithin spür- und sichtbar, vor allem entlang der Panamericana. Es lässt sich nicht verleugnen, dass es den Menschen nicht besonders gut geht. Nach dem Ende des Bürgerkriegs im Jahre 1992 hat sich El Salvador immer noch nicht recht erholt. Es ist schon eine eigenartige Vorstellung, wenn man weiß, dass alle Bewohner, die über zwanzig Jahre alt sind, den grausamen Bürgerkrieg miterlebt haben. Nach wie vor herrscht eine hohe Gewaltrate, die Hauptstadt San Salvador und andere Städte werden von brutalen Gangs, den Maras, beherrscht. Der Politik gelingt es kaum, ein funktionierendes Wirtschaftssystem zu entwickeln, was sich daran bemerkbar macht, dass achtundvierzig Prozent der Menschen unter der Armutsgrenze leben. Entsprechend zurückhaltend und skeptisch sind die Menschen entlang der Hauptstraße, was angesichts der Umstände mehr als verständlich ist. Trotzdem erleben wir sehr nette Momente mit den Menschen El Salvadors, sei es die nette Pupusa-Dame mit Gratis-Nachschlag, die Bediensteten einer Tankstelle, die uns im Hinterhof zelten lassen und die ganze Nacht für unsere Sicherheit sorgen, oder eine Horde Kinder, die neugierig unsere Abendroutine beobachtet und uns mit ihrem Lachen ansteckt.

Die nächsten 140 Kilometer unserer Route führen uns zwei Tage lang durch den südwestlichen Zipfel von Honduras. Frohen Mutes und voller Vorfreude stehen wir früh nachmittags an der Grenze zu Nicaragua. Doch leider haben wir diesmal unsere »Hausaufgaben« nicht gemacht und die Einreise gestaltet sich etwas kniffeliger als erwartet.

TAGEBUCHEINTRAG ANDI – *Di, 15.2.11, Grenze Honduras/Nicaragua*
»… Recht früh verlassen wir Choluteca. Auf der CA3 fahren wir Richtung Grenze. An der Stadtausfahrt werden wir von einigen Halbwüchsigen von einem Hügel aus mit faustgroßen Steinen beworfen. Haben Gott sei Dank kein gutes Ziel, die Brocken zerbröseln einige Meter neben uns auf der Straße. Dreißig Kilometer geht's sanft hügelig durch eine einsame, mit Viehweiden und schönem Wald gespickte Gegend. Der honduranische Grenzposten ist recht rasch passiert. Über die Grenzbrücke gelangen wir zur Imigracion de Nicaragua. Einige Geldwechsler riechen ein Geschäft und weisen uns stressig den Weg, worauf wir absichtlich noch einen Gang »zurückschalten«. Vom nicaraguanischen Grenzbeamten erfahren wir, dass wir zur Einreise zwölf Dollar pro Person benötigen, die wir nicht haben, denn die bisherigen Einreisegebühren haben sich alle zwischen null und drei Dollar bewegt. Umgerechnet auf die Landeswährung benötigen wir 560 Cordoba. Tauschen erst mal unsere restlichen honduranischen Lempira bei einem Geldwechsler und bekommen 172 Cordoba. Haben noch ganze fünf Dollar, was etwa 110 Cordoba sind. Es fehlen uns also knapp 300 Cordoba. Unsere Euro will man bei der Bank nicht. Der lustige Geldwechsler von vorhin würde mir eine Fünfzig-Euro Note zum Dollarkurs tauschen. Keine schlaue Option. Schicke ihn wieder weg. Kurz

darauf kommt er völlig aufgebracht zurück. Wir hätten zu viel Geld für die Lempira genommen. Hä??? Diskussion. Sage ihm, dass Geschäft Geschäft sei und er schlicht und einfach Pech gehabt habe. Um es mir mit ihm nicht zu verscherzen (vielleicht kann ich ja noch einen besseren Eurokurs aushandeln) einigen wir uns auf »Schadensteilung«. Ich gebe ihm zehn Cordoba, ca. dreißig Euro-Cent zurück und er zieht zufrieden vom Acker. Unser Problem löst dies aber immer noch nicht. Blöd, dass wir nur einen Zehn-Euro und einen Fünfzig-Euro Schein haben. Nach einiger Wartezeit kommt schlussendlich »Rettung« in Form von Rudolph, einem französischen Rucksacktouristen, der uns unseren Zehner in vierzehn Dollar umwechselt, die haargenau reichen, um die Grenzgebühr zu begleichen. Rasch sind die restlichen Einreiseformalitäten erledigt und so rollen wir erleichtert weiter. Danke, Rudi! Und wieder mal bestätigt sich unser Motto: »Kommt Zeit, kommt Rad(t)« …«

NICARAGUA – VON ARMUT, HOFFNUNG & AUSWEGLOSIGKEIT

Knappe zwei Wochen verbringen wir im größten Staat Zentralamerikas, wobei wir von dem 130.000 Quadratkilometer großen Land lediglich den dicht besiedelten Süd-Westen bereisen. Trotz der kurzen Zeit bekommen wir einen tiefen Einblick in eine von Bürgerkriegen und Naturkatastrophen gebeutelte Kultur, deren Menschen uns ausgesprochen freundlich und interessiert begegnen und positiv in die ungewisse Zukunft zu blicken scheinen.

TAGEBUCHEINTRAG ANITA – *Di, 15.2.11, Somotillo*

»… Die wenigen Kilometer bis Somotillo sind außer heiß nur heiß. Während Andi in einem kleinen Geschäft Essen einkauft, werden die Kids um mich immer mehr. Sie stellen neugierig Fragen über uns, Österreich, und wie es da ist, wo wir herkommen. Richtig wissbegierig sind die kleinen Racker. Wo Österreich genau liegt, wollen sie wissen und ich packe unsere kleine Weltkarte aus. Der Zuhörer- und Fragekreis rund um mich wird mal größer, mal kleiner. Immer wieder kommen neue dazu, auch einige Erwachsene …

Schlagen unsere Casita del Sol unter einer jungen »Ceiba*« auf. Im Schatten unter dem Baum hat es vierzig Grad, es ist erst sieben Uhr abends. Recht früh legen wir uns schlafen, im Zelt ist es wieder viel zu heiß. Lassen das Moskitonetz offen, um nicht zu ersticken – zur Freude von einigen Ameisen, die ihre Schnellverkehrsstraße kurzerhand durch unser Zelt umleiten. …«

TAGEBUCHEINTRAG ANITA – *Mi, 16.2.11, Chinandega*

»… Nach den ersten Kilometern öffnet sich eine wunderschöne, flache Ebene und vor uns türmt sich in der Ferne der aktive Vulkan San Cristóbal auf, der uns heute bis nach Chinandega »begleitet«. Auf den gelb-gold leuchtenden Weideflächen tanken Pferde Kraft für den Tag. Noch viel öfter als in den anderen mittelamerikanischen Ländern ist in Nicaragua das Pferd ein wichtiges

---

* *Bis zu 50 Meter hoher Urwaldbaum, Nationalbaum Guatemalas*

Transport- und Nutztier. Alte Fuhrwerke mit Brennholz oder Heu beladen zuckeln vor uns her, bunte »Chicken-Busse« zwingen uns beim Überholen in den Straßengraben und seit langem gibt's wieder mal unglaublich viele Schmetterlinge. Je weiter wir südlich in Küstennähe kommen, umso grüner wird die Landschaft. Die Menschen hier haben kaum genug zum Leben. Die Häuser werden mit den einfachsten Mitteln gefertigt, oft aus Dingen, die man von irgendwoher zusammenträgt: Wellblechreste, schwarze Plastikplanen oder sogar Bananenschachteln. Abgesehen davon, dass es unter Tags in diesen Behausungen unglaublich heiß sein muss, sind die Konsequenzen nicht auszudenken, wenn ein Sturm über das Land fegt. Wieder einmal denke ich mir, wie wohlbehütet und wohlhabend wir zuhause sind und wie »einfach« wir es uns machen, Länder wie Nicaragua als »Dritte-Welt-Land« abzustempeln, als wäre es nicht einmal auf dieser Erde und würde uns nichts angehen. ...«*

León ist eine der wenigen sehenswerten Städte Nicaraguas, vor allem bekannt aus den späten Siebzigern, als sich das Land von der mehr als vierzig Jahre dauernden, skrupellosen Diktatur des Somoza-Clans befreite. Das liberale Leon war damals Ausgangspunkt für eine Revolution, die mich heute ganz stark an die aktuellen Geschehnisse im mittleren Osten erinnert.

TAGEBUCHEINTRAG ANITA – *Sa, 19.2.11, León*
»... Beim Rundgang durch Leon entdecken wir viele Wandmalereien, die einst die Bevölkerung zur Revolution aufrufen sollten, Propaganda und Zeugen der Zeit. Einer Zeit, die wohl alles andere als einfach war, in der viele ihre Männer und Kinder verloren haben und die USA viel zu viel mitmischte. Auf der gegenüberliegenden Straßenseite schnäuzt ein alter Herr in sein Taschentuch. Als ich bemerke, dass das Muster des Tuches die amerikanische Flagge darstellt, muss ich schmunzeln – was für eine Symbolik. ...«

TAGEBUCHEINTRAG ANDI – *Sa, 19.2.11, León*
»... In der etwas heruntergekommenen, aber sehr interessanten Stadt lernen wir Anke kennen, die in den letzten eineinhalb Jahren hier als Sozialarbeiterin

---

* *Ausrangierte US-Schulbusse, die in Zentralamerika kunstvoll lackiert und getunt werden und als öffentliches Verkehrsmittel zweiter Klasse dienen.*

tätig war, uns einige Details über das »System« näher bringt und viele unserer Beobachtungen bestätigt. Zentraler Punkt ist die Armut im Lande, die viele »Nicas« kaschieren, indem sie sauberste Kleidung, lange Hosen und blankpolierte, geschlossene Schuhe tragen. Alles wird täglich frisch gewaschen bzw. geputzt. Wenn man die Leute auf der Straße sieht, würde man nicht auf die Idee kommen, dass diese die Nacht unter einem Wellblechdach verbringen und von der Hand in den Mund leben. Der derzeit amtierende Präsident Daniel Ortega lässt das Bildungssystem anscheinend mit Absicht schleifen, damit »sein« Volk ja keine selbstständige Denkweise entwickelt und allzu kritisch auf seine dubiosen Machenschaften blickt, was seine bevorstehende Wiederwahl gefährden könnte. Die kleinsten Gegenbewegungen werden diskret und unauffällig zerschlagen. In der Schule gibt es Frontalunterricht. Obwohl eigentlich von acht bis zwölf Uhr Anwesenheitspflicht wäre, gehen die unterbezahlten Lehrer grundlos oft nach der großen Pause heim. Und jedem ist's egal. Die Eltern sind froh, wenn ihre Sprösslinge früher zuhause sind und im Haushalt oder bei der Feldarbeit mithelfen können. Der Wert der Bildung wird leider nicht erkannt, schon gar nicht vermittelt. ...«

Mit Anke unternehmen wir einen Ausflug zur Laguna de Asososca, einem kleinen Kratersee inmitten eines erloschenen Vulkankegels. Vom Rand des Kraters aus erstreckt sich ein wunderbares Panorama. Die Vulkane im Hintergrund werfen einen langen Abendschatten in die beige-braune Landschaft, es ist windstill und kühl. Nach einer der ruhigsten Nächte seit langem radeln wir weiter Richtung Managua und Granada.

TAGEBUCHEINTRAG ANITA – *Mo, 21.2.11, Santo Domingo*
»... Den Packsack auf dem Kopf balancierend, geht's den steilen Weg von der Lagune hoch. Guter Morgensport. Am Parkeingang satteln wir wieder unsere Räder. Die tief-sandigen, zwei Kilometer zurück zur Asphaltstraße müssen wir schiebend überwinden. Eine knappe Stunde quälen wir uns. Zurück auf der Hauptstraße wird's richtig hart. Da trösten nicht mal mehr die spektakulären Ausblicke auf den Vulkan. Gnadenloser Gegenwind und rücksichtsloser Verkehr. Nach nicht mal zwanzig Kilometern müssen wir die erste Pause am total verdreckten Lago di Managua einlegen. Der zweitgrößte See Nicaraguas dient als Müllhalde für die zwei Millionen Einwohner zählende Hauptstadt

und ist bereits vor Jahren gekippt. Die Fische sind nicht mehr genießbar, auch das Schwimmen sollte man unterlassen. Schade. Noch dreißig Kilometer bis Managua. Wollen die Stadt umfahren und in Santo Domingo, einer Vorstadt südlich des Molochs, ein Hotel nehmen. Dies gestaltet sich aber mehr als mühsam, der starke Verkehr und die mehrspurigen Straßen fordern unsere Konzentration, zudem ist es stickig und schwül. Die steil-hügelige Topografie bremst uns zusätzlich ein, und so befinden wir uns am späten Nachmittag immer noch mitten im chaotischen, urbanen Treiben.

Im nächsten Supermarkt kriegen wir zur Stärkung Schokomilch und Kekse. Laut Security kommt in einem Kilometer das nächste, günstige Hotel. Tja, tatsächlich. Aber fünfzig Dollar sind alles andere als billig. Völlig fertig und verschwitzt fragen wir bei der katholischen Kirche nach, wo man zelten könnte und obwohl wir, während wir miteinander sprechen, in einer grünen Wiese stehen, schickt man uns zur nächsten Tankstelle. Dort bekommen wir auf unsere Frage hin ein unverzügliches »Si, claro!«. Stellen unser Zelt inmitten von Klopapierresten auf und schmieren uns gleich mal Tigerbalsam unter die Nase. Für einen Dollar dürfen wir beide sogar duschen und haben unseren eigenen Security für diese Nacht. ...«

Nach einer überraschend angenehmen, nicht allzu lauten Nacht gelingt es uns endgültig, Managuas Ausläufer hinter uns zu lassen. Am Scheitel eines steilen Anstieges passieren wir den Eingang zum Masaya-Nationalpark, dessen gleichnamiger Vulkan eine der Haupt-Touristenattraktionen des Landes ist. Eine steile Straße führt fast bis an den Rand des rauchenden und tosenden Kraters. Klar, dass wir diesen kleinen Abstecher mitnehmen.

TAGEBUCHEINTRAG ANITA – *Di, 22.2.11, Masaya N.P.*
»... Anstatt des Morgenyogas dürfen wir gleich mal einen gewaltigen Berg hochpedalen, zum Eingang des Masaya Nationalparks, der uns mit geschlossenem Schranken erwartet. Der Sicherheitsmann erklärt uns, wir dürften erst um neun Uhr rein. Das Gepäck könnten wir hier lassen, aber erst um neun. Als ich ihn frage, ob ich auch erst um neun Uhr aufs Klo dürfte, grinst der pflichtbewusste Nica und lässt mich »ausnahmsweise« eine viertel Stunde früher passieren. ...«

Selbst ohne Gepäck kommen wir angesichts der achtzehnprozentigen Steigung ordentlich außer Puste. Der Krater selbst ist zwar imposant, aber nicht gerade jenes Highlight, welches wir erwartet haben, und so halten wir uns nur kurz oben auf. Ein weiteres Highlight auf der To-Do Liste eines jeden Nicaragua-Besuchers ist die Stadt Granada, die für ihren herausgeputzten, historischen Stadtkern bekannt ist und ebenfalls auf unserer Route liegt. Die Hochglanzprospekte halten diesmal, was sie versprechen. Granada ist eine der ältesten Städte Zentralamerikas und entsprechend sehenswert. Einen ganzen Tag laufen wir zwischen Museen, Kathedralen und Bürgerhäusern hin und her und schlemmen in feinen Touristen-Kneipen – mindestens so anstrengend wie Radfahren! Doch so schön es ist, für kurze Zeit als anonymer Tourist unterzutauchen und die Zeitzeugen einer vergangenen Kultur zu bestaunen, vermissen wir recht schnell den direkten und ehrlichen Kontakt zu den Menschen. Denn die intensiven Erlebnisse haben wir selten in einer touristisch erschlossenen Gegend.

Ein neuer Tag bricht an. Im Morgengrauen satteln wir die Räder und brechen auf. Heute ist unser letzter Tag in Nicaragua. Kurz vor der costaricanischen Grenze beschert uns der Zufall wieder einmal einen ganz besonderen Schlafplatz für die Nacht.

TAGEBUCHEINTRAG ANDI – *Do, 24.2.11, La Virgen*

»… Nach angenehmen zwanzig Kilometern biegen wir auf die CA1 ab und der Rücken- wird zum Seitenwind, meist von schräg vorne. Trotzdem läuft's gut. Zuckerrohrfelder, weite, flache Weideflächen, dürres Gras, Reisfelder, kleine Farmhäuser und Vulkanausblicke. Der Conception, welcher auf der im Nicaraguasee liegenden Insel Omepete steht, immer links vor uns. Derik, ein junger Nica, tritt extra in die Pedale, um sich mit uns unterhalten zu können. Ganz neugierig und interessiert stellt er uns viele Fragen. Warum wir diese Reise machen und warum wir mit dem Fahrrad unterwegs sind, will er wissen. Interessant, denn erst in unserem siebzehnten Reiseland Nicaragua wird uns diese Frage auffallend häufig gestellt. Eine gute Stunde später rollt ein Vater mit seinem Sohn auf dem Moped neben uns her und stellt uns fast exakt dieselben Fragen.

Zu Mittag zeigt der Tacho knapp siebzig Kilometer, die Mangoverkäuferinnen am Straßenrand häufen sich. Für sage und schreibe acht Cordobas kaufen wir vier vollreife Mangos, umgerechnet etwa dreißig Cent. In Rivas gönnen wir uns Käse-Tortillas mit Tomaten und Zwiebeln sowie leckeres Plundergebäck. Die letzten zehn Kilometer des Tages laufen leicht hügelig dahin, bis wir kurz vor La Virgen auf den Nicaraguasee stoßen. Der Wind lässt das Wasser schäumen, der Volcan Conception trägt ein Wolkenhäubchen. Im Ort teilt man uns mit, dass die in unserer Karte eingezeichnete Tankstelle nicht mehr existiert. Das einzige Hotel, welches über ein riesiges, freies Grundstück verfügt, lässt uns nicht zelten, also müssen wir uns um eine andere Schlafgelegenheit kümmern. Sehen uns am Seeufer um und »entdecken« einige Herren der »Policia Nacional«, die sich offensichtlich ein wenig vor dem Dienst drücken. Am Strand campen ist uns aber zu gefährlich, obwohl die gelangweilten Ordnungshüter meinen, es wäre kein Problem.

Das Wasser wird knapp, also fahren wir die paar hundert Meter zurück, um eine Gallone zu kaufen. Die nette Dame, die uns den Kanister durch ihre vergitterte Ladenfront reicht, ist sichtlich bemüht, für uns ein Plätzchen zu finden. Wir sollen doch bei Franzisco fragen. Er hätte ein leerstehendes Haus, das er gewöhnlich an Straßenarbeiter vermietet. Tatsächlich treffen wir den Herrn an und er erklärt sich bereit, uns das Haus für eine Nacht zu vermieten. ...«

TAGEBUCHEINTRAG ANITA – *Do, 24.2.11, La Virgen*

»... Witzig, jetzt dürfen wir unsere letzte Nacht in Nicaragua inmitten einer kleinen Siedlung verbringen – in »unserem« Haus, mit Wachhund. Tonky ist gerade mal ein Jahr alt, unheimlich verspielt und findet in Andi gleich einen neuen Kumpanen. Zaubern uns auf dem kleinen Tisch vorm Haus einen riesigen Topf Pasta, Tonky läuft in Windeseile von einem Eck ins andere und wälzt sich dazwischen am Boden. Die Kinderköpfe, die neugierig über den Zaun gucken, werden auch immer mehr. Gegen sechs Uhr schaut Franzisco nochmal vorbei, um uns die Schlüssel zu bringen und meint dann, wir könnten ihn ruhig »weiter empfehlen«. Sieht aus, als hätten wir den Herrn auf eine neue Geschäftsidee gebracht! Das Essen schmeckt vorzüglich, über uns funkelt ein prächtiger Sternenhimmel und das Schaukeln der Palmblätter im Wind spielt eine wunderhübsche Melodie. Wir lümmeln noch ein wenig in der Hängematte, was nicht ganz einfach ist, denn Tonky würde sich am liebsten dazulegen. Wie wundervoll »Die da Oben« das wieder organisiert haben! Mit einem eigenen Haus mit Garten, Dusche und Hund hätte ich heute nicht mehr gerechnet. ...«

Mit traurigem Hundeblick schaut uns Tonky tags darauf nach, als wir um die Ecke auf die Hauptstraße abbiegen und steckt seine Pfote durch das Eingangstor. Auch wir sind etwas wehmütig, denn wir haben uns sehr wohl gefühlt in Nicaragua.

Wenn auch ein Großteil der Menschen dieses Landes sehr arm ist, haben sie uns mit ihrer positiven und geschäftigen Art gezeigt, dass man immer nach vorne schauen und niemals resignieren sollte.

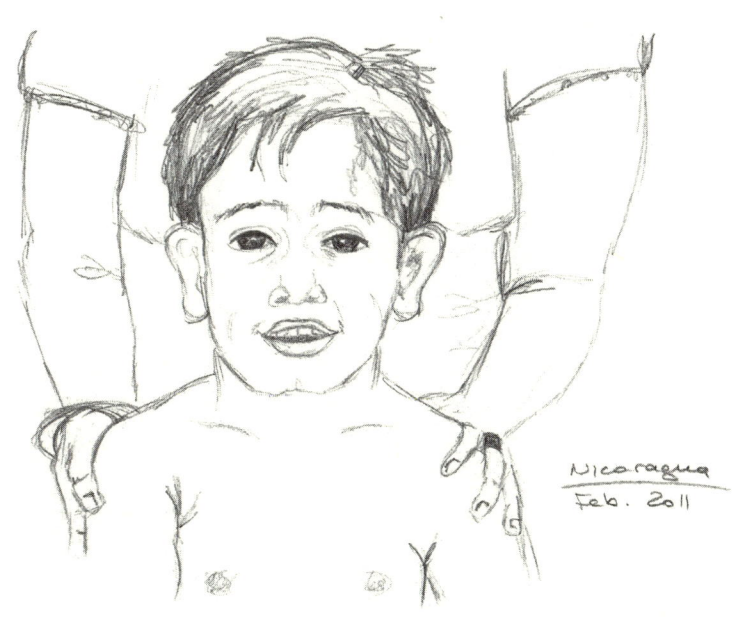

Nicaragua
Feb. 2011

COSTA RICA – PURA VIDA

Burger King und Mc Donalds, moderne Einkaufszentren, überteuerte Touristenorte, nahezu kein Müll mehr am Straßenrand und gesitteter Verkehr – die »Zivilisation« hat uns wieder. Costa Rica wird nicht umsonst die »Schweiz Zentralamerikas« genannt, ist es doch in etwa gleich groß wie sein europäischer Namensgeber sowie das reichste Land der Gegend. Dies merkt man umso stärker, wenn man von einem der ärmsten Länder des amerikanischen Kontinents einreist. Wir genießen das entspannte Dahinradeln in einer grandiosen Natur, die freundlichen Ticos, wie die Einwohner von Costa Rica genannt werden, und vor allem die unwiderstehlichen Leckereien der zahlreichen *Panaderias* (Bäckereien).

TAGEBUCHEINTRAG ANDI – *Fr, 25.2.11, Santa Rosa N.P.*

»… Das Büro vor dem Eingang des »Parque National Santa Rosa« hat bereits geschlossen, als wir uns am späten Nachmittag, auf der Suche nach einem Lagerplatz, einbremsen. Die Eintrittsgebühren von zehn Dollar plus zwei Dollar fürs Campen (pro Person!) sind uns für eine Nacht viel zu hoch. Noch dazu müssten wir weitere fünfzehn Kilometer auf Schotter bis zum Campground in den Park radeln, das Ganze morgen wieder zurück.

Nachdem wir niemanden mehr um Erlaubnis fragen können, stellen wir unsere Casita del Sol auf der einladenden Grünfläche nahe des Eingangsportals auf. Zehn Minuten dauert der Lageraufbau, und gerade als wir die Schlafmatten fertig aufgeblasen haben, hält ein grüner Pickup des Nationalparks neben uns. »Es ist nicht gestattet, hier zu campen«, teilt uns der Ranger gleichgültig mit. Schmarren! Etwas widerwillig beginnen wir zu packen, da gesellt sich noch ein zweites Nationalpark-Fahrzeug zum Geschehen. Noch eine Rüge? Nein, anscheinend haben die Herren Mitleid und bieten uns an, im Hauptquartier, zwei Kilometer nördlich, zu übernachten – und das gratis und mit Freiluftduschen. Das Zeug könnten wir auf den Pickup verladen. Das sei einfacher. »Pura Vida!«, meint einer der Jungs lässig, als wir uns für das Angebot herzlich bedanken und unsere Taschen auf die Ladefläche hieven. …«

»*Pura Vida!*« – »Pures Leben!« Lebenseinstellung, Allgemeinfloskel, Marketingspruch. Egal von welcher Seite aus betrachtet, sagen diese zwei genial harmonierenden Worte sehr viel über die lebensfrohen Ticos aus. Immer gut gelaunt, neugierig und gastfreundlich begegnen sie uns und tragen somit sehr viel dazu, dass uns dieses Land positiv in Erinnerung bleiben wird. Costa Rica ist eine der wenigen Nationen auf der Welt ohne Militär. Die Menschen und Politiker sind sehr naturverbunden und umweltbewusst. Und dann noch die Natur! Immergrüne Regenwälder, aktive Vulkane, eine exotische und vielfältige Flora und Fauna, über siebenundzwanzig Prozent des Landes unter Naturschutz. Eine einzigartige Kombination. Wie gesagt – Pura Vida!

»Aus, es geht nicht mehr«, hechle ich mit letzter Kraft und lasse mein Rad auf die Piste fallen. »Ich hab' in meinem Leben noch nie so geschwitzt«, entgegnet mir eine ebenso platte Anita. Das Ergebnis unseres Versuches, den Monteverde-Nationalpark auf einer unscheinbaren Nebenstraße zu erreichen, ist ernüchternd. Ganze sechs Kilometer haben wir bei gefühlten vierzig Grad gegen eine Steigung gekämpft, die uns auch ohne Gepäck mehr als gefordert hätte. Die Klamotten tropfen vor Schweiß, wir liegen im Schatten eines Baumes und schnappen erschöpft nach Luft. Dabei sah alles so einfach aus auf der Karte! Wir wollten nach zwei heiß-schwülen Tagen an der monotonen Pazifik-Küstenstraße in die kühleren Berge flüchten. Nur dreißig Kilometer trennen uns vom Monteverde Nationalpark, einem immergrünen Nebelwaldgebiet mit vielfältiger Flora und Fauna, doch es scheint, als würden wir ihn aus eigener Kraft nicht erreichen können. Die Lösung unseres Problems taucht kurz darauf in Form eines kleinen Pickups auf, der auf seiner Ladefläche Platz für uns und unsere Räder hat. Die restlichen vierundzwanzig Kilometer sind somit ein Kinderspiel, obwohl der prekäre Zustand der Lehmpiste für ungewohnte Fliehkräfte sorgt und wir uns ordentlich konzentrieren müssen, um nicht abgeworfen zu werden.

Die Schinderei hat sich schlussendlich gelohnt. Wir quartieren uns in einer der zahlreichen Herbergen ein, mischen uns unters »normale« Touristenvolk und schließen uns gleich einer Nachtwanderung an. Mithilfe unseres Guides Daniel beobachten wir fleißige Blattschneiderameisen bei der Arbeit, schlafende Tropenvögel und Stachelschweine, träge Faultiere sowie eine handtellergroße, bunte Tarantel, die den Stock unseres Guides für ein potentielles Opfer hält und aggressiv angreift. »Gut, dass wir hier nicht campen«, denke ich mir insgeheim, während ich heldenhaft mein Teleobjektiv ausfahre und das haarige Monster auf die Speicherkarte banne.

Fasziniert von diesem nächtlichen Ausflug erkunden wir tags darauf den mystisch-dunstigen Nebelwald, für den die Region so berühmt ist. Die schlammigen Pfade sind überwuchert von Farnen, deren Größe denen aus Jurassic-Park um nichts nachsteht. Eine üppige Märchenwelt mit Orchideen, Moosen und weit in den Himmel ragenden Bäumen. Die Luft ist erfüllt vom Gezwitscher der Vögel, ab und zu kann man das Geräusch eines Tieres im Dickicht vernehmen.

Der tadellose Zustand der Region ist einer Quäker-Gemeinde zu verdanken, die in den Fünfzigerjahren aus Nordamerika einwanderte, um ein ruhiges und abgeschiedenes Leben im Einklang mit der Natur zu führen. Die Quäker lebten hauptsächlich von der Milchwirtschaft und begannen schon früh, den unschätzbaren Wert dieses einzigartigen Ökosystems zu erkennen und zu schützen.

TAGEBUCHEINTRAG ANDI – *Di, 1.3.11, Monteverde*
»… Heute Morgen bläst ein kühler, feuchter Wind, der Nieselregen macht es doppelt unbequem. Der Asphalt endet einige hundert Meter nach dem Ort, die Steigungen werden immer steiler, die Piste schlammig. Schon nach wenigen Minuten sind wir richtig schön »eingesaut«. Die Gegend dafür spektakulär – grüne, sanft geschwungene Hänge, auf denen Kühe grasen und unzählige Kaffeeplantagen. Immer wieder müssen wir die Räder einige Rampen hochschieben, da die Reifen im Matsch durchdrehen. Eigentlich sollte es ja gut tausend Höhenmeter bergab gehen, doch es fühlt sich an, als würden wir uns mehr bergauf bewegen! Der Wind ist heftig, meist von vorne oder von der Seite, nur selten von hinten. Wir haben ordentlich zu tun, um nicht von der Piste gefegt zu werden und halbwegs voranzukommen. Als wir mittags in Quebrada Grande eintreffen, haben wir gerade mal dreißig Kilometer geschafft. Stärken uns auf einer windigen Bank vor dem Supermarkt und werden noch einige Male vom Sprühregen nass gespritzt, so quasi zum »Abschied«, als wolle uns der Monteverde noch ein wenig nachspotten. …«

TAGEBUCHEINTRAG ANDI – *Fr, 4.3.11, Ciudad Quesada*
»… Nach fünfundzwanzig Kilometern Easy-Riding erreichen wir die Stadt

Florencia, die folgenden zehn Kilometer geht es wieder mal heftigst bergauf. Irre, diese Anstiege hier in Costa Rica! Zusätzlich gibt es wieder viel Schwerverkehr, der uns das Leben zur Hölle macht. Kommen ziemlich ins Schnaufen. Kurz vor Ciudad Quesada gönnen wir uns in einer Bäckerei Süßes und Kaffee. Eine Horde Schüler hat gerade Pause und macht ordentlich Krach. Weiter ins Zentrum. Wollen heute hier bleiben und morgen die bevorstehenden 1.200 Höhenmeter »frisch« in Angriff nehmen. Fragen bei zwei Hotels, zu teuer. Kriegen eine Empfehlung, finden aber nicht gleich hin. Bei einem Elektro- und Haushaltsgerätemarkt, in dem es unter anderem auch chinesische Motorräder zu kaufen gibt, erkundigen wir uns nach der Richtung. Adriana, die Managerin, steht uns mit Tipps hilfreich zur Seite. »Wie lange wollt ihr in der Stadt bleiben?«, erkundigt sie sich neugierig. »Nur eine Nacht.« »Wartet einen Moment, mir ist da was eingefallen.« Keine fünf Minuten später fährt ein Kleinlastwagen vor. »Hallo, meine Freunde, lasst uns die Räder aufladen!« Adriana hat zwischenzeitlich mit ihrem Mann Jorge telefoniert und lädt uns für heute in ihr Haus ein. Die quirlige, kleine Frau meint, es sei kein Zufall, dass Gott uns hierher geschickt hat, denn Zufälle gibt es nicht auf dieser Welt. Der Lastwagenfahrer hört auf den Spitznamen Macho, verlädt fröhlich pfeifend unsere Räder und chauffiert uns zu Adrianas kleinem Häuschen, welches hoch über der Stadt thront. Der Ausblick auf die weiten, grünen Hänge verschlägt uns den Atem, erinnert uns an unseren Hausberg, den Damberg. Jorge erwartet uns bereits und kümmert sich rührend um uns. Wir dürfen duschen, bekommen sogar Handtücher und Seife und einen kleinen Snack zur Begrüßung. Um halb acht hat es angenehme neunzehn Grad, wir sind glücklich und entspannt. Adriana kommt nach Hause, hat ein paar Einkaufstüten mitgebracht – fürs Abendessen. Beim Plaudern erzählt sie uns, dass sie bis vor kurzem an Brustkrebs litt, hätte die Krankheit aber glücklicherweise besiegt. Immer wieder betont sie, wie wichtig es sei, JETZT zu leben! Das habe sie der Brustkrebs, der jederzeit wieder kommen könne, gelehrt.

Jorge entpuppt sich als leidenschaftlicher Koch, zaubert in Windeseile ein fantastisches Menü: Fischfilets mit Rosmarin gewürzt, Gemüse, Reis und Bier. Wir essen und lachen gemeinsam vor der verglasten Fensterfront der Küche, die uns einen grandiosen Ausblick auf das Lichtermeer der 40.000-Einwohnerstadt bietet und reden bis spät in die Nacht über das Leben. »La Vida es hoy!« – »Das Leben ist jetzt!« …«

TAGEBUCHEINTRAG ANITA – *Sa, 5.3.11, Ciudad Quesada*

»... Um sechs Uhr morgens weckt uns der Duft von heißem Kaffee. Spätestens jetzt sind nicht nur wir, sondern auch Adriana wach. »Schau, unsere Babys schlafen noch!«, sagt sie liebevoll und tanzt gleich mal eine Runde zum Aufwachen. Der Frühstückstisch ist reich gedeckt: Vollkornbrot, Eier, frische Früchte, Saft, Tomaten – einfach herrlich! Und die Aussicht ist noch schöner als am Vortag, denn heute scheint die Sonne! Genießen den Morgen mit den beiden, das gute Essen, aber vor allem die herzliche, familiäre Gesellschaft. »Papi« ist fleißig am Nachschubholen, selbst isst er fast nichts. Nur ein Stück Brot mit Butter und eine Tasse Kaffee. Dann »zwingt« er uns zwei Stück Fischkapseln auf – denn die seien gut fürs Immunsystem, sagt er. Meine vordere, linke Radtasche ist über Nacht noch voller geworden, denn Jorge hat uns einige Leckereien reingeschmuggelt: herrlich duftenden Jasmintee, Kartoffelpüree, Schokolade, Kokoskekse und eine Mini-Tube SOS-Creme für meine Fieberblase. Umarmen uns herzlich zum Abschied. Da fällt Jorge ein, dass er doch extra Eier für uns gekocht hat, zehn Stück an der Zahl! Nehmen ihm zuliebe fünf mit, zehn sind wirklich zu viel. Dann geht's immer weiter bergauf durch die zauberhaften, nebelbehangenen Berge Costa Ricas. ...«

Noch lange denke ich an die kurze, aber umso intensivere Begegnung mit Adriana und Jorge. Aufgrund ihrer Krankheit hat Adriana erkannt, wie wichtig es ist, jeden Moment offen für das Leben und seine spontanen Überraschungen zu sein. Ihre unbändige Lebensenergie und fast kindliche Freude sind wirklich inspirierend und ich hoffe, dass ich ihre positive Einstellung ein bisschen in mein eigenes Bewusstsein integrieren kann. Aber anscheinend sind oft die »einfachsten« Erkenntnisse am allerschwersten umzusetzen.

Der anstrengende Pass liegt bald hinter uns, belohnt uns mit atemberaubenden Wolken- und Nebelstimmungen und einem rasanten Downhill bis kurz vor die Tore der Hauptstadt San José. Wir freuen uns auf die nächsten Tage, denn durch eine glückliche Fügung haben wir eine Einladung nach Escazu bekommen, einer noblen Wohngegend im Westen der Stadt. Die Welt ist oft kleiner als man denkt und manchmal läuft es tatsächlich so, dass man Freunde hat, die Freunde haben, die wiederum Freunde haben. Und so landen wir über »sieben« Ecken im Haus von Hector.

TAGEBUCHEINTRAG ANDI – *So, 6.3.11, Escazu*

»... Der Portier öffnet uns die Pforte und benachrichtigt Michaela, die uns mit ihrer kleinen Tochter Frida begrüßen kommt. Sie zeigt uns unser Zimmer, ja sogar ein eigenes Bad haben wir! Können es gar nicht glauben! Die Wohnung zweistöckig, edel eingerichtet, Panoramafenster mit City-View, eigener Haushälterin. Für uns »Camper« eine ganz andere »Welt«. Michaela erklärt uns, dass Hector eine gut gehende Baufirma besitzt und dieses aus sechs Appartements bestehende Objekt zu Investitionszwecken errichtet hat. Derzeit lebt nur er hier, die restlichen Wohnungen wären nach der Krise schwer an den Mann zu bringen. Michi, ihr Mann Sergio und ihre Tochter Frida sind übergangsweise bei ihm untergebracht, denn Sergio kommt ursprünglich aus Costa Rica und ist mit Hector eng befreundet. Erst vor kurzem sind die drei von Österreich nach Costa Rica ausgewandert, um sich ein neues Leben aufzubauen. Spannend!

Vor der Tür steht Hectors »fetter« Audi. Am Abend kommt er heim, stellt uns seine Freundin vor, die von einer wohlhabenden Familie abstammt. Wir mitten drin, mit ausgebleichten T-Shirts und Hosen, unrasiert, mit einem Tagesbudget von etwa zehn Euro. ...«

»Das ist ja besser als im All-Inclusive-Club«, murmle ich im Halbschlaf und drehe mich nochmal zur Seite, während »unsere« Haushälterin Rosa frischen Kaffee aufsetzt und Pfannkuchen bäckt. »An den Luxus könnte man sich glatt gewöhnen«, schnurrt Anita neben mir, bevor wir uns endgültig aus unserem weichen Komfortbett direkt unter die überdimensionierte Regenbrause bequemen. Es ist wirklich beeindruckend, wie schnell man sich wieder umstellt. Gestern noch im stickigen Zelt, heute im klimatisierten Nobelappartement!

TAGEBUCHEINTRAG ANITA – *Mi, 9.3.11 – Volcan Irazu*

»... Langsam schlängeln wir uns die schmale Straße zum Volcan Irazu hoch. Über 2.000 Höhenmeter in etwa dreißig Kilometern! Bin ich froh, dass ich bei Sergio und Michi im Auto sitzen darf! Frida nimmt es gelassen, sitzt friedlich und lächelnd neben mir im Maxi-Cosi. Je höher wir kommen, desto dichter die Nebeldecke. Ich versuche optimistisch zu bleiben, obwohl ich mich schon frage, ob wir überhaupt was vom Vulkan zu sehen bekommen. Und dann kurz vorm höchsten Punkt lichtet sich die Nebelschwade – Halleluja! Wir befinden

uns auf über 3.400 Metern, haben eine spektakuläre Aussicht und es ist nahezu windstill und sonnig! Der Irazu ist schon lange nicht mehr aktiv, dafür lockt er mit einem türkisfarbenen Kratersee. Der schwarze Lavasand knirscht unter unseren Füßen, riesige, vertrocknete Farne kleben an den Hängen. Tief unter uns eine dichte Wolkendecke, die gemeinsam mit der Mondlandschaft ein surreales Bild abgibt. Gehen lange spazieren, Frida döst zufrieden in ihrem »Fräulein Hübsch« Tragetuch auf Michis Rücken.

Der Rückweg wird für uns alle, aber besonders für Sergio, anstrengend. Denn je nach Nummerntafel-Endung darf man als Tica an einem Tag der Woche NICHT durch das Zentrum von San José fahren. Tja, und ausgerechnet heute ist Sergio dran, was er bei der Abfahrt irgendwie vergessen hat. Müssen uns über verstopfte Nebenstraßen mit chaotischem Verkehr durch düstere Viertel schleichen. Ganze eineinhalb Stunden nimmt die Fahrt in Anspruch und fordert unglaublich hohe Konzentration. Armer Sergio! Endlich zuhause angekommen, beginnen Andi und ich zu kochen. Fischsuppe mit Knoblauchbrot für alle, dazu Weißwein. Und als Nachspeise Eis mit frischen Erdbeeren. Hector geht etwas früher schlafen, wir trinken auf der Terrasse unterm Sternenhimmel noch einen Schluck Wein und genießen den Abend. ...«

Nach fünf Tagen Aufenthalt raffen wir uns wieder auf, die Räder sind frisch gewartet, unsere Beine gut ausgeruht. Der Abschied von unseren neuen Freunden fällt uns doch ein bisschen schwer, haben die Vier richtig lieb gewonnen und in unser Herz geschlossen. Die gemeinsamen Stunden, das Lachen und Tratschen ... wie ein kleines Stückchen Heimat! Und falls jemand unserer werten Leserschaft an einer exklusiven Wohnung in Escazu, Costa Rica, interessiert ist: Wir vermitteln euch gerne an Hector weiter!

TAGEBUCHEINTRAG ANDI – *Fr, 11.3.11, Santa Marta*

»... Kurz nach Puriscal erwarten uns wieder ein paar steile Hügel, oben empfängt uns ein Gewitter. Stellen uns bei einem kleinen Geschäft unter, neben uns zwei junge Burschen, die mit ihrem Handy lauter Rock-Musik lauschen und Chips essen. Der Regen wird weniger, wir fahren weiter. Nur, um nach zehn Minuten in einen richtig heftigen Wolkenbruch zu kommen! Es geht bergab, die Bremsen tun sich schwer. Sind nach wenigen Minuten bis auf die Haut nass. Es »schifft« in Strömen. Der Tacho hat wegen des vielen Wassers

einen Kontaktfehler und will nicht mehr. Im Fahrtwind kühlen wir schnell aus,
es ist echt ekelig! Erreichen fröstelnd das Dörfchen Santa Marta, wo wir in
einer Kneipe Unterschlupf finden. Ziehen uns um und trinken erst mal ein Bier.
Langsam beruhigt sich das Wetter, weiterfahren bringt angesichts der fortge-
schrittenen Stunde nichts mehr.

Rosa, die Besitzerin, bietet uns in ihrem Garten ein Plätzchen zum Zelten
an. Sitzen noch eine Weile auf der Holzbank vor dem Gebäude, trinken unse-
ren letzten Schluck Bier und schauen wehmütig auf die dampfende Straße. Wie
gemütlich wäre es jetzt in dem kuscheligen Bett in Hectors Haus. ...«

TAGEBUCHEINTRAG ANITA – *Sa, 12.3.11, nach Parrita Quesada*
»... Brauchen heute lange für unser Morgenritual. Das Zelt ist feucht, ge-
nauso wie die Radklamotten, die über Nacht kein bisschen getrocknet sind.
Warten auf die Sonne und verteilen unser ganzes Zeug zum Trocknen auf den
Büschen. Laut einem Stammgast von Rosa sind es bis zum Pazifik knappe
achtzig Kilometer – aber NUR bergab. Hmm, dieser Herr ist wohl noch nie in
seinem Leben auf einem Fahrrad gesessen, denn auf uns wartet ein ganzer Tag
voller Abfahrten und Anstiege – und das auf grobem Schotter.

Anfangs nehmen wir es noch ganz lustig und gelassen, die Ausblicke sind
wirklich wunderschön! Wenn ich nicht wüsste, dass wir in Costa Rica sind,
würde ich denken, wir fahren durch die Berge Österreichs. Grüne Hügel,
Almen, kleine Bauernhöfe und Viehweiden. Hab' dabei absurderweise dieses
Lied im Kopf:

Kränk di net,
es is jo eh scho z'spät
und weil's net anders geht,
bitte kränk di net.

Kränk di net,
wauns a moi owe geht,
weil du kummst drauf,
es geht a wieder bergauf*?!?*

---

* *Song der österreichischen Musikerin Jazz-Gitti*

An einer kleinen Tienda machen wir Mittag und werden etwas »aufgemuntert«, denn die fünfundzwanzig Kilometer bis an den Pazifik sollen flach sein, meist aber bergab. Sollen, wohl gemerkt. Dieses letzte Stück frage ich mich, ob es nicht besser gewesen wäre, den »Cerro de la Muerte*« zu überqueren, denn heute bin ich schon öfter als einmal gestorben. Bin praktisch auf Null und raffe all meine Energiereserven zusammen, um weiterzukommen. Und dann endlich, nach fünf Stunden Fahrzeit ebnet sich die Piste und wir stehen an der Kreuzung zur asphaltierten Hauptstraße. Eine einheimische Dame meint, es wären nur mehr drei Kilometer bis zum Zentrum. Gut, es sind eigentlich vierzehn, aber nachdem es Asphalt und diesmal wirklich flach ist, nehmen wir's gelassen. Gemütlich ausradeln nennt man das. In Parrita halten wir gleich an der ersten Bäckerei, vergönnen unseren Körpern einen Zuckernachschub und rollen danach die wenigen Meter zum Supermarkt, um Abendessen einzukaufen. Der engagierte, glänzende Lockenkopf im Hawaiihemd kommt beim Einpacken der Waren ganz schön ins Schwitzen, läuft von einer Kassa zur anderen und wischt sich den Schweiß in seine Unterarme.

Es ist schon kurz vor fünf, lange wollen wir nicht mehr fahren, außerdem verdunkelt sich der Himmel. Links und rechts von uns Palmölplantagen, weit und breit kein Lagerplatz, fahren bestimmt noch an die 20 km weiter. Die Wolken hängen tief, sind schwarz und kurz vorm Entladen. Der Hausherr der kleinen Rancho verweist uns auf eine andere Schlafgelegenheit, als wir fragen, ob es möglich wäre, auf seinem Grundstück zu zelten: auf ein altes, schäbiges Haus an der Ecke zum Fußballplatz. Dort könnten wir zelten, Duschen gäbe es auch. Nachdem es schon fast dunkel ist und wir befürchten, dass es jede Sekunde zu regnen beginnt, haben wir keine andere »Wahl«.

Die drei Männer auf der vermoderten Holzveranda sehen uns etwas stutzig an, als wir ihnen erklären, was wir hier wollen, zeigen uns aber dann doch einen Platz im Haus. Als kurz darauf der Herr von vorhin mit seinem Moped auftaucht, klärt sich alles auf. Das blaue, baufällige Haus vermietet er an Männer, die in den umliegenden Palmölplantagen schuften. Fünf von den sechs Arbeitern sind aus Nicaragua. Neugierig versammeln sich alle um uns und staunen gebannt, als Andi den Kocher anwirft. Wenn man die Vorführung

---

* Der »Berg des Todes« ist der höchste Punkt des 3.454 Meter hohen Passes, der von San Jose zum Pazifik führt.

eines zusammenklappbaren, mit Benzin betriebenen Herdes live sehen kann, ist selbst der laut dröhnende Fernseher in Obergeschoß uninteressant. Als wir zu kochen beginnen, lassen sie uns aber alleine. Erst etwas später gesellen sich wieder zwei ältere Nicas zu uns. Sie hocken sich auf ein Holzbrett, das von zwei Ziegelsteinen ein Stück nach oben gehoben wird und erzählen von ihrem Leben. Wie schwer es ist, in Nicaragua Arbeit zu finden und wie unterschiedlich die beiden Länder sind. Mitessen wollen sie nicht, sie wären schon satt, sagen sie, obwohl es mich echt gefreut hätte, unser Abendmahl mit ihnen zu teilen. Größer könnte der Kontrast zu Hectors Appartement fast nicht mehr sein. Wie viele unterschiedliche »Welten« gibt es eigentlich? Diese Männer vor uns, voller Offenheit und Zuversicht, aber irgendwie doch ein wenig betrübt und sichtlich geschafft vom harten Alltag, den schwierigen Zeiten in ihrem Heimatland. Arbeiten, um Frau und Kinder ernähren zu können. Um vielleicht ein klein wenig Geld zu sparen, um dann und wann zu ihren Familien fahren zu können. Dreimal am Tag Reis mit Bohnen. Wenn ich daran denke, was mir oft durch den Kopf geht und welche »Probleme« ich habe! Und diese zwei Nicas, die mit dem Überleben beschäftigt sind, machen das Beste aus dem Wenigen, das sie haben. Irgendwie fühle ich mich wohl in dem schäbigen Haus, zwischen all den Leuten, die uns so herzlich und neugierig in ihre Gemeinschaft aufgenommen haben. Allesamt alleine in einem fremden Land. Familie, Frauen und Kinder zuhause. Wir sprechen über Werte, die im Leben wichtig sind, das Herz, das einem immer den Weg zeigt und über schwierige Zeiten, die nur gemeinsam überwunden werden können.

Am späten Abend flüchten wir ins Zelt, um nicht von den Moskitos attackiert zu werden. Alleine das Ins-Zelt-Krabbeln löst Schweißfontänen aus. …«

Eine schwache Woche folgen wir der pazifischen Küste Richtung Süden, Panama ruft nach uns! Doch bevor wir das neunzehnte Reiseland in Angriff nehmen, legen wir noch eine Pause auf der Osa-Halbinsel ein. Immerhin steht mein Geburtstag vor der Tür, und den wollen wir an einem ganz besonderen Flecken feiern. Es werden ein paar entspannte, fröhliche Tage in tropischem Ambiente, die wir mit allen Sinnen genießen.

PANAMA

»In Panama«, sagt er, »ist alles viel schöner, weißt du.
Denn Panama riecht von oben bis unten nach Bananen.
Panama ist das Land unserer Träume, Tiger.
Wir müssen sofort morgen nach Panama …

(Janosch)

Was weiß man schon über Panama? Nichts. Oder doch? Da gibt es ja diese Kindergeschichte, in der ein Bär und ein Tiger eine Bananenschachtel finden, die so wunderbar riecht – mit einem Etikett »Panama« … und war da nicht noch was? Ach ja, der Panamakanal! Tja, recht viel weiter hat auch unser Wissen bisher nicht gereicht. Was eigentlich schade ist, denn das Land hat viel mehr zu bieten. Die Bevölkerung bunt gemischt – Schwarze, Europäer, karibische Nachfahren der Kanalbauarbeiter, Indigenas und andere Ethnien. So vielseitig wie die Leute präsentiert sich auch die Natur. Ähnlich wie in Costa Rica stehen auch hier weite Teile der Landesfläche unter Schutz. Wichtigster Arbeitgeber und Devisenbringer des Landes ist der Panamakanal, welcher an der engsten Stelle des amerikanischen Kontinents (rund achtzig Kilometer) die wichtigste Schiffspassage zwischen Atlantik und Pazifik bildet und ihm die Bezeichnung *»Crossroads of the World«* – *»Kreuzung der Welten«* verleiht. Trotz des recht hohen Pro-Kopf Einkommens (etwa 4.000 Dollar pro Jahr) könnten die Gegensätze zwischen arm und reich nicht größer sein, vor allem im Ballungsraum Panama City. In keinem anderen zentralamerikanischen Land ist uns dies so stark aufgefallen. Neben nagelneuen Wolkenkratzern mit teuren Luxusappartements hausen Gammler in Pappkarton-Verschlägen. In manchen Stadtvierteln herrscht extrem hohe Kriminalität, keine fünf Kilometer weiter liegen ausgedehnte, gepflegte Siedlungen, in denen sich der gehobene Mittelstand in vergitterten Häusern verschanzt. Gerade als Fahrradfahrer ist man seiner unmittelbaren Umwelt direkt ausgesetzt, und nicht nur einmal sind wir mit einem unguten Gefühl durch schäbige Viertel gesprintet, in denen man besser keine Panne hat. Doch glücklicherweise beschränken sich diese Erfahrungen nur auf ganz wenige Momente – und egal ob arm oder reich begegnen uns die Menschen mit einer unglaublichen Gastfreundschaft.

TAGEBUCHEINTRAG ANITA – *Sa, 19.3.11, San Juan*

»… Wenig geschlafen, die riesige Luftblase auf meiner Isomatte ist zum Leben erwacht und hat mich im Schlaf, langsam aber doch, immer mehr zur Seite gedrängt. Radeln acht Kilometer nach San Juan weiter um zu frühstücken, denn Bananen fürs Müsli waren nirgends erhältlich. Essen ohne Fleisch gäbe es nicht, erklärt uns die Besitzerin der kleinen Straßenküche. Ob sie Eier hätte und Gemüse, wollen wir wissen. Ja, sicher! Also Eier mit Zwiebeln, Tomaten, Tortillas und Kaffee. Im Chinesen-Supermarkt finden wir wieder mal so gut wie nichts für die Mittagsjause, das Angebot macht einen direkt ein wenig grantig. Als Andi nach Brot fragt, hält ihm die zierliche Asiatin in Plastik verpacktes Toastbrot unter die Nase und meint selbstsicher »Oele rico!« – »riecht lecker!« Auf den Bänken vorm »Super Huan« könnte die Kundschaft nicht bunter sein: schwarze, schrill gekleidete Frauen in engen, knappen Höschen, mit skurrilen Frisuren und künstlichen, bemalten Fingernägeln. Daneben junge einheimische Frauen in ihren traditionellen, weiten Kleidern. Tja, und dann sind ja auch noch wir zwei.

Die Straße windet sich wie eine Achterbahn durch die trockene Landschaft, hin und her, zick-zack, rauf und runter, die Sonne knallt unbarmherzig auf uns herunter. Danach steigt die »Carretera Interamericana« stetig an, ohne einen einzigen schattigen Flecken. Völlig fertig holen wir uns in einem Restaurant einen Zuckerschub in Form einer Cola. Und nein, der Berg ist noch nicht zu Ende. Weiterstrampeln heißt es. Da kommt der kleine Wasserfall am Straßenrand gut gelegen! Hüpfen ins kühle Nass, rund um uns kleine, bunte Regenbögen – wie herrlich! Beim Weiterfahren hat Andi auch noch einen Platten, wieder mal ein Drahtstück.

Die Extrapause tut den Beinen gut, danach läuft es gleich viel besser. Schwuppdiwupp stehen wir in Llano de los Ruices vorm einzigen Supermarkt weit und breit. Dreimal dürfen wir raten: Genau! Ein Chinese! Mieses Sortiment, so gut wie kein frisches Gemüse und natürlich überhaupt keine Früchte. Wasser kann uns der etwas eigenartige, desinteressierte »Chino« nicht geben, wir sollen doch bei der Polizei fragen. Gute Idee, denn unter deren Pavillon wäre ein idealer Zeltplatz. …«

Die Strecke von der costa-ricanischen Grenze bis nach Panama City nimmt eine gute Woche in Anspruch und beschert uns viele nette Begegnungen, wie zum Beispiel mit Isidra, einer in bescheidenen Verhältnissen lebenden, fröhlichen Dame, die uns in ihrem Garten für eine Nacht zelten lässt. Mit einem älteren Pärchen, das uns vorm Supermarkt zu sich nach Hause einlädt, oder mit dem quirligen, lebensfrohen Brasilianer Elió, der uns in einem unbeobachteten Moment einen großen Sack, gefüllt mit frischen Früchten, ans Fahrrad hängt.

Und dann, endlich ist es so weit. Panama City! Als wir auf die »Puente de las Americas« zurollen, kribbelt alles in uns. Was für ein Gefühl: Für uns symbolisch das Ende Zentralamerikas und der Beginn Südamerikas – ein wahrer Meilenstein! Die alte Stahlbrücke über den Panamakanal übt auf jeden Reiseradler eine besondere Magie aus. Wie eine riesige Stahlklammer verbindet sie die beiden Ufer und schwingt sich hoch und ästhetisch über den Kanal. Wenn auch das Befahren wegen des starken, vierspurigen Verkehrs nicht ratsam ist, MUSS man da einfach drüber! Der Radler-Ehre wegen! Wir schieben die Räder auf dem Gehweg links der Fahrbahn hoch bis zum Brückenkopf, sprinten über die Straße und rollen Freudenschreie von uns gebend runter auf die andere Seite.

»Habt ihr euch verfahren?«, fragt uns ein älterer Herr vom Fenster seines Autos aus. »Das ist nicht gerade die beste Gegend. Ich eskortiere euch lieber!« Unsere viel zu ungenaue Karte hat uns direkt in eines der schäbigen Viertel der Stadt geleitet und wir sind beide froh über das nette Angebot. Von den Balkonen der umliegenden, baufällig wirkenden Häuser blicken zwielichtige Gestalten auf uns herunter, der Müll stapelt sich am Straßenrand. Jugendliche lungern lässig an Straßenlaternen, die schon längst ihren Dienst nicht mehr erfüllen. Wie zwei Olympiasprinter hängen wir uns in den Windschatten von José, der uns rasch aus unserer etwas unsicheren Lage befreit. Dank unseres Lotsen befinden wir uns im Nu nahe des Hospitals San Fernando, wo wir mit Marela verabredet sind. Marela ist zweiundzwanzig Jahre jung, kommt aus guten Verhältnissen und studiert Architektur. Sie lebt gemeinsam mit ihrer Mutter Irene, Rechtsanwältin von Beruf, in einem schicken, liebevoll eingerichteten Haus mitten in Panama. Als wir uns auf der Suche nach der Straße, in der sie wohnen, wieder einmal heillos verfahren, kommt sie uns extra mit dem Auto abholen.

Die nächsten fünf Tage warten ein kuscheliges Bett, ausgezeichnetes Essen und High-Speed Internet auf uns – und eine kleine, nette »Ersatzfamilie«. Das Ganze haben wir Freunden von Freunden zu verdanken, die mittlerweile auch unsere Freunde sind: Michi und Sergio aus Costa Rica.

TAGEBUCHEINTRAG ANITA – *Mi, 30.3.11, Panama City*
»… Ist schon komisch irgendwie, wenn man auf dieser wunderhübschen Terrasse sitzt, umringt von hohen Eisengittern. Das Leben hier ist ein wenig wie in einem »Goldenen Käfig«. Dadurch, dass die Klassenunterschiede so groß sind, muss man sein Eigentum schützen. Für uns Österreicher ist das unvorstellbar: vergitterte Fenster und Terrassen! Bei uns gibt es eine breite Mittelschicht. Im Grunde geht es jedem ähnlich. Aber hier liegt eine riesige Kluft zwischen den Schichten. …«

Die Pause in Panama City nutzen wir, um unsere Ausrüstung wieder auf Vordermann zu bringen, denn die zehn Monate Dauereinsatz fordern ersten Tribut. Die Tretlager und Ketten sind zu wechseln und Anitas blasenwerfende Isomatte muss ausgetauscht werden, was dank eines ausgezeichneten Herstellerservices rasch und unkompliziert über die Bühne geht.

Ein weiterer nicht unwesentlicher Punkt auf unserer Liste ist die Überwindung des Darien-Gaps nach Kolumbien. Dies ist die einzige Unterbrechung der von Alaska nach Argentinien verlaufenden Panamericana. Die fehlenden 110 Kilometer führen durch dichten Regenwald mit unzähligen Wasserläufen und Sumpfgebieten, in denen es von Malaria übertragenden Stechmücken nur so wimmelt. Als wäre das nicht genug, treiben kolumbianische Guerilla-Gruppen ihr Unwesen, was eine Durchquerung zu einem unkalkulierbaren Himmelfahrtskommando werden ließe.

Bleiben einem als Alternative entweder das Flugzeug oder ein Segelschiff. Wir entscheiden uns für die zweite Variante, denn grundsätzlich haben wir nichts gegen einen romantischen Segeltörn einzuwenden! Somit müssen wir nur noch einen Kapitän finden, der uns mitnimmt. Da diese Passage bei Reisenden in den letzten Jahren an Popularität gewonnen hat, sollte dies kein großes Problem darstellen. Daneben bleibt uns noch etwas Zeit, um die Stadt kennen zu lernen.

TAGEBUCHEINTRAG ANDI – *Di, 29.3.11, Panama City*

»… Marela kennt die Straßen wie ihre Westentasche. Rasant schlängelt sie sich mit ihrem Auto durch den Häuser- und Straßendschungel. Die Stadt mit ihren zahlreichen Wolkenkratzern und dreidimensionalen, teils auf Stelzen verlaufenden Express-Ways, erinnert mich an Hong Kong, nur dass der Verkehr hier chaotischer und viel dichter ist. Man muss ganz schön schnell und frech fahren, um voranzukommen.

Spazieren mit Marela durch die Gassen des »Casco Viejo«, dem historischen Altstadtkern Panamas. Eine interessante Mischung aus teils baufälligen, renovierten Kolonialbauten und neuen Gebäuden. Neben schicken Cafés und Galerien liegen Obdachlose auf Stiegen oder in Winkeln, gegenüber den nobelsten Restaurants werden an einfachen Straßenständen günstige Speisen und Snacks verkauft. Dann und wann gibt es kleine Geschäfte zu entdecken, in denen junge Kreative ihre Kunstwerke feilbieten. An der Wasserfront mit Skyline-Aussicht verkaufen traditionell gekleidete Kuna-Indios handgefertigte Decken und Schmuck. Im ehemaligen Gefängnis bewundern wir eine Ausstellung, in der bunte Karnevalskostüme präsentiert werden. Fühle mich wohl in dem bunten Treiben, wobei uns die drückende Schwüle ganz schön zu schaffen macht und es hier im Vergleich zum Rest der Stadt recht beschaulich zugeht. …«

TAGEBUCHEINTRAG ANITA – *Di, 29.3.11, Panama City*

»… Gerade als wir unter das schützende Dach des Theaters kommen, prasselt starker Regen auf die Straßen des Casco Viejo nieder. Was für ein Glück! Fünf Sekunden später, und wir wären von oben bis unten nass geworden. Ein Donnergrollen folgt auf das nächste, die einschlagenden Blitze lösen die Alarmanlagen unzähliger Autos aus. Das Spektakel dauert bestimmt eine dreiviertel Stunde. Sitzen auf den Stufen, lauschen dem Plätschern der Regentropfen und warten, bis sich die Wolken vollständig entladen haben. Laufen das kleine Stück zum Busterminal und hüpfen in einen »Diablo Rojo*«, um nach Hause zu kommen, denn Marela musste zurück zur Uni. Sind uns nicht ganz sicher, ob es der richtige Bus ist, doch der Fahrer winkt uns auf unsere Frage hin selbstsicher rein. Außer uns befinden sich nicht viele Gäste in den Sitzreihen,

---

* Bezeichnung eines »Chicken-Busses« in Panama City, berühmt-berüchtigt für ihre teuflische Fahrweise und einer besonders aufwändigen Gestaltung.

deren Schaumstofffüllung aus allen Seiten quillt. Waghalsig drängt sich der betagte, chromblitzende Schulbus in den dichten Verkehrsstrom. Es scheint, als müsse der Fahrer eine Bestzeit aufstellen. Immer wieder lässt er den Motor laut aufheulen, nur um kurz darauf unvermittelt auf die bestens funktionierende Bremse zu hüpfen, um einen Passagier aufzunehmen. Über dem Rückspiegel des Fahrers ist ein Schild befestigt: »Camera may be in use«. Wie wahr, aber anscheinend woanders. Denn darunter sind nur ein schwarzes Loch in der Verkleidung und ein paar heraushängende Kabel zu sehen. Langsam füllt sich der »Rote Teufel«. Leute, die von der Arbeit heimfahren, Verkäufer, Teenies und ältere Damen mit vollen Einkaufstüten. Der Mann hinter uns rasiert sich am Weg zur Arbeit noch schnell seinen Dreitagebart, offensichtlich ein Security. Ein anderer steigt mit seinem kleinen, batteriebetriebenen Radio ein, das laute Latinomusik spielt und alle Passagiere des Busses zwangsbeglückt. Bin fast ein wenig traurig, als er vor uns aussteigt, denn die Musik ist eine gute Ablenkung im Verkehrsstau. Es ist Rush-Hour, eine unerträgliche Schwüle kriecht in den Bus, drückende Hitze in allen Winkeln und Ecken. Wir kommen nur Meter für Meter voran, es ist heiß und stickig. Andi verfolgt die Route des Busses auf der Straßenkarte. Wir nähern uns langsam, aber doch dem Hospital San Fernando. Gerade, als wir uns durch die Menschenmenge am Gang zur einzigen Tür kämpfen wollen, ruft ein Mann von vorne: »Gringos, Gringos! Hier müsst ihr raus!« Darauf ertönt von den hinteren Reihen: »God save the US!« Drehe mich um und schaue in ein breit grinsendes Gesicht. »Wir sind Österreicher!« – »Oh.« Der ganze Weg bis zur Fahrertür kommt mir wie eine Ewigkeit vor. Müssen uns durch all die Leute durchquetschen, viele rufen uns lächelnd »Los Gringos« nach. Als ich endlich aus der Tür raus bin, atme ich kräftig durch – geschafft! Hihi, das ist ja echt ein Abenteuer für sich, eine Fahrt mit dem »Diablo Rojo«! ...«

TAGEBUCHEINTRAG ANITA – *Mi, 30.3.11, Panama City*

»... Am späten Abend kommt Irene von einem anstrengenden Tag nach Hause und freut sich, genauso wie wir, auf einen gemütlichen Tagesausklang. Maria, die Haushälterin, zaubert ein köstliches Auberginen-Moussaka – ihr Essen ist wie in einem Fünf-Sterne Restaurant! Danach plaudern wir auf der Terrasse und Irene zeigt uns Fotos von ihrem Sohn Ernesto. Ein junger Musiker, der seit vier Jahren in LA lebt. Auf unsere Frage, ob wir nicht was

von ihm hören dürften, spielt sie uns voller Freude seine erste CD vor. Damals war er gerade sechzehn Jahre alt. Ein Lied daraus ist ihr gewidmet, es war eine Überraschung. Sie wusste bis zum Erscheinen der CD nichts davon. Ein Dankeschön, dass sie immer an ihn glaubt und hinter ihm steht. Mit Leib und Seele erzählt sie von ihm, singt bei den Liedern wie ein verliebtes Mädchen mit und schenkt uns eine CD als Erinnerung. Übrigens dürfen wir in Ernestos Zimmer schlafen – vielleicht wird er ja mal total berühmt. ...«

Von Panama City aus geht es in nicht einmal einem Tag vom Pazifik an den Atlantik, in gewohnter Manier: auf und ab. Unsere letzten Kilometer in Zentralamerika! Quartieren uns im Hostel »Wunderbar« ein, welches von der Wienerin Sylvia und ihrem deutschen Lebensgefährten Guido geleitet wird. Die beiden sind vor sechzehn Jahren mit ihrem Segelboot in die große, weite Welt aufgebrochen, nie mehr heimgekehrt und leben seit drei Jahren mit ihrer kleinen Tochter in einem Dorf namens Puerto Lindo. Hier treffen wir Israel, den Kapitän der »SV Frederika«.

»Ich hätte noch zwei Plätze frei, am fünften April lege ich Richtung Kolumbien ab, mit Zwischenstopp auf den karibischen San Blas Inseln«, meint der kleine Spanier, der mittlerweile in Kolumbien lebt und zündet sich hastig eine Zigarette an. »Gut, warum nicht?«, entgegnen wir spontan. Schnell werden wir uns handelseinig – nicht wissend, dass die kommenden Tage alles andere als romantisch sein würden.

TAGEBUCHEINTRAG ANDI – *Mo, 11.4.11, Open Sea*

»... Wegen heftiger Gewitter und Dauerregen sticht die SV Frederica erst mit viertägiger Verspätung in See. Unser viel zu kleines Segelboot ist ständig in Bewegung und wird von den wild aufbrausenden Wellen permanent durchgeschüttelt. Der Wind weht um diese Jahreszeit leider aus der falschen Richtung, und so müssen wir großteils mit Motorunterstützung gegen die Elemente kreuzen und uns beim Steuern abwechseln, denn kurz vorm Aufbruch gibt der Autopilot seinen Geist auf. Die regelmäßigen Salzwasserduschen durch das geschlossene Dachfenster verwandeln unsere Matratze bald in ein muffiges Wasserbett. An Schlaf ist ohnehin nicht zu denken, weil wir viel mehr damit beschäftigt sind, uns mit all unseren Gliedmaßen zu verkeilen, um nicht durch das Boot zu kugeln. Außer mir, dem Käpt'n und seinem Assistenten sind alle

Passagiere seekrank und somit außer Gefecht. Ich bin der einzige, der den bei-
den beim Steuern helfen kann.

Um halb eins weckt mich der Käpt'n, meine Schicht beginnt. Ganz alleine
sitze ich am Steuer der Frederica, Kurs sechzig Grad. Rund um mich nur das
Schwarz der Nacht. Manchmal erhellt der Halbmond den Horizont und die
gespenstischen Wellen, gegen die ich ankämpfe. Der Kopf leer, keine Gedanken.
Ich verfalle in eine Art Meditationszustand, inmitten der stürmischen und
wellenumtosten Finsternis ... bis mich eine besonders große Welle aus meiner
Lethargie reißt und ich das Schiff nur mit einem radikalen Lenkmanöver vor
einem heftigen Schlag bewahren kann. ...«

TAGEBUCHEINTRAG ANITA – *Di, 12.4.11, Open Sea*

»... Oh mein Gott, ich sterbe. Mein einziges Ziel ist es, an Deck zu kommen,
ohne mich zu übergeben! ...«

Tja, die letzten Tage haben uns mehr denn je gelehrt, dass Zeit relativ ist
und man manchmal nichts anderes tun kann, als zu warten, zu beten und
geduldig zu sein – selbst bei einem Motorausfall, kurz vor der kniffeligen Ha-
feneinfahrt vor Cartagena, Kolumbien. Im Endeffekt wurden wir zumindest
auf den San Blas Inseln mit Sonnenschein, türkis-blauem Wasser, einsamen
Stränden und leckerem, frischen Fisch belohnt und durften trotz der ungüns-
tigen Wetterbedingungen nahezu jeden Tag Delfine sehen, die ganz knapp
an unser Boot kamen.

KOLUMBIEN – QUE CHEVERE*

*»… Die derzeitige Sicherheitslage macht Kolumbien zum gefährlichsten Pflaster ganz Amerikas! Das Land versinkt immer tiefer in einem Sumpf aus Guerillakriegen, Drogenkriminalität, Anschlägen auf öffentliche Einrichtungen, Entführungen, Geiselnahmen und wirtschaftlicher Notlage. …**«*

(Lateinamerika BikeBuch, Reise Know-How, 2. Auflage 2007)

Offen gesagt, beim Lesen dieser Zeilen bekommt man nicht gerade Lust, durch Kolumbien zu radeln. Man muss jedoch bedenken, dass der Bericht in unserer Radler-Bibel schon mehr als fünf Jahre alt ist und sich seither einige Dinge zu Gunsten des Travellers geändert haben. Seit geraumer Zeit hat die kolumbianische Regierung die wichtigsten Landesteile soweit im Griff, dass man sich wieder ohne gröberes Risiko auf den Haupt-Verbindungen bewegen kann. Und das macht uns sehr glücklich, denn Kolumbiens Landschaft ist atemberaubend, die Menschen fast ausnahmslos offenherzig, gesprächig und voller Begeisterung. Und erst die Küche! Frisches Obst an allen Ecken, üppige Frucht-Shakes, nahrhafte »Comidas Corridas« (Mittagsmenüs) für zwei bis drei Euro und guter, stark gesüßter »Tinto« (Kaffee). Als Draufgabe ist das Radfahren in Kolumbien eine Art Volkssport und kommt gleich nach dem Fußball. Die gut ausgebauten Straßen werden gerne zum Training genutzt, und so haben wir nicht nur einmal auf kurzen, aber auch längeren Distanzen neugierige Begleiter, die sich über eine heitere »Verschnaufpause« freuen. Ein guter Monat Kolumbien hinterlässt in unseren Radlerherzen tiefe Spuren.

TAGEBUCHEINTRAG ANDI – *Do, 14.4.11, Cartagena*

»… Nach unserem strapaziösen Segelabenteuer von Panama nach Kolumbien benötigen wir erst mal eine kleine Regenerierungsphase, welche wir aus gegebenem Anlass gleich in Cartagena einlegen. Nicht umsonst gilt die charmante

---

* In Kolumbien typischer Slang für »cool, toll«, hat seinen Ursprung im Afro-Karibischen.

** Unter „LABB Updates" auf www.bikeamerica.de findet man aktuelle Updates zum Buch und zur Sicherheitslage in Kolumbien (Seite 166 f).

Stadt als eine der schönsten und besterhaltenen Kolonialstädte Südamerikas. Umgeben von mächtigen Stadtmauern, beschützt von fast uneinnehmbaren Festungen, finden wir ein liebevoll restauriertes Stakkato aus prunkvollen Häusern und Kirchen vor. An den unzähligen Straßenständen decken wir uns mit Mangos, Papayas, Bananen und Limetten ein, alles spottbillig. Fliegende Händler, die Kaffee aus Thermoskannen verkaufen, Schuhputzer, Hutverkäufer, Straßenküchen und Menschen, die ihr eigenes Handy zur öffentlichen »Telefonzelle« umfunktionieren und Minuten verkaufen. Von der ersten Sekunde an lieben wir das bunte Leben in den Straßen Kolumbiens! …«

TAGEBUCHEINTRAG ANITA – *Sa, 16.4.11, Cartagena*

»… Wieder einmal ist ein Paket in die Heimat fällig, doch die Suche nach dem Postamt gleicht einem Spießrutenlauf. Die Einheimischen schicken uns von Pontius zu Pilatus, wir nähern uns dem Amt in hundert winzig kleinen Schritten, nur um dann festzustellen, dass es vor gut einer Stunde geschlossen hat. Naja, dann gehen wir halt was essen. Laufen eine Stunde in der Mittagshitze im Kreis und landen schließlich ganz ausgehungert im »Coroncoro«. Das Restaurant ist gesteckt voll, bekommen aber einen Platz neben einem älteren Herrn zugewiesen. Von den Decken hängen hölzerne Delfine, an den Wänden Meerestiere und Jesusbilder. Die Fischsuppe bringe ich nur bis zur Hälfte weg – nachdem aus Andis Hühnersuppe ganze Füße rausstehen, möchte ich nicht wissen, was in meiner Schüssel alles drinnen ist. Dafür schmeckt der Hauptgang vorzüglich: Fisch, Reis, Bohnen, frittierte Kochbananen und Salat. Unser Tischnachbar gibt seinen Platz für den nächsten frei und wir gucken beide ganz schön doof, als uns der dunkelhäutige Rastaman nach einigen Minuten auf »Switzer-Dütsch« anspricht. Da sitzen wir mitten in Kolumbien und staunen nur so, welche Menschen in unser Leben treten. Der in Kolumbien geborene Waisenjunge wurde als Kleinkind von einem Schweizer Pärchen adoptiert. Die Arbeit hat ihn wieder zurück in seine »alte« Heimat gebracht. Jimmy vertreibt Wasserstoffgeneratoren für Fahrzeuge, die bis zu fünfzig Prozent Treibstoff einsparen sollen. Voller Freude und Begeisterung erzählt er uns von seinem jüngsten Projekt: einer Straßenküche für Kinder, die von den Frauen der Region betrieben werden soll. Arbeit für die Frauen und volle Bäuche für die Kids. Schon als kleiner Junge wusste er, dass er eines Tages zurückkommen und anderen Kindern helfen werde, die nicht so viel »Glück« wie er hatten. …«

Grob gesehen haben wir ja nun unser Ziel erreicht: Südamerika. Aber wie soll's nun weitergehen? Wir sind gut in Form und denken bei weitem noch nicht ans Aufhören! Beim Blick auf die Karte sticht uns ein auffälliger Gebirgskamm ins Auge, der unsere Herzen sofort frohlocken lässt. Entlang der südamerikanischen Westküste erstreckt sich auf einer Länge von 7.500 Kilometern die längste Gebirgskette der Welt: die Anden. Es kommt selten vor, dass sich Anita und ich auf Anhieb über etwas einig sind, aber diesmal könnte es nicht klarer sein. Unsere Route wird sich die nächsten Monate am Andenhauptkamm orientieren, bis wir schließlich die südlichste Stadt der Welt erreichen werden: Ushuaia in Feuerland. »Auf geht's, gemma!«

TAGEBUCHEINTRAG ANITA – *So, 17.4.11, Palo Alto*

»… Auf dem Weg aus der Stadt verfahren wir uns ein wenig, landen schon wieder in einem heruntergekommenen Viertel, grimmige Typen, Obdachlose, die neben der Straße schlafen. Ein netter Herr beschreibt uns den richtigen Weg und winkt uns zehn Minuten später aus dem Bus zu. Ganz schön anstrengend die Fahrt. Gehupe, anfahrende Busse, tausende Mopeds und immer wieder eigenartige Gestalten am Straßenrand. Die Bars sind mit Männern gefüllt, die schon am Vormittag Bier nuckeln und fröhlich zu Latino-Musik tanzen. Das Klogehen wird eine Challenge, müssen lange durchhalten, bis wir ins Grüne kommen. Viele Rennradfahrer strecken in Sekundenschnelle den Daumen nach oben, sobald sie uns erblicken. Die meisten sind recht betagt, in mittlerweile wieder in Mode gekommene, regenbogenfarbene Trikots gekleidet.

Heute ist Sonntag, vor den Häusern stehen überdimensionierte Anlagen, aus denen lautstark Musik dröhnt. Je lauter, desto besser. Die zwei Bars, die direkt nebeneinander liegen, scheinen sich ein Duell zu liefern, sodass sich die Töne aus den Boxen krächzend überschlagen. Im Gastgarten muss dies ein »interessantes« Klangerlebnis ergeben. Am Tacho rasseln die Kilometer, schön flach ist es, wunderschöne Ficus- und Ceiba-Bäume, bunte, exotische Blüten säumen den Weg. Leider ist das mit dem Lagern wieder einmal nicht so einfach wie gedacht. Aufgrund der dichten Besiedelung lässt sich kein ruhiger Platz für unser Zelt finden und so müssen wir trotz Müdigkeit und fortgeschrittener Stunde weiterfahren. Große Sorgen machen wir uns aber nicht, denn mittlerweile wissen wir, dass wir nur etwas Geduld und Vertrauen benötigen, um diese Aufgabe zu meistern.

Mit Hilfe einiger hilfsbereiter Kolumbianer landen wir spät abends bei Martha und ihrem Mann, die uns ein kleines Nebenhaus für die Nacht überlassen, welches momentan als Hühnerstall und Abstellraum dient. Gerade als wir uns einrichten, bringt uns die Hausherrin eine kleine Stärkung: Pan Dulce (Süßgebäck) und selbst gemachtes, rosafarbenes Reisgetränk. Später wird im Vorgarten von den Kids die Disco-Anlage aufgebaut und der Lautstärkeregler bis zum Anschlag gedreht. Es herrscht ein fröhliches Kommen und Gehen. Freunde, Nachbarn, Teenies aus der Umgebung. Es wird getanzt und durchs Mikro lautstark und falsch, aber mit voller Leidenschaft mitgesungen. Irgendwann werden die Songs ruhiger und romantischer und unsere Augen immer größer. Also wenn bei uns jemand mit seiner Nachbarin so innig, ja fast ein wenig erotisch tanzen würde, wäre das ein Scheidungsgrund! Trinken noch ein letztes Bier und fallen bald müde auf unsere Matten. Im Nebenzimmer gackern die Hühner und draußen leuchtet der Vollmond. …«

TAGEBUCHEINTRAG ANITA – Mo, 18.4.11, Palo Alto

»… Mir kommt vor, als würde ganz Kolumbien um fünf Uhr früh aufstehen. Als ich zum ersten Mal auf die Uhr sehe, ist es erst halb sieben. »Warum schlaft ihr so lange?«, werden wir von Martha gefragt, die bereits mit einer dampfenden Tasse Tinto vor »unserem« Haus steht. »Oh-oh, der Wecker hat nicht geläutet!« Bei Kilometer Dreißig futtern wir was Süßes und radeln locker weiter bis Montería. Heben Geld ab und gehen »Mittagessen«. Ein dreiviertel Liter köstlicher Fruchtshake aus Banane, Maracuja, etwas Zucker, Milch und Crash-Eis, serviert in einem Kunststoff-Messbecher mit Strohhalm. Ich bin im Paradies! Gesund, lecker, günstig und gut für den Körper. …«

Die regelmäßigen Stopps bei den Fruchtshake-Ständen sind schon etwas Besonderes. Bei der Vielfalt an exotischen Früchten ist es jedes Mal ein aufregendes Geschmackserlebnis, neue Kombinationen zu testen. Noch dazu ersetzen sie ob ihrer Größe und Üppigkeit eine gesamte Mahlzeit! Flüssignahrung für Radler sozusagen.

TAGEBUCHEINTRAG ANDI – Mi, 20.4.11, Montería

»… Wollen heute erneut versuchen, unser Paket mit Tagebüchern, Foto-DVDs und einigen Souvenirs nach Hause zu schicken. Ein Kurierdienst *wäre sauteuer, daher fragen wir uns bis zur Post durch, die hier »472« heißt. Hinter dem neuen, »modernen« Namen versteckt sich jedoch ein lahmer, für Südamerika typischer Bürokratieapparat. Nachdem ich endlich an der Reihe bin, schickt mich der kurz angebundene Beamte wieder raus, da ich keinen eigenen Karton dabei habe.*

Zehn Minuten später wieder alles von vorne, erneut stehe ich eine halbe Stunde an. Der gute Herr begutachtet persönlich alle zu versendenden Dinge, bevor er sie sorgfältig in den Karton schlichtet. Mit sehr viel Ruhe und Gelassenheit sucht er danach drei Formulare heraus (Proformarechnung, Bescheinigung, dass keine Drogen exportiert werden, Zollerklärung), die ich ausfüllen und mit meinem Fingerabdruck unterschreiben muss. Auf der gegenüberliegenden Straßenseite darf ich das Ganze nochmal kopieren lassen. Dann verklebt mein neuer Freund das Paket gemächlich, taut langsam auf und nimmt sich viel Zeit zum Fragen und Scherzen. Woher, wohin, wie gefallen dir die Frauen in Kolumbien …

Nach über eineinhalb Stunden ist das Projekt endlich geschafft und wir verstehen nun, was sich hinter dem neuen Namen der kolumbianischen Post verbirgt: »Die 472 Schritte, bis Ihr Paket versandbereit ist!« …«

TAGEBUCHEINTRAG ANDI – *Fr, 22.4.11, Valle Cauca*

»… Insgesamt sechzig Kilometer sind es bis Caucasia, wo wir früh und noch sehr frisch eintreffen. Die Rennradlergruppe, die uns vorhin einige Kilometer Gesellschaft geleistet hat, winkt uns von einem Restaurant aus zu. Bald begleiten wir den aus den Ufern getretenen Rio Cauca. Weite Flächen stehen unter Wasser, einige Häuser sind in Mitleidenschaft gezogen. Die Menschen haben sich aus Planen Notunterkünfte gebaut und ihre Habseligkeiten auf der Straße in Sicherheit gebracht. Von anderen Landesteilen hört man leider noch Schlimmeres. Schwere Flutkatastrophe, Erdrutsche, gesperrte Straßen, der schlimmste Winter in der Geschichte des Landes.

Wir folgen dem Rio Cauca flussaufwärts, ein paar Mal ist die Straße überflutet und wir müssen einige hundert Meter durch knietiefes Wasser fahren. Vor uns ein Motorrad am Straßenrand. Der Fahrer hat ein junges Krokodil überfahren und schneidet sich grinsend ein Stück Fleisch raus. »Muy rico« – »sehr lecker«, meint er stolz und dreht seinen »Fang« um, damit ich Fotos machen kann. …«

In Puerto Valdivia drehen wir dem Rio Cauca unsere Rücken zu und schrauben uns langsam die ersten längeren Anstiege hoch, die unweigerlich den Beginn der Andenkordillere markieren.

TAGEBUCHEINTRAG ANITA – *Sa, 23.4.11, Yarumal*
»… Siebenunddreißig Kilometer sind es bis Yarumal, alles bergauf. Die Steigung ist leider nicht ganz so gemütlich. Je höher wir klettern, umso dichter der Nebel. Die Behausungen werden immer einfacher, sind meist aus alten Holzbalken und schwarzer Folie. Bunte Wäsche hängt auf rostigem Stacheldraht, am Straßenrand halten Kinder und Frauen die Hand auf und hoffen auf etwas Geld. Wollen die restlichen zwanzig Kilometer durchfahren, anscheinend soll's nicht mehr ganz so schlimm sein. Tja, sagen wir mal so, wenn's nicht so sehr zu regnen begonnen hätte, dann wär' mir alles höchstwahrscheinlich noch schlimmer vorgekommen. Aber bei den Sturzfluten hat man echt anderes zu tun, als sich über die Steigung Gedanken zu machen. Ausgekühlt und patschnass erreichen wir schließlich Yarumal, wo wir lange durch die Gassen laufen, bis wir ein leistbares und verhältnismäßig luxuriöses Zimmer finden. Mit Warmwasser, TV und Internet. Stehen bestimmt zwanzig Minuten unter der Dusche, meine Fingerkuppen sind immer noch taub. Wie dankbar ich für das Warmwasser bin! Wir können bei diesem Sauwetter wenigstens in ein Zimmer gehen. Aber all die Menschen, die in den Planenbehausungen leben, deren frisch gewaschene Kleidung am Stacheldraht zum Trocknen hängt und jetzt ganz nass ist? Ob ihr Dach dicht ist? Ob Sturzbäche durch das Haus fließen? …«

Nach den ersten Bergwertungen und einer kräftigen Regentaufe erreichen wir die hektische Millionenstadt Medellin. Am äußeren Südrand der Stadt, im kleinen Ort San Antonio de Prado, werden wir bereits von Manuél, seiner Frau Martha und ihrer Tochter Manuela erwartet. Sie betreiben seit kurzem eine »Casa de Ciclistas«, ein »offenes Haus« für Tourenradler aus aller Welt. Über ganz Südamerika verstreut gibt es sie, diese Casas, geführt von radbegeisterten Menschen, die gerne Ihresgleichen um sich haben und ihnen eine (meist) kostenfreie Unterkunftsmöglichkeit bieten.

Über Mundpropaganda oder Listen im Internet erfährt man von deren Existenz, meldet sich an, genießt einige Tage Familienanschluss und oft auch die Gesellschaft anderer Pedalritter. Alleine die Tatsache, dass diese

Menschen uns einfach so bei sich wohnen lassen, als wären wir ein Teil der Familie, ist unglaublich.

Jeff, Greg, Jason (USA) und Sonja (Schweiz), die gemeinsam Richtung Süden radeln, ihre Gitarren mit dabei haben und gerne musizieren, sind ebenfalls zu Gast. Wir genießen die herzliche, vertraute Atmosphäre und leben uns rasch ein. Der Nachbar Luis, ein begeisterter Radler, lädt zweimal zum großen Festmahl und wir erleben eine herzliche kolumbianische Gastfreundschaft, die es uns schwer macht, die Taschen wieder zu packen. Also bleiben wir einfach ein paar Tage länger als geplant.

TAGEBUCHEINTRAG ANITA – *Do, 28.4.11, Medellín*

»… Eine rasante Busfahrt bringt uns nach Itagui, wo wir in die topmoderne Metro wechseln. Es ist erstaunlich ruhig für acht Uhr, nur auf dem Weg zur Metro sind ein paar mehr Leute. Fühlt sich an, als würden wir selbst zur Arbeit fahren – wobei wir die einzigen mit Flip Flops und kurzen Hosen sind. Machen eine Rundfahrt mit der Metro, die ausnahmslos oberirdisch verkehrt. Im Zentrum steigen wir in die »Metrocable« um, eine Seilbahn mit Achter-Gondeln, die uns hoch über die Dächer von Medellín bringt. Die Aussicht ist spektakulär, denn die Stadt schmiegt sich an unzählige, steile Hänge. Die lehmfarbenen Ziegelbauten klettern fast bis an den höchsten Punkt. Nahe des »Parque de las Esculturas«, einer Ausstellung überdimensionaler Bronzeskulpturen von eher ungewöhnlicher Form, hüpfen wir aus der Metro. Leute über Leute, Geplapper, Marktschreier. Medellín ist laut … und vor allem laut. Eine interessante Erfahrung, hier durchzulaufen, aber irgendwie ist es mir zu viel. Zu viele Menschen, dazu das laute Gebrüll der fliegenden Verkäufer und Geschäftsleute und eine unglaubliche Armut. Leute in Rollstühlen verkaufen Tinto, Lose oder Bonbons. Der fröhliche Eisverkäufer stützt sich auf seinen Eiswagen, das Gehen fällt ihm schwer, denn seine Beine sind verkrüppelt. Jeder versucht irgendwie ein paar Pesos zu verdienen. Neben den Geschäften liegen Obdachlose, auf dem Platz vor der Kirche stehen leicht bekleidete Huren in hochhackigen Schuhen, der nackte Popo sieht zur Hälfte raus. Daneben spazieren Mütter mit ihren Kindern, schlecken ein Eis. Nicht einmal im indischen Restaurant herrscht Ruhe. Sitzen ein wenig wie in Trance an unserem Tisch, essen das vorzügliche Almuerzo (Mittagsmenü). Im Hintergrund ganz leise »Hare Hare Krishna«, das vom Geschirrgeklimper und dem lauten Stimmenwirrwar fast übertönt wird.

PATAGONIEN, *Mühsamer Grenzübergang*

BELIZE, *Zwischen Orangenhainen*

NICARAGUA, *Engel auf Erden*

PANAMA, *Blinder Passagier*

PANAMA, *Tienda – Kleiner Laden*

GUATEMALA, *Radfahrerfüße*

PERU, *Almuerzo – Mittagessen*

BOLIVIEN, *Faszinierendes Altiplano*

PERU, *Doña Olinda*

FEUERLAND, *Königspinguine*

PERU, *Himmelsgrüße*

PERU, *Fiesta Peruana*

PERU, *Die Anden*

ECUADOR, *Vulkan Cotopaxi*

PERU, *Wollige Begegnung auf der Ebene von Junin*

PERU, *Endlose Anstiege*

FEUERLAND, *Abendessen*

PERU, *20.000 Kilometer*

PATAGONIEN, *Tarnjacke*

PATAGONIEN, *Traumhafter Ausblick*

PATAGONIEN, *Fitz Roy*

PATAGONIEN, *Blume im patagonischen Wind*

NEPAL, *Kids vor der Schule*

NEPAL, *Geburtsstätte Buddhas*

INDIEN, *Hochzeitsfoto*

INDIEN, *Holi-Fest*

PANAMA, *Tropische Radhelme*

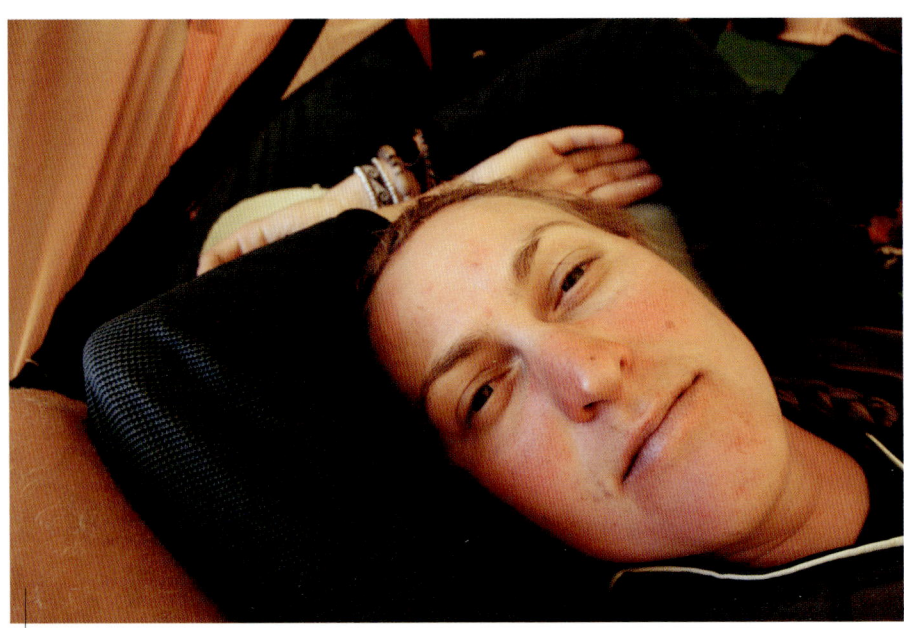

FEUERLAND, *Müde und glücklich*

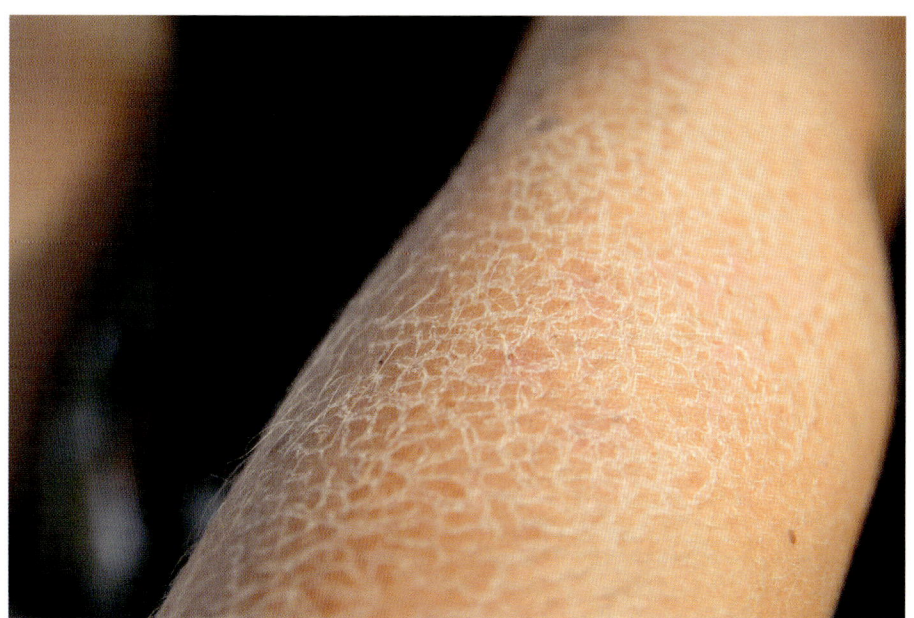

TÜRKEI, *Trockene Haut*

TÜRKEI, *Gewitter vor dem Ararat*

ÖSTERREICH, *36.000 Kilometer exakt an der Grenze zur Heimat*

ÖSTERREICH, *Dahoam is Dahoam*

Bis nach Itagui schweigen wir, erst als über die Lautsprecher der Metro eine Ansage auf Englisch erklingt, müssen wir lachen: »Smile, because there is always a reason to. Smiling makes your day better!« …«

Von unserem Gastgeber Manuél erfahren wir ein wenig mehr über jene Zeit, in der Medellín als Hochburg des Drogenhandels galt. Die Heimat des skrupellosen Drogenbarons Pablo Escobar galt lange als eine der gefährlichsten Städte der Welt. In einem erbarmungslosen Krieg zwischen Drogenmafia, Militär, diversen paramilitärischen Gruppierungen und Rebellen beherrschten Chaos und Gewalt das Leben. Als Manuél fünfzehn Jahre alt war, wurden seine Mutter und sein Vater von der Drogenmafia ermordet. Als einziger »Mann« in der Familie musste er schon recht früh die Vaterrolle für seine Geschwister übernehmen. Auch seine Frau Martha verlor ihren Vater durch einen gezielten Anschlag von Paramilitärs. »Eine schlimme Zeit, die wir nie wieder erleben möchten«, erzählt Manuél, während er nachdenklich aus dem Fenster seines Hauses blickt. Doch die beiden schauen positiv in die Zukunft. »Seit ein paar Jahren ist es ruhig geworden und wir können uns eine friedliche Zukunft aufbauen«, meint er. »Was uns am meisten freut ist, dass die Touristen wieder in unser schönes Land kommen und wir einige in unserer Casa de Ciclistas empfangen können. Eine Chance für uns, zu erfahren, wie es dort ist, wo ihr herkommt! Wir haben nicht die Möglichkeit, raus in die Welt zu reisen, denn selten ist man als Kolumbianer im Ausland willkommen – und so holen wir einen Teil der Welt einfach zu uns.« Manuél und Martha betreiben einen kleinen Fahrradladen namens »Ciclo Campeon« und besitzen ein bescheidenes, aber liebevoll gepflegtes Haus in einem grünen Hochtal am Stadtrand. In einem Nebengebäude haben sie ein trächtiges Hausschwein untergebracht, das just in der letzten Nacht unseres Aufenthalts auf die Idee kommt, seine sechzehn Ferkel zu werfen.

TAGEBUCHEINTRAG ANDI – *Sa, 30.4.11, Richtung Santa Barbara*
»… Etwas übernächtig von der gestrigen Grillparty und dem Gequieke der gebärenden Sau stehen wir um acht Uhr auf, frühstücken und packen die Räder. So schwer es uns fällt, müssen wir von Manuél Abschied nehmen. Sagen »bye bye« zu den anderen Radlern, Abschiedsfoto, und ab nach San Antonio de Prado in Manuéls Fahrradladen, wo ich noch schnell die Sattelstützen fette.

Auch von Martha, Manuela und dem »Ciclo Campeon« Team verabschieden wir uns. Nun aber los, sonst bleiben wir hier noch »hängen«!

Durch die hügeligen Vorstädte geht's bis Caldas, es ist bereits Mittag und wir landen durch Zufall in einem vegetarischen Restaurant, wo wir ein vorzügliches Tagesmenü genießen. Heute ist es irgendwie lustig – ungewöhnlich viele Menschen feuern uns an, einer überholt mit dem Motorrad, redet kurz mit uns und steht zehn Minuten später am Straßenrand und hält zwei Flaschen Orangensaft für uns bereit.

Kurz nach der Stadt beginnt ein vierzehn Kilometer langer Anstieg bis Altos de las Minas, den wir recht gut bewältigen. Auf der 2.400 Meter hohen Passhöhe gibt es eine Stärkung: »Arepas di Chocolo« (Süßmais-Pfannkuchen), Käsebrot und Tinto. Bis Santa Barbara noch etwa fünfzehn Kilometer, oft bergab mit fiesen Gegenanstiegen, aber herrlichen Blicken auf die nebelbehangenen Kaffeeplantagen. Auf der Plaza von Santa Barbara laufen uns zufällig zwei Schweizer Radlerinnen, Monika und Martina, über den Weg. Während wir uns freudig über unsere Erlebnisse austauschen, werden wir neugierig von der Dorfjugend beobachtet. Im Mercado ums Eck erstehen wir noch Schnaps (für die Verdauung), Chips und Zahnpasta, dann »checken« wir uns ein Zimmer – was wird sich wohl der Verkäufer angesichts dieser Einkaufsliste gedacht haben! …«

Die Reise führt uns nun weiter in jene Region, wo Kolumbiens berühmter Kaffee herkommt. Es bleibt schön hügelig und anstrengend. Und manchmal gibt es Tage, wo Himmel und Hölle ganz nah beieinander liegen, so wie der zweite Mai dieses wundervollen Jahres.

TAGEBUCHEINTRAG ANDI – *Mo, 2.5.11, Richtung Pereira*

»… Der Tag beginnt unspektakulär, die Etappe sehr hügelig, aber wunderschön. An einem Zwischen-Downhill gebe ich Gas und habe Spaß daran, mit dem schweren Drahtesel über die Doppel-Bodenschwellen zu springen. Leider löst sich bei dieser Aktion meine kleine, außen angebrachte, mir heilige Werkzeugtasche, was ich erst am Fuße des Berges bemerke. Ich reiße das Gepäck vom Rad, sprinte den Berg hoch und erfahre von einem Straßenarbeiter, der neben den Bodenschwellen Gras zupft und das Ganze beobachtet hat, dass ein weißer Kleinlaster stehen blieb, der Beifahrer die Tasche geschnappt hat und

sofort davongebraust ist. Ärgere mich furchtbar, fahre noch einige Kilometer weiter – in der Hoffnung, der »Dieb« hätte die Beute durchs Fenster wieder entsorgt – ohne Erfolg. Herrschaftsseiten! Das kann ja wohl nicht sein! Naja, war meine eigene Blödheit. Sauer fahre ich weiter. Kurz darauf erreichen wir die 15.000 Kilometer-Marke. Kann mich nur schwer freuen. Nach einiger Zeit beruhige ich mich wieder einigermaßen, war ja schließlich »nur« Werkzeug. Die Weiterfahrt durch hügeliges Kaffee-Anbaugebiet spektakulär und hart. Am späten Nachmittag erreichen wir die Vororte von Pereira. In einem Radladen erstehe ich die Spezialwerkzeuge, in einem Metallwarengeschäft den Rest – leider schlechte Qualität aus China. Die Gegend schmuddelig, viele finstere und verwahrloste Gestalten, werden oft angeschnorrt. Hier wollen wir nicht bleiben, ins Zentrum zieht es uns auch nicht. Es ist bereits gegen sechs, nur noch eine halbe Stunde Tageslicht. In der Hoffnung, am Südende der Stadt eine Bleibe zu finden, spurten wir weiter. Aber nichts kommt. Ein Pfarrer rät uns, auf der freien Fläche vor der Kirche zu zelten – direkt an der vielbefahrenen Hauptstraße und mitten in der 440.000-Einwohner-Stadt!! Er meint, es sei NICHT gefährlich?!?

Es ist bereits dämmrig, ein heftiges Gewitter naht, in den Stundenhotels am Straßenrand würden wir ein Vermögen löhnen. Wir stehen in einer Senke, die Umgebung wirkt ärmlich und ist für Touristen in der Dunkelheit mit Sicherheit nicht ungefährlich, also weiter. In einem Restaurant bekommen wir schließlich den rettenden Tipp, dass nach einem halben Kilometer das »Motel Eros« komme, ein Stundenhotel, wo die Zimmer auch über Nacht vermietet werden. Die ersten Regentropfen fallen vom Himmel, wir sind saumüde und wollen nichts als ein Dach für die Nacht. Ausgerechnet jetzt werden wir von einem Reporter der Zeitung »La Tarde« angesprochen, der uns gerne über unsere Reise interviewen und Fotos schießen möchte. Wir sagen ihm, er solle doch besser hoch ins Motel kommen, was er angesichts des einsetzenden Gewitters recht schnell einsieht. Bekommen vom freundlichen Chef des »Eros« einen Spezialpreis für Zimmer und Essen – ein pipifeines Zimmer mit riesigem Spiegel, Erwachsenenkanal und mit Kunstleder bezogener Matratze. Wir vermuten, er hat sich über den Besuch des Zeitungsreporters mehr gefreut als wir. Sogar unsere eigene Garage haben wir – der Diskretion halber. Duschen, fallen ins Bett und verschlingen das aufs Zimmer gebrachte Essen, bevor wir erschöpft einpennen.

»Que dia loco!« – »Was für ein verrückter Tag!« Werkzeug verloren, 15.000 Kilometer-Marke geknackt, knapp 1.700 Höhenmeter (neuer Tagesrekord), unser erstes Interview und die erste Nacht in einem Stundenhotel. ...«

Im kleinen Bergdorf Salento, mitten in der »Zona Cafeterra«, dem bedeutendsten Kaffee-Anbaugebiet Kolumbiens, feiern wir unseren »Jahrestag«. Kaum zu glauben, dass es schon so lange her ist, seit wir von zuhause aufgebrochen sind! Wir denken an die ersten Monate in Nordeuropa zurück, die uns mittlerweile wie eine »andere« Reise vorkommen. Wir sind immer wieder erstaunt darüber, wie weit man in einem Jahr mit dem Fahrrad reisen und was man in dieser Zeit alles erleben kann. So viele Begegnungen, Eindrücke, Kontraste und unterschiedliche Landschaften, Höhen und Tiefen.

Der Zufall beschert uns für unser Jubiläum eine ganz besondere Unterkunft bei Angela. Die schrullige Mittvierzigerin hat vierzehn Jahre in Sardinien gelebt und einige Zeit in Afrika verbracht. Sie hat bei diversen Film-Dokus mitgearbeitet, war unter anderem mit einem Kamerateam acht Monate mit einem Nomadenstamm im Amazonas unterwegs. Zudem kocht und isst sie genauso gerne wie wir. In ihrem wunderhübschen Häuschen in den Bergen tauschen wir Ideen und Kochrezepte aus und verbringen gemeinsam einige inspirierende Abende. Angela erzählt gerne von ihrem Vater, der ihr viele Lebensweisheiten mitgegeben hat. Anstatt sich zu erkundigen, wie ihr Tag denn so war, oder wie es ihr beruflich ginge, stellte er zum Beispiel immer folgende Frage: »Hast du heute schon gelacht?«

Und genau am 5. Mai, unserem Jahrestag, verirren sich zwei Glühwürmchen in unser Schlafgemach, die, während wir im Bett liegend das Jahr Revue passieren lassen, wie verrückt für uns blinken.

TAGEBUCHEINTRAG ANITA – *Do, 5.5.11, Salento*

»... Radfahren ist wie das Leben selbst. Man muss immer nach vorne schauen, sollte aber im Moment bleiben, um die Schönheit, den Duft der Blumen, aber auch die Steine auf dem Weg wahrzunehmen. Ab und zu sollte man inne halten und nach hinten blicken, um zu sehen, was man bereits erreicht hat.

Die Berge und Steigungen sind wie die Prüfungen und Herausforderungen im Leben. Sie kommen bestimmt auf einen zu, doch manchmal ist es besser, wenn man den genauen Zeitpunkt und die Intensität nicht kennt, sonst wäre man vielleicht entmutigt, den Weg weiterzugehen. Doch nach jedem Anstieg, jedem Berg ist man stolz auf sich und schreitet gestärkt weiter voran. ...«

Von Salento aus rollen wir runter ins heiße, durchgehend flache und von Zuckerrohrfeldern dominierte Valle del Cauca, lassen das von vielen Einheimischen als gefährlicher Moloch bezeichnete Cali rechts liegen und erreichen bei Santader de Quilichao wieder bergiges Terrain. Die Etappe bis ins südkolumbianische Pasto ist sehr abwechslungsreich. Mal flach, mal steil, stellenweise sehr heiß, viel öfter aber kalt und regnerisch.

TAGEBUCHEINTRAG ANDI – *Fr, 13.5.11, Richtung Chachagui*
»... Es regnet leicht, als ich in der Früh aus dem Zelt blicke. Dicke Wolken und Nebelfetzen, wohin das Auge reicht. In kurzem Trikot radeln wir los, die ersten zehn Kilometer permanent ansteigend und Nieselregen. An der Passhöhe ist ein Mann damit beschäftigt, mit einer archaisch anmutenden Maschine Erdnüsse von den Schalen zu trennen. »Pura bajada, veinte kilometros!«
– »Die nächsten zwanzig Kilometer geht's nur bergab«, so seine vielversprechende Aussage.
Schmeißen uns in die »Regenuniform« und brausen im stärker werdenden Schauer los. Bald greifen die Bremsen nicht mehr. Die Abfahrt spektakulär, sie endet aber nach nur zehn Kilometern in einem engen Flusstal, durch welches sich ein braun brodelnder Wildbach zwängt. Rüber über die Brücke und wieder bergauf. Unsere Regenklamotten nutzen nur mehr bedingt was. Patschnass suchen wir im einzigen Laden weit und breit Unterschlupf. Trinken Tinto, warten eine Weile, bis tatsächlich die Sturzfluten etwas weniger werden. Durch spektakuläre Gebirgslandschaft, weiter bergan. Rechts blanker, bröckeliger Fels, links tiefe Schluchten, manchmal liegen riesige Felsbrocken auf der Fahrbahn, um die ein rot-weißes Absperrband gewickelt ist. Beeindruckend das Farbenspiel aus Nebel, Wolken, üppigem Grün und braunen Flüssen. ...«

TAGEBUCHEINTRAG ANITA – *Fr, 13.5.11, Richtung Chachagui*
»... Chachagui nähert sich rascher als wir dachten. Was nicht heißt, dass es einfach ist. Besonders der letzte »Hügel« ins Zentrum zieht sich ewig. Das Städtchen ist eine Enttäuschung, an der Plaza ist nicht viel los, nur ein überteuertes Hotel. Unten an der Panamericana finden wir nach etwas Suchen

und mit Hilfe einer netten Dame ein geräumiges, muffiges Zimmer für vier Euro. Leider gibt's kein Wasser. »Vielleicht in einer Stunde«, meint der junge Besitzer. Machen in der Zwischenzeit ein Nickerchen, doch auch danach bleiben die Leitungen trocken. Kaufen an einem Straßenstand Gemüse für ein leckeres Süppchen. Der Versuch, einen Tinto zu trinken, benötigt drei Anläufe. Und als ich mein »Pan de Queso« (Gebäck aus Käse und Yucca-Mehl) serviert bekomme, muss ich lachen: ein Brötchen mit einem riesigen Stück Käse, den ich nicht so gerne hab, weil er so intensiv schmeckt. Wie verrückt ist dieser Abend?

Dafür können wir danach endlich mit eiskaltem Gebirgswasser duschen. Sogar die Sonne lässt sich noch für ein paar Minuten blicken. Im Lokal gegenüber singen und tanzen Einheimische, und jedes Mal, wenn ein LKW vorbeibraust, erzittert das ganze Haus – inklusive unserem Bett und dem Lampenschirm. …«

In der sympathischen, etwas kühlen Stadt Pasto tanken wir die Energiereserven für die nächsten Anden-Etappen auf. Nur noch neunzig Kilometer trennen uns von Ecuador. In etwa zwei Tagen werden wir die Grenze passieren und schon bald den Äquator überqueren! Doch zuvor sind wir als Zaungäste beim sonntäglichen Gemeinschafts-Aerobic am Hauptplatz mit dabei, an dem um die hundert enthusiastische Wochenend-Sportler teilnehmen. Die Tanzschritte scheinen ganz schön komplex zu sein, sitzen bei fast allen Teilnehmern aber recht gut. Egal ob dick oder dünn, alt oder jung – alle haben eine Riesenfreude und eifern dem hochmotivierten, im engen Sport-Outfit gekleideten Vortänzer nach.

»Wo hast du deine Packtaschen?«, möchte ich von dem jungen Radfahrer wissen, der sich kurz vor der ecuadorianischen Grenze mit einem unbepackten Reiserad leichtfüßig den Gegenanstieg hocharbeitet. »Die sind in Peru«, meint der mit Surf-Shorts und Baumwoll-T-Shirt bekleidete Matt. »Bin überfallen worden, in der Küstengegend um Trujilo. Die »Säcke« sind mir früh morgens mit einem Mototaxi gefolgt und haben mir wenigstens das Fahrrad, meinen Pass und die Kreditkarte gelassen, bevor sie mich in der Wüste haben sitzen lassen. Glück im Unglück«. Trotz dieses Erlebnisses trägt der amerikanische Sunnyboy einen breiten Grinser im Gesicht und meint nur, dass ihm das Gewicht gar nicht fehle und er sich seitdem bei jedem Anstieg freue, nicht so viel die Berge hochwuchten zu müssen. Das nenn' ich eine positive Einstellung! Ich möchte nicht wissen, wie ich in solch einer Situation reagieren würde. Matt zeichnet uns den Ort des Überfalls auf unserer Peru-Karte an und verabschiedet sich. »Good bye, take care!«

Cartagena
Kolumbien

April 2011

ECUADOR – TRADITION, RITUALE & NATURVIELFALT

TAGEBUCHEINTRAG ANDI – *Fr, 20.5.11, Peaje Ambuqui*

»… Schlagen unser Zelt an der Mautstation Ambuqui auf. Der Boden ist kahl und mit fiesen Stacheln übersät, die aufblasbaren Isomatten bleiben deshalb vorsichtshalber in den Packtaschen. Entsprechend »hart« ist die Nacht, zusätzlich raubt uns der Lärm des Stationsbetriebes unseren wohlverdienten Schlaf. Ganz schön erledigt sind wir am Morgen und ich mache große Augen, als ich drei platte Reifen an unseren Rädern entdecke. Auf der Suche nach dem Lagerplatz haben wir uns gestern einen Haufen Dornen eingefahren. An meinem Hinterreifen entdecke ich vier Löcher, die beiden Vorderräder haben je drei – insgesamt zehn Plattfüße auf einmal! Das muss man erst mal schaffen! Die Mitarbeiter der Mautstation freuen sich über die Abwechslung und schauen mir neugierig beim Arbeiten zu. Endlich alles geflickt und eingebaut, reißt beim Aufpumpen meines Hinterrades das Ventil aus. Rad wieder entladen, Schlauch tauschen – die Kleberei hätte ich mir ersparen können. …«

Tja, es gibt oft Momente – so wie den oben beschriebenen – wo man sich fragt, warum man nicht besser daheim im eigenen, kuscheligen Bett aufwacht und brav einem »normalen« Alltag nachgeht. Doch glücklicherweise halten sich solche »Durchhänger« eher in Grenzen und die positiven Erlebnisse und Eindrücke machen all die Strapazen und Unwägbarkeiten wieder wett. Das Aufregende an einer solch ausgedehnten Reise ist, dass mit jedem Land neue, einzigartige Abenteuer auf einen warten und es im Grunde nie langweilig wird. So verbringen wir auch in Ecuador eine wundervolle Zeit und benötigen schlussendlich ganze eineinhalb Monate für die Durchreise. Selten präsentiert sich uns ein Land so abwechslungsreich und bunt: schneebedeckte, aktive Vulkane, dampfender Amazonas-Regenwald, kahler, windgepeitschter *Páramo**, bunte Indígena-Kultur und wilde Feste.

---

* Tropische Vegetationsform oberhalb der Baumgrenze, zwischen 3.200m und 4.800m

Ecuador ist wunderschön, aber hart. Zumindest radfahrtechnisch, denn die Anstiege sind außergewöhnlich steil. Die Straßenplaner bekommen hier anscheinend dafür bezahlt, die direkte Route von A nach B zu realisieren, ohne dabei auf die Topografie des Landes Rücksicht zu nehmen, die einem zerknüllten Blatt Papier gleicht. Stark rußende LKWs und Busse machen die Sache nicht angenehmer, denn die rechts montierten Auspuffrohre pumpen einem die ekeligen Abgase direkt in die Lungen. Dank unserer recht passablen Straßenkarte können wir immer wieder auf einsame Nebenstraßen ausweichen, die uns tiefe Einblicke in die vielseitige Kultur der *indigenen Bevölkerung** Ecuadors gewähren.

TAGEBUCHEINTRAG ANITA – *So, 22.5.11, Otavalo*

»… Otavalo ist ein wunderhübscher, aber sehr touristischer Ort mit einem großen Marktplatz im Zentrum und einer langen Handwerkstradition. Die Einwohner gehören zu zwei Drittel der indigenen Volksgruppe der Otavalos an. Mit Stolz tragen sie ihre traditionellen Kleider. Die Männer farbenfrohe Wollponchos, Filzhüte, weiße Hemden und das schwarz glänzende Haar zu einem langen Zopf geflochten. Die Frauen kleiden sich in filigrane Spitzenblusen und dunkle Röcke, geschmückt mit bunten Ketten und Armbändern. Ich könnte stundenlang an diesem Platz sitzen und diese bildschönen Frauen beobachten. Es ist faszinierend, mit welcher Anmut, Würde und Warmherzigkeit sie sich bewegen … und dieser atemberaubende, blitzblaue Himmel über den Anden!

Bei »Papitas de Abuelita« holen wir uns was zu essen. Vor dem Lokal, dessen Größe grad mal fünf mal fünf Meter beträgt, stehen die Leute Schlange. Der Stress scheint Großmama nichts auszumachen. Setzen uns auf den Marktplatz, saugen die Düfte und Farben in uns auf und genießen das warme Abendlicht. Die Händler sind bereits fleißig am Einpacken und Wegräumen. Gewaltige Säcke werden vom Platz geschleppt. Hundertzwanzig Kilo und mehr wiegen die mit Kleidung und Kunsthandwerk gefüllten Decken, die zu riesigen Ballen geschnürt werden. Die Männer haben große Freude, als wir neugierig Fragen stellen und Andi einen erfolglosen Hebeversuch startet. Unglaublich, dieses Gewicht! Die Träger werden von den Händlern engagiert. Einen Dollar Lohn pro

---

* *Nachkommen einer Volksgruppe, die vor der Eroberung, Kolonisation oder Gründung eines Staates durch andere Völker in einer Region lebten*

Transport verdienen sie – anscheinend mehr als die Verkäufer selbst. Bis zu hundert Säcke pro Tag. Fünfzig hin, fünfzig zurück. Die Händler sind zu klein und zu schwach für diese Arbeit. So »helfen« die Männer einer benachbarten, kräftiger gebauten Volksgruppe. …«

Aufgrund ihrer Geschäftstüchtigkeit zählen die Otavalos zu den wohlhabendsten Ureinwohnern Südamerikas. Ihr hochqualitatives Kunsthandwerk wird heute in die ganze Welt exportiert. »Wie gut, dass wir mit dem Fahrrad unterwegs sind, denn sonst würde ich einfach alles kaufen«, bekundet mir Anita. Obwohl der seit Vorinkazeiten stattfindende Markt mittlerweile eines der beliebtesten Touristenziele Ecuadors ist, hat er sich einen einzigartigen Charme bewahrt. Am meisten jedoch überrascht uns, mit welcher Freundlichkeit uns die Otavalos begegnen, was man angesichts der Touristenströme wirklich nicht vermuten würde.

Wir müssen wahrlich die Flucht ergreifen, um nicht Gefahr zu laufen, unsere Taschen mit Souvenirs zu überladen. Von Otavalo geht's über den Breitengrad Null, den Äquator. »Bin neugierig, ob sich der Badewannenstrudel nun wirklich in eine andere Richtung dreht als daheim«, scherze ich zu Anita, während ich auf der am Boden markierten Linie zwischen den beiden Erdhälften liege. »Ich denke nicht, dass wir bald mal die Möglichkeit haben, dies zu testen«, entgegnet sie mir. Sie hat recht, denn bei unserem Budget können wir froh sein, wenn unsere Körper dann und wann eine Dusche sehen.

»Kommt rein und macht es euch gemütlich«, heißt uns der schlaksige, kleine Santiago willkommen, führt uns in den geräumigen Innenhof seines Hauses und weist uns ein kleines Zimmerchen zu. »Ihr habt Glück, denn außer euch ist niemand da«. Das ist mittlerweile nicht mehr selbstverständlich. Seit über zwanzig Jahren steht Santiagos Tür für Reiseradler offen. Er betreibt eine der ältesten Casas de Ciclistas Südamerikas, etwa fünfzehn Kilometer außerhalb der Hauptstadt Quito. In der »guten alten Zeit« waren es zwei oder drei Verrückte, die es pro Jahr zu ihm verschlagen hat. Heute sind es sage und schreibe zwei- bis dreihundert Biker, die sich bei ihm für ein paar Tage von den Strapazen der Reise erholen und Austausch mit ihresgleichen suchen.

E-MAIL ANITA – *An eine Freundin, Betreff: Zeit*
   »… Santiago, der Hausherr, hat eine kleine Radwerkstatt bei sich zuhause.

Seine Frau Ana Lucia arbeitet bei einer Bank in Quito, kommt immer sehr spät heim. Zwei Kinder haben sie, Teenager. Das Schräge ist irgendwie, dass mir grad so richtig bewusst wird, wie wenig Zeit man eigentlich füreinander hat, wenn man arbeitet. So wie ich es auch getan habe. Wie es ein Großteil der Menschen tut. Das bisschen Zeit am Abend, wo man – von der Arbeit geschafft und müde – zusammen isst und danach ins Bett fällt. Und am Wochenende schnell alles im Haushalt erledigt. …«

»Buenos dias, Ihr Paket wäre bereit zur Auslieferung! Kostet achtundzwanzig Dollar bis Tumbaco«, trällert die Dame des Kurierdienstes in Santis Telefon, der sich in unserem Auftrag um unser verschollenes Paket aus der Heimat kümmert. »Das wurde aber auch Zeit«, antwortet er sichtlich genervt und rollt seine Augen. Lediglich zwei Tage hat die Lieferung unserer sehnlichst erwarteten Ersatzreifen und -schläuche von Österreich in das Logistikzentrum nach Quito benötigt. Es sollte aber weitere zwölf Tage bis zur endgültigen Zustellung im nur fünfzehn Kilometer entfernten Tumbaco dauern. Dass die letzte Etappe dann auch noch mehr als die Hälfte des Übersee-Tarifs zusätzlich kostet, ist nur ein kleines Detail am Rande. Das Gute an der Situation ist, dass wir somit ganze zwei Wochen bei Santi abhängen »müssen«, ohne einen bestimmten Auftrag zu haben. Es bleibt viel Zeit, um die Räder zu warten, Kleidungsstücke zu flicken, gemeinsam zu kochen und zu »Sein«. Abends lauschen wir Santis Geschichten über all die verrückten Radnomaden, die in den letzten Jahren bei ihm aus und eingegangen sind. Doch nach über zwei Wochen wird es Zeit, der Casa de Ciclistas Tumbaco Lebewohl zu sagen. »Gracias, Santi! Que te vaya muy bien!« – »Vielen Dank Santi, und alles Gute!«

Mit nagelneuen Reifen, einigen Gramm mehr auf den Hüften und frischer Abenteuerlust treten wir schließlich wieder in die Pedale. Doch aller Anfang ist immer wieder aufs Neue schwer. »Waren die immer schon so träge?«, keucht Anita hinter mir, als wir schwitzend den ersten steilen Hügel erklimmen. »Das müssen die neuen Reifen sein!«

TAGEBUCHEINTRAG ANITA – *Di, 7.6.11, Cotopaxi N.P.*

»… Ein etwas heruntergekommener Mann mit Vollbart schleicht an den vergitterten Marktständen herum und werkt bestimmt an die zehn Minuten, um etwas – keine Ahnung was – herauszufischen. Auf der gegenüberliegenden

Straßenseite stehen um die zwanzig Personen vor dem Gesundheitszentrum Schlange, alle sehen ihm zu. Niemand sagt etwas.

Hundert Höhenmeter rollen wir bergab, bis wir auf den steil ansteigenden Steinweg stoßen. Wow, der hat's in sich und bringt uns beide an unsere Grenzen. Die Ausblicke auf die Vulkane Sincholaqua und Rumiñahui entschädigen aber für die Strapazen. Brauchen mehrere Pausen, bis wir geschlaucht vor dem Nationalpark-Eingang stehen. Bezahlen gesamt acht Dollar Eintritt inklusive Campinggebühr und machen ein Picknick vor der Traumkulisse des fast 6.000 Meter hohen Cotopaxi. Andi steckt sich wieder mal, ohne zu wissen, was es ist, eine violette Beere in den Mund. »Achtung, die haben eine halluzinogene Wirkung«, erklären uns die Nationalparkrancher. Aber Gott sei Dank erst ab größeren Mengen. Typisch Andi! Wie auf Knopfdruck kommt vor dem Weiterfahren die Sonne raus. Was für ein Gefühl, vor diesem mächtigen Berg zu stehen! Mittlerweile befinden wir uns auf knapp 4.000 Meter und obwohl es relativ flach ist, plagen wir uns gewaltig. Ganze viereinhalb Stunden benötigen wir für die dreißig Kilometer zum Zeltplatz.

Wolken verdecken die Sonne, es dämmert bereits und wird schnell kalt. Zum Aufwärmen kochen wir Kaffee und Nudelsuppe, »verzupfen« uns aber zum Essen ins Zelt. Zwei Kühe grasen rund um unser Lager, ihr Atem ist so laut, als wären sie zehn Zentimeter neben unseren Köpfen. Über uns glitzert der atemberaubende Sternenhimmel und der Gletscher des Cotopaxi funkelt im Mondschein. Als wir zum Abwaschen aus dem Zelt krabbeln, staunen wir nicht schlecht: Nur drei Meter vor uns steht ein junger Fuchs wie angewurzelt im Schein unserer Stirnlampe und ist wahrscheinlich genauso erstaunt über uns, wie wir über ihn. …«

Schon Alexander von Humboldt war auf seiner berühmten Amerikareise vor über 200 Jahren fasziniert von Ecuador, seinen unzähligen, spektakulären Vulkanen und der unglaublichen Vielfalt der Pachamama – wie die Erde von den südamerikanischen Andenvölkern genannt wird. Wir radeln ein Stück entlang der berühmten »Avenida de los Volcanos«, der »Straße der Vulkane«, wie sie damals von Humboldt benannt wurde. Sage und schreibe zwanzig Feuerberge säumen die etwa 250 Kilometer lange Strecke zwischen Otavalo im Norden und Quenca im Süden. Wir biegen jedoch bald wieder ab, denn in Ecuador gibt es noch andere sehenswerte Flecken zu entdecken.

TAGEBUCHEINTRAG ANDI – *Do, 9.6.11, Pillaro*

»… Am Marktplatz von Pillaro ist viel los. Aus der gesamten Umgebung treffen sich die Menschen zum wöchentlichen Viehmarkt. Angeboten werden kreischende Hühner, treuherzig guckende Kaninchen und fiepende Cuyes (Meerschweinchen), die in Getreidesäcken zur Schau gestellt werden und eine besondere Delikatesse des Landes sind. Die Indígena-Frauen mit ihren »Tirolerhüten« und bunten Umhängen sind hübsch anzusehen. Es wird munter geschwatzt, gelacht und gefeilscht.

Wir sind auf dem Weg nach Baños. Zu unserer Freude geht es heute fast nur bergab, bald wird es spürbar wärmer. An den steilen Hängen wird viel Obst und Gemüse kultiviert. Es herrscht fast kein Verkehr, wie angenehm! Rasant und kurvig winden wir uns hinein in ein weites Tal, dann geht's kurz und steil bergauf. Oben machen wir eine »Zucker«-Pause in Form von Saft und Keksen und setzen unsere Fahrt durch eine wunderschöne, ein bisschen an Norditalien erinnernde Landschaft fort. Orangenbäume, Agaven, Zypressen. Bald treffen wir auf die Kreuzung Baños – Ambato. Wir halten uns links, und obwohl es bergab geht, tun wir uns hart, denn es bläst uns ein orkanartiger Wind entgegen. Der von den vorbeirasenden Bussen aufgewirbelte Staub brennt in den Augen. Den 5.023 Meter hohen Vulkan Tungurahua haben wir zwar vor uns, er ist aber leider von Wolken verdeckt. Hat sich nach einigen Wochen Aktivität wieder beruhigt und »schläft«. …«

Wenn man schon mal in Baños ist, bietet sich ein Abstecher in den »Oriente«, Ecuadors Anteil am Amazonasbecken, an. In nur kurzer Zeit reist man von der kühlen, meist über 2.000 Meter liegenden Sierra in den grünen, heiß-schwülen Osten Ecuadors. Eine beeindruckende Schussfahrt!

TAGEBUCHEINTRAG ANDI – *Sa, 11.6.11, Baños*

»… Die Flanken des Tals sind mit dichtem Urwald bewachsen, durch welchen dicke Wolkenfetzen ziehen, Wasserfälle stürzen in die Tiefe. Je weiter wir nach unten kommen, desto üppiger die Vegetation. Riesige Farne hängen auf die Straße, die Bewölkung nimmt zu. Bald beginnt es stellenweise zu nieseln. Kurz vor Mera weitet sich der Canyon, am Horizont breitet sich das unendliche Amazonas-Becken aus. Es ist schon eine interessante Vorstellung, dass vor uns etwa 4.000 Kilometer undurchdringlicher Regenwald liegen. Vom Osten

her zieht es schwarz auf – das verspricht nichts Gutes. Bis nach Shell kommen wir halbwegs trocken, entscheiden uns aber dann, »sicherheitshalber« in einer Kneipe Kaffee zu trinken. Nicht mal zwei Minuten später ist es, als würde der liebe Gott den Wasserhahn voll aufdrehen. Gut, im Trockenen zu sitzen. …«

Bis vor wenigen Jahren gab es im Oriente Ecuadors fast ausschließlich matschige Lehmpisten, mittlerweile ist die »Zivilisation« endgültig eingekehrt. Die meist perfekte Asphaltstraße macht das Radeln hier zu einem richtigen Genuss, obwohl sie irgendwie so gar nicht in die Gegend passt. Das Wetter in dieser Gegend gleicht den klimatischen Bedingungen in einem etwas abgekühlten Dampfkochtopf. Aufgrund der Seehöhe von 900 Metern ist es zwar nicht ganz so heiß, dafür sorgt das Übermaß an Feuchtigkeit dafür, dass jede Bewegung einen Schweißausbruch verursacht und unsere Klamotten über Nacht nicht mehr trocknen wollen.

Entlang der ehemaligen Urwaldpiste in den Süden erwartet uns oft ein trostloses Bild. Der Urwald längst gerodet. Tiefe Schneisen, die als Tee-, Zuckerrohr- oder Ölpalmen-Plantagen genutzt werden, ziehen sich weit in die hügeligen Flanken der nebelbehangenen Berge. Stellenweise aber geht die Reise durch dichten, dampfenden Primärwald mit mächtigen Baumriesen und farbenfrohen Orchideen am Straßenrand. Vorbei an kleinen Urwaldsiedlungen und über mächtige Brücken, die über braune Flüsse führen, die wiederum irgendwann in den Amazonas münden. Auch hier begegnen uns die Menschen mit einer unglaublichen Hilfsbereitschaft …

TAGEBUCHEINTRAG ANITA – *So, 12.6.11, kurz vor Chiguaza*
»… Das Dorf, das auf unserer Karte eingezeichnet ist, existiert nicht. Also fragen wir beim nächsten Haus, ob wir in der Schule nebenan zelten dürften. Alfonso will uns zur zuständigen Person bringen, wird aber kurz darauf zurückgepfiffen. Sein Vater lädt uns ein, in einem Nebengebäude zu übernachten. Eine einfache, leere Holzbaracke mit schmutzigem Boden. Bringen die Räder rein und laufen zum braunen Bächlein, um uns zu waschen. Beim Nachbarn holen wir »Trinkwasser«, doch als wir an der »Quelle« stehen, trifft uns fast der Schlag. Auf dem kleinen Tümpel schwimmt ein dichter Algenteppich, den wir erst mal zur Seite schieben müssen, um zum leicht trüben Wasser vorzudringen. Filtern es danach mit einer frischen Socke und kochen es gründlich ab, bevor

wir davon trinken. Danach statten wir unseren Gastgebern einen Besuch ab, um uns zu bedanken. Die ganze Familie ist versammelt, zehn verdreckte Kinder schauen uns mit großen Augen an. Wir werden gebeten, am Tisch Platz zu nehmen. Die Schwiegertöchter sind mit Babyschaukeln und Stillen beschäftigt, sitzen am einzigen Bett im Haus. Daneben zwei Neugeborene in Mini-Hängematten, die an einem einfachen Holzregal befestigt sind. Die Hausfrau kocht Suppe am offenen Feuer, welches sich direkt im Raum am Lehmboden befindet. Der scharfe Rauch brennt in den Augen. Die Kids laufen mit dreckigen Füßen barfuß durch die Gegend, ihre Gesichter rotzverschmiert, die Kleider löchrig. Unter dem Tisch gackern die Hühner. Es werden Yucca, Kochbananen, Popcorn und eine Bohnen-Yucca-Reis-Suppe aufgetischt. In einem halbierten Flaschenkürbis wird reichlich Chicha durch die Runde gereicht. Alle trinken aus derselben Schüssel, selbst die Kleinen und natürlich auch wir. Die Chicha ist ein leicht alkoholhaltiges, milchig-trübes Gebräu, welches im Oriente aus Yucca hergestellt wird. Dazu wird die Yucca-Wurzel weichgekocht und zerstampft, bevor die Hausfrau einen Teil der Masse im Mund zerkaut und wieder zurück in den Topf spuckt. Das Ganze wird mit Wasser vermengt, mit den Händen ausgewrungen und mindestens einen Tag zur Fermentierung in die Ecke gestellt. Na dann prost!

Etwas später kochen wir uns in »unserer« Hütte Tee und scherzen mit den fünf neugierigen Jungs, die im Stock über uns schlafen und uns durch die Spalten in der Holzdecke beobachten. Bei jedem Schritt der Burschen bröselt feiner Dreck auf uns runter. Zwei Zimmer haben sie dort oben, beide ganz einfach. In dem einen stehen vier Holzpflöcke, die sie wohl als Hocker benützen, sonst nichts. Keine Bilder, kein Spielzeug, keine Kleidung. In dem anderen Raum ein simples, kleines Holzbett, in dem vielleicht zwei der Racker Platz haben und einige Kinderzeichnungen an der Wand … Ein eigenartiges Gefühl: Wir beide tragen mit unseren Rädern mehr Zeug herum, als diese Menschen besitzen. …«

»He, du bist so schnell, warte auf mich«, schreie ich Anita hinterher, die heute irgendwie viel besser in Form zu sein scheint als ich. Mein Kreislauf ist am Limit und ich habe große Mühe, genügend schwül-feuchte Luft in meine Lungen zu pumpen. »Tja, das kommt vom übermäßigen Cicha-Saufen«, stellt Anita nüchtern fest. »Ich musste unsere Ehre retten!«, antworte ich keuchend. Keine fünfzig Kilometer schaffen wir am Tag nach unserer Begegnung mit Alfonso und seiner Familie, obwohl sich Topografie und Temperaturen gnädig zeigen. In Macas, einem lebhaften 30.000-Einwohnernest mit einem gewissen Pioniercharakter, checken wir im erstbesten Hotel ein. Ich plumpse aufs Bett und atme erleichtert durch.

TAGEBUCHEINTRAG ANDI – *Di, 14.6.11, Macas*
»… Draußen »schifft« es in Strömen. Mir ist gar nicht gut. Bin immer noch matt und schlecht ist mir auch. Frühstücken, keine Besserung in jeder Hinsicht. Durchfall, erhöhte Temperatur. An der Straße unter unserem Balkon ein rollender Verkaufsstand: »Aguitas de la Vida« – »Lebenswässerchen«. »Genau das, was ich jetzt brauche«, denke ich mir leidend. Statten dem Herrn einen Besuch ab und bekommen erst mal einen Kräuterschnaps für den Magen. Dann ein Glas mit einer schleimig-durchsichtigen Kaktus-Essenz, gemischt mit etlichen harzartigen Substanzen aus dem Urwald sowie etwas Pinienhonig. Zum Vermischen schüttet er den Trunk in hohem Bogen von einer Metalltasse in die andere. Das Trinken kostet wegen der gelartigen Konsistenz einiges an Überwindung. Mal schauen ob es hilft. Carlos, unser netter Kräuterhexer, kommt eigentlich aus dem Norden Perus. »Die Geschäfte laufen hier viel besser. Meine Familie und die Kinder besuche ich alle paar Monate, fünfzehn Stunden Busfahrt je Strecke.« Siebzig Gläser zu je fünfzig Cent verkauft er durchschnittlich pro Tag. Fünfunddreißig Dollar Tagesumsatz. Nicht schlecht, wenn man bedenkt, dass er sieben Tage die Woche durch die Straßen rollt und das Leben vieler Macaner (und einiger Gringos) zu verlängern versucht. …«

Trotz meines angeschlagenen Gesundheitszustandes verlassen wir das miefige, laute Hotel. Es regnet, die Wolken scheinen zum Greifen nah. Im nächsten Ort ist dann endgültig Schluss mit mir. Mit letzter Kraft schleppe ich mich zu den Bomberos (Feuerwehr), die uns glücklicherweise Obdach gewähren. Den gesamten Nachmittag vegetiere ich fiebernd auf meiner Matte dahin, während Anita rührend für mich sorgt. Ob es die fermentierte und etwas im Übermaß genossene Chicha von Alfonso oder das trübe Wasser aus dem Tümpel war, ist jetzt nicht mehr wichtig. Es hat mich auf jeden Fall sauber aus den Pantoffeln geschmissen und sollte mich noch einige Tage schwächen.

So schön die westlichen Ausläufer des Amazonasbeckens auch sind, mir ist nach meinen Fieberattacken wieder nach frischer Bergluft. Von der kleinen Stadt Méndez aus machen wir uns deshalb wieder auf den mühsamen Weg hoch in die südliche Sierra. Die Straße steil, einsam und ausgesetzt, die Gegend atemberaubend.

TAGEBUCHEINTRAG ANITA – *Do, 16.6.11, Weg nach Amaluza*
»... Beim Frühstück quasselt der kleine Sebastian mit uns, während er sein Fahrrad durch die sumpfige Wiese, in der unser Zelt steht, schiebt. »Ein neues Auto haben wir«, erzählt er, »doch meine Mama ist keine gute Fahrerin!« »Sie braucht einfach mehr Übung«, sage ich zu ihm. Gerade als wir starten, beginnt es leicht zu nieseln, was mir egal ist, denn ich hab' mit der Steigung zu kämpfen. Bald brennen uns die Schenkel. Die Aussicht wird aber immer spektakulärer. Wasserfälle stürzen an allen Hängen in die Tiefe, Nebelschwaden ziehen durch das enge, grüne Tal. Nach gut zehn Kilometern brauche ich eine Pause. Die Bergwertung ist sagenhaft anstrengend, mein Magen knurrt. Essen die restlichen Kekse und ein paar Haferflocken mit Milch. Mehr haben wir nicht mehr dabei. Weit und breit kein Haus, geschweige denn ein Geschäft in Sicht. Beim Weiterradeln wird der Regen stärker. Die einzigen Fahrzeuge, die uns begegnen, sind die gelben Trucks einer Baufirma – und auch immer die gleichen.
Nach der Überquerung einer provisorischen Brücke sehen wir am Straßenrand ein Restaurant. Die Dame winkt uns freundlich herein. Als Almuerzo gibt's leckere Gemüsesuppe, Papayasaft und Fisch mit Reis. Das alte Ehepaar stellt uns viele Fragen. Ganz einfach sind sie gekleidet, schmutzig vom Arbeiten. Während wir uns unterhalten, haut ständig ein Huhn durch das Eingangstor ab. Zwei Kinder haben sie, die wohnen aber weit weg. Die linke Hand des überaus sympathischen Herrn fehlt, vermutlich ein Arbeitsunfall. Um das rechte Handgelenk trägt er eine Goldarmbanduhr und erzählt uns, dass nicht weit von hier viele ihr Glück bei der Suche nach dem Edelmetall versuchen. Beim Essen setzt er sich an den Tisch gegenüber, entschuldigt sich und meint: »Ich bin ein wenig neugierig!« Etwas später lädt ein Kleinlastwagen sieben Straßenarbeiter zum Mittagessen ab. Die Männer verschlingen hungrig ihre Mahlzeit. Der Chauffeur lässt die Hälfte über und bietet uns auf Englisch einen »Ride« in seinem Laster nach Amaluza an. »Liebend gerne, danke!« Noch dazu wird der Regen immer stärker. Während Andi und die Männer zwischen

den Rädern und Tonnen einen Stehplatz auf der Ladefläche bekommen, darf ich vorne im gemütlichen, warmen Fahrerhaus sitzen. Die Straße wird bald richtig schlecht, über zwanzig Kilometer hammersteile Rumpelpiste, große Schlaglöcher und einige Kilometer purer Schlamm und endlose Baustellen. Bin ich dankbar, im Laster sitzen zu dürfen! In den letzten Tagen war viel zu viel Regen, Erdrutsche und Teile der Straße sind mit Erdbrocken und großen Felsen bedeckt. Der Chauffeur ist wirklich sehr nett. Erzählt mir, dass er Brücken konstruiert und die Männer für ihn arbeiten. Vierundzwanzig Tage, danach sechs Tage frei. Hätte nie gedacht, dass dieser leger gekleidete, lustige Herr die Baustellenleitung über hat. Fünfzehn Jahre hat er in Amerika gelebt, mit seiner damaligen Freundin. Wenn sie Zeit hatten, sind sie mit dem Auto durchs Land gereist. »So viel Platz«, sagt er, »die Straßen sind nicht so eng wie hier.« Als er wieder in seine alte Heimat zurückgekehrt ist, hatte sich viel verändert. Fünfzehn Jahre sind eine lange Zeit. Dann kurbelt er am Lenkrad, holpert über die Rumpelpiste und hupt den Arbeitern neben der Straße zu. Ob sie eine Kuh gesehen haben, fragt er, denn dem alten Herrn vom Restaurant ist sie abhandengekommen. Seine einzige Kuh. Zweimal bleibt er stehen, um Leute an »Bord« zu bitten. Die junge Dame, die neben mir Platz nimmt, hat ganze vier Stunden auf eine Mitfahrgelegenheit gewartet. So gut wie kein Verkehr. Sie hat einen Job im Nachbarort, als Reinigungsdame im Büro. 280 Dollar verdient sie. Fünf Tage die Woche. »Medio-Dia«, halbtags. Sie scheint ganz zufrieden zu sein. Dann zeigt sie auf die Arbeiter neben der Straße. »Alle aus Peru!«, sagt sie. So viele Einheimische haben keinen Job, doch – wie so oft – arbeiten die Nachbarn für weniger Lohn.

Am überdachten Sport- und Hauptplatz von Amaluza hüpfen alle raus. Kühl ist es hier oben, der Wind bläst und der Regen prasselt auf die überdimensionale Platzüberdachung. Weiterfahren erscheint uns nicht sehr verlockend, so schlagen wir unser Lager zwischen Volleyballfeld und Fußballplatz auf. Die Kids freuen sich riesig, fragen uns Löcher in den Bauch und liegen schlussendlich auf uns und unseren Matten. Andi dreht mit einem nach dem anderen Fahrrad-Runden auf dem Platz, wobei sich wohl der kleine Pablo am meisten darüber freut. Noch dazu darf er für eine Weile meine Fahrradhandschuhe tragen, in die er ganz vernarrt ist. …«

Mit jedem gewonnenen Höhenmeter weicht die üppige Amazonasvegetation ein Stück zurück. Die immer noch sehr steile, einsame und löchrige Straße windet sich durch eine zunehmend kahler werdende Landschaft, die mit kleinen Weizen-, Gersten- oder Maisfeldern gespickt ist. Wir sind wieder im Hochland.

»Schleich di, du Drecksviech!«, mache ich meinem Unmut über die hier besonders aggressiven Hunde Luft, während ich mein Stahlross abrupt stoppe und mich meinem »Gegner« stelle – die effektivste Methode, diese vierbeinigen, zähnefletschenden Angreifer einigermaßen auf Distanz zu halten. Ein eher unangenehmer Nebeneffekt des Radelns auf Nebenstraßen, denn oft dringen wir etwas unvermittelt in das Revier eines wachsamen Köters ein, welcher einfach nicht an vorbeiradelnde Touristen mit bunten Packtaschen gewöhnt ist. Tja, und wenn man nicht gerade mit über vierzig Kilometer pro Stunde einen Berg runterspurtet, ist man klar im Nachteil. Den Hundebesitzern selbst ist das meist ziemlich wurscht, zurückgepfiffen werden die rohen Bestien grundsätzlich nicht. Manchmal kommt es jedoch vor, dass sie auf rudimentäre Weise mit Steinen, Tritten oder Stockhieben zurechtgewiesen werden. Kein Wunder, dass uns die Hunde oft nicht freundlicher begegnen!

TAGEBUCHEINTRAG ANITA – *Fr, 17.6.11, Feierabend in El Pan*
»… Die alte, etwas verwirrte Dame kassiert vorab zehn Dollar ein, bevor sie uns zur Unterkunft bringt. Vorher geht nichts. Nachdem es die einzige Möglichkeit ist, haben wir keine Wahl. Das Haus sieht unbenutzt aus, im ersten Zimmer hängt zentimeterdick Schimmel von der Wand. Das zweite ist halbwegs akzeptabel. Wenigstens gibt's Warmwasser. Gut, der Boden ist schmutzig, von Bad und Klo will ich gar nicht reden. Aber das Bett ist frisch bezogen. Wegen des Handtuchs muss sie noch in ihren Laden. Nachdem sie nach über zwanzig Minuten noch immer nicht zurück ist, gehen wir zu ihr. Brauchen ja ohnehin noch was fürs Abendessen.

Zwei verschieden große Handtücher breitet sie vor uns aus, fragt, welche Größe wir wollen. Dann sage ich zu ihr, dass wir es nicht kaufen, sondern benutzen möchten. Etwas zerstreut geht sie zurück, kommt mit einem anderen wieder. »Welche Farbe darf's denn sein?« ?! Ich denke, sehr viele Gäste hat die Dame nicht. In einem anderen Laden tippt die Besitzerin an der Kasse herum, fragt fünfmal, was wir brauchen und nachdem sie gecheckt hat, dass wir ein Bier wollen, möchte sie wissen, welches – obwohl sie nur Pilsen in der Dose hat!? Nach einer kurzen Wartezeit verweist sie uns einfach ins Geschäft gegenüber. Lustigerweise riecht die Nachbarin an der verschlossenen Bierflasche, bevor sie sie uns reicht. Wo sind wir hier gelandet? ...«

In der netten Kolonialstadt Cuenca gönnen wir unseren müden Muskeln einen Tag Verschnaufpause, bevor wir weiter Richtung Süden radeln. Auf unserem Weg nach Loja liegt die Kleinstadt Saraguro, Heimat der gleichnamigen Indígena-Gemeinde. Die Saraguros sind, neben den Otavalos aus dem Norden, eine der wenigen Volksgruppen in Ecuador, die sich eine starke ethnische Identität bewahren konnten. Ihre Wurzeln finden sich in der Inkazeit wieder, wo ihre Vorfahren vom damaligen Herrscher Tupaq Yupanki im 15. Jahrhundert hier angesiedelt wurden. Man vermutet, dass sie aus der Region um den Titicacasee in Bolivien, Cusco oder Paltas in Peru abstammen. Wir haben das Glück, gerade recht zur Sonnenwende in der Stadt zu sein, die hier mit einem mehrtägigen Fest gefeiert wird. Am Vorabend des großen »Inti Raymi«-Rituals bittet der Schamane zur gemeinsamen Reinigungszeremonie.

TAGEBUCHEINTRAG ANITA – *Mo, 20.6.11, Saraguro*
»... Der Yachec (Schamane) begrüßt alle vier Himmelsrichtungen, Mutter Erde und Vater Himmel, bevor er sich bei der Sonne für ihre Kraft, das Licht und die lebensspendende Energie bedankt, ohne die wir nicht existieren könnten. Neben ihm einige Vertreter der Gemeinde, die restlichen Teilnehmer bilden einen schützenden Kreis um das Zentrum der Zeremonie. Musiker spielen einen immer wiederkehrenden, monotonen Rhythmus, der Duft von brennendem Rosmarin liegt in der Luft. Nach einigen symbolischen Gesten wird Schnaps aus einer Muschel getrunken, der Schamane versprüht zischend eine Kräuteressenz mit dem Mund und setzt die Zeremonie fort. Die andinen Klänge verstärken den Zauber der Nacht, es wird getanzt und gesungen, auch wir dürfen teilnehmen.

Gegen Mitternacht marschieren wir im fahlen Licht der Fackeln gemeinsam zu einem Wasserfall hoch, unter welchem die Indígenas ein rituelles Bad nehmen, um sich für den morgigen Tag vorzubereiten. Der Weg ist lange und anspruchsvoll. Teils recht steil, oft matschig. Alle helfen sich gegenseitig und der Mond tut sein Bestes, uns den Weg zu weisen. ...«

Beeindruckt und dankbar, dass wir an diesem besonderen Ereignis teilhaben durften, satteln wir zwei Tage später wieder unsere »Gäule«. Das »Fest der Sonne« war früher eine der wichtigsten Zeremonien der Inka, bevor es im Jahre 1654 von der katholischen Kirche abgeschafft und durch das Corpus Christi Fest (Fronleichnam) ersetzt wurde. Seit 1944 wird die ursprüngliche Zeremonie wieder regelmäßig abgehalten. Außerhalb der Kantonshauptstadt Saraguro jedoch hinterließen die spanische Kolonialgeschichte und die Missionierung durch die Kirche tiefere Spuren, denen man auch heute noch auf skurrile Art begegnet.

TAGEBUCHEINTRAG ANITA – *Mi, 22.6.11, San Lucas*

»… Bei leichtem Nieselregen nehmen wir die erste Bergwertung in Angriff. Der acht Kilometer lange Downhill verschafft uns danach eine Verschnaufpause und wir rollen gemütlich in das Zweitausend-Einwohner-Dorf San Lucas, um Brot zu kaufen. Direkt an der Dorfeinfahrt rufen uns zwei Männer zu, laden uns ein, Chicha de Maíz (Maisbier) zu trinken. Heute sei ein besonderer Tag – Corpus Christi – und es wäre eine Freude, wenn wir diesen Tag mit ihnen verbringen würden.

In dem kleinen, gelb ausgemalten Raum spielt eine Band, große Boxen verstärken den Klang. Nach der ersten Chicha wird getanzt und ohne zu fragen, stellen uns Lucho und Antonio zwei Teller mit leckerem Käse und Yucca auf den Tisch. Dann versammeln sich alle zum Innereien-Suppe Essen. Frauen und Kinder nehmen an einem anderen Tisch Platz. Nach einem Gebet werden große Schüsseln mit Reis, Käse und Yucca gereicht, dazu Zuckerrohrschnaps und viel zu süße Erdbeerlimonade. Stellen unsere Räder im Abstellraum nebenan ab und wagen ein erneutes Tänzchen. Während die Herren richtig Spaß haben, reduziert sich der Tanzschritt bei den Damen auf emotionsloses Hin-und-Her-Steigen. »Züchtig«, könnte man fast sagen.

Später spazieren wir gemeinsam zu einer befreundeten Familie, vorbei an einfachen Häusern, eingebettet in ein hübsches, grünes Tal. Über einen matschigen, steilen Fußweg gelangen wir hoch zum Haus. Geselchte, riesengroße Rinderstücke hängen vom Balkon, zur Freude der vielen Fliegen. Die Hausherren, teilweise barfuß, sind bereits ordentlich »in Öl«. Die Musik beginnt zu spielen, einer der betrunkenen Männer eröffnet den Tanz und kugelt fünf Sekunden später die Böschung hinunter. Als der Gastgeber Segundo mit einem

Kübel Chicha auf mich zukommt, hoffe ich, dass niemand meine Gedanken lesen kann. Da muss ich wohl durch. Nur nicht zu viel nachdenken. Das verdreckte Glas, das er mir in die Hand drückt, ist gefüllt mit dem Gebräu, in dem auch noch andere »Dinge« schwimmen und von dem vor und nach mir weitere fünfundzwanzig Personen trinken. Die alten »Borrachos« (Betrunkene), rotzverschmierte Kinder, ungepflegte Männer und Frauen allen Alters. Nicht nachdenken. Trinken, um ihn nicht zu beleidigen. Vielleicht stärken die Bakterien ja meine Darmflora – und wenn nicht, liege ich morgen flach. ...«

TAGEBUCHEINTRAG ANDI – *Mi, 22.6.11, San Lucas*

»... Das dunkle, verrauchte, nach gekochtem Rindfleisch und Schweiß riechende, kleine Zimmer ist erfüllt von monotoner, sich wiederholender Musik. In einer Ecke sitzen traditionell gekleidete Frauen und Mädchen. Ein sturzbetrunkener, heruntergekommener Mann torkelt barfuß über den schmutzigen Lehmboden durch den Raum und endet schnaufend neben mir auf der Tischbank. Er stinkt nach billigem Schnaps. Ich sitze mit einigen Männern an einem Tisch und esse fettige Rindsuppe. Dann und wann kreist ein Becher Maisbier in der Runde. Nach dem Mahl gibt's Kräutertee mit Schnaps, einige der Herren kämpfen offensichtlich gegen das Delirium, rollen die geröteten Augen und würden vom Anschein her gut in eine Kneipenszene aus »Herr der Ringe« passen. ...«

Unglaublicherweise können wir unsere Fahrt tags darauf ohne gröbere Magenbeschwerden fortsetzen. Die Eindrücke der vergangenen Tage waren mehr als intensiv und obwohl wir keine großen Distanzen überwunden haben, sind wir müde. Wir sehnen uns nach einer richtigen Dusche und einem Abend ohne Remmi-Demmi. Über Loja geht's in das idyllische Städtchen Vilcabamba, wo wir uns Erholung erhoffen, bevor wir die entlegene und als anspruchsvoll geltende Piste an die nordperuanische Grenze bei Zumba in Angriff nehmen. Ganzjährig herrscht hier ein angenehmes Klima und das Trinkwasser soll eine ausgesprochen gute Qualität aufweisen. Das Städtchen ist bekannt für die hohe Lebenserwartung seiner Bewohner, es gibt hier überdurchschnittlich viele Menschen, die über hundert Jahre alt sind.

Just an jenen Tagen, die wir in Vilcabamba verbringen, findet eine nationale Umweltkonferenz mit entsprechendem Kulturprogramm statt, welches uns das süße Nichtstun etwas erschwert. Im Vergleich zu den Vortagen jedoch ist unser Aufenthalt sehr entspannend und es macht riesigen Spaß, den alten, aber alles andere als eingerosteten Damen des hiesigen Seniorenbundes beim flotten Tanz zuzusehen, den sie im Zuge der Konferenz vorführen.

Die drei Tage bis zur Grenze sind hart, Ecuador zeigt sich uns nochmals von seiner »wilden« Seite. Unbefestigte Pisten, oft mit mehr als knöcheltiefem Schlamm, steil und einsam. Spektakulär mäandern wir träge durch eine immer üppiger werdende, regenreiche Landschaft. Zuerst durch feuchten Nebelwald, gelangen wir schließlich in die tropisch-heiße Grenzregion, die von dichtem, tiefgrünem Dschungel dominiert wird. Sichtlich gezeichnet von den anstrengenden Etappen überqueren wir am 27.6.2011 die Grenze. Und wie es der Zufall so will, springt unser Kilometerzähler just auf der Grenzbrücke, im Niemandsland zwischen Ecuador und Peru, auf die 17.000-Kilometermarke! Na, wenn das kein gutes Zeichen ist!

Ecuador
Juni 2011

NORDPERU – DURCH DIE SIERRA NACH HUARAZ

»Congratulations – you have just arrived!« – »Gratulation, ihr seid gerade angekommen!« Der weißhaarige, amerikanische Professor mit langem Vollbart, der wie ein schrulliger Althippie wirkt, stimmt uns mit diesen motivierenden Worten auf unser nächstes Reiseland ein. »Ich habe viele Jahre hier verbracht und bin immer noch begeistert von Peru, vor allem von seinen Bewohnern, der Wildheit der Sierra, dem Andenhochland mit seinen weiten, schroffen Bergen und Tälern, den Farbkontrasten, schneebedeckten Gipfeln und rauschenden Flüssen. Manchmal werdet ihr euch fühlen, als würdet ihr in der Zeit reisen! Sprachlos werdet ihr vor majestätischen Naturschauspielen stehen und die Begegnungen mit den vom rauen Klima und der Einsamkeit geprägten Menschen werden euch noch lange in Erinnerung bleiben«, so seine überaus vielversprechenden Prophezeiungen.

Nach einem Monat »Bergradeln« können wir all seine Beschreibungen einstimmig bestätigen. Anspruchsvoll sind die Etappen, vorwiegend auf Schotter- oder Lehmpisten, die oft in einem miserablen Zustand sind. Im Gegensatz zu Ecuador sind die Anstiege nicht mehr ganz so steil, dafür in endlos langen Serpentinen spektakulär in die kahlen Flanken gehauen. Die Landschaft atemberaubend. Anfangs durch tropische Ebenen, in denen Reis kultiviert wird und die einen eher an Asien denken lassen. Später durch eine einsame und raue Gegend mit tiefen Tälern, wüstenartiger Vegetation und staubigen Canyons.

TAGEBUCHEINTRAG ANITA – *Sa, 2.7.11, Bagua Grande*
»… Die Nacht auf den Strohmatratzen in der einzigen Herberge im Ort war ganz schön hart. Rollen aus dem kleinen Ort, in dem es erst seit Oktober 2010 Strom gibt – und das auch nicht immer. Kaufen einem älteren Herrn Brot ab, der mit seinem Verkaufsrad Runden durch die Straßen dreht und dabei kräftig hupt, damit man ihn nicht überhört. Kaum sind wir aus dem Ort draußen, beginnt es zu regnen. Keine Aussicht auf Besserung. Stülpe mir meine Regen-

hose rauf und fahre in Flip Flops weiter. Andi bleibt in Bergschuhen und zieht seine Gamaschen über, die nach kurzer Zeit dem Wasser nicht mehr stand-halten. Rauf und runter im Wolkenbruch. Gut, dass es warm ist. Links und rechts von uns Reisfelder, Papaya- und Bananenbäume und riesige Mango-Alleen. An einem Laden machen wir nach fast dreißig Kilometern Pause. Klatschnass sitzen wir wie zwei verschreckte Hühner auf einer Holzlatte, essen Kekse und trinken Joghurt, während sich der Regen etwas beruhigt. Biegen auf die schlammige Piste Richtung Bellavista ab. Die Fahrt ist anstrengend, aber wunderschön – zumindest, wenn man die lästigen »Gringo, Gringo«-Rufe aus-blendet, die uns seit der peruanischen Grenze begleiten.

Ein schmaler Feldweg bringt uns runter zum Rio Marañon, wo wir mit einem kleinen Boot übersetzen. Der Bootsmann vergisst wohl, dass Fahrräder kein Unterfahrblech haben, behandelt sie wie Mopeds und reißt bei Andis Rad eine Schraube des Zahnkranz-Schutzes aus. Die Überfahrt kostet zwei Soles pro Mann und Rad (fünfzig Euro-Cent), dann schieben wir die schweren Gäule einen steilen, matschigen Hang hoch. Ich brauche Hilfe von Andi, rutsche ständig mit und aus meinen Flip Flops. Kein Wunder, warum hier Alt und Jung barfuß gehen. Von nun an ändert sich die Landschaft fast schlagartig – die Farbtöne werden erdiger, Kakteen säumen die kahlen, sanft hügeligen Ebenen. An einer Tankstelle waschen wir den gröbsten Dreck von den Rädern und pedalen langsam das letzte Stück nach Bagua Grande. In der Warteschlange vor dem Bankautomaten »beglückt« uns ein fröhlicher, kleinerer Herr mit gleich zwei »Gratis-Umarmungen«. Keine Ahnung warum, aber er hat an-scheinend Freude mit uns. …«

»He, komm rüber und trink mit uns«, ruft mir ein leicht beduselter Typ hinterher, der mit seinen Kumpanen an einem einfachen Holztisch sitzt und fröhlich Bier nuckelt. Es kommt nicht selten vor, dass ich in Peru von Männern zum Saufen eingeladen werde – zu jeder erdenklichen Tageszeit und unabhängig vom Wochentag. Dass ich diese »Gelegenheiten« nicht nutze und lieber Rad fahre, verstehen die Herrschaften meist nicht. Leider ist das gesell-schaftliche Besäufnis oft wichtiger als die alltäglichen Pflichten, was uns eine nette Ladenbesitzerin schulterzuckend bekundet. »Heute gibt's kein Brot. Der Bäcker war gestern besoffen und muss sich erst seinen Rausch ausschlafen. Kommt doch morgen wieder.«

TAGEBUCHEINTRAG ANITA – *So, 3.7.11, Bagua Grande*

»... »Zerdrückt« schleppe ich alle Taschen runter und sattle mein Rad. Müde sind wir. Zuerst das stundenlange Gestöhne der Nachbarn, später das Gehupe und der Verkehrslärm und als Krönung der viel zu frühe Weckruf der Hähne aus der Gegend. Statt eines »Buenos Dias« rufen uns die Nachbarkinder »Gringo! Gringo!« zu. Eine Kleine kommt rüber, stellt viele Fragen und schaut sich alles genau an. Ihre linke Schulter sitzt etwas tiefer, zwischen den Schulterblättern eine große Narbe. Holen uns am Markt Vorräte, begleitet von unzähligen Gringo-Rufen. Ein frischer Fruchtsaft vorm Losfahren und weg hier! Ich kann es einfach nicht mehr hören, dieses Gerufe! Vor uns hat ein Mann vier ausgewachsene Schweine auf sein Mototaxi verladen. Viel zu wenig Platz, so stehen zwei auf einem drauf. Am Schwanz zerrt er an ihnen, tritt mit den Füßen auf sie hin. Die armen Schweine.

Je weiter wir rauskommen, umso ruhiger wird es, nur in den kleinen Ortschaften werden die Rufe nicht weniger. »Gringo! Dame tu bici! Regalame tus zapatos!« – »Gringo! Gib mir dein Fahrrad! Schenk mir deine Schuhe!« Kein Wunder, dass wir die Fahrt heute nicht ganz so genießen. ...«

In keinem anderen lateinamerikanischen Land wurden wir bisher so flächendeckend mit dem Wort »Gringo«, eigentlich eine nicht ganz neutrale Bezeichnung für Nordamerikaner – so unsere bisherige Auffassung – konfrontiert. Oft fühlen wir uns schlicht und einfach etwas beleidigt und es dauert eine ganze Weile, bis wir uns mehr oder weniger daran gewöhnen und verstehen, dass die Peruanos einfach alle »Fremden« als Gringos bezeichnen und dies nicht unbedingt böse gemeint ist. Viele ältere Damen nennen Anita liebevoll »Gringita« – die kleine Fremde. »Pobresita« – die Arme, wenn sie sehen, wie sie sich die endlosen Anstiege hochquälen muss.

TAGEBUCHEINTRAG ANITA – *Do, 7.7.11, Leimebamba*

»... Starten zeitig am frühen Morgen, um den dreißig-Kilometer-Anstieg in Angriff zu nehmen. Langsam und träge schlängeln wir uns hoch, von der Kraft der Sonne werden wir nur kurz verschont. Nach den ersten zehn Kilometern legen wir eine Pause ein. Tee und Kuchen. Stetig gewinnen wir an Höhe, der Wind wird stärker, die Temperaturen sinken. Frauen in bunten Kleidern weben Decken inmitten dieser atemberaubenden Bergkulisse. Bei Kilometer

Zwanzig fragen wir bei einem einsamen Haus, ob wir eine Pause einlegen dürfen. Mutter und Tochter sind am Wolle-Aufbereiten und Weben, die Kinder in der Schule. Der heiße Kaffee, den sie uns in Windeseile mit dem modernen Wasserkocher zubereiten, schmeckt vorzüglich und wärmt unsere ausgekühlten Körper. Dürfen in der sauberen Küche am Esstisch jausnen. Die kleine, gefräßige Katze sitzt auf meinem Schoß, miaut erbarmungslos, bis endlich wieder ein Stück Brot für sie abfällt. Unterhalten uns mit den beiden Damen, scherzen und treten gestärkt wieder in die Pedale. Die letzten zehn Kilometer des Anstieges warten. Immer kahler wird die Landschaft, der Wind unbarmherziger, dafür weht er in die »richtige« Richtung und schiebt uns hinten an.

Etwas müde erreichen wir die Passhöhe auf 3.600 Metern und legen noch eine Schicht Kleidung an. Ab jetzt geht's nur mehr runter. Sechzig Kilometer Downhill bis auf knapp unter 1.000 Meter Seehöhe, tief hinein in das Tal des Rio Marañon. Die grobe Piste ist extrem lang, dreht sich wie eine uralte Schlange gemächlich ins Tal hinunter. Wir rollen hoch konzentriert die ausgesetzte Schotterstraße bergab, staunen über die gewaltigen Dimensionen der Anden und auch darüber, wie schnell sich die Vegetation ändert. Vom kargen Páramo gelangen wir in kurzer Zeit hinab in eine trockene, heiße Oase. Kakteen, Mangobäume, Palmen und ein klares, sprudelndes Bächlein. Meine Handgelenke und Finger schmerzen vom Gebremse und Gerüttel.

In der kleinen Ortschaft Balsas scheint die Zeit still zu stehen, als wir mit unseren Rädern und knallroten Gesichtern ankommen. Nur die Volleyballdamen setzen ihr Spiel fort. Die Hitze ist drückend, wir haben viel zu viel Kleidung am Körper. Ich stürme gleich zum Pommes-Stand. Dass diese kalt und weich sind, macht mir heute echt nichts mehr aus. Die Sonne ist schon untergegangen, als wir vor der Hospedaje (Unterkunft) stehen. Zehn Soles (zwei Euro fünfzig) für das Zimmer, die Räder brauchen wir nur reinschieben.

Mein Körper kennt sich gar nicht mehr aus, leuchte wie ein Glühwürmchen. Die eiskalte Dusche und ein herrlich kühles Bier machen aber alles wieder gut. Kochen uns Nudeln, singen zur Musik des IPods und versuchen zu schlafen. Es hat stickige zweiunddreißig Grad im Zimmer, ich drehe mich hin und her, finde nur ein bisschen Schlaf, indem ich meinen Körper an die kühle Hauswand drücke. Was für ein Tag der Kontraste. …«

Der Rio Marañon, ein Zufluss des Amazonas, hat sich hier in mühevoller Kleinarbeit innerhalb von Jahrtausenden tief in die Landschaft geschnitten. Einerseits unglaublich spektakulär, andererseits eine harte Bewährungsprobe für unsere Schenkel.

TAGEBUCHEINTRAG ANDI – *Fr, 8.7.11, Celendin*

»… Im Morgengrauen rollen wir über den schlammfarbenen Fluss, es ist noch relativ kühl. Winden uns in unzähligen Kurven hoch durch eine wüstenhafte Gegend, riesige Kakteen kleben an den Hängen. Bald hebt sich die Sonne über den Bergrücken und taucht die Landschaft in ein spektakuläres, warmes Licht. Es dauert nicht lange und wir schwitzen aus allen Poren, die Trinkflaschen leeren sich rasch. Unsere erste Pause legen wir nach zehn Kilometern im Schatten eines Steinwalles ein. Wir verlassen den Kakteen-Gürtel, nach weiteren zehn Kilometern flacht die steile Flanke etwas ab. Mit Hilfe eines ausgeklügelten Bewässerungssystems wird hier in kleinem Stil Landwirtschaft betrieben.

An einem Haus tanken wir frisches Quellwasser, ein Stück weiter oben finden wir ein kleines Restaurant, wo wir ein frühes Mittagessen zu uns nehmen. Es ist knapp elf Uhr, wir sind bereits tausend Höhenmeter geklettert, kein Ende in Sicht. Die Piste führt bald in ausladendem Zick-Zack einen ausgesetzten Bergrücken hoch – einen Kilometer nach rechts, einen Kilometer nach links … das Ganze insgesamt fünfmal, dann immer nach rechts. Alle zehn Kilometer müssen wir pausieren und unsere Körper mit Wasser, Keksen und Bananen versorgen. Die Piste schlägt einen letzten Haken, weitere sechseinhalb Kilometer in eine Richtung und endlich: Nach siebenundvierzig Kilometern, knapp 2.100 Höhenmetern und über sieben Stunden mühsamer Kletterei auf Schotter stehen wir oben auf der Passhöhe. Ein Rekordtag, was mich als »Herrn der Statistik« ganz besonders freut! Wir blicken hinunter in das schroffe Tal, aus dem wir gekommen sind und sind richtig stolz auf uns. …«

In der lebhaften und sympathischen Kleinstadt Celendin gönnen wir uns eine wohlverdiente Pause. Vom Balkon unserer kleinen Unterkunft aus haben wir einen guten Blick auf die Straßen, die von flinken Mototaxis bevölkert sind. Um eines dieser skurrilen Gefährte zu bauen, schneiden die findigen Peruanos einfach ein 125er Motorrad entzwei und schweißen als Hinterteil eine zweirädrige, überdachte Sitzbank an. So kann man bequem Passagiere oder allerhand Gepäck transportieren und damit seinen Unterhalt bestreiten. Die meist jungen Besitzer »tunen« ihre Fahrzeuge mit großer Leidenschaft, um aus der Masse herauszustechen und Kundschaft anzulocken. Gerade in städtischen Räumen dominieren sie das Straßenbild, denn kaum jemand besitzt ein eigenes Auto.

Erholt schrauben wir uns tags darauf weiter über die bis zu 3.600 Meter hohen Hügel und landen am Abend durch Zufall an einem ganz besonderen Ort.

TAGEBUCHEINTRAG ANITA – *So, 10.7.11, Richtung Encañada*

»… Die Häuser werden bald weniger, nur einige kleine Siedlungen. Holpern die Straße rauf, schlängeln uns über den ersten Pass auf 3.200 Metern und erkundigen uns in der nächsten Ortschaft nach der Weiterfahrt. Ganz wenige Lehmhäuser und eine winzig kleine Tienda, vor der Frauen in schmutzigen Kleidern sitzen und Wolle spinnen. Ein kleiner Junge spielt Fußball, um die Ecke sitzen einige Männer versammelt. »Der zweite Pass ist nicht so steil, danach geht's nur mehr bergab. Das werdet ihr leicht schaffen«, so die Auskunft der Herren. Also kaufen wir Joghurt und Kekse und radeln weiter. Laut zwei unterschiedlichen Auskünften haben wir einen Anstieg zwischen acht und fünfunddreißig Kilometern vor uns, tatsächlich sind es achtzehn. Angenehme Steigung auf schlechter Piste, jedoch eisig kalter Wind. Endlich rollen wir bergab, die Ausblicke spektakulär, einfach unglaublich! Das Abendlicht lässt die Berge leuchten, den stahlblauen Andenhimmel noch heller strahlen.

Kurz vor Encañada begegnen uns viele Menschen auf Pferden oder Eseln. Manchmal habe ich wirklich das Gefühl aus der »Zeitreise« nicht mehr rauszukommen. …«

TAGEBUCHEINTRAG ANDI – *So, 10.7.11, Encañada*

»… In dem kleinen Dorf geht der Sonntagsmarkt zu Ende, als wir am späten Nachmittag eintreffen. Die letzten Bauern laden ihre Ware in kleine Busse oder Camionetas (Kleintransporter), andere bringen die Einkäufe mit ihren Packeseln oder auf Schubkarren nach Hause. Einige Betrunkene wanken über den Marktplatz. Auf der Suche nach einer Herberge für diese Nacht werden wir zur »Casa Madre Teresa de Calcutta« geschickt, einem Heim für Menschen

mit körperlicher oder geistiger Behinderung. Die Leiterin Daniela aus Italien gewährt uns ganz selbstverständlich Hospedaje für die Nacht. Zur Begrüßung gibt's Kaffee und Kuchen, schnell füllt sich der Tisch um uns. In einem unbeobachteten Moment schnappt mir ein kleiner Lausbub ein Stück Kuchen aus der Hand, steckt es sich genüsslich in den Mund und grinst mich zufrieden an. Wir bekommen ein kleines Zimmer zugewiesen und werden zum Abendessen eingeladen. Es herrscht ein liebevolles Chaos: Etwa fünfundzwanzig ganz spezielle Menschen, vorwiegend Kinder und Jugendliche, wohnen hier. Die »Raubtierfütterung« benötigt viel Geduld und Koordination. Alle helfen zusammen, Daniela ist mit Leib und Seele in ihrem Element. Seit acht Jahren lebt sie hier und widmet ihr Leben dem Auf- und Ausbau der kirchlich gestützten Institution. Zum Essen gibt's heute Forelle, Kartoffeln und Reis. Wir sitzen mitten unter den Bewohnern, haben alle großen Spaß. Ein kleines, mongoloides Mädchen legt schnell seinen Arm um Anita, weicht nicht mehr von ihrer Seite, während mir ein strahlender, schlanker Junge sein lila Plastikhandy zeigt: »Mira! Mira!« – »Schau! Schau!«. Ein anderes Mädchen hört sich freudestrahlend unsere Geschichten an und drückt Anita den Rest des Abends immer wieder Küsschen auf die Wange. …«

Eine kurze Etappe bringt uns nach diesem herzlichen Erlebnis nach Cajamarca, einer netten, modernen Stadt auf 2.720 Metern Seehöhe. Nach den beschaulichen Tagen in den Bergen fühlt es sich an, als wären wir in einer »anderen Welt« angekommen. Banken, noble Geschäfte, feine Restaurants, viel Verkehr und Menschenmassen. Während der Inka-Epoche diente die Stadt den Herrschern als Erholungsort nach den blutigen Schlachten mit den »Barbaren« der östlichen Urwaldgebiete. Hier wurde der letzte Inka-Herrscher Atahualpa von den Spaniern gefangen genommen – das Ende eines mächtigen Königreichs. Tja, und genau an diesem geschichtsträchtigen Ort packt Anita das Zahnweh. Auf der Suche nach einer Lösung landen wir in der Praxis von Harly, einem fünfunddreißigjährigen, gut ausgebildeten Zahnarzt aus Lima. »Dein Schneidezahn muss getötet werden. Ich mache eine Wurzelbehandlung«, verkündet er nach einem fachmännischen Blick auf das Röntgenbild, welches wir uns auf dem riesigen HD-Flatscreen im topmodernen Behandlungszimmer anschauen. Harly versteht sein Handwerk und lädt uns nach getaner Arbeit in ein feines Restaurant ein. Ein Bier darf zum Essen natürlich nicht fehlen, und auch den vorzüglichen *Pisco Sour** »müssen« wir kosten! Dann fährt er mit seinem Motorrad zurück in die Praxis. »Die Patienten warten schon!« »Bin ich froh, dass ich am Vormittag dran war«, scherzt Anita. »Warum hat mich eigentlich meine Zahnärztin in Steyr noch nie zum Essen eingeladen?«

Nach zwei Tagen Aufenthalt können wir – und vor allem Anita – unsere Reise wieder mit einem breiten Lächeln fortsetzen. Die meisten Rad-Toureros biegen von Cajamarca Richtung Küste ab, um die berühmte Casa de Ciclistas in Trujilo, die erste und älteste ihrer Art, zu besuchen. Leider gab es in jüngster Vergangenheit genau in dieser Gegend viele Überfälle auf Reiseradler. Auch unser junger Freund Matt, den wir nahe der Grenze zu Ecuador getroffen haben, wurde dort um sein Hab und Gut gebracht. Wir wählen deshalb lieber eine seltener befahrene Route durch die Berge, die zwar ungleich schwieriger und einsamer, aber jeden einzelnen Schweißtropfen wert sein soll.

TAGEBUCHEINTRAG ANDI – *So, 17.7.11, Huamachuco*

»… Auf dem Sonntagsmarkt trinken wir frischen Orangensaft für einen Sol (fünfundzwanzig Euro-Cent) und beobachten die geschäftigen Indigena-Frauen in ihren bunten Trachten und weit ausladenden, teilweise sehr hochwertigen, weißen Hüten. Um die dreihundert Soles (fünfundsiebzig Euro) kosten die schicken Kopfbedeckungen, ohne die eine stolze Andenbewohnerin das Haus nicht verlässt. Der Preis ist mehr als gerechtfertigt, wenn man bedenkt, dass die Hutmacher an die fünfzehn Tage für die Fertigung eines Exemplars benötigen. An der Stadtausfahrt findet eine Prozession statt, zu Ehren der Heiligen Jungfrau Maria. Die Straße steigt sanft, viele Menschen mit Lastentieren kommen uns entgegen. Wir werden freundlich gegrüßt, die Leute winken und lächeln uns zu. Heute fühlen wir uns wieder mal wie »Rock-Stars«. Nach einer viertel Stunde treffen wir auf eine Gruppe traditionell gekleideter Mädels und Jungs. »Un baile?« – »ein Tänzchen?«, fragt der Gruppenleiter. Spontan bekommen wir eine Tanz- und Gesangsvorführung mitten auf der Straße. Der Verkehr muss einstweilen warten.

Es geht weiter durch schwach besiedeltes Gebiet, vorbei an Ziegelbrennereien und Eukalyptusplantagen. Das Holz dieser schnell und schnurgerade wachsenden, eingeführten Baumart dient den Menschen als Baumaterial, Brenn-

---

* *Cocktail aus peruanischem oder chilenischem Traubenschnaps, Limette, Zucker und Eiklar* *holz und Stützbalken in den unzähligen Minen der Umgebung. In der Ferne schroffe Gipfel, tiefe Täler, kleine Dörfer. Die verschiedenfarbigen Felder bilden ein schönes Mosaik an den weiten Hängen. An der Kreuzung vor der Laguna Sausacocha eine Polizeikontrolle. Von uns wollen sie nur ein Foto machen. Während wir mit den Ordnungshütern reden, fällt auf der gegenüberliegenden Straßenseite ein sturzbetrunkener Fahrer aus seinem LKW. Die vielen Passagiere auf der Ladefläche scheint dies jedoch nicht zu beunruhigen. …«*

Gerade auf den Etappen durch die entlegene Sierra ist man als Tourenradler immer wieder eine Attraktion für die Menschen. Unser hier als ungewöhnlich angesehenes Fortbewegungsmittel weckt bei Jung und Alt Neugier und öffnet die Herzen.

TAGEBUCHEINTRAG ANITA – *Mo, 18.7.11, Cachicadan*

»… Kurz vor Cachicadan überholt uns ein Herr mit seinem Motorrad und lädt uns ein, in seinem Haus zu übernachten. Ein wunderhübsches Zimmer bekommen wir, mit kuscheligen Decken, Fotos aus vergangenen Jahren und selbst gemalten Bildern an der Wand. Richten uns ein und spazieren mit unserem Gastgeber Romulo zu den Aquas Termales, den heißen Quellen. Witzig, welches Bild man im Kopf hat und was einen dann tatsächlich erwartet: anstatt einer schönen Badeanstalt ein Privathaus mit einfachen Kabinen, gemauerten Badewannen und Thermalwasser. Eintritt knapp vierzig Euro-Cent. Eine Wohltat für unsere Körper! Zurück in Romulos Haus, bringt er uns eine kleine Kostprobe: frischen Bienenhonig aus eigener Imkerei, Naturjoghurt und Kekse. Aus einem staubigen CD-Player erklingen sanfte, andine Klänge. Nachdem wir ihm unseren Gefallen an der Musik bekundet haben, schenkt er uns kurzerhand die CD. »Als Erinnerung für Zuhause«, sagt Romulo. …«

»Adios Romulo, es war uns eine Freude!«, rufen wir, als wir tags darauf sein kleines Häuschen verlassen. »Jederzeit wieder«, erwidert er und winkt uns lächelnd nach. Uns steht ein anstrengender Klettertag bevor. Die extrem ausgewaschene Piste ist mit groben Steinen und Sandpassagen gespickt und erfordert große Aufmerksamkeit. Dank des wechselhaften Wetters kommt unsere Regenbekleidung wieder öfter zum Einsatz, was uns aber angesichts der Einsamkeit und Schönheit der Gegend egal ist.

TAGEBUCHEINTRAG ANITA – *Di, 19.7.11, Mollebamba*

»… Es ist schon spät, Wolken verdecken die untergehende Sonne. Der Wind lässt die Kälte noch schneller unter die Haut kriechen. Kein Wunder, wir befinden uns auf über 3.000 Metern Seehöhe. Für zehn Soles (zwei Euro fünfzig) finden wir eine einfache Unterkunft in einem alten Lehmhaus. Die Chefin wärmt extra Wasser am Lagerfeuer für uns, damit wir die Kübeldusche im Stirnlampenschein besser genießen können. …«

TAGEBUCHEINTRAG ANDI – *Mi, 20.7.11, Pallasca*

»… Heute liegt eine der bisher spektakulärsten Etappen vor uns, nach Pallasca. Zuerst geht's eineinhalb Stunden hinunter in ein enges Flusstal. Den bevorstehenden, sich in unzähligen Windungen hinaufdrehenden Gegenanstieg auf der anderen Seite haben wir stetig im Blickfeld. Wir queren eine wackelige Brücke, stärken uns und schrauben uns die sandige und ausgefahrene Piste hoch. Mit jedem Tag scheinen wir uns ein wenig besser zu akklimatisieren, so meistern wir diese Etappe erstaunlich gut.

Am nächsten Tag dürfen wir die hart erkämpften Höhenmeter wieder »herschenken«. Stundenlang geht es runter, wir erfreuen uns am kontrastarmen Farbenspiel der Hänge, Einschnitte und Hochflächen. Im Tal erwartet uns eine perfekte Lehmpiste, neben der es oft senkrecht und ohne Leitplanken zwanzig Meter hinabgeht. Am Fluss sind Goldschürfer mit primitiven Mitteln am Suchen. Recht ausgelaugt vom heftigen Gegenwind erreichen wir am späten Nachmittag den kleinen Versorgungsposten Chuquicara. Es ist staubig und öde, gerade mal zwanzig Personen leben hier. Die Damen der spärlich bestückten, überteuerten Verkaufsstände kommen täglich mit dem Bus aus Yuramarca. Wir decken uns mit Lebensmitteln ein und fahren mit Rückenwind noch etwa sieben Kilometer flussaufwärts in den Canyon des Rio Santa. Dort finden wir einen einsamen Lagerplatz für die Nacht. Liegen an diesem Abend noch lange draußen. Keine lästigen Gelsen, nicht zu kühl – perfekt! …«

TAGEBUCHEINTRAG ANITA – *Fr, 22.7.11, Yuramarca*

»… Der Morgen ist windstill, nur das Rauschen des Flusses ist zu hören. Von Beginn an geht es heute sehr holprig hinein in das lebensfeindlich wirkende, heiße Tal. Es ist zwar nicht steil, man muss jedoch hoch konzentriert sein, um eine halbwegs fahrbare Spur zu finden. Wir passieren trostlose, verlassene

Ortschaften, staubige Kohlebergwerke, eine aufgelassene und halb verfallene Fabrik. Nur selten ein Auto, Bus oder Lastwagen. Pausieren öfter als gewöhnlich, schütteln unsere Handgelenke und stärken uns mit Keksen. Unsere Gesäße schmerzen von den unzähligen Schlägen. Mit fortschreitendem Tag steigt das Thermometer, der Wasserverbrauch ist enorm. Der Kilometerzähler scheint zu stehen. Am Nachmittag erreichen wir eine kleine Siedlung, die aus einigen Obstständen und zwei einfachen Restaurants besteht. Einer der Wirte hat glücklicherweise noch genau zwei Portionen Gemüse-Pasta übrig, was uns sehr freut. Der Herr des Hauses ist gut gelaunt, pfeift immerzu fröhliche Lieder – ganz im Gegensatz zu den grantigen und alles andere als geschäftstüchtigen Obstverkäuferinnen auf der anderen Straßenseite. Bald quälen wir uns weitere fünf Kilometer einen ausgesetzten und heißen Anstieg hoch. Verschwitzt und mit leeren Wasserflaschen erreichen wir am späten Nachmittag das Dörfchen Yuramarca. Am kleinen Ortsplatz nehmen sich zwei ältere Damen um uns an, überlegen hin und her, wo sie uns heute Nacht unterbringen könnten. Auf jeden Fall aber werden sie für uns kochen, sagen sie voller Freude – schon mal was. Setzen uns erst mal in den Schatten und lassen unsere Körper etwas auskühlen. Plötzlich biegen weitere Tourenradler um die Ecke: zwei sympathische, junge Schweizer. Christoph, mit dem Liegerad von Alaska aus nach Feuerland unterwegs und Stefan, der ihn für drei Monate begleitet. Haben die letzten Tage schon öfter von ihnen gehört, da sie mit etwas Vorsprung die gleiche Route wie wir gefahren sind. Ohne es zu merken haben wir die beiden in Cachicadan überholt, als sie dort einen Pausentag eingelegt haben. Natürlich gibt es jede Menge an Radlerlatein auszutauschen, und so essen wir erst mal gemeinsam bei den Damen des Hauses. Wir beschließen, die kommenden Etappen bis Huaraz gemeinsam zu meistern. Schließlich dürfen wir vor dem »Centro de Salud«, der Sanitätsstation des Ortes, campieren. Eine lustige Nacht, die wir ohne Zelt unter dem funkelnden Firmament verbringen. …«

»Wo sind denn hier die Enten?«, scherzt Anita während einer unserer obligatorischen Kekspausen. »Alle aufgegessen, die Peruanos lieben Geflügel«, meint Stefan schulterzuckend. Mit den beiden Schweizern nehmen wir heute den »Cañón del Pato«, die berühmte »Entenschlucht«, unter die Räder. Warum der Canyon diesen Namen bekommen hat, bleibt uns jedoch ein Rätsel, denn keine einzige Ente bekommen wir zu sehen. Die Fahrt ist spektakulär, ganze fünfunddreißig in den Fels gehauene Tunnels durchqueren wir, die entgegenkommenden Busse und Lastwagen lassen uns nicht nur einmal eine Sprint-Wertung aus einem der unbeleuchteten, staubigen Schlunde einlegen. Kurz nach dem Canyon weitet sich das Tal und die ersten schneebedeckten Sechstausender der Cordillera Blanca tauchen vor uns auf. Die Freude über diese Ausblicke ist ganz besonders groß, da wir alle vier aus einem Alpenland stammen!

In Caraz gönnen wir unseren strapazierten Beinen eine Pause, es ist Sonntag. Wie es sich für anständige Mitteleuropäer gehört, unternehmen wir nach dem Mittagsmahl natürlich einen ausgedehnten Verdauungsspaziergang: hoch oben auf 3.800 Metern bei den türkis-blau schimmernden Lagunas de Llanganuco – wobei wir uns für die Anreise diesmal ausnahmsweise mit Bus und Taxi kutschieren lassen.

Eine entspannte Asphalt-Etappe bringt uns schließlich nach Huaraz, DEM Bergsteiger-Mekka Perus. Hier verabschieden wir uns von unseren neuen Freunden, denn die beiden sind etwas in Eile. Der arme Stefan muss bald wieder nachhause in die Schweiz, wo zum Trost ein Flugticket nach Hawaii auf ihn wartet. Wir nisten uns für zwei weitere Tage in der Stadt ein, um für die nächste Herausforderung, den 4.880 Meter hohen Pass »Abra Huarapasca« ausgeruht zu sein. »Einnisten« beschreibt unsere rudimentäre Unterkunft diesmal perfekt. »Wir sind leider voll, haben 'nen Feiertag. Aber auf dem Dach gibt's ein kleines Zimmerchen, wo ihr schlafen könnt«, lautet das nette Angebot des freundlichen Hotelmanagers. So siedeln wir schließlich in die kleine, unverputzte Wäschekammer gleich neben der Stiege zum Flachdach. Man leitet uns sogar extra ein Internet-Kabel hoch, damit wir unseren Reiseblog aktualisieren können. Gleich um die Ecke befindet sich eine Bäckerei, in der wir uns mit allerhand Süßem versorgen. Radnomade, was willst du mehr? Frühstück und Abendessen kochen wir hoch über den Dächern von Huaraz, mit einem »Fünf-Sterne-Ausblick« auf die schneebedeckten Gipfel der Cordillera Blanca – was für ein Luxus!

ZENTRALPERU – IM HOCHLAND DER INKA

Unser erstes Nachtlager nach Huaraz verbringen wir auf gut 4.100 Metern. Eiskalt ist es, extrem – im wahrsten Sinne des Wortes. Eine Einstimmung auf die nächsten Etappen, die uns mehr als nur einmal an unsere Grenzen bringen werden. Ein Auf und Ab in jeder Hinsicht, immer in den Bergen, mit starken Kontrasten und Gegensätzen: Kälte, Hitze, kahle Hochgebirgs-Puna, fruchtbare Flusstäler, staubige Schotterpisten, nagelneue Asphaltstraßen, endlose Abfahrten, tagelange Anstiege, ärmliche Bergdörfer, pulsierende Städte, bunt gekleidete Indígenas, modisch-schicke City-Slickers …

TAGEBUCHEINTRAG ANITA – *Sa, 30.7.11, Abra Huarapasca*
»… Eingewickelt in Pulli, Schal, Wollmütze und Schlafsack war die Nacht auf 4.100 Metern ganz erträglich, obwohl wir beim Aufwachen minus sechs Grad im Zelt haben (draußen hat es minus zwölf Grad). Erst als die Sonne auf unsere »Casita del Sol« scheint, kriechen wir raus und stellen fest, dass unsere Trinkflaschen gefroren sind. Die Sonnenstrahlen gewinnen rasch an Kraft und vertreiben mit jeder Minute mehr die eisige Kälte. Fein, so können wir vor dieser herrlichen Kulisse frühstücken. Señora Lucia kommt zum Tratschen vorbei. Die rüstige Dame wohnt weiter oben in den Bergen und freut sich über die Mandarine, die wir ihr schenken. Wie so viele »verliebt« sie sich unverzüglich in Andis blaue Augen und gerät ins Schwärmen: »Ay que lindos ojos!« – »Ach so schöne Augen!«, sagt sie immer wieder und meint, er sollte sich doch eine Peruanerin suchen.
Stetig bergauf führt die holprige Piste, die ungewohnte Höhe erschwert uns das Vorankommen. Dafür haben wir mehr Zeit, die unglaublichen Berge zu genießen, die zauberhaften Wolkenstimmungen und die für diese Gegend ganz typischen »Puya Raymondi*«. Herrlich, hier zu radeln, wäre da nicht dieser höllische Verkehr! Fiesta in ganz Peru, und alle wollen sie zum Pastoruri-Gletscher.

---

* *In Peru, Bolivien und Nordchile beheimatete, heute sehr seltene, bis zu 12 Meter hohe Riesenbromelie*

Die Höhe, die schlechte Piste und die vielen, uns in regelmäßigen Abständen einstaubenden Touri-Busse machen die Fahrt ganz schön mühsam. Wenigstens zeigt der leckere »Mate de Coca*«, den wir uns zum Frühstück gekocht haben, seine Wirkung. So bleibt der Kopf »kühl« und wir von der Höhenkrankheit verschont. Sind richtig froh, als wir auf etwa 4.700 Metern Seehöhe vor einer Kreuzung stehen, an der die Fahrzeugkolonne nach rechts zum Gletscher abbiegt, denn wir pedalen links weiter. Bald wird die Piste besser und gehört uns ganz alleine. Immer wenn wir denken, dass die Passhöhe naht, rollen wir wieder ein Stück runter und müssen dann schnaufend wieder alles rauf. Die Steigungen sind in dieser Höhe einfach doppelt so anstrengend! Nach einem allerletzten, harten Anstieg erreichen wir endlich die Passhöhe auf über 4.880 Metern – puh, was für ein hartes, aber lohnendes Stück Arbeit! …«

TAGEBUCHEINTRAG ANITA *– Mo, 1.8.11, Chavinillo*
»… Asphalt, Schotter- und Lehmpiste wechseln alle zehn bis zwanzig Meter, bis erfreulicherweise nur noch Asphalt bleibt. Vereinzelt Kühe, Schafe oder Schweine am Straßenrand. Kleine Kinder hüpfen aus Scheu zur Seite, verstecken sich hinter großen Felsen, winken uns aber dann doch voller Freude zu und rufen uns »Gringo« oder »Good morning!« nach. Vor den Häusern sitzen bunt gekleidete Frauen, stricken oder spinnen Wolle. Am Hut tragen sie hübsche Plastikblumen, die weiten Röcke aus knalligen Stoffen, darunter einfärbige Wollstrumpfhosen. Schon alleine der Anblick der Farben stimmt einen fröhlich. Meist sprechen sie uns auf »Quechua**« an, stellen neugierig Fragen. …«

Als wir nach vier Tagen Einsamkeit und Bergidylle den Stadtrand von Huánuco erreichen, trifft uns fast der Schlag: hunderte, laut knatternde Mototaxis, ein riesiger Vergnügungspark, hupende Autos und stockender Verkehr. Bangkok ist nicht viel anders! Die Tagesetappen seit unserer Abfahrt in Huaraz waren anstrengend, also checken wir in einem billigen Hotel ein.

---

* Tee aus den Blättern des in Südamerika weit verbreiteten Coca-Strauchs. Er wirkt – ähnlich wie Kaffee oder Schwarztee – belebend, soll der Höhenkrankheit vorbeugen und das Hungergefühl unterdrücken. In Südamerika ist auch das Kauen der Coca-Blätter sehr beliebt.

** Meistgesprochene indigene Sprache Lateinamerikas und Sammelbezeichnung für eine Reihe von Dialekten und Varietäten

Zumindest unsere Unterkunft ist ruhig, außerdem lädt die nette, mit hohen Bäumen gesäumte Plaza inmitten des Zentrums zum Verweilen ein.

»De donde son?« – »Wo seid ihr her«?, möchte die kleine, gar nicht schüchterne Angelica von uns wissen, als wir auf der Parkbank sitzen und ein Eis schlecken. »Aus Österreich!« »Ach wirklich? Wir haben Freunde in Deutschland«, erwidert ihre Mutter erfreut. »Wollt ihr nicht zum Abendessen kommen?« Zara, ihr Mann Marquez und ihre drei reizenden Kinder leben im Erdgeschoß eines kleinen, gemieteten Hauses in ruhiger Wohngegend. Zur Begrüßung gibt's eine herzliche Umarmung von allen Familienmitgliedern, wir dürfen auf dem weichen Sofa Platz nehmen. »Fühlt euch wie daheim«, meint Zara, während sie uns frischen Fruchtsaft und leckere Gemüsesuppe serviert. Wir sind erstaunt über die überaus offene und neugierige Art der Kinder und plaudern angeregt bis spät in die Nacht.

TAGEBUCHEINTRAG ANITA – *Di, 2.8.11, Huánuco*

»… Zara und Marques sind streng gläubig und unterstützen seit über zwanzig Jahren Kinder, die ohne Eltern aufwachsen müssen oder deren Mütter im Gefängnis sitzen. Ihr gesamtes Erspartes haben sie für dieses Projekt aufgewendet, aber jetzt wollen sie mal auf sich selbst schauen. Die beiden leidenschaftlichen Hobbymusiker haben vor kurzem eine CD produziert, die sich überraschend gut verkauft. »Vielleicht können wir uns ja doch irgendwann mal ein eigenes Haus leisten«, träumt Zara vor sich hin, »dann könnten noch viel mehr Kinder bei uns wohnen.« So wie Margerita. Das zurückhaltende, siebzehnjährige Mädchen wohnt seit sieben Jahren bei Zara und Marques. Damals ist ihre Mutter an Krebs gestorben. Ihren Vater kennt sie nicht. »Es macht uns so glücklich, das Bisschen zu teilen, was wir haben«, meint Zara und drückt ihrer Tochter ein Küsschen auf die Wange. …«

Unsere Route führt uns in zwei Tagen aus dem Tal des Rio Huallaga wieder hoch in die zentrale Andenkordillere, auf eine Höhe von knapp 4.300 Metern. »Willkommen in der höchsten Stadt der Welt«, begrüßt uns ein verbeultes Schild an der Abzweigung nach Cerro de Pasco. Dass die vom Bergbau lebende Stadt auch einer der am meisten verschmutzten Orte auf unserem Planeten sein soll, wird elegant verschwiegen. Wir haben keine Lust auf eine Überdosis Schwermetalle und setzen unsere Reise fort.

TAGEBUCHEINTRAG ANDI – *Fr, 5.8.11, Laguna Chinchaycocha*

»… Vor uns breitet sich die weite Hochebene von Junin aus. Ganz anders wirkt plötzlich die Gegend: Dürres Punagras wiegt sich sanft im Wind, tiefhängende Wolken am stahlblauen Andenhimmel, in der Ferne leuchten die Zinken der Cordillera Central wie eine Fata Morgana. Leicht hügelig geht es auf einer schlechten Schotterpiste die Laguna Chinchaycocha entlang. In einem kleinen Ort holen wir uns Kekse und »Inca-Kola*« in der Dorf-Tienda. Beschilderung gibt es keine, überhaupt wirkt der Ort verlassen, würden nicht vier Mädchen Volleyball spielen. Die Wolken, das Licht und die unterschiedlichen Farbtöne der Natur sind mehr als Entschädigung dafür, dass die Piste nicht ganz so flach ist, wie wir dachten. Unzählige Flamingos und Wasservögel leben hier im »Parque Nacional Junin«, außer ihren Stimmen und dem Gequake der Frösche hört man nicht viel.

Kühl und windig ist es hier auf 4.100 Metern. Glücklicherweise erreichen wir das Dorf Ondores noch bevor es dunkel wird. Die adrette Señora Olinda lässt uns heute Nacht in ihrem Hof zelten. In der fahl ausgeleuchteten, einfachen Küche ihres Hauses ist es sehr ordentlich. An der Wand stapeln sich getrocknete Kuhfladen, mit denen der Ofen geheizt wird. »Das beste Brennmaterial«, sagt sie und schenkt uns eine heiße Tasse Kaffee ein. Sieben Kinder hat sie groß gezogen und nimmt auch uns auf, als wären wir Teil ihrer Familie. Nichts macht sie glücklicher als zu wissen, dass es ihren Sprösslingen gut geht, die mittlerweile in ganz Peru verteilt leben. …«

Bis zu zwölf Stunden am Tag verbringt Doña Olindas Ehemann Luis am Feld. Währenddessen kümmert sie sich um den Haushalt, die Schafe und Alpacas. Es bleibt nur sehr wenig gemeinsame Zeit, weil der ganze Tag von harter Arbeit dominiert wird. Doch kein einziges Wort der Klage hören wir von ihnen. Im Gegenteil! »Ich bin viel herumgekommen, hab' nicht nur hier gelebt. Kenne die Küste, das Hochland und die Berge«, erzählt Luis stolz. Sein braungebranntes, wettergegerbtes Gesicht ist von feinen Falten durchzogen, die Augen erzählen von einem anstrengenden, aber erfüllten Leben. »Hab' viele gesellschaftliche Ereignisse miterlebt. Seit meinem sechsten Lebensjahr arbeite ich. Ich bin glücklich!«

---

* *Grell-gelber, extrem beliebter und geschmacklich an Kaugummi erinnernder, peruanischer Softdrink*

Es ist beeindruckend, wie zufrieden diese beiden Menschen trotz ihres einfachen und entbehrungsreichen Lebens fernab der großen Stadt zu sein scheinen. Geht man von unseren Maßstäben aus, sind Olinda und Luis bettelarm – zumindest oberflächlich betrachtet. Aber ihre Sichtweise zeigt uns, dass das Glück nicht zwangsweise etwas mit Erfolg, Karriere oder materiellem Reichtum zu tun haben muss.

Auf knapp 3.000 Metern liegt Huancayo, die nächste größere Stadt auf unserem Weg. Hier treffen wir uns mit den beiden Reiseradlern Hannes (Vorarlberg) und Annelies (Schweiz), die in die entgegengesetzte Richtung unterwegs sind. »Hannelies« sind seit knapp zwei Jahren auf Achse und von zuhause aus über die Schweiz, Frankreich und Spanien nach Portugal geradelt. Im Gepäck zwei Gleitschirme – ihre gemeinsame, große Leidenschaft. Mit dem Flieger ging's später nach Argentinien und weiter quer durch Südamerika. Es gibt natürlich viel zu erzählen, so verbringen wir einen geselligen Tag gemeinsam. Kurz vor Mitternacht wackeln wir lustig und etwas beeinflusst von zu viel Bier und Pisco Sour in unsere Unterkünfte. Nach einem zusätzlichen Pausentag geht es dann Richtung Ayacucho durch das spektakuläre Tal des Rio Mantaro.

TAGEBUCHEINTRAG ANDI – *Sa, 13.8.11, Valle Mantaro*

»... Zu Mittag stärken wir uns mit »Papas Rellenas« (gefüllte Riesen-Kartoffelkroketten) und einem Krug herrlichen Papayasaft. Die Leute, vor allem die sexy gekleidete Kellnerin, sind sehr interessiert an unserer Reise. Mit fortschreitendem Tag wird die Hitze immer unerträglicher. Auf und ab zwischen meterhohen Kakteen und roten Sandstein- und Konglomeratformationen. Am Nachmittag treffen wir auf eine Gruppe Mountainbiker, die samstägliche Ausfahrt des Radclubs Huanta. Zwei von der Partie müssen mit dem Truck zurück, da sie sich in der »Wüste« zu viele Dornen eingefahren haben, andere flicken gerade ihre durchlöcherten Schläuche. Einer der Jungs hat Blessuren an Knien und Waden – von einer saftigen »Brezen«. Ohne Helm wäre das Ganze nicht so glimpflich verlaufen, die vorderen Zahnkränze haben sich bei einem Überschlag tief in seinen Helm graviert. Trotzdem sind alle gut drauf.

Nemecio, der »Maestro«, wie ihn alle nennen, lädt uns zu sich nach Hause ein. Rollen kurz gemeinsam ein Stück, bevor die Männer Gas geben und wir mit der jungen Estefanie die letzten, permanent steigenden fünfzehn Kilometer

in Angriff nehmen. Bekommen eine einfache Bleibe, dürfen duschen und ver-
bringen den Rest des Abends in Nemecios kleinem Radladen, der Treffpunkt
der hiesigen Biker-Szene ist. »Ich möchte die Jugend zum Mountainbike-Sport
animieren«, erzählt er uns stolz. Sein selbstloser Einsatz trägt mittlerweile
Früchte. »Einige Jugendrennen hab' ich schon organisiert, die Teilnehmer kom-
men aus halb Peru!« …«

In Ayacucho legen wir einen nicht ganz freiwilligen Zwischenaufenthalt
von vier Tagen ein. »Das hat man davon, wenn man sich einmal etwas »Bes-
seres« leistet«, stöhne ich nach meiner Rückkehr von der Toilette. Gemeinsam mit einem dänischen Radfahrer haben wir uns den Luxus eines teuren
Restaurants gegönnt, was sich im Nachhinein nicht gerade als Garant für
bessere Hygienebedingungen als am Markt erweist. Anscheinend waren die
Shrimps auf meiner Pizza nicht mehr ganz frisch, was mir eine unangenehme
Lebensmittelvergiftung beschert. Selten in meinem Leben habe ich mich so
schwach und antriebslos gefühlt. Wenn selbst ein Vielfraß wie ich keinen
Bissen Nahrung hinunterbekomme – und das über mehrere Tage, mag das
wirklich was heißen.

Etwas angeschlagen, aber fit genug für die Weiterfahrt, geht es schließlich
wieder hoch in die einsame Bergregion zwischen Ayacucho und Cusco. Zuerst über den 4.200 Meter hohen Abra Tocctoccsa, wieder runter auf 2.000
Meter, wieder rauf auf eine Hochebene, die sich auf über 4.000 Metern befindet, erneut runter auf unter 3.000 Meter, wieder rauf. Über 10.000 Höhenmeter in zehn Tagen – eine Achterbahnfahrt in Zeitlupe!

Die Dimensionen der Anden werden einem hier in Peru erst so richtig bewusst. Denn was an einem Tag innerhalb von drei Stunden gemütlich bergab
bewältigt wird, muss am darauffolgenden wieder mühsam erklommen werden. Das Deprimierende daran ist manchmal, dass man den Gegenanstieg,
der auf einen wartet, oft schon beim gesamten Downhill im Blickfeld hat.

Aber wenn wir nach einem langen Klettertag völlig ausgelaugt am höchsten Punkt ankommen, sind alle »Qualen« von einem Moment auf den anderen vergessen. Diese Berge sind einfach atemberaubend, gewaltig! Jeden Tag
wieder sind wir sprachlos und sagen zu uns selbst, dass diese unglaubliche
Kulisse einfach nicht mehr zu toppen ist … Bis wir auf der nächsten Passhöhe stehen.

TAGEBUCHEINTRAG ANDI – *So, 21.8.11, zw. Ocros und Uripa*

»… *Starten mit einem zehn Kilometer langen Downhill in den Tag, der schließlich an der Brücke über den Rio Pampa endet. Wir befinden uns auf 2.000 Metern, entsprechend warm ist es. Die Sandfliegen haben Volksfest, beißen bei jedem Halt kleine Stücke aus unserer Haut. Das Tal ist wunderschön, der wenig Wasser führende Fluss mäandert in mehreren Armen durch das weite Kiesbett. Auf und ab entlang des Flusses, durch ärmliche Dörfer. In einer kleinen Tienda stellt uns der Ehemann der jungen Chefin interessiert Fragen. Wie schwer das Rad sei, wie oft wir Pause machen und ob er nicht mal ein Stück mit dem Rad fahren dürfte – zum Probieren. Klar! Mit einem breiten Grinsen dreht er wackelig eine Runde. …*«

TAGEBUCHEINTRAG ANITA – *So, 21.8.11, zw. Ocros und Uripa*

»… *Nach einer Weile zieht sich die Piste in ein Seitental hinein. Stopfen uns noch eine Banane in den Mund, bevor es für heute nur mehr bergauf geht. Überdrehte Kids rufen uns fröhlich nach, viele erwachsene Peruanos wünschen uns eine* »buen viaje« *–* »gute Reise«. *Ungewöhnlich steil schlängeln wir uns nach oben. Bis Chincheros ist es noch ein ganzes Stück. Der junge Mann, mit dem wir zuvor einige Worte gewechselt haben, läuft schweißgebadet hinter seinen zwei Stieren her. Leider in die falsche Richtung, denn die Tiere haben sich's anscheinend anders überlegt.*

Stillen unseren Durst mit einer Cola. Während die Tochter hinter dem Verkaufstisch steht, kocht die Mama am zweiflammigen Gasherd Mittagessen. Die beiden Betrunkenen am kleinen Holztisch in der Ecke quasseln uns lautstark an. Gut, eigentlich nur einer, denn der zweite hat offensichtlich schon genug und schläft nun an der Schulter des anderen. Das kleine Haus besteht aus einem Raum, der zur Hälfte aus Laden und zur anderen Hälfte als Wohnung dient. Abgetrennt durch einen bunten Stoff, der von der Decke hängt. Das Bett, das einen Meter neben der Kochnische steht, lädt richtig zum Ausrasten ein. …«

TAGEBUCHEINTRAG ANITA – *Sa, 27.8.11, Puente Rio Apurimac*

»… *Wie im Sturzflug rollen wir immer tiefer in den glühenden Hexenkessel. Unfassbar diese Hitze! Gut, dass wir* »nur« *runter müssen. Über 2.000 Höhenmeter weiter unten bringt uns die Brücke über den Rio Apurimac an die andere Seite des Tals. Von hier aus klettert die perfekt asphaltierte Straße ein weiteres*

Mal stetig bergauf. Wir sind müde, die Körper ausgelaugt. Von 4.000 Meter auf unter 2.000 Meter – kein Wunder, dass wir eine »Pause« benötigen. Gleich hinter der Brücke stellen wir unser Zelt auf und gehen zum Fluss runter, um uns zu waschen. Bunte Ara-Schwärme fliegen über unsere Köpfe, Schwalben und einige Reiher. Während ich mir die Haare wasche, springt ein Flussotter wie ein Miniaturdelfin die Stromschnellen hoch. Sitze noch eine Weile am Ufer, lausche der herrlichen Geräuschkulisse. Die einfachen Nudeln, die wir uns kochen, schmecken vorzüglich. Liegen unter den Sternen, genießen das milde Klima und verziehen uns bald müde ins Zelt, wo wir heute ohne aufblasbarer Matte, nur auf den Schlafsäcken, ruhen. Der ganze Boden ist mit Dornen und Stacheln übersät. …«

TAGEBUCHEINTRAG ANITA – *So, 28.8.11, Abra Huillque*

»… Der Blick hinunter auf die gefahrene Strecke lässt uns schmunzeln. Derjenige, der diese Straße geplant hat, war entweder betrunken, oder er musste währenddessen eine Fliege verjagen! Zick-Zack wäre noch einfach dagegen! Kurz vorm Scheitelpunkt möchte uns eine uralte Frau ihre junge Kuh verkaufen. »Muy rica comida« – »sehr leckeres Essen«, schwärmt sie. Ja sicher, warum nicht? Ein Kalb als dritter »Mann« im Team!

Voller Freude stehen wir schließlich nach über 1.800 Höhenmetern Kletterei auf der letzten Passhöhe vor Cusco. Rollen noch ein Stück bergab und suchen uns ein Fleckchen zwischen den Feldern. Sogar die Sonne lässt sich nochmal blicken und macht das Abendritual richtig angenehm. Später stößt der etwas beduselte Grundbesitzer zu uns, er wollte gerade nach den Kühen sehen. Woher wir sind, will er wissen. »De Austria«, antworten wir ihm. »Ah, si, Australia!« »Ein schönes Land«, meint er. Vor einigen Jahren hat er sogar einen »Steyr« Traktor von dort geschenkt bekommen. Wir versuchen ihn auf den »kleinen« Fehler aufmerksam zu machen, erklären ihm den Unterschied zwischen den beiden Ländern, aber schlussendlich sind wir – und auch der Traktor – doch wieder aus Australien. …«

»Hörst du das?«, fragt mich Anita, nachdem der alte Herr heimgewackelt ist und wir alleine vorm Zelt sitzen. Über uns funkelt ein sagenhafter Sternenhimmel, es ist windstill und kalt. »Ich kann keinen Mucks vernehmen«, entgegne ich. »Genau das meine ich – nichts! Nur das Schlagen deines Herzens.«

Es hat wahrlich etwas Magisches, wenn man sein Zelt auf Höhen von um die 4.000 Meter aufschlägt. Nachts, wenn kein Lüftchen weht und alles schläft, ist die Stille der Anden am eindrücklichsten. Es ist eine Stille, wie ich sie bisher nicht kannte. Eine Stille, die dich mit allem herum verbindet und verschmelzen lässt, mit deinem höheren Selbst.

TAGEBUCHEINTRAG ANDI – *Mo, 29.8.11, Richtung Urubamba*
»… Um halb neun auf der Straße, es geht leicht bergab – welch Wohltat nach den letzten Tagen! Die Hochfläche wird extensiv für Landwirtschaft genutzt. Campesinos bestellen ihre Felder per Hand, manchmal mit alten Traktoren. Bis zur Ortschaft Anta sind es gemütliche zwanzig Kilometer. Zweites Frühstück: Gemüse-Tortillas, Reis und Kaffee. Nach Cusco wäre es nicht mehr weit, wir biegen aber links auf die Schotterpiste Richtung Urubamba ab. Weiter oben erwartet uns eine wunderschöne Lagune, die von einem kontrastreichen Feldermosaik eingeschlossen wird. Wir treffen auf eine Gruppe Mountainbiker aus Areqipa – etwa fünfzehn Herren, zwischen fünfundvierzig und fünfundfünfzig Jahren alt – mit exklusiven, voll gefederten Bikes und schrillen Radtrikots. Ein starker Gegensatz zu unserer nächsten Begegnung: Keine fünf Minuten später bestellt eine Großfamilie ihr Feld mit Ochsen, Hakenpflug und einfachsten Werkzeugen. Jeder hilft mit, vom Teenager bis zum uralten Großvater, der uns auf ein Glas selbstgebraute Mais-Chicha einlädt. …«

Eine Woche verbringen wir nach unserem »Auf und Ab« im »Valle Sagrado«, dem heiligen Tal der Inka, welches sich zwischen Pisac und Ollantaytambo befindet. Einst bildete es das Herz des mächtigen Inka-Reiches, zudem war es seine landwirtschaftlich bedeutendste Region. Mittlerweile hat sich das fruchtbare Tal in einen Touristenmagneten verwandelt, doch ein Großteil des Besucherandrangs beschränkt sich nach wie vor auf das historisch bedeutungsvolle Cusco und natürlich Machu Picchu. Wir genießen es, weniger überlaufene Inka-Stätten wie Moray oder Pisac zu erkunden und tauchen tief ein in die geheimnisvolle Welt der einstigen Hochkultur. Was für eine erholsame Zeit! Eine kurze Tagesetappe bringt uns schließlich hoch nach Cusco, der einstigen Hauptstadt der Inka. Weite Teile der kolonialen Altstadt sind auf den Grundmauern verfallener Inka-Tempel oder -Wohnhäuser gebaut, was der Stadt einen ganz besonderen Charakter verleiht.

Anstatt gleich weiter an den Titicacasee zu radeln, bleiben wir einige Tage länger als geplant im Estrellita »hängen«. Die einfache Hospedaje besitzt unter Reiseradlern einen legendären Ruf und dient einem Großteil der Panamericana-Radler als eine Art Zufluchtsort nach den langen, anstrengenden Etappen in den Anden. Die einen sind unterwegs in den Süden, die anderen in den Norden. Viele sind bereits seit Monaten, manchmal sogar Jahren, auf Achse. Alle haben ihre Geschichte zu erzählen, es gibt vieles auszutauschen, denn jeden beschäftigen ähnliche Dinge oder Fragen. Fernab von der vertrauten Heimat tut es uns allen gut, unter Gleichgesinnten zu sein und für ein paar Tage eine kleine Familie zu haben, in der man »dieselbe« Sprache spricht. Wir freuen uns, bekannte Gesichter wie Matt aus den USA oder Christoph wieder zu sehen und lernen neue Pedalritter aus aller Herren Länder kennen. Das morgendliche Radler-Familienfrühstück, die leckeren Zimtschnecken aus der Nachbar-Bäckerei und die fast väterlichen Besitzer des Estrellita geben uns ein gewisses »Home-Away-From-Home-Gefühl«. Schwierig ist es, sich von hier loszureißen – und nicht nur uns geht es so. Einige Reisende sollen hier schon zwei Monate oder länger geblieben sein.

»Was, du willst NICHT nach Machu Picchu?« Der Besitzer des urigen Coffee-Shops in der Altstadt hält mir einen halbstündigen Vortrag darüber, dass es einem Verbrechen gleichkäme, diese einzigartige Chance nicht zu nutzen. Für all meine Argumente, von einem Besuch abzusehen, findet er plausible Gegenargumente. »Ich möchte mein Geld nicht für eine überteuerte Bahnfahrt ausgeben, die Einnahmen wandern außerdem in die Taschen der ausländischen Betreiber!« »Musst du auch nicht, fahr mit dem Bus nach Santa Teresa, ein Stück weiter mit dem Taxi und den Rest gehst du zu Fuß entlang der Bahngleise. So unterstützt du lokale Unternehmen.« »Aber die Anlage ist hoffnungslos überlaufen.« »Glaubst du nicht, dass dies einen triftigen Grund hat? Es ist wahrlich ein einzigartiger Ort!« »Der Eintritt ist so teuer.« »Damit werden wertvolle, archäologische Stätten im ganzen Land erhalten. Somit hilfst du, unser Kulturerbe zu erhalten!«

TAGEBUCHEINTRAG ANDI – *Fr, 9.9.11, Aguas Calientes*

»… Nach sechs anstrengenden Stunden steigen wir in Santa Maria aus dem alten, klapprigen Bus aus und kotzen uns fast an. Der hohe Lärmpegel, die endlose Kurverei, das für uns ungewöhnlich hohe Tempo – all das macht

uns ziemlich zu schaffen. Sogleich werden wir von den Taxifahrern belagert, die uns einen viel zu hohen Preis für die Fahrt nach Santa Teresa verrechnen wollen. Mit etwas Hartnäckigkeit und Selbstbewusstsein können wir aber den korrekten Fahrpreis erhandeln. Eine Stunde dauert die Fahrt, hinein in ein steiles, enges Tal. Die Piste holprig und gefährlich. An einer Stelle gibt der Fahrer Gas, die Böschung oberhalb brennt, immer wieder kugeln faustgroße Steinbrocken auf die Fahrbahn. Für weitere fünfzehn Soles bringt uns ein anderes Taxi zum Wasserkraftwerk, von wo aus ein zweistündiger Fußmarsch entlang der Bahngleise beginnt. Es ist später Nachmittag, die Gegend üppig grün. Wir folgen dem Rio Urubamba durch tropische Vegetation – Bananen, Kaffeesträucher, Strelitzien, Orchideen, dichtes Buschwerk. Bald bricht die Dämmerung herein, unzählige Glühwürmchen blinken wie verrückt und das Licht des Vollmondes leuchtet uns den Weg. ...«

Der energische Caféhausbesitzer aus Cusco behält recht. Obwohl Machu Picchu täglich von etwa 2.000 Touristen besucht wird, ist und bleibt es ein magischer Ort. Eingebettet in fast senkrecht aufragende, grüne Berge, in der Ferne schneebedeckte Sechstausender, unten im Tal dreht der Rio Urubamba eine elegante Schleife durch den üppig grünen Urwald. Um diese Magie völlig ungestört aufsaugen zu können, besteigen wir in schweißtreibenden eineinhalb Stunden den gleichnamigen Berg Machu Picchu, der hoch über der alten Inkastadt thront. In den ersten Vormittagsstunden ist man hier oben meist ganz alleine, während sich am gegenüberliegenden Wayna Picchu, dem populärsten Aussichtspunkt, die Massen drängen. Bei der Besichtigung der Ruinen selbst ist der Massenandrang für uns nicht unbedingt ein Nachteil. Denn um Details und Infos zu »klauen«, müssen wir nur einige Minuten auf die nächste Reisegruppe warten und den Ausführungen des Guides lauschen.

ENTLANG DES LAGO TITICACA NACH BOLIVIEN

PERU
Aug. 2011

Nach zwei Wochen Cusco und Machu Picchu machen wir uns endlich wieder auf den Weg, es geht Richtung Titicacasee und bald springt unser Tachometer auf 20.000 Kilometer!

TAGEBUCHEINTRAG ANITA – *Mi, 14.9.11, Aquas Calientes*
»… Auf und ab, den ganzen langen Tag. Viel zu lange für mich, denn bei Kilometer siebenundsechzig bin ich schon ziemlich geschafft. Wollen eigentlich nur noch ein kleines Stück weiterfahren und den nächsten Platz zum Lagern schnappen. Aber nichts kommt. Gar nichts. Dafür wird die Besiedelung immer dichter, keine Chance zum Zelten. Vor und hinter uns gehen starke Gewitter nieder. Wir bleiben Gott sei Dank trocken, fahren immer weiter. Elf Kilometer sollen es noch bis Aquas Calientes sein, dort soll es ein Thermalbad mit klei-

191

ner Hospedaje geben. Die Distanz entpuppt sich wieder mal als »peruanisch*«
und ist um einiges weiter. Ausgekühlt vom starken Wind stehen wir endlich
am Eingang der Anlage. Frauen verkaufen aufgeblasene Schwimmenten und
Badetücher, ein kleiner Junge süßen Coca-Tee in Plastiksäckchen – zum Auf-
wärmen. Fünf Euro kostet das ungeheizte Zimmer inklusive Eintritt zu den
heißen Quellen. Guter Preis, schlechter Standard. Die Möbel uralt, das Bett-
zeug schmutzig und offensichtlich schon mehrmals benutzt. Egal, breiten un-
sere Schlafsäcke aus, hüpfen ins Badezeug und spazieren im Dunkeln zu den
Pools. Die Tagesgäste sind bereits verschwunden, es hat unangenehme null
Grad. Haben eine dampfende »Riesen-Badewanne« ganz für uns alleine. Wie
gut das nach diesem langen, langen Tag tut! Die Regenwolken haben sich auf-
gelöst, so liegen wir auf 4.000 Metern im herrlich warmen Thermalwasser und
blicken in den funkelnden Andenhimmel. …«

Angesichts der rudimentären Hygiene-Bedingungen ist es vielleicht gar
nicht so schlecht, dass wir die Anlage erst nachts und ohne Licht nutzen.
Als wir der komplett demotivierten Reinigungsdame am nächsten Morgen
bei der Arbeit zusehen, müssen wir lachen. Halbherzig wischt sie den völlig
verdreckten, überfluteten Boden des desolaten Toilettenhäuschens auf – oder
besser gesagt, verteilt die trübe Brühe großflächig auf den brüchigen Fliesen. Den schmutzigen, alten Lappen schwemmt sie zwischendurch in einem
der Rinnsale aus, die die Thermalpools mit »frischem« Wasser versorgen. Na
Mahlzeit!

TAGEBUCHEINTRAG ANITA – *Fr, 16.9.11, Juliaca*

»… Der Verkehr wird immer stärker, erst am späten Nachmittag errei-
chen wir Juliaca. Schäbige Baracken, Verkehrschaos, Müll, Gestank, unzählige
Schrotthändler reihen sich an der Stadteinfahrt aneinander. Die Zimmersuche
nimmt viel Zeit in Anspruch. Löcher, miefig, viel zu teuer – und Warmwas-
ser gibt's sowieso nirgends, wenn überhaupt Duschen vorhanden sind. Dafür
könnte man sich in eigens eingerichteten »Badehäusern« für drei Soles, nicht
mal einem Euro, mit Warmwasser waschen. Mir kommt vor, als wären wir in

---

* *Da die Menschen meist zu Fuß gehen oder mit öffentlichen Verkehrsmitteln unterwegs sind, fehlt ihnen
der Bezug zu Distanzen. Auskünfte bezüglich Entfernung oder Topografie sind deshalb selten brauchbar.*

einem neuen Land! Während Andi ein weiteres Hotel begutachtet, bringt mir die zweijährige Tochter der Besitzerin einer kleinen Tienda Fruchtsaft. »El Sol es muy fuerte« – »Die Sonne ist sehr stark«, sagt die Mutter und nickt mir freundlich zu. Das Hotel ist passabel. Duschen mit Kaltwasser, schreiben Tagebuch und machen uns danach auf Essenssuche.

Die Straßen sind voll mit Leuten, jeder will etwas verkaufen: Brot, Obst, billiges Werkzeug, Superkleber, Autoersatzteile. Rad- und Mototaxis flitzen auf der zweispurigen Avenida chaotisch hin und her. Gemüse-Tortillas kennt man hier nicht. Schlussendlich bekommen wir Abendessen für je drei Soles: Nudelsuppe, danach Reis, Kartoffeln und Eier, die der Koch noch von der benachbarten Tienda holen muss. ...«

TAGEBUCHEINTRAG ANDI – *Fr, 16.9.11, Juliaca*

»... Zurück im Zimmer, flackert die Neonröhre wie verrückt. Warten sollen wir, es würde sich schon nach einer Weile legen. Denn immerhin sei jetzt »Stoßzeit«. Viel zu viel Energie werde um diese Uhrzeit verbraucht, was sich natürlich auf die Stromspannung auswirkt, erklärt uns der alte Hausherr. Mitten in der Nacht werden wir von unseren völlig besoffenen Zimmernachbarn geweckt, die von der benachbarten Fiesta heimkommen. Dürften Streit haben – lautstark wird diskutiert, bis die Meinungsverschiedenheit in ein heftiges Gerangel ausartet. Menschen knallen an die Wände, Schreie, Unruhe. Es folgt Geheule in Verbindung mit Dauergejammer in einer extrem penetranten Stimmlage. Begleitet wird das Ganze von lautem Türgepolter und ekeligen Kotzgeräuschen. Ein anderer Gast weist die Herrschaften zurecht, was aber nur kurz für Stille sorgt. Irgendwann reicht's mir. Hämmere an die Tür und fordere Ruhe. Erstaunlicherweise hilft es tatsächlich. Da wir so aufgekratzt sind, ist es schwierig, wieder Schlaf zu finden. ...«

Fast fluchtartig verlassen wir tags darauf die stinkende, laute Stadt. Bald kehrt wieder halbwegs Ruhe ein und kurz nach Puno wird der Verkehr endlich wieder erträglich. Belohnt werden wir mit schönen Titicacasee-Panoramen und dem vorwiegend flachen *Altiplano**, was uns endlich wieder halb-

---

* *Abflussloses Hochplateau auf einer Seehöhe von durchschnittlich 3.650 Metern.*
Es erstreckt sich vom Titicacasee aus gut 1.000 Kilometer in den Süden.

wegs angenehme Radtage mit achtzig bis neunzig Kilometern Tagesleistung ermöglicht. Klar, die Höhenluft lässt einen bei den Anstiegen und dem Gegenwind ganz schön schnaufen – immerhin radeln wir hier auf *Großglockner-Gipfelniveau**. Trotzdem empfinden wir die legendäre Hochebene als eine richtige Belohnung nach den harten drei Radmonaten in Peru. Und auch Pachamama meint es gut mit uns. Denn obwohl es hier momentan ungewöhnlich viel Regen hat, bleiben wir meist von den starken Schauern verschont bzw. können unser Zelt gerade noch rechtzeitig aufstellen, bevor dicke Regentropfen auf die Erde prasseln.

---

* Höchster Berg Österreichs mit einer Seehöhe von 3.798 Metern

BOLIVIEN – IM LAND DER EISIGEN WINDE

Ende September 2011 überqueren wir die Grenze nach Bolivien. Der Westen unseres 23. Reiselandes wird dominiert vom Altiplano. Speziell im Süden erwartet uns eine raue, unwirtliche Gegend mit unbarmherzigen Winden, extremen Temperaturschwankungen sowie weiten Salzflächen.

Bolivien ist das ärmste Land Lateinamerikas. Entsprechend geprägt wirken die Menschen, meist indigener Abstammung. Zurückhaltend und oft kurz angebunden begegnen sie uns. Doch nach anfänglichen »Startschwierigkeiten« lernen wir damit umzugehen und finden mit etwas Geduld und Offenheit den Weg in die Herzen der Menschen. Am meisten jedoch zieht uns die einzigartige, unberechenbare Natur des Landes in ihren Bann. Aber beginnen wir mal von vorne.

Copacabana heißt die nette Stadt am Ufer des Titicacasees, in der wir die ersten zwei »Akklimatisationstage« verbringen. Mit ihrem Namensvetter in Brasilien hat sie jedoch nicht viel gemein. Kein Sandstrand, keine Bikinischönheiten, anstatt des markanten Zuckerhuts nur ein kleiner Aussichtsberg und vom Massentourismus keine Spur. »Die Brasilianer haben sich unseren Namen gestohlen«, ist sich Alfredo sicher. Der geschäftige Bolivianer betreibt ein kleines Hostel, auf dessen Panoramawiese wir unser Zelt aufschlagen dürfen. »Beweise gibt's zwar keine dafür, aber ich bin fest davon überzeugt«. Ob wahr oder nicht, vermarkten lässt sich die Geschichte auf jeden Fall gut. Der sympathische Wallfahrtsort zieht hauptsächlich Rucksacktouristen und Pilger an, die die dreihundert Sonnentage im Jahr und die für Bolivien ungewöhnlich milden Sommertemperaturen genießen. Baden sieht man jedoch so gut wie niemanden.

Über Copacabana führt uns eine wunderschöne, hügelige Panoramastraße entlang des tiefblauen Titicacasees, dem zweitgrößten Binnengewässer Südamerikas. Im Hintergrund thront die mächtige Königs-Kordillere mit ihren schneebedeckten Sechstausendern. Eine Kulisse wie aus einem Hochglanz-Bildband! Die Idylle täuscht leider über die schier hoffnungslose

Verschmutzung des Gewässers hinweg. Zahlreiche illegale Minen und die ungeklärten Abwässer der umliegenden Städte machen dem See schwer zu schaffen. 2012 wurde er vom Global Nature Fund zum »bedrohten See des Jahres« erklärt. Wie so oft sind korrupte und ignorante Politiker sowie gierige Konzerne maßgeblich an der Misere beteiligt. Wann wird der Mensch wohl realisieren, dass er sich über kurz oder lang seine eigene Lebensgrundlage zerstört, sein Zuhause? Es macht uns sehr traurig zu sehen, wie verantwortungslos in manchen Regionen mit unseren wertvollsten Ressourcen umgegangen wird. Ein Grund mehr, mit dem Fahrrad zu fahren!

Weiter nach La Paz. Mit 3.600 Metern ist die Stadt der höchst gelegene Regierungssitz der Welt. Sie liegt etwa vierhundert Meter tiefer als das umliegende Altiplano, tief eingeschnitten im Talkessel des Rio Chokeyapu. Auf der Hochebene westlich von La Paz ist die schnell wachsende, chaotische Großstadt El Alto entstanden, von der sich eine der spektakulärsten Stadtautobahnen der Welt hinunter in das Zentrum windet.

Eigentlich haben wir »Bienen unterm Arsch« und freuen uns auf mehr Bolivien, doch ein im Zoll hängendes Paket mit dem sehnlichst erwarteten, neuen Kameraobjektiv verschafft uns etwas Extra-Zeit in dieser faszinierenden Stadt. Dank unserer Gastgeber Christoph und Luisa, die eine Casa de Ciclistas betreiben, residieren wir recht zentral und günstig am Rande des Zentrums. Doch bevor wir die eigens für Reiseradler adaptierte Wohnung beziehen können, müssen wir den Dreck der spanischen Hippie-Radler-Kommune beseitigen, die vor uns im wahrsten Sinne des Wortes hier gehaust hat. »Es gehört schon ganz schön was dazu, die Gastfreundschaft fremder Menschen auf solch unverschämte Art auszunutzen«, platzt es aus mir heraus, während ich die zwölfte Mülltüte vor die Tür stelle. »Solche Schweine! Die Ohren müsste man ihnen lang ziehen«, meint eine mehr als mürrische Anita, die schachtelweise Bierdosen entsorgt. Ganze drei Stunden benötigen wir, um aus dem versifften Saustall wieder eine wohnliche Bleibe zu machen.

Eine ganze Woche dauert es, bis der Zoll endlich unser Paket freigibt. Wir freuen uns, denn Anitas Geburtstag steht an, und den feiern wir in feiner Runde. Mit von der Partie sind Jürgen aus Deutschland, Fernando aus Kolumbien und natürlich unsere Gastgeber Christoph und Luisa. Bei Pizza und Wein lachen wir, bis uns die Bäuche wehtun und tauschen angeregt Reiseanekdoten aus. Jürgen steckt mitten in der »Reise seines Lebens«, wie er sie bezeichnet. Von Alaska aus möchte der immer fröhliche Augsburger bis runter nach Feuerland fahren. Fernando hingegen will »nur« Südamerika umrunden. »Vor drei Jahren habe ich ein Reiseradlerpaar aus Holland zum Übernachten eingeladen. Daraus entstand eine enge Freundschaft. Als deren Tour zu Ende war, haben sie mir eines der Fahrräder geschenkt. Mein ganzes Leben habe ich von einer Radreise geträumt, aber ich hätte mir niemals ein richtig gutes Rad leisten können. Und auf einmal hatte ich eines! Mir war sofort klar, dass mich jetzt nichts mehr aufhalten konnte«, erzählt Fernando voller Begeisterung. Mit über fünfzig Jahren ist der Mann mit dem wahrscheinlich breitesten Lächeln der Welt vor seiner Haustüre in Buga aufgebrochen – mit heillos überladenen, selbstgenähten Taschen, seiner halben Küchenausstattung und, wie es sich für einen Kolumbianer gehört, einer riesigen Thermoskanne für den »Tinto«. »Man muss die Gelegenheiten im Leben wahrnehmen und nutzen«, ist er fest überzeugt. »Tu, was du tun möchtest! Lebe das Leben so intensiv wie möglich. Nicht immer bieten sich neue Möglichkeiten. Also greif zu, wenn sie sich zeigen!«

Tags darauf heißt es für uns Taschen packen. Das nächste Ziel ist Potosí, die Stadt am Cerro Rico, dem schicksalhaften Silberberg.

TAGEBUCHEINTRAG ANDI – *Mo, 3.10.11, Richtung Cruz Ventilla*

»… Von Challapata aus machen wir einen Ost-Knick Richtung Berge. Die Pampa lassen wir bald hinter uns, wir passieren einen Stausee und schlängeln uns ein schönes Tal hinein. Endlich weniger Verkehr. So macht's richtig Spaß! Hügelig ist es, tendenziell bergauf. Da wir heute über hundertzehn Kilometer schaffen wollen, geben wir Gas. Die 4.000-Meter-Grenze ist schnell erreicht, bald radeln wir auf einer herrlichen Hochebene mit Alpakaherden und kleinen Wirbelstürmen auf den weiten Grasflächen. Kurz werden wir von vier Jungs auf ihren Fahrrädern begleitet. Sie haben eine Riesenfreude, sich mit uns ein Rennen zu liefern. Erst nach fünfundsechzig Kilometern machen wir Mittag, stärken uns und fahren weiter. Wir kommen gut voran, obwohl es munter auf und ab geht, dafür in herrlicher Hochgebirgslandschaft mit goldenem Gras und niedrigem Buschwerk. Die kräftezehrende Topografie hält bis zum Etappenende an. Erst kurz vor Sonnenuntergang erreichen wir bei heftigem Gegenwind und aufziehendem Gewitter das trostlose Örtchen Cruz Ventilla. Quartieren uns in der einzigen, sehr simplen Hospedaje ein. Im Laden ums Eck wollen

wir Marmelade kaufen. »Gibt's Marmelade?«, frage ich die gelangweilt drein-
blickende Dame hinterm Tresen. »Nö, die ist aus«, lässt mich diese wissen, ohne
mich eines Blickes zu würdigen. Im Regal erspähe ich einen Plastikbehälter, der
so aussieht, als wäre Marmelade drinnen. »Und was ist das dort?« »Marme-
lade!«, antwortet die Bolivianerin. »Na dann, eine Marmelade bitte!« ...«

Gespräche wie in dieser kleinen Tienda ergeben sich nicht nur einmal während unserer Zeit in Bolivien. Oft scheint es, als wollen die Herrschaften
einfach keine Geschäfte mit uns machen! Warum dies so ist, wissen wir bis
heute nicht. Aber so ist das halt. Andere Länder, andere Sitten. Jede Kultur,
jede Gemeinschaft hat ihre eigenen, ungeschriebenen Regeln und Umgangs-
formen, deren Feinheiten uns oft ein Rätsel bleiben. Dass es manchmal Dinge
gibt, die wir nicht verstehen, ist auch nicht weiter wichtig. Warum muss man
auch immer für alles eine Erklärung haben?

E-MAIL ANITA – *An eine Freundin, Betreff: Thermenurlaub auf Bolivianisch*
»... Haben extra richtig reingetreten, damit wir am Abend noch die Ther-
malquellen erreichen und dort schlafen können. Wir haben uns fast totgelacht,
als wir zu späterer Stunde im Wasser gehockt sind! Überall ist der Putz von den
Wänden gefallen, die Fliesen waren verdreckt und die Glasscheiben der Fens-
ter waren ausnahmslos kaputt. So würde wahrscheinlich eine österreichische
Therme aussehen, wenn man sie nie putzt und hundert Jahre leer stehen lässt
... Aber was soll's? Ich meine, das ändert einfach nichts daran, dass das Wasser
heiß ist und gut tut!!! Vielleicht haben sich einfach unsere Ansprüche schon ein
wenig geändert? ...«

TAGEBUCHEINTRAG ANITA – *Mi, 5.10.11, auf dem Weg nach Potosí*
»... Die Sonne lässt sich nicht blicken, obwohl wir schon lange in unserer
»Casita del Sol« wachliegen. Aber ohne Sonne stehen Andi und Anita einfach
nicht gerne auf. Nach etwa zehn Kilometern dreht die Straße in die Berge und
folgt einem schäumenden, verschmutzten Fluss. An der Mautstation legen wir
eine Zuckerschub-Pause ein. Cola und Erdbeerwaffeln. Als ich zur Verkäuferin
gehe und nach einem Mülleimer frage, nickt sie mir zu, nimmt mir die Sachen
ab und wirft das Verpackungsmaterial einfach in den Wind. Die Plastikflasche
behält sie. Wenn ich das gewusst hätte!

Steil geht es weiter, nach unzähligen Kurven erblicken wir erstmals den
»Cerro Rico«, den Silberberg, für den Potosí so bekannt ist. Wie ein Mahnmal
thront er über der Stadt. Er verhalf den spanischen Konquistadoren zu großem
Reichtum, Millionen indigene Zwangsarbeiter ließen in den Silberminen ihr
Leben. Im 17. Jahrhundert galt Potosí als die reichste Stadt der Welt. Heute
spuckt der Berg nur noch wenig Silber aus und die Glanzzeiten sind längst
vorbei.

An der Stadteinfahrt kaufen wir uns als Belohnung super leckere Salteñas,
mit Gemüse und Ei gefüllte Teigtaschen, für zehn Euro-Cent. Das Zentrum
lässt aber noch auf sich warten. Viel Verkehr, hunderte Schüler und Studenten
auf der Straße. Und dann empfängt uns Potosí auch noch mit zartem Schnee-
fall – zum ersten Mal auf unserer Reise! Keine halbe Stunde später bringt
die »Liesl*« unsere von der Sonne geküssten Gesichter wieder zum Glühen.
Verrückt! ...«

Makabererweise hat sich in Potosí ein ausgeprägter Minen-Tourismus entwickelt. Die Touren sind recht günstig, man dringt mit einem mehr oder
weniger gut ausgebildeten Guide für etwa zwei Stunden in die Unterwelt des
Cerro Rico ein und kann sich ansatzweise ein Bild von den nach wie vor rudimentären Arbeitsweisen und Lebensbedingungen der Minenarbeiter machen.
Obwohl etwas umstritten, nehmen wir an einer dieser Führungen teil.

»Die Mineros schuften etwa acht bis zehn Stunden pro Tag in den Minen«,
erklärt unser Guide Rodrigo. »Nur mit exzessivem Coca-Kauen sowie sechs-
undneunzigprozentigem Alkohol und massenweise Zigaretten ist das halbwegs zu bewältigen.« Auf dem »Mercado de los Mineros« kann man sich ohne
Lizenz mit Dynamit eindecken. Die Stollen sind eng. Pressluftschläuche und
Querbalken in Brusthöhe erschweren einem das Vorankommen. Oft müssen
wir uns in eine enge Nische drängen, damit die Mineros mit den »Wago-
netas« (Grubenhunte) voller Mineralgestein an uns vorbeikommen. Bis zu
eineinhalb Tonnen schwer ist ein solcher Wagen, drei Personen schieben ihn
unter großer Anstrengung zu Tage. An den Mineladern sind Männer damit
beschäftigt, mit bloßer Hand, Hammer und Meißel nach Silber, Blei, Zink
oder Zinn zu suchen. Der sechzehnjährige Javier ist gerade damit beschäftigt,

---

* *Österr. Dialekt: Sonne*

Löcher für die nächste Sprengung zu hauen. Er blickt mich mit leeren Augen an und fragt: »Habt ihr Coca?« Ich drücke ihm die Tüte in die Hand, die ich zuvor am Markt erstanden habe und wünsche ihm Suerte – Glück. Das kann er hier unten gut gebrauchen, denn Unglücke stehen fast auf der Tagesordnung.

Als wir am Ende der Führung wieder zu Tage treten, atme ich erleichtert durch. Ich habe genug von der klaustrophobischen Enge der Stollen, von der stickigen Luft und vom Staub. Ich kann morgen wieder auf mein Rad steigen und abhauen. Aber die Arbeiter haben keine Wahl. Selten werden sie älter als fünfzig Jahre. Durch Zufall kommen wir tags darauf an der Plaza mit einem der Bergmänner etwas tiefer ins Gespräch.

TAGEBUCHEINTRAG ANITA – *Fr, 7.10.11, Potosí*

»… Achtunddreißig Jahre ist Gonzalo und arbeitet, seitdem er dreizehn ist, im Cerro Rico als Minero. Anfangs hat er seinen Vater begleitet und so das Handwerk erlernt. Ganz sauber ist er gekleidet, nur seine dicke Brille ist auffällig. Liebevoll hält er seine achtzehn Monate alte Tochter im Arm, der immer wieder die Augen vor Müdigkeit zufallen. »Eine schwere Arbeit ist es, anstrengend. Mein Augenlicht verschlechtert sich von Tag zu Tag. Viel lieber würde ich etwas anderes arbeiten, aber es ist schwer, was zu finden. Vor allem ohne Schulbildung!« Und so muss Gonzalo, wenn das Geld knapp wird, wieder zurück in den Silberberg. Selbst wenn er von seinem Alltag erzählt und wir dabei in seine müden Augen blicken, können wir nur ansatzweise begreifen, wie hart das Leben als Minero tatsächlich ist. Wie schwer es für die ganze Familie sein muss, jeden Tag in der Ungewissheit, ob man sich am Morgen nicht zum letzten Mal umarmt hat. Wie es ihm gesundheitlich ergehe, fragen wir ihn. »No es tan grave« – »Nicht so schlimm«, meint er. Er hätte zwar Silicosis (Staublunge), aber »nur« Grad zwei von vier, wobei letzterer meist tödlich ausgeht. …«

Nachdenklich verlassen wir Potosí, der Südwesten Boliviens wartet auf uns. Drei Tage dauert die Fahrt nach Uyuni, wieder durch hügeliges, schroffes und windumtostes Altiplano. Am letzten Abend vor der Ankunft suchen wir in einem ausgetrockneten Flussbett nach einem Lagerplatz und bekommen Gesellschaft von den Schweizern Andrea und Lukas, die mit ihrem Landrover unterwegs sind. Beim Runterfahren versinkt Lukas mit seinem über drei

Tonnen schweren Gefährt tief im Morast. Wir buddeln, legen Steine unter, aber keine Chance. Als kleinen Trost kochen wir für die beiden mit, denn bei uns gibt's ja ohnehin jeden Abend Essen für vier. Gut, die Hälfte haben wir eigentlich für die kommende Mittagspause eingeplant, aber laut Karte dürfte es kein Problem sein, morgen den nächsten Ort um die Mittagszeit zu erreichen. Wir verbringen einen gemütlichen Abend in der geheizten Kabine ihres Landys. Unsere Gesichter glühen, weil die Haut schon lange keine Heizung mehr gespürt hat. Tags darauf brechen wir zu unserer letzten Etappe nach Uyuni auf und verabschieden uns von unseren neuen Freunden. Dass sich die Bergung ihres Offroaders dann doch etwas schwieriger als gedacht gestaltet, sollten wir erst viel später erfahren. Ganze zweiundsiebzig Stunden sitzen die beiden fest, selbst ein zu Hilfe eilender Bagger kann ihnen aus der Misere nicht helfen und versinkt selbst im Flussschlamm. Während Andrea und Lukas um ihren Landy kämpfen, haben wir ganz andere Sorgen.

TAGEBUCHEINTRAG ANITA – *Mo, 10.10.11, Weg nach Uyuni*

»… Von Beginn an fieser, starker Gegenwind, der uns teilweise von der Straße drängt. Bald knurrt der Magen, doch es sind nur noch ein paar jämmerliche Bissen vom Abendessen übrig. Hungrig kämpfen wir gegen die heftiger werdenden Böen. Kopfarbeit. Müssen öfter pausieren, es geht einfach nichts weiter. Vor dem Minenkaff Pulacayo beginnt ein sehr steiler, unbefestigter Anstieg, den wir nur noch schiebend überwinden können. Sind ganz schön »am Semmerl«, als wir an der einzigen Tienda im Ort ankommen. Es ist bereits fünfzehn Uhr und wir haben fast nichts gegessen. Das Warenangebot jedoch mehr als spärlich. »Stärken« uns mit zwei Litern Fanta und Erdbeerwaffeln – das einzige, was wir in den Regalen finden können. Die alte Vettel vom Laden kennt sich gar nicht aus. Sie spricht nur Quechua, ist unheimlich langsam. Das Wechselgeld müssen wir vor ihr dreimal nachzählen, ihr erklären, dass der Betrag korrekt ist. Ihr Augenlicht dürfte nicht mehr das Beste sein. Es geht noch ein schönes Stück rauf, bis wir endlich am höchsten Punkt für heute stehen. Wir werfen erste Blicke auf den Salar de Uyuni. Dann geht's endlich bergab! Umso enttäuschter sind wir, als sich vor uns ein weiterer Gegenanstieg auftut. Was für ein nicht endend wollender Tag! Müde und ausgelaugt sitzen wir am staubigen*

---

* Österr. Dialekt: Kaputt, müde, geschlaucht

Straßenrand, trinken den letzten Schluck Fanta und stopfen uns noch mehr Erdbeerwaffeln in den Mund. Auf geht's. Der letzte – hoffentlich letzte – Anstieg für heute. Bald tauchen unter uns die Häuser von Uyuni auf, davor glitzern tausende Plastiksäcke, die in den Feldern rundherum verteilt sind. …«

»Jetzt gehen wir aber RICHTIG essen«, meint Anita voller Vorfreude auf eine zünftige Völlerei zu mir. »Darauf kannst du dich verlassen! Lass uns die Stadt leerfressen«, antworte ich, während ich in Gedanken bereits in mich reinschaufle. In der Tat wird es ein Abend, den wir voll und ganz unserer großen Leidenschaft widmen. Zuerst gibt's Abendmenü in einem kleinen Restaurant, danach mehrere Papas Rellenas an einer Straßenküche und als »Abrundung« Gemüseomelette mit Kartoffelpüree und Reis. Die obligate Packung Kekse als Nachspeise hat natürlich auch noch problemlos Platz. Zufrieden und mit gefüllten Mägen liegen wir später auf unserem Bett und sind uns wieder einmal einig: Essen macht glücklich – vor allem ausgehungerte Radreisende!

In Uyuni bereiten wir uns auf die unter Südamerika-Radlern bekannte und berüchtigte Lagunenroute vor. Unser Lateinamerika-BikeBuch von Reise Know-How sagt über diese Tour auszugsweise Folgendes (S. 256ff):

»Diese Fahrt ist kein Picknick und das bolivianische Hochland ist nicht Disneyland; Gefahren sind allgegenwärtig … Essensvorräte für zehn Tage und eineinhalb bis zwei Liter Brennstoff sind obligatorisch, um plötzliche Schneefälle zu überstehen. Die Biwakausrüstung sollte bis minus zwanzig Grad ausgelegt sein. In der Höhe blasen insbesondere bei der Dämmerung enorme Winde. Das windfeste Zelt sollte im Sitzen aufgebaut werden und mit einer Leine am Körper gesichert sein. …«

Zugegeben, Respekt haben wir riesigen vor dieser Herausforderung, aber da wir uns körperlich und mental fit wie noch nie fühlen, wollen wir's anpacken. Die »Ruta de las Joyas Altoandinas« soll durch die aufregendsten und spektakulärsten Landschaften der Anden führen, meist in Höhen zwischen 4.000 und knapp 5.000 Metern. Da Hunger leiden nicht ganz so unser Ding ist, packen wir diesmal unsere Taschen bis zum Rand hin voll mit allem, was reinpasst. Tags darauf gehen wir recht früh die erste Etappe an, wir begeben uns hinaus auf das endlos erscheinende Meer aus Salz.

TAGEBUCHEINTRAG ANDI – *Mi, 12.10.11, Salar de Uyuni*

»… Die weiße Ebene des Salars blendet uns wie Schnee. Eine hexagonförmige Wabenstruktur durchzieht die größte, homogene Salzfläche der Erde, die rauer ist als angenommen. Hohe Geschwindigkeiten sind bei diesem Untergrund nicht möglich. Kurz nach fünfzehn Uhr setzt wie auf Knopfdruck ein eisiger, orkanartiger Gegenwind ein, der uns in den ersten Gang zwingt. Fünf Kilometer pro Stunde auf einer Geraden sind ganz schön deprimierend! Da wir noch etwa fünfundzwanzig Kilometer von der Isla Incahuasi entfernt sind und wir bereits über sieben Stunden im Sattel sitzen, geben wir auf. …«

»Die Haken lassen sich nicht ins Salz schlagen«, brülle ich mit voller Kraft, um die furiose Sturmkulisse zu übertönen. »Ja, sollen wir denn in der flatternden Zeltplane schlafen«, ist Anitas deutlich unerfreute Reaktion. All meine Versuche, das Zelt mit den Taschen und Rädern zu fixieren, scheitern. Der Wind ist einfach zu heftig. »Jetzt versuch es doch wenigsten einmal«, meint Anita energisch. »OK, vielleicht bringe ich ja die Sechs-Zoll-Nägel, die ich zum Abspannen der Leinen gekauft habe, in das Salz«. »Du schaffst es«, meint sie überzeugend. Mit meiner kleinen Kombizange als Hammer gelingt es mir tatsächlich, die Nägel in die harte Oberfläche zu treiben. Dass ich mir dabei meine Fingerkuppen blutig schlage, ist mir angesichts der Situation völlig egal. Was normalerweise keine fünf Minuten dauert, beschäftigt mich diesmal eine ganze dreiviertel Stunde. Der Wind ist wirklich bösartig, wir frieren uns beide den Hintern ab und sind erleichtert, als wir endlich in unsere »Casita del Sol« kriechen können. Das Zelt steht perfekt im Wind und rührt sich kaum. Erleichtert blicken wir aus der windabgewandten Apside hinaus auf eine magische Bilderbuchlandschaft, die im warmen Licht der Dämmerung erstrahlt. Einen surrealeren Zeltplatz gibt es wohl kaum auf dieser Welt! Irgendwie sind wir jetzt sogar dankbar, dass uns der Sturm in die Knie gezwungen hat.

Auch der dritte Tag ist hart und anstrengend. Wieder haben wir stürmischen Gegenwind, mehr als fünf Kilometer pro Stunde sind nicht möglich. Was haben wir uns da bloß vorgenommen? Unter großer Anstrengung schaffen wir es gerade noch zur Militärbasis in Chiguana. In diesem gottverlassenen Kaff leben heute sieben gelangweilte Soldaten, die sich über etwas Abwechslung freuen und uns einen Schlafplatz in einem mit Tarnfarbe gestrichenen, halbkugelförmigen Wohncontainer anbieten. Als wir die Tür öffnen, trauen wir unseren Augen kaum: Ein weiterer Radler sitzt völlig verdreckt wie ein Häufchen Elend am Boden und kocht Suppe. »Hey, was macht ihr denn da?«, meint er überrascht und blickt uns mit großen Augen an. »Ich nehme an, das Gleiche wie du!«, antworte ich lachend. Es ist Matt aus Wisconsin! Wir haben ihn zum letzten Mal im Estrellita in Cusco, Peru, getroffen. Eigentlich war er mit Matt aus Kanada unterwegs. Ihm ist die Route aber zu schwierig geworden, so haben sie sich vor zwei Tagen getrennt. Also beschließen wir, am darauffolgenden Tag zu dritt aufzubrechen. Die Soldaten stehen den Rest des Nachmittags wortlos neben uns, obwohl sie wahrscheinlich tausende Fragen hätten – Fernsehen in Südwest-Bolivien.

Es war eine gute Entscheidung, gemeinsam mit Matt weiterzureisen. Mit seiner offenen, lockeren Art lenkt er uns erfolgreich von den Strapazen der Route ab und wir haben eine richtig gute Zeit. Dass wir jedoch alle drei nicht unter die Orientierungs-Weltmeister gehen werden, stellt sich einige Tage später heraus. Wir nehmen eine falsche Abzweigung und sind den ganzen Tag damit beschäftigt, unsere Packesel durch wegloses Gelände zu schieben. Manchmal müssen wir unsere Räder zu dritt steile Geröllflanken hochwuchten, die sich uns in den Weg stellen. Schließlich landen wir an einer kleinen Lagune, die nirgendwo in unseren Aufzeichnungen zu finden ist. Ein markanter Vulkankegel immer zu unserer Rechten. »No prooooblem«, lautet Matts ironischer Kommentar zu unserer prekären Situation und lässt sich müde in den Sand fallen. Mehr als ein erschöpftes »Pfffff« kann ich dazu nicht beitragen. Ich liege flach auf dem Boden, um dem permanent pfeifenden Wind zumindest für ein paar Sekunden zu entgehen.

Eine miese Piste führt Richtung Westen, müsste grob stimmen. Aufgrund des sandigen Untergrunds ist wieder Schieben angesagt. Das Wasser wird knapp, der Tag vergeht, wir sind hundemüde. »No prooooblem«, höre ich Matt fröhlich hinter mir scherzen. »Pfffff!« Irgendwann brummt ein alter, einsamer Jeep am Horizont daher. Der Fahrer erklärt uns, dass wir uns etwa zwanzig Kilometer von der Laguna Hedionda entfernt befinden. Ist zwar der richtige Weg, nur waren wir morgens genauso weit weg von unserem eigentlichen Tagesziel! Wir sind quasi im Kreis gegangen! Was soll's. Weiterschieben. Kurz darauf queren wir einen kleinen Flusslauf. Wir können ausreichend Wasser filtern, was die Situation schon viel einfacher macht. Als

uns die Chefin mit einem Lächeln das dreigängige Abendmenü auf den Tisch.
»Die Reisegruppe übernimmt die Rechnung«, meint sie mit einem Augenzwin-
kern. Wir sind alle drei ganz baff und finden kaum Worte, den »Engeln der
Wüste« zu danken. Als sich dann noch eine ganz liebe Omi zu uns stellt und
uns mit ihrer Großherzigkeit überschüttet, steigen mir Tränen in die Augen:
»Eigentlich gehören wir ja alle zusammen. Wir sind doch Landsleut'!«

Einer nach dem anderen verabschiedet sich von uns, wünscht uns alles Gute
und dass wir wieder gesund nach Hause kommen. Nachdem im Restaurant
Ruhe eingekehrt ist, setzen wir uns zu den Angestellten. Plaudern und sehen
uns gemeinsam einen Film an. Bevor sich auch die Belegschaft schlafen legt,
bringen sie uns dicke Matratzen und viele, viele Decken – damit uns ja nicht
kalt wird. ...«

Nach acht starken Fahr- und Schiebetagen ist eine Pause an der Laguna
Colorada angesagt. Der hohe Mineralstoffgehalt und eine bestimmte Algen-
art färben diese in einem kräftigen Rot, was der erdigen Mondlandschaft ein
ganz besonderes Flair verleiht. Tausende Andenflamingos bevölkern den sechzig Quadratkilometer großen See. Eine friedvolle Harmonie liegt über der
im Nachmittagslicht noch intensiver leuchtenden Lagune. Wie Besucher aus
einer anderen Welt stehen wir am Ufer und bestaunen das Naturschauspiel.

Gegen Abend treffen zwei weitere Radlerinnen ein, Eva und Claudia aus der
Schweiz. Wir schließen uns zu einem Fünfer-Team zusammen, was das ganze
Vorhaben um einiges »leichter« und lustiger gestaltet. Gemeinsam erklimmen
wir unseren höchsten Pass mit 4.926 Metern und müssen aufgrund der fort-
geschrittenen Tageszeit und heftiger Winde am höchsten Geysirfeld der Welt,
dem »Sol de Mañana«, auf 4.820 Metern biwakieren. Als einziger Windschutz
für die Zelte dient uns ein halb fertiges, völlig zugeschissenes Gebäude. Tja,
ein guter Platz zum Gacken ist leider auch ein guter Platz zum Zelten. Unser
Hochlager ist erholsamer als erwartet. Morgens werden wir durch das Zischen
des mystisch dampfenden Geysirfeldes geweckt. Es ist windstill. Perfekte Bedingungen! Am frühen Nachmittag erreichen wir die Laguna Chalviri, an
der sich eine Thermalquelle und ein einfaches Restaurant befinden. Genau
das Richtige, um sich von der anstrengenden Passfahrt zu erholen. Das Restaurant wird morgens und mittags gerne von den Jeep-Touren angesteuert,
entsprechend viel ist los. Wieder sind wir ein willkommenes Fotomotiv für

die staunenden Touristen, die es kaum glauben können, dass sich jemand auf Fahrrädern hierher verirrt. »Ich habe so viel Spaß mit euch«, meint ein begeisterter Belgier Mitte fünfzig und drückt mir einen Hundert-Boliviano-Schein (etwa elf Euro) in die Hand. »Vielen Dank, aber wir haben Geld«, erwidere ich und möchte es ihm zurückgeben. »Seht es als Essenseinladung«, sagt er und klopft mir auf die Schulter. Im gleichen Atemzug nähert sich ein weiterer Herr aus der Gruppe, klemmt zwanzig Dollars unter den Spanngurt meiner Tasche und bemerkt: »Und ich zahle euch das nächste Hotel«. »Vielen Dank! Das ist unglaublich nett!«, bedanken wir uns alle fünf völlig erstaunt.

Bald verschwinden die Touristen-Jeeps und Ruhe kehrt ein. Den ganzen Abend plantschen wir im achtunddreißig Grad heißen Wasser der Quelle und unterhalten uns darüber, wie schön die Welt sein kann und die Menschheit im Grunde gut ist. Die Restaurantbesitzer bereiten uns ein einfaches, aber vorzügliches Abendmenü, welches wir mit einem Teil unserer »Geschenke« begleichen und lassen uns gratis am Boden des Speisesaals schlafen.

TAGEBUCHEINTRAG ANDI – *So, 23.10.11, Laguna Chalviri*

»… Dank der Dieseldämpfe des am Vorabend eingelassenen Holzbodens schlafen wir wie die Murmeltiere. Um fünf Uhr werden wir vom Gekicher aus der Restaurantküche geweckt. Perfektes Timing, denn um halb sechs müssen wir draußen sein, da die Frühstückstische für die Gruppen vorbereitet werden. Wir hüpfen ins Badezeug und setzen uns in den herrlich warmen Thermalpool. Draußen hat es zweistellige Minustemperaturen, die Lagune Chalviri dampft mystisch im Morgengrauen. Die Andenflamingos verstecken ihre Köpfe im pinkfarbenen Federkleid, stehen wie erstarrt auf einem Bein. Es weht kein Lüftchen, keine Geräusche, nur Stille und Frieden. Kurz nach sechs erhebt sich die Sonne hinter den schneebedeckten Gipfeln am anderen Ende der Lagune und taucht die sonst erdigen Hügel in leuchtende Farben. Einige Möwen begeben sich auf Futtersuche, erste Flamingos erwachen aus dem Schlaf, putzen ihre Federn und staken mit gesenkten Köpfen durch das seichte Wasser. Ein sanfter Schauer läuft über meinen Körper, obwohl ich im siebenunddreißig Grad warmen Wasser liege. Es ist ein heiliger Moment, den wir alle ehrfürchtig genießen und wohl unser ganzes Leben lang nie mehr vergessen werden. Erst gegen sieben treffen einige Gruppen ein. Es hat immer noch minus sechs Grad, wir sind gut aufgewärmt und kochen uns erstmal Frühstück in der Morgensonne. …«

Nach dreizehn harten, aber unvergesslichen Tagen im einsamen Hochland Boliviens küssen wir im wahrsten Sinne des Wortes den Asphalt unter unseren Füßen und begeben uns im Sturzflug von 4.600 Meter runter auf 2.400 Meter in die trockenste Wüste der Erde. Die Atacamawüste, in der im Durchschnitt fünfzigmal weniger Regen fällt als im Death Valley in den USA. »Yuuuuuu-haaaaa!! Das ist ja wie Fliegen«, frohlockt Anita. »Das ist noch viel schöner«, entgegne ich euphorisch. Fast vierzig Kilometer lang ist der Downhill nach San Pedro de Atacama, Chile, noch dazu auf feinstem Asphalt!

Mit brennenden, roten Augen, schmerzenden Klüften an den Fingerkuppen und offenen Nasenspitzen genießen wir die trocken-heißen Temperaturen im kleinen Wüstenstädtchen. Endlich wieder Flip Flops und kurze Hosen – und das Bier schmeckt nach den Wochen im Hochland gleich doppelt so gut! Aber weil es hier in der einsamen Wüste nicht nur doppelt so heiß, sondern auch doppelt so teuer ist, begeben wir uns nach ein paar Erholungstagen ein letztes Mal hoch in die Anden …

ARGENTINIEN – ASADO, WEIN & WÜSTENFÜCHSE

Der Paso Jama war bis vor einigen Jahren eine der schwierigsten Andenüberquerungen und nur wenige Radler quälten sich tagelang über schlechte Schotter- und Sandpassagen von Chile nach Argentinien oder vice versa. Heute ist er durchgehend asphaltiert und obwohl er uns wieder auf 4.700 Meter bringt, recht einfach zu fahren – vor allem, wenn man einige Wochen Südwest-Bolivien in den Beinen hat. Nichtsdestotrotz ist die Fahrt ein landschaftlicher Genuss. Es geht durch faszinierende Hoch-Anden Landschaft mit viel Weite, bizarren *Büßereisfeldern**, stahlblauem Himmel und sagenhaften, fast an Raumschiffe erinnernden Wolkenformationen. Ende Oktober erreichen wir die internationale Grenze nach Argentinien, unserem fünfundzwanzigsten Reiseland. Unsere Vorfreude ist groß! Die Abfertigung geht recht einfach, schnell kann man nicht sagen. »Drüben« erwartet uns eine super-moderne Tankstelle, an der man sogar mit Kreditkarte zahlen kann! Klopapier und Papierhandtücher am sauberen, weiß gefliesten WC, gratis Internet im schicken Café und Cappuccino aus einer richtigen italienischen Espressomaschine. Das Ganze ist jedoch nur ein kleiner Vorgeschmack, denn sobald wir kurz vor Susques auf die legendäre »Ruta 40« abbiegen, zeigt sich Argentinien von einer ganz anderen Seite: anspruchsvolle, einsame Pisten, sandige Schiebepassagen, ärmliche Puna-Dörfer und spärlich bestückte Läden. Mit knapp 5.000 Kilometern gilt die »Cuarenta« als die längste Straße der Welt, etwa 1.000 Kilometer länger als die »Route 66« in den USA. Von Nord nach Süd durchquert sie das Land, immer am östlichen Abhang der Anden entlang, sechzig Prozent Asphalt und vierzig Prozent Schotter, Sand und Geröll.

TAGEBUCHEINTRAG ANITA – *Di, 1.11.11, Sierra del Cobre*
»*… Immer weiter pedalen wir uns hoch und verstehen die Dame der Tienda*

---

* *Bis zu sechs Meter hohe Schnee- und Eispyramiden in Hochgebirgen der Tropen und Subtropen, verursacht durch ungleichmäßige Abschmelzung bei starker direkter Sonnenstrahlung und geringer Luftfeuchtigkeit.*

erst jetzt: »Una sola subida!« – »Ein einziges Bergauf!« Es ist ziemlich einsam, nur ein paar Vicuña-Herden und verlassene Hirtenhäuser. Keine Menschen, kein Verkehr. Zu unserer Linken wird ein perfekt geformter Vulkan immer größer. Die vertrockneten, schwarzen Lavafelder reichen fast bis zum Pampagras. Endlich geht's ein Stück runter. Doch dort ist der Sand so tief, dass wir erst recht wieder schieben müssen. Eine Herde Esel betrachtet uns skeptisch, scheint uns unauffällig zu folgen. Jedes Mal, wenn wir uns umdrehen, bleiben sie wie versteinert stehen – als würden sie mit uns spielen. …«

Eine letzte, frostige Nacht auf knapp 4.000 Metern, weitere zwanzig Kilometer Anstieg auf den Abra Blanca, dann ist es endlich soweit: Uns erwarten hundertvierzig Kilometer Abfahrt nach Salta, davon hundert auf Asphalt! Könnte ein netter Radtag werden! Doch wieder kommt alles anders, denn schon bald bremst uns ein starker Talwind, der an unseren Kräften zehrt. Wir sind froh, als wir am späten Nachmittag doch noch das Örtchen Campo Quijana erreichen und zu unserer Überraschung einen gepflegten *Camping Municipal** finden, auf dem wir für drei Euro und mit zwei prall gefüllten Einkaufstüten einchecken. Die heiße Dusche ist ein Traum, das kühle Bier noch viel besser! Der 2.400 Höhenmeter-Downhill hat uns in ein herrliches Klima katapultiert. Wir schlemmen, bis uns die Bäuche fast platzen und sitzen bis Einbruch der Dunkelheit im kurzen T-Shirt vor dem Zelt. In den Bäumen zwitschern die Vögel … was für ein neues Lebensgefühl!

Während man in Europa bereits Glühwein trinkt und sich mit Schal und Winterjacke gegen die Kälte abschirmt, packen wir das warme Zeug ganz unten in unsere Satteltaschen, schmieren uns Sonnencreme ins Gesicht und starten die Badesaison. Frühling in Argentinien. Die Sonnenseite des Lebens hat uns wieder!

In der netten, historischen Stadt Salta gönnen wir uns ein paar Tage Ferien und stellen schnell fest, dass die Uhren hier etwas anders ticken, als wir es gewohnt sind. Zwischen dreizehn und siebzehn Uhr herrscht Siesta und die wird hier richtig ernst genommen. In keinem anderen lateinamerikanischen Land wird die ausgedehnte Mittagsruhe so akribisch durchgezogen! Alle Geschäfte, Ämter, Schulen, Werkstätten und andere Dienstleistungsbetriebe

---

* *Preisgünstige, von der Gemeinde verwaltete Campingplätze*

sind geschlossen, auf den Straßen wird es ruhig. Irgendwie verständlich, denn die Mittagshitze hat es wahrlich in sich. Erst gegen Abend kehrt das Leben in den Straßen wieder zurück. Alt und Jung ist unterwegs, hell, dunkel, Frauen in knalligen Kleidern und hochhackigen Schuhen, Männer in legerer Freizeitmode oder schicken Business-Anzügen, Kinder schlecken an grell-bunten Eiskugeln. Obwohl letztes Jahr die Inflation im Lande etwa fünfundzwanzig Prozent betrug und Argentinien wieder einmal schwierige Zeiten durchlebt, ist wenig davon zu spüren – zumindest im Zentrum der Stadt. Die Salteñas lassen es sich trotz allem gut gehen. Unzählige Einkaufstüten tragen sie in den Händen, in den Restaurants und Cafés wird nach Lust und Laune konsumiert, bullige Pick-ups und schnittige Sportvehikel rollen durch die Straßen. Ein Land voller Kontraste.

TAGEBUCHEINTRAG ANITA – *Mo, 7.11.11, Salta*

»… Es ist wieder mal an der Zeit, die Taschen auszumisten und Unnötiges heimzuschicken. Nach dem Frühstück gehen wir gleich zur Post. Unser Drei-Kilo-Paket in die Heimat kostet gut fünfzig Euro. Naja, was soll's. Mitschleppen wollen wir das Zeug nicht mehr länger. Beim Versenden müssen wir ganz korrekt den hoch-bürokratischen und veralteten Ablauf einhalten. Zuerst wird der Inhalt vom Zoll geprüft, danach alles in eine Schachtel verpackt, mit Packpapier eingewickelt und ab zum nächsten Schalter, wo uns eine geschätzt hundertzwanzigjährige Dame begrüßt. Drei verschiedene Papiere müssen wir ausfüllen. Hier ein Aufkleber, dort noch einer. Unterschiedliche Stempel werden auf alle Zettelchen gedrückt. Was die Dame mit drei Durchschlägen der Dokumente macht, weiß ich nicht, für uns ist keiner dabei. Ist schon lustig, da kommt man in Argentinien an, hat auf der erstbesten Tankstelle Drahtlos-Internet und dann wird auf der Post alles händisch erledigt und zig tausendmal abgestempelt. Als wäre man in Südeuropa, nur dass die Preise nordeuropäisch sind. …«

Weiter auf der Ruta 40 gen Süden. Die nächsten Tage gestalten sich verhältnismäßig einfach, das Radfahren macht richtig Spaß und die herrlichen Temperaturen lassen in uns ein bisschen Urlaubsfeeling aufkommen. Wir passieren von Menschenhand geschaffene Oasen mit Apfel- und Olivenbäumen, erspähen Zypressen und Palmen und schwimmen in schillernden

Stauseen. Easy Days! Plötzlich sind wir keine Gringos mehr, fallen unter den vielen weißhäutigen Menschen nicht mehr wirklich auf und Hunde sind wieder Freunde! Nicht nur einmal leistet uns ein freundlicher, schwanzwedelnder Wuffi beim Lagern Gesellschaft, bewacht unser Zelt und bettelt geduldig nach Futter.

Da die Argentinier selbst ein begeistertes Camper-Volk sind, gibt es fast in jedem kleinen Ort einen preiswerten Camping Municipal. Die Ruta 40 ist zudem wenig befahren und recht einsam, man kommt aber regelmäßig durch Ortschaften mit Nachschubmöglichkeit. Wir müssen unsere Einkaufs-Stopps jedoch gut vorausplanen, denn während der Siesta hat natürlich alles geschlossen. Abgesehen davon ist das Warenangebot um ein Vielfaches reichhaltiger geworden. Es gibt wirklich alles, was das Herz begehrt: vom frischen, lokal angebauten Gemüse, über delikate Milchprodukte, bis hin zu feinem Kaffee und ausgezeichneten Süßspeisen.

Wenn uns zu Mittag der Hunger packt, machen wir es uns oft neben einem der zahlreichen, mit roten Bändern und Fahnen geschmückten Schreine von Gauchito Gil gemütlich, die meist unter schattenspendenden Bäumen platziert sind. Der Legende nach ist der Gauchito Gil eine Art argentinischer Robin Hood, der im 19. Jahrhundert gelebt hat. Nachdem ihn der Henker nach seiner Gefangennahme töten wollte, versprach Gauchito Gil Heilung für dessen kranken Sohn, falls er ihn verschonen würde. Der Henker jedoch vollzog das Urteil, bereute dies aber recht schnell, da sein Sohn mittlerweile im Sterben lag. Er betete zu Gauchito Gil, bat ihn um Verzeihung, und sein Sohn wurde wieder gesund.

Heute ist Gauchito Gil nicht nur in seiner Heimatprovinz Corrientes DER Volksheilige Nummer eins. Lastwagenfahrer haben dem »Schutzpatron der Reisenden« überall im Land Schreine gebaut und hupen zum Gruß, wenn sie an ihnen vorbeifahren. Auch wir klingeln wie verrückt und bitten den Gauchito mit dieser Geste um eine unbeschwerte und unfallfreie Reise.

TAGEBUCHEINTRAG ANITA – *Mi, 9.11.11, Quebrada de las Conchas*
»… Im Morgenlicht schlängeln wir uns durch die Quebrada de las Conchas. Die roten Felsen leuchten, Jardon-Kakteen kleben an den Hängen und farbenfrohe Ara-Schwärme ziehen durch das Tal. Das Panorama wird immer spektakulärer. Als sich das Flusstal schließlich wieder öffnet, werden die kar-

gen Felsen von weiten Weingärten abgelöst. Das satte Grün ist wie Balsam für unsere Augen, der Duft der Blumen wie Parfum. ...«

»Cafayate – el corazón de la ruta del vino Salteño«, – »Cafayate – das Herz der Weinroute Salta«, begrüßt uns ein Schild an der Stadteinfahrt. Die kleine, überschaubare Stadt hat sich voll und ganz auf den Wein-Tourismus eingestellt. Schnurstracks steuern wir eine der edlen Bodegas (Weingüter) an, um an einer Verkostung teilzunehmen. Dass hier inmitten dieser trockenen, auf über 1.600 Meter liegenden Region überhaupt Weinbau betrieben wird, ist schon beeindruckend. Im Regenschatten der Anden fällt nur sehr selten Niederschlag, was zwar eine komplexe und nicht gerade ressourcenschonende Bewässerung nötig macht, aber für die hochwertige Qualität ausschlaggebend ist. Das milde, sonnige Klima sowie der sandige Boden eignen sich perfekt für den Anbau hervorragender Weißweine.

Argentinien ist wirklich ein Traum! Fast jeden Abend belohnen wir uns mit einem Fläschchen günstigen, aber vorzüglichen Wein zum Essen – was sich unglaublich positiv auf unsere Beziehung auswirkt. Denn unter Alkoholeinfluss redet Anita noch mehr als sonst und hält ausgedehnte »Monologe« über das Glück und wie wunderbar unser Leben ist. »Du Andi, gestern Abend haben wir wieder mal richtig gut geredet, findest du nicht?«, schnurrt Anita beim Frühstück. »Äääh, ja sicher«, entgegne ich nach einer kurzen Denkpause. Dass ich nur wenige Worte zu unserer abendlichen Konversation beitrage, ist ihr anscheinend egal.

Unser Rotweindoping verschafft uns wahrlich eine besonders harmonische Zeit, die nur selten von unvorhersehbaren Ereignissen gedämpft wird.

TAGEBUCHEINTRAG ANITA – *So, 13.11.11, Londres*
»... Grauenhafte Nacht! Wenn ich zehn Minuten Schlaf zusammenbringe, ist es viel! Gerade als ich am Einschlafen bin, trifft eine Gruppe Teenager ein und singt – besser gesagt schreit – die ganze Nacht lang durch. Es wird geklatscht und die Gitarre gewürgt. Aber ganz ehrlich: So falsch wie die singen, würde man sie selbst gerne würgen. Um fünf Uhr früh reicht es mir! Stehe auf und frage sie, ob es nicht möglich wäre, wenigstens eine Stunde dieser Nacht schlafend zu verbringen. »I love you«, höre ich von einem. Das ist schon alles. Eine Minute Ruhe und weiter geht's. Kurz nach sechs stehen wir auf, schlafen

können wir ohnehin nicht mehr. *Auf einer Bank sind zwei Burschen »übrig geblieben«, die immer noch voller Hingabe ihre Schnulzen kreischen. Schrecklich,
aber irgendwie müssen wir schon wieder über diese verrückte Nacht lachen.*

*Erstaunlich fit treten wir in die Pedale, vorbei an grünen, gepflegten Gärten,
Nussbäumen und blühenden Sträuchern. Die Kilometer rasseln, doch als wir
an der nächsten Kreuzung nach links abbiegen, begrüßt uns heftiger Gegenwind. Selbst die Bäume geben seiner Kraft nach, uns raubt er sie. In San Blas
de los Sauces schlagen wir unser Zelt am Camping Municipal auf. Es wäre hier
auch richtig gemütlich, würden die Betreiber die Grillstellen und vor allem das
Klo öfter putzen. Egal, die fünf Euro sind etwas mehr als sonst, dafür können
wir duschen und die Klamotten wieder einmal waschen. Während wir kochen,
fährt ein kleines Auto vor. Vier ältere Damen steigen aus, bewaffnet mit großen
Thermoskannen voll heißem Wasser, »Yerbamate*«, Zucker, frischen Tortillas
und »Dulce de Leche**«. Die sonntägliche Mate-Runde, bei der es viel zu erzählen gibt – und auch viel zu lachen. Die vier »Golden Girls« kichern wie Teenager vor sich hin, umso mehr, als sich ein adretter Herr zu ihnen gesellt.*

*Gerade als unser Abendessen fertig ist, bringt uns die einundachtzigjährige
Felicinda einen Teller mit Dulce de Leche-Broten rüber. »Asi somos, los Ar-
gentinos!« – »So sind wir Argentinier!«, sagt sie und drückt uns ein herzliches
Küsschen auf die Wange. Sie ist ganz begeistert davon, dass wir aus Österreich kommen. »Aah, Viena! Y la musica« – »Aah, Wien! Und erst die Musik«,
schwärmt sie, stimmt einen Walzer an und tanzt ein paar Schritte über den mit
Laub bedeckten Boden. Als junge Frau hätte sie die Möglichkeit gehabt, nach
Amerika zu gehen. »Pero no los quiero!« – »Aber ich mag sie nicht, die Amis!«
Sie hätte ihr Land nie verlassen, sie liebe es einfach viel zu sehr. Auf ihr Herz
hat sie immer gehört und ist anstatt in die USA zu gehen in den Süden Argentiniens. Patagonien. Als Köchin hat sie dort gutes Geld verdient und auch ihren
Mann kennen gelernt. …«*

Besucht man Argentinien, muss man sich unweigerlich mit dem Mate
auseinandersetzen, denn der wird immer und überall getrunken. Beim
Autofahren, beim Schlange-Stehen im Supermarkt, während der Arbeit oder

---

* *Getrocknete, geschnittene Blätter des Mate-Strauchs, mit denen ein herbes Aufgussgetränk zubereitet wird.*
** *Karamellcreme aus Milch, Zucker und Vanille*

am Abend vorm warmen Holzofen. Es handelt sich um ein bitteres Aufguss-getränk, welches mit der »Bombilla«, einer Art Metall-Strohhalm aus einer mit »Yerba-Mate« gefüllten Kalebasse gesaugt wird und als Lebenselixier Argentiniens gilt. Etwa achtzig Prozent der Bevölkerung konsumiert ihn mindestens einmal in der Woche. Doch Mate ist viel mehr als nur ein koffeinhaltiges, anregendes Getränk. Meist wird er in geselliger Runde genossen, wobei jeder aus der gleichen Kalebasse trinkt. Der gleiche Aufguss wird unzählige Male mit heißem Wasser aufgegossen und geht wie eine Friedenspfeife durch die Runde. Auch wir haben uns mittlerweile mit einem Mate-Set ausgerüstet und überlegen schon, wie wir das Ganze wohl am besten am Lenker befestigen können, damit es immer griffbereit ist.

Eine karge Gegend mit niedrigem Dornengestrüpp und endloser Weite begleitet uns nun auf unserem Weg. Meist haben wir die schnurgerade Straße für uns alleine. Pampa, wohin das Auge reicht. Dann und wann kreuzt ein Wüstenfuchs unseren Weg und nicht nur einmal verirrt sich ein kleiner Skorpion auf unseren Lagerplatz. Nach einigen Tagen in der Wüste wird es irgendwann eintönig – und so versuchen wir es zum ersten Mal auf der ganzen Reise mit Musik aus dem MP3-Player. Haben riesigen Spaß dabei, fahren tanzend und singend auf der Mittellinie der einsamen Straße und wundern uns, warum wir das nicht schon früher ausprobiert haben. »Rock the Desert!« Eine weitere Möglichkeit, sich die Zeit zu vertreiben, ist das Imitieren von Tierstimmen. Kurz vor Villa Union scheuchen wir einige türkis-grün-farbige Aras auf, die eine Zeit lang parallel neben uns herfliegen, mehrmals ganz knapp vor uns die Straße queren und dabei beinahe unsere Köpfe streifen. »Yippiiiieee!«, schreie ich dem kreischenden Geschwader hinterher. »Das ist fast wie Delfin-Schwimmen«, meint Anita lachend und legt sich ins Zeug, um mit ihnen auf einer Höhe zu bleiben.

TAGEBUCHEINTRAG ANDI – *Fr, 18.11.11, Valle Fertil*
»… Der Wind bläst heute ausnahmsweise von hinten, sogar recht kräftig. Wir fliegen förmlich durch die eintönige Gegend. Die Straße permanent leicht gewellt, als hätte jemand Land und Straße auf fünfzig Kilometern wie eine Ziehharmonika zusammengestaucht. Heiß ist es, Schatten gibt es wenig. Sogar Gauchito Gil lässt uns in Stich. Bis Mittag schaffen wir es nach Marayes, einem trostlosen Kreuzungs-Kaff, wo wir in der staubigen Bushaltestelle jausnen,

bevor wir auf die »Ruta 41« abbiegen. Vorwiegend LKWs frequentieren die endlos gerade Straße, die uns direkt nach San Juan und weiter nach Mendoza bringen soll. Am späten Nachmittag zeigt der Tacho hundert Kilometer an. Vorräte und Wasser sind knapp, bräuchten Nachschub fürs Abendessen. Der nächste Ort, Vallecito, erst in knapp vierzig Kilometern. Überlegen ernsthaft, ob wir diese Etappe auch noch in Angriff nehmen sollten. Wollen es dann aber mit Auto-Stopp versuchen, da sich die Landschaft ohnehin seit Tagen nicht mehr ändert und es brütend heiß ist.

»Ich bin gerade auf dem Heimweg von einem Business-Trip und könnte euch bis Mendoza mitnehmen«, sagt Gustavo, der seinen wuchtigen Pickup neben uns einbremst. In Anitas Augen kann ich augenblicklich ein Leuchten erkennen. »Sehr gerne! Damit haben wir nicht gerechnet«, antwortet sie und beginnt sofort, die Taschen von ihrem Rad zu nehmen. »Wir ersparen uns ganze 250 Kilometer langweilige Fahrt auf viel befahrener Straße«, meint Anita erfreut. »OK, ein wenig »Schummeln« ist erlaubt«, entgegne ich etwas überrumpelt. Schnell laden wir Räder und Gepäck auf die Ladefläche, damit er es sich ja nicht mehr anders überlegt. Gustavo ist Verkäufer für technische Produkte, die unter anderem in Minen Verwendung finden. Er ist sehr gesprächig, sein Telefon läutet oft, am liebsten würde er hundert Dinge auf einmal erledigen. Während der gesamten, über dreistündigen Fahrt wird es uns nicht langweilig. Wir erfahren viel über seine Heimatstadt und bekommen gute Tipps mit auf den Weg. »Früher bin ich selbst mal mit dem Rucksack unterwegs gewesen und habe deshalb angehalten«, erklärt er seine Hilfsbereitschaft. »Damals habe ich mich auch immer über eine Mitfahrgelegenheit gefreut.«

Die Außenbezirke im Norden Mendozas wirken schäbig. Wir sind beide froh, dass wir hier nicht durchradeln müssen. Vor dem Eingang zu einem Campingplatz, etwa zehn Kilometer vorm Zentrum, verabschieden wir uns von Gustavo. Von den unfreundlichen Portieren erfahren wir jedoch, dass noch geschlossen sei. »Die Saison startet erst zu Weihnachten«, meint einer gleichgültig. Es wird etwas mühsam und stressig, da es bereits dämmert und die Gegend nicht gerade zu den besten Vierteln der Stadt gehört.

Mit etwas Glück landen wir schließlich am »Camping de los Graficos«, der zwar auch geschlossen ist, wo man aber Erbarmen mit uns hat und uns auf einem kleinen Flecken Wiese zelten lässt. Dass etwas Hundekacke umherliegt, keine Duschen vorhanden sind und es allgemein nicht recht sauber ist, macht *uns heute nix mehr. Sind eigentlich nur überrascht, bereits heute in Mendoza angekommen zu sein. Ganze 350 Kilometer an einem Tag! Anita würde sagen: »Die da oben haben heute wieder ganze Arbeit geleistet!« …«*

Knapp zwei Wochen benötigen wir, um von Salta nach Mendoza zu gelangen. Es ist wieder an der Zeit, es sich richtig gut gehen zu lassen! Wir quartieren uns in einem günstigen Hostel mit dem passenden Namen »Malbec« ein, schlendern durch die breiten, baumbestandenen Alleen und genießen alle Vorzüge, die Mendoza zu bieten hat, wie zum Beispiel den Wein. Etwa drei Viertel der argentinischen Tropfen kommen aus der Region, rund 1.200 Bodegas produzieren gute, oft hoch qualitative Rotweine und einer der bekanntesten ist der Malbec. Natürlich kosten auch wir uns fleißig durch das Sortiment und genießen es mal wieder, eine große Hostal-Küche benutzen zu können. Als ich eines Abends leckeres Röstgemüse zaubere, schaut mir ein argentinischer Gast skeptisch über die Schulter und fragt: »Que es esto?« – »Was ist das?« »Verdura!« – »Gemüse!« Daraufhin antwortet er: »Cuando nosotros comemos esto, morimos!« – »Wenn wir das essen, sterben wir!«

Das muss wohl in der Tat so sein, denn die Argentinier sind berühmt für ihren überdurchschnittlich hohen Fleischkonsum. Für die Meisten ist es unvorstellbar, nicht täglich Fleisch zu essen! An den Wochenenden trifft man sich zum »Asado«, einem fleischlastigen Grillfest, das hier fast wie eine Religion zelebriert wird. Unter einem halben Kilo Fleisch pro Person ist fast ein Skandal. Dazu gibt's Rotwein und Weißbrot. Manche sollen sogar Salate, Gemüse oder Saucen dazu essen, wir haben dies jedoch noch nie gesehen.

TAGEBUCHEINTRAG ANITA – *Sa, 19.11.11, Mendoza*

»… Wollen den Tipp von Gustavo ausprobieren: »Caro Pepe's Tenedor Libre«, Argentiniens Antwort auf »All-You-Can-Eat Restaurants«. Genau das Richtige für zwei ausgehungerte Radfahrer. Als wir um einundzwanzig Uhr vor der Tür stehen, ist der große Saal noch fast leer. Argentinier essen nicht vor zweiundzwanzig Uhr zu Abend. Super feine Speisen, viele vegetarische Gerichte, Pasta, Salate, eine alles dominierende Grill-Station und ein riesiges Nachspeisenbuffet. Schick essen gehen kann man das wohl nicht nennen, aber ein absolutes Erlebnis. Nach und nach füllt sich das Lokal. Großfamilien, supersexy gekleidete Teenager, pensionierte Ehepaare. Das opulente Dinner rundet

ein grauhaariger Schnulzensänger ab, der mit seinem Mikrofon von Tisch zu Tisch zieht und unzählige Zettelchen in die Hand gedrückt bekommt, um jemandem Geburtstagsgrüße oder Liebesgeständnisse zu übermitteln. Unsere Mägen platzen fast, als wir uns zum Ausgang bewegen. Und so mancher wird mir wohl am Nachhauseweg eine Schwangerschaft nachsagen. ...«

Die Straßen und Gehwege in Mendoza sind breit, der Verkehr moderat und die Menschen wirken sehr entspannt. Die vielen Bäume, Plazas und Grünflächen sind wie kleine Oasen. Im riesigen Parque San Martin legen wir uns ins Gras und sehen den Menschen beim Sporteln zu. Es ist erstaunlich viel los während der Siesta. Jogger, Radfahrer, Inline-Skater, Long-Boarder, Fußballteams beim Training, Leute beim Picknicken oder Eis essen, verliebte Teenies. Mendoza versprüht einen sehr positiven »Vibe« und wir würden es noch locker einige Tage länger hier aushalten. Doch die Versuchung ist groß, viel mehr Geld auszugeben, als man eigentlich will. So ziehen wir lieber wieder weiter und radeln durch die unendlichen Weingüter südlich von Mendoza.

TAGEBUCHEINTRAG ANDI – *Mi, 23.11.11, Bodega Andalhue*
»... Es geht durch schattenspendende Alleen, nicht mehr ganz so feine Gegenden, teils auf Radwegen, teils auf enger Straße. Wir passieren riesige Weingüter, Weingärten und Knoblauchfelder. Dass es hier viel Wein gibt, wissen wir. Aber vom Knoblauch spricht niemand. Voll beladene Transporter überholen uns und verlieren dann und wann eine frische Knolle. Perfekt, so brauchen wir keinen zu kaufen. Zu unserer Rechten begleitet uns die Cordillera Portilla mit ihren schneebedeckten Flanken und Gipfeln. Nach einigen Kilometern knickt die Straße nach links und beginnt anzusteigen. Es ist schon später Nachmittag, wir fragen bei einem Weingut nach einer Campingmöglichkeit.
José Blanco, der Chef der Bodega Andalhue, erlaubt uns, direkt neben der Lagerhalle auf feiner Wiese zu zelten. Klein sei sein Weingut, nur acht Hektar Land. Insgesamt hätte er hundert, aber den Großteil verwendet er zur Produktion von Speisetrauben. Das Geschäft sei schwierig, die Konkurrenz groß und die Leute kaufen lieber überteuerte »Marken« als Qualität vom familiären Weingut. Vor ein paar Jahren hat José auf Biowein umgestellt, den kann er besser vermarkten. Doch nicht nur um den Gewinn geht es ihm, der respektvolle Umgang mit den Ressourcen und die Wertschätzung gegenüber sei-

nen Arbeitern liegen ihm sehr am Herzen. José führt uns in die Lagerhalle, in der sich etwa 100.000 Flaschen stapeln. Wir kaufen uns natürlich ein Fläschchen fürs Abendessen, einen »Malbec José Blanco Reserva 2006«, Eichenfassgelagert. Die farbenfrohen Etiketten hat er vor einigen Jahren eigens für den japanischen Markt designen lassen. Doch der Export sei ein schwieriges Geschäft – vor allem ohne Fremdsprachen-Kenntnisse. Seine ganze Hoffnung liegt in seinen Kindern, die kurz vorm Abschluss ihrer Studien stehen und später das lukrative Exportgeschäft ankurbeln sollen. ...«

Wieder wird es einsam, windig und rau. Wir folgen weiterhin der Ruta 40, die südlich von Mendoza mit einigen langen, anstrengenden Etappen auf uns wartet und ihrem abenteuerlichen Ruf mehr als gerecht wird.

TAGEBUCHEINTRAG ANDI – *Mo, 28.11.11, kurz vor Ranquil del Norte*

»... Ein guter Rückenwind und die vorwiegend sanft abfallende Straße lassen uns bis Mittag fünfundfünfzig Kilometer zurücklegen. Die rasante Fahrt endet an einer Brücke, die über eine spektakuläre Basaltschlucht führt. Das Wasser hat sich seinen Weg durch altes Lavagestein gesucht. Etwa fünfzehn Meter breit, senkrechte, zehn Meter hohe, pechschwarze Wände. Unten donnert ein von der Schneeschmelze lehmig gefärbter Fluss. Leider ist ab hier für die nächsten sechzig Kilometer Schluss mit dem Asphalt.

Es ist brütend heiß. Keine Bäume, kein Schatten. Mittag machen wir unter dem lichten Blätterdach eines Busches. So gut wie kein Verkehr. Mühsam ist es, doch wir kämpfen uns gut voran. Nach knapp neunzig Kilometern erreichen wir ein verlassenes Lehmhaus. Eigentlich sollte sich laut Karte und der Info mehrerer Personen hier ein Örtchen befinden, in dem wir unser Wasser aufstocken können. Doch außer einem verwitterten Schild gibt es weit und breit nichts. Unser Wasser ist fast aufgebraucht, der nächste Ort über vierzig Kilometer entfernt. Genau das sollte einem Radfahrer niemals passieren.

Wir bleiben ruhig, halten einen Pick-up an. Der Fahrer meint selbstbewusst, dass um die Ecke einige Häuser seien. Aber als wir dort ankommen, sehen wir nichts. Es ist spät, die heutige Etappe war hart und die Entfernung in den nächsten Ort zu weit. Also entschließen wir uns, die wenigen Autos zu stoppen, die unseren Weg kreuzen, um nach Wasser zu fragen. Gleich der nächste Pick-up versorgt uns mit zwei Litern Wasser und der Auskunft, dass es nach einem kurzen Anstieg nur noch bergab ginge. Der Anstieg ist natürlich viel länger und steiler als angenommen, so enden wir nach hundert Kilometern Tagesleistung am staubigen Straßenrand und stellen unser Zelt auf. Von verschiedenen Autofahrern kratzen wir uns genügend Wasser fürs Abendessen zusammen, ergattern sogar einen halben Liter Limonade und verbringen eine ruhige und angenehme Nacht inmitten dieser wunderschönen Steppenwüste. ...«

NORDPATAGONIEN
UND DIE CARRETERA AUSTRAL

»Bienvenidos a la Region Patagonia« – »Willkommen in der Region Patagonien«, begrüßt uns der nette Herr von der Tourist-Info am anderen Ende der Brücke über den Rio Barrancas. Unsere Freude ist groß! Doch nicht nur der nette Mitarbeiter des Fremdenverkehrsamts heißt uns herzlich willkommen. Der berüchtigte patagonische Wind stemmt sich uns sogleich heftig entgegen und gibt uns einen ersten Vorgeschmack auf die Wildheit dieser faszinierenden Region. Zufällig treffen wir im Städtchen Chos Malal auf Kanada-Matt, einen »alten« Radler-Kollegen (nicht zu verwechseln mit unserem Freund »Wisconsin-Matt«, mit dem wir in Bolivien unterwegs waren). Gemeinsam reist es sich bekanntlich besser, und so radeln wir mit Matt einige Tage Richtung Süden und sprengen dabei unseren Tageskilometer-Rekord, der nun Dank eines überraschend starken Rückenwindes bei 146 Kilometern liegt.

Ab Junin de los Andes freuen sich unsere mittlerweile unter »Grün-Entzug« leidenden Augen über erste Pinien, denn ab hier wird die Vegetation immer üppiger. Das chilenisch-argentinische Seengebiet nordwestlich von Bariloche wird gerne als die »Schweiz Südamerikas« bezeichnet. Glasklare Seen und Flüsse, schneebedeckte Berge, grelle Blumenwiesen und schattige Wälder erwarten den Besucher. Doch seit mehr als einem halben Jahr leidet die Region unter den Folgen eines Vulkanausbruches. Begonnen hat alles im Juni 2011. Der Puyehue spuckte über Nacht eine Mischung aus Sand und Asche in die Atmosphäre, weite Teile der Gegend östlich des Vulkans waren am darauffolgenden Morgen mit einer dreißig Zentimeter hohen, grauen Schicht bedeckt. Seit diesem Tag ist der Puyehue aktiv, bläst in einem fort Asche in die Luft. An windigen Tagen herrscht grauer Nebel, das feine Pulver dringt in alle Ritzen und Poren, das Atmen fällt schwer.

TAGEBUCHEINTRAG ANITA – *Fr, 9.12.11, Lago Nahuel Huapi*
»… Die Landschaft, die sich vor uns auftut, stimmt uns beide nachdenklich. Verlassene, in Asche versunkene Häuser. Blumen, die sich mühselig ans

Licht kämpfen und Tiere, die anstatt im Gras zu stehen, Asche fast bis zu den Knien haben. Um die Mittagszeit erreichen wir Villa La Angostura, einen der wichtigsten Tourismusorte der Region. Eigentlich sollten alle Hotels um diese Zeit ausgebucht sein, doch es wirkt recht ruhig. Vor den Restaurants riesige Aschehaufen, die Straßen werden ständig mit Wasser besprengt, damit nicht noch mehr Staub aufgewirbelt wird. In der Bushaltestelle essen wir Käsebrote, beobachten die mit Sand und Asche beladenen LKWs. Der starke Wind sorgt dafür, dass sich im Nu eine feine, graue Schicht auf unserem Mittagessen bildet. Als wir etwa zwanzig Kilometer nach Villa La Angostura die holprige Piste zum Camping »Don Horacio« runterrollen, staunen wir nicht schlecht: Grün! Doña Angelika begrüßt uns mit einem warmherzigen Lächeln, meint, wir sollten uns ein nettes Plätzchen suchen. Sei ohnehin niemand außer uns da. Sie und ihr Mann leiden am gleichen Schicksal wie alle anderen in der Region. Asche über Asche, die Touristen bleiben diese Saison aus. Aber was will man machen? Einfach weiter putzen, bewässern und hoffen, dass der »Spuk«, im wahrsten Sinne des Wortes, bald vorbei ist. Achtzig LKW-Ladungen haben sie weggekarrt, um ihr Grundstück von der Asche zu befreien. Keine einzige Beschwerde hören wir von ihnen, obwohl sie es alles andere als einfach haben. Es sei ihr Leben, sagt sie. Dieses Grundstück und der Campingplatz. Seit über hundertzehn Jahren lebt Angelikas Familie hier. Strom haben sie nur, wenn sie den Generator anwerfen. Aber »Paz« – »Frieden« hätten sie. Viel Frieden. So wirkt es tatsächlich. Auch wir tauchen ganz tief ein und saugen die gute Energie dieses herrlichen Fleckens Erde in uns auf, während Doña Angelika und ihr Mann unterm Vordach einer einfachen Holzhütte Mate schlürfen und auf den See blicken. Hoffnung und Zuversicht braucht man, und den Mut, wieder einen Schritt weiter zu gehen – egal, was einem geschieht. …«

Südlich von Bariloche verlassen wir die vom Vulkanausbruch betroffene Region wieder und atmen tief durch. Wir folgen der Ruta 40 weiter in den Süden, besuchen das Aussteiger- und Hippie-Dorf El Bolson und erfreuen uns am milden Klima und den herrlichen Bergpanoramen. Schwer behangene Kirschbäume säumen den Weg, vor kleinen Bauernhöfen werden frische Früchte und selbst gemachte Produkte verkauft. Bei Esquel drehen wir die Lenker nach rechts und wechseln über einen niedrigen Pass auf die Westseite der mittlerweile relativ niedrigen Anden.

TAGEBUCHEINTRAG ANITA – *Fr, 16.12.11, Grenze AR/CH*

»... Vor der chilenisch-argentinischen Grenze futtern wir die restlichen Nüsse, da diese nicht nach Chile mitgenommen werden dürfen. Müssen eine Weile warten, denn der Chef, wie er sich selbst nennt, hat gerade keine Lust zu arbeiten, obwohl eine lange Warteschlange hinter uns steht. »Hasta mañana« – »Bis morgen«, scherzt der arrogante Typ und geht zu seinen Kollegen rüber, um gemütlich Mate zu schlürfen. Er grinst und meint: »Soy el chefe!« – »Ich bin der Boss!«. »Typisch Zöllner«, denke ich mir. Gnädigerweise kehrt der werte Herr nach zehn Minuten wieder zurück, um all unsere Daten mit dem Adler-Such-System in den Computer einzugeben. ...«

Mit dem Grenzübertritt nach Süd-Chile wartet das nächste, große Abenteuer auf uns. Ein lange gehegter Traum und sicherlich eines der Highlights aller Südamerika-Radler: die Carretera Austral. Üppiger Kaltregenwald, schneebedeckte Berge, leuchtende Gletscher, türkisblaue Flüsse und Seen, unzählige Wasserfälle und viel Regen prägen diese gottverlassene Gegend. Lange Zeit war der südliche Teil Chiles nicht zugänglich. Erst 1976 wurde mit dem Bau der »Carretera Austral Presidente Pinochet« begonnen. Das letzte Teilstück nach Villa O'Higgins wurde erst vor vierzehn Jahren vervollständigt und es gibt Bestrebungen, die Piste noch weiter in den Süden zu treiben. Auf den Radnomaden warten harte Etappen. Miese Schotterpisten, unberechenbare Witterung und gemein-steile Anstiege. Je nach Wetterlage kann die Carretera Austral ein absoluter Genuss oder eine nicht endend wollende Qual sein – vor allem, wenn man zu spät feststellt, dass Regenklamotten und Packtaschen einmal wasserdicht waren. Eines ist sie jedoch gewiss: unvergesslich.

TAGEBUCHEINTRAG ANDI – *Mo, 19.12.11, Lago Risopatron*

»... In der Nacht hat es wieder geregnet. Die Wolken hängen tief und gerade, als wir alles zusammenpacken, prasseln erneut dicke Regentropfen auf die Zeltplane. Etwas widerwillig schlüpfen wir in die immer noch feuchten Schlechtwetterklamotten und folgen weiter dem Rio Palena, der mit seinem türkisfarbenen Wasser einen wunderschönen Kontrast zur verregneten Landschaft bildet. In den nassen Klamotten kühlen unsere Körper bei jeder Pause schnell aus. Ungemütlich ist es. Mal wird der Regen mehr, mal weniger.

Am Lago Risopatron halten wir am Eingang zum Nationalpark-Camping-

platz. Klatschnass spazieren wir den matschigen Weg hinunter, der Regen prasselt immer noch vom Himmel. »We enjoy this all so much!«, sagt John zu mir und wärmt seine Finger über dem lodernden Feuer. Er und seine Frau Cathy sind seit drei Wochen in Patagonien und ebenfalls Radfahrer. Das grauenhafte Wetter scheint ihnen nichts auszumachen. Ganz im Gegenteil. Freudestrahlend stehen sie vor uns und drücken uns gleich eine Tasse heißen Tee in die Hand. …«

Wir verstehen uns auf Anhieb prächtig mit den beiden unerschütterlichen Radnomaden. Ursprünglich kommen Cathy und John aus Australien, wo sie aber schon lange nicht mehr leben. Nachdem sie ihr Heimatland mit dem Rad umrundet hatten, packten sie ihre Koffer und lebten sieben Jahre auf der Südseeinsel Fidschi. John war für die dortige Uni als IT-Techniker tätig, Cathy koordinierte als Assistentin die universitären Austauschprogramme. Während eines Europa-Urlaubs, den sie natürlich mit dem Rad machten, verliebten sie sich in die englische Stadt York. Kurzerhand brachen sie erneut ihre Zelte ab und leben seither in England.

Tags darauf fahren wir wieder einmal in netter Gesellschaft weiter. Da unsere Ausrüstung nicht mehr ganz dicht hält, legen wir in der Tourist-Info im nächsten Ort eine Trocken-Pause ein, während unsere neuen Freunde weiterziehen. »Wir sind ohnehin langsam, bald habt ihr uns wieder«, verabschiedet sich Cathy. »Alles klar, wir sehen uns!«

Eine raue Gegend wie Chilenisch-Patagonien bringt ebenso extreme Charaktere hervor. Die Menschen sind tief verbunden mit ihrer Region. Wenn sie von ihrem Patagonien erzählen, dann geht ihnen das Herz auf – egal ob alt oder jung. Das entbehrungsreiche Leben fördert darüber hinaus den Zusammenhalt der Menschen untereinander. Zeit scheint nur eine untergeordnete Rolle zu spielen. Der Rhythmus Patagoniens lässt auch uns langsamer werden. Wir nehmen uns Zeit, um mit den Menschen Mate zu trinken und ihren Geschichten zu lauschen. Immer wieder drehen sich die aktuellen Gespräche um dasselbe Thema.

Seit einigen Jahren plant die chilenische Regierung gemeinsam mit ausländischen Investoren an fünf Staudämmen am Rio Baker und Rio Pascua. 5.900 Hektar Land müssten dafür geflutet werden und eine einzigartige, bislang zu großen Teilen unberührte Landschaft würde zerstört werden. Die gewonnene

Energie würde mittels Hochspannungsleitungen in die 2.000 Kilometer entfernte Hauptstadt und die noch weiter nördlich liegenden Minen geleitet werden. Die Folgen für das einzigartige Ökosystem wären fatal.

Nicht nur in der betroffenen Region regt sich der Widerstand. Halb Chile ist für ein »Patagonia sin Represas« – ein »Patagonien ohne Staudämme«. Viele setzen sich mit kleineren oder größeren Aktionen gegen das Megaprojekt ein. Auch weltweit tut sich einiges. Viele Umweltorganisationen unterstützen die Aktivisten. Filmemacher und Journalisten rücken das Thema in den Fokus. Die Fronten sind jedoch verhärtet, der Konflikt noch lange nicht ausgetragen. Wie so oft, geht es um viel Geld – und vor allem um Macht.

TAGEBUCHEINTRAG ANDI – *Do, 22.12.11, Villa Amengual*

»… Señora Veronica hat ein kleines Hostal in Villa Amengual. Bei Mate wird in der Küche diskutiert. Alle hundertfünfzig Meter soll ein Hochspannungsmast aufgestellt werden, den Grundstücksbesitzern wird ein verlockendes Angebot unterbreitet. Schwer sei es, Leute zu mobilisieren. Viele brauchen das Geld für das Studium ihrer Kinder, das sie sonst niemals finanzieren könnten. So treten sie ihr Land an die ausländischen Firmen ab. Dass der Geldfluss jedoch nur kurzfristig währt, das bedenken viele nicht. Mit Arbeitsplätzen locken sie, doch nach einigen Jahren, sobald die Dämme und Leitungen gebaut sind, wird ein Großteil der Leute wieder auf der Straße stehen. Der unwiderrufliche Eingriff in die Natur wird jedoch für immer bleiben.

»Die Regierung soll lieber Alternativen im Tourismus fördern«, meint sie und schlürft nachdenklich an ihrer Bombilla. Denn sobald sich die Hochspannungsleitung quer durch die Landschaft zieht, wird es vorbei sein mit dem einzigartigen Flair Chilenisch-Patagoniens. …«

Die Situation stimmt uns traurig. Unsere Natur als nachhaltige Lebensgrundlage scheint wieder einmal zweitrangig zu sein. Aber wo will die Menschheit hin? Was ist das Ziel unseres unbändigen Strebens nach mehr? Ist es wirklich Fortschritt, wenn wir ohne nachzudenken in die letzten großen Naturlandschaften der Erde eingreifen? Wofür? Geht es ums Besitzen? Immer schneller, immer besser, immer reicher?

Wie viel muss noch zerstört werden, bis wir endlich Verantwortung übernehmen? Wer denkt an die Generationen nach uns? An unsere Kinder und

Enkel? Wann wird die Menschheit begreifen, dass die Erde heilig ist? Sie ist ein lebendiges Wesen, das UNS ein Zuhause ist!

TAGEBUCHEINTRAG ANITA – *Do, 22.12.11 – Questa Quelat*

»… Die Wolken entleeren sich die ganze Nacht über, auch am Morgen keine Pause. Wir drehen uns hin und her, schlafen immer wieder kurz ein und hoffen, dass wir beim nächsten Mal Aufwachen kein Regenprasseln mehr hören. Das Warten hilft nicht. Also quälen wir uns auf, frühstücken und packen alles zusammen. So macht's keinen Spaß, auch wenn die schirmgroßen Blätter des »Nalca*« und die moosbewachsenen Bäume im Regen noch viel hübscher aussehen als sonst. Nach einigen Kilometern Auf und Ab steigt die Straße stetig an. Kurven uns langsam die »Questa Quelat« rauf. Das Thermometer zeigt fünf Grad, wir nähern uns der Schneefallgrenze. Als wir endlich den höchsten Punkt überwinden und den Downhill hinabdüsen, können wir uns gar nicht mehr erwärmen. Mein Körper zittert, die Finger sind klamm. Unter einem Holzverschlag versuchen wir vergeblich, uns mit heißem Tee aufzuwärmen. Also wieder rauf aufs Rad und hoffen, dass bald ein Gegenanstieg die Kälte aus unseren Gliedern vertreibt. Es funktioniert tatsächlich wunderbar und etwas später kommt sogar noch die Sonne zum Vorschein. …«

Von nun an zeigt sich die Carretera Austral von ihrer freundlichen Seite. Die dunklen Regenwolken verschwinden vom Himmel und das Thermometer klettert auf sommerliche Temperaturen. Am Weihnachtstag treffen wir erneut Cathy und John. Wir beschließen gemeinsam zu feiern und finden für unser Weihnachtscamp einen ganz besonderen Flecken am Rio Simpson. Etwa zwanzig Kilometer bevor wir unser Lager erreichen, gesellt sich eine zierliche, junge Hündin zu unserer »Herde« und läuft fröhlich neben uns her. Passend zum Tag geben wir ihr den Namen »Sandra Claus«. Den gesamten Weihnachtsabend und sogar die Nacht bleibt sie bei uns, freut sich über unsere Essensreste und die extra Streicheleinheiten. Wir kochen fein auf und teilen unser Essen gemeinsam, als Nachspeise gibt's Weihnachtskuchen mit Dulce de Leche. Während der Mate seine Runden dreht, knistert das Lagerfeuer und Sandra Claus schläft wie ein kleines Baby neben uns ein.

---

* *Nalcas oder Gunnera tinctoria, auch Riesenrhabarber genannt, können besonders an der Carretera Austral eine beachtliche Größe erreichen. Die jungen Stängel sind essbar.*

»… Traumhaft geschlafen – und wieder Kaiserwetter! Vorbei an gelben Blumenfeldern und baumlosen Hügeln radeln wir weiter in Richtung Süden. Die Natur hat sich hier immer noch nicht ganz von den großen Waldbränden der Vierzigerjahre erholt. Damals wollten die ersten Siedler das Land mit Hilfe von Feuer urbar machen, doch diese gerieten außer Kontrolle und brannten mehrere Jahre. Alleine in der Region Aysen wurden damals siebenundfünfzig Prozent des Waldes vernichtet.

Kurz vor El Blanco lesen wir auf einem Schild: »Se vende verdura« – »Gemüse zu verkaufen«. Wir drehen schnurstracks um, da unsere Gemüsevorräte zur Neige gehen. Leider sei alles aus, erklärt Señor Andrés und lehnt sich an den Holzzaun zwischen uns. Ganz interessiert stellt uns der alte Herr Fragen und gerät dabei selbst ins Schwärmen über »sein« Patagonien. Das satte Grün, die herrlichen Farben. Patagonien sei zu jeder Zeit wunderschön! Sein ganzes Leben hat er hier verbracht und erkennt immer noch den Zauber seiner Heimat. Ganz alleine lebt er hier, zum Weihnachtsfest hatte er Besuch von seiner Tochter. Beim Verabschieden reiche ich ihm die Hand, wünsche ihm »Feliz Navidad« – »Frohe Weihnachten« und bemerke, wie seine uralten Augen immer glasiger werden. Ich weiß nicht, was in diesem Menschen, voller Erinnerungen im Herzen, vorgeht, aber in diesem Moment ist es auch nicht wichtig. Ganz selbstverständlich umarme ich ihn und drücke ihm ein Küsschen auf die Wange … Manchmal sind es klitzekleine Augenblicke, die wie eine Ewigkeit erscheinen und für einen Moment lang alles und jeden verbinden. …«

Eigentlich wollen wir schon seit einer Weile ein paar Ruhetage einlegen, die Oberschenkel rufen förmlich danach. Doch das Wetter ist einfach zu herrlich, um jetzt zu pausieren. Von Tag zu Tag wird die Landschaft interessanter. Gletscher leuchten mit ihrem ewigen Eis, türkisfarbene Flüsse rauschen durch enge Schluchten, tiefblaue Seen, wohin das Auge reicht. Wir können einfach nicht genug bekommen von den herrlichen Farben und den skurrilen Wolkenformationen am Himmel! Das Radlerglück ist nahezu perfekt, wären da nicht die vielen lästigen Pferdebremsen, die uns seit einigen Tagen das Leben etwas schwer machen.

»Autsch! Aaahh – ich liebe Tiere! Autsch!«, murmelt Anita vor sich hin, während sie von aggressiven Pferdefliegen attackiert wird. »Einfach in Fahrt bleiben, damit sie dich nicht erwischen«, rate ich ihr, obwohl ich weiß, dass die Biester sehr wohl mithalten können. Als wären die steilen Anstiege nicht genug, müssen wir währenddessen auch noch die kleinen Blutsauger verjagen.

Weiter geht es entlang des Lago *General Carrera**, dem größten Binnengewässer Chiles. Der von Gletschersediment türkis gefärbte See gibt uns fast das Gefühl, am Meer zu sein. Wir nehmen uns viel Zeit, pausieren am Seeufer und beobachten Kondore, die in der Ferne majestätisch ihre Kreise ziehen.

Die letzten Kilometer nach Cochrane laufen wie von selbst. Das 3.000 Seelen-Dörfchen wirkt fast ein wenig vergessen. Neujahr steht vor der Tür, wir checken am kleinen Campingplatz direkt im Zentrum ein und feiern in gemütlicher Radler-Runde den Start ins Jahr 2012. Ruhig geht man hier das neue Jahr an, kein einziger Böller, kein Feuerwerk. Nur die Sterne, die für uns am Firmament leuchten. Auch wir lassen das neue Jahr ohne Stress angehen und gönnen uns am ersten Jänner eine verdiente Pause frei nach Radlermanier. Wir frühstücken königlich, plündern den Camping-eigenen Kirschbaum, essen kaiserlich zu Mittag und grillen zur Krönung abends groß auf, sodass wir sogar den Hausherrn zum Staunen bringen.

Gemeinsam mit Cathy und John geht es weiter, immer im typischen Carreterra-Stil: steil und anstrengend auf und ab. Links und rechts ragen moosbewachsene Baumriesen in den Himmel, umgeben von dichtem, undurchdringlichem Primärwald. Der Rio Baker bildet kurz vor seiner Mündung in den Pazifik ein breites Delta, an dessen Rand der Hafenort Tortel liegt.

TAGEBUCHEINTRAG ANDI – *Do, 5.1.12, Tortel*

»… Bedeckt der Morgen, ein kühler Wind lässt uns frösteln. Wir queren den kleinen, über Nacht etwas angestiegenen Bach, der unseren Lagerplatz von der Carretera trennt. In voller Regenmontur treten wir die sechzehn Kilometer bis zum Parkplatz an, wo wir unsere Räder parken müssen. Das Wegnetz in Tortel besteht ausschließlich aus Zypressenholz-Stegen und -Stiegen, die alten Holzhäuser kleben an einem steilen, sumpfigen Hang, der bis an den vom Rio Baker lehm-braun gefärbten Fjord reicht. Freuen uns, dass wir den regenreichsten Ort Chiles in typischem Tortel-Wetter erleben dürfen – leichtes Nieseln und kühl. Für uns fühlt es sich wie ein feucht-kalter Novembertag an, doch die Dorfbe-

---

* Durch den See läuft die chilenisch/argentinische Grenze; in Argentinien wird er »Lago Buenos Aires« genannt.

wohner sehen das anders. Rosalinda, die Besitzerin der kleinen Dorftienda, beklagt sich, dass es in den letzten Wochen viel zu heiß gewesen sei und ihr der Regen fehle. »Ay que calor!« – »Ach, was für eine Hitze!« Das hiesige Wasserreservoir sei leer, die Stromturbine kann nicht betrieben werden. Mit Dieselgeneratoren wird teure Energie erzeugt. »Gut, wenn der Sommer endlich vorbei ist«, meint sie und holt das hausgemachte Brot aus dem Holzofen. Über ein Labyrinth aus Stegen und Stiegen gelangen wir ins »Zentrum«, welches aus ein paar Gemeindegebäuden, einer Holzkirche und einem auf Stelzen im Wasser stehenden Hauptplatz besteht. Es hat den Anschein, als würde die Zeit hier still stehen. Die alten, feuchten Holzhäuser modern vor sich hin, in Holzkisten wird etwas Gemüse angebaut. Seit ein paar Jahren tröpfeln in der etwa zwei Monate andauernden Hauptsaison ein paar Touristen herein. Jorge hat ein kleines Restaurant – »El Mirador«. Er erzählt uns, dass das Leben hier zwar ruhig und beschaulich, aber gar nicht einfach sei. Ein bis zweimal im Monat muss er nach Coyhaique zum Einkaufen fahren – 450 Kilometer eine Strecke. Oft falle der Strom aus, die Preise seien aufgrund der langen und beschwerlichen Anfahrtswege überteuert. Trotzdem würde er hier nicht mehr weggehen. »Die Leute halten zusammen, alle sind eine große Familie. Nicht wie in der Stadt.« …«

TAGEBUCHEINTRAG ANITA – *Fr, 6.1.12, Puerto Yungai*
»… Mitten in der Nacht werde ich von einer vorbeiziehenden Kuhherde geweckt, die ganz knapp an unser Zelt kommt. Ein letzter Anstieg liegt vor uns, die Gletscher rutschen näher, Wasserfälle stürzen an allen Seiten des Tals in die Tiefe. Oft sitze ich vor den leeren Seiten meines Tagebuchs und weiß nicht mehr, wie ich das, was wir erleben, in Worte kleiden soll. Jeder Tag auf der Carretera ist für uns ein großes Geschenk …

Puerto Yungai erreichen wir schneller als gedacht und stehen eine Stunde vor Abfahrt der kleinen Fähre über den Mitchell Fijord am Hafen. Perfekt, so haben wir Zeit fürs »Desayuno Dos« – das »zweite Frühstück«. Kochen uns Kaffee, essen Brötchen mit Käse und Avocado und gönnen uns danach im kleinen Laden einen hausgemachten Kuchen mit Nüssen und Dulce de Leche. Die achtjährige Tochter von Señora Inez freut sich über die Abwechslung. Einen nach dem anderen spannt sie zu einer Runde Ballspielen ein, bekommt vom vielen Herumtollen ganz rote Backen. Sie lebt mit ihren Eltern hier als einzige Familie. Kein Wunder, dass einem da manchmal langweilig wird. Zur

Schule geht sie im hundertdreißig Kilometer entfernten Cochrane. Volle zehn
Tage bleibt sie dort, in Begleitung ihrer Mama, dann geht's wieder zurück nach
Hause. Señora Inez »vertreibt« sich währenddessen ihre Zeit mit Stricken. Ja-
cken, Mützen und Taschen fertigt sie. Alles aus Naturwolle und mit viel Liebe
und in Kleinarbeit hergestellt. ...«

Auf den letzten hundert Kilometern vor dem »Ende der Straße« begegnet
uns nur noch selten ein Auto. Die Wildheit und Abgeschiedenheit dieser Region fühlt sich gut an. Es ist immer noch heiß und trocken. Die zahlreichen
Naturpools, die direkt am Straßenrand liegen und von den mächtigen, zum
Greifen nahen Gletschern gespeist werden, laden zu ausgedehnten Pausen ein.
»This is the end of the road as we know it« – »Das ist das Ende der Straße,
wie wir es kennen«, singen wir in Anlehnung an einen *REM-Kulthit* * aus den
Achtzigern laut vor uns hin, als wir das Ortsschild von Villa O'Higgins erreichen. Fast gleichzeitig beginnt der Himmel zu weinen, erste Regentropfen
prasseln auf unsere Haut. »Let's do it again« – »lasst es uns nochmal tun«,
meint John voller Freude.

Villa O'Higgins ist das letzte Dorf an der Carreterra Austral. Bis heute
hat sich die kleine Ortschaft durch ihre Isoliertheit und Abgelegenheit einen
pionierhaften Charme bewahrt. Einige Kilometer weiter endet die Piste am
milchig-trüben Lago O'Higgins. Mächtige Gletscher kalben in den See, das
Wasser brodelt bedrohlich im eisig kalten Wind. Die Eismassen sind Teil
des südlichen patagonischen Eisfelds, welches das größte Gletschergebiet auf
der Südhalbkugel außerhalb der Antarktis ist. Hier an der kleinen Bootsan-
legestelle gehen die letzten Reste der Zivilisation nahtlos in eine einsame, sub-
polare Wildnis über. Dem Reisenden bieten sich nun zwei Möglichkeiten von
hier wieder wegzukommen: Entweder man dreht um oder wagt die beschwer-
liche Überquerung durch grünes Dickicht nach El Chalten, Argentinien.

Obwohl die Carretera Austral ein absolutes Highlight war und wir alle sie
am liebsten nochmal fahren würden, entscheiden wir uns für letztere Variante. Wir buchen eine Fährpassage über den Lago O'Higgins, von wo aus
man sich auf steilen Schotterwegen und zerfurchten Pferdewegen weiterquält.
Wegen einer Sturmwarnung kann unser Boot jedoch nicht ablegen und wir

---

* *Der Originaltitel des Songs lautet: »It's the End of the World as We Know It (And I Feel Fine)«*

müssen ein paar zusätzliche Pausentage in Villa O'Higgins einlegen.

»He Ihr da, sucht Ihr ein Hotel?«, möchte der etwas verwilderte Herr vor dem Dorfladen von uns wissen, als wir unseren Einkauf in den Taschen verstauen. »Nö danke, wir möchten campen«, antworten wir etwas abweisend. »Das trifft sich gut, ich hab' da hinten eine Weide, dort könntet Ihr Euer Zelt aufschlagen. Die kleine Holzhütte mit Ofen dürft Ihr natürlich benutzen. Ist zwar nix Offizielles, kostet aber auch nicht viel.« Während Cathy und John lieber in einem Hostal einchecken, entscheiden wir uns, das kleine Refugio von Don Ramon zu begutachten. Eine gute Entscheidung! Das weitläufige Grundstück mit lichtem Baumbewuchs und der gemütlichen Hütte ist uns von Beginn an sympathisch. »Irgendwie erinnert mich die Kulisse an die Waltons«, scherze ich, während ich den altmodischen Tischherd anfache und den verbeulten Wasserkessel aufstelle. »Ich hab' dich lieb, Andy-Boy«, sagt Anita, die währenddessen unsere stinkenden Klamotten in einem Blechbottich durchdrückt. »Ich hab' dich auch lieb, Anita-Bonita«, antworte ich zufrieden.

Das Wetter spielt verrückt und wir sind froh, die kleine Stube mit dem wärmenden Holzofen ganz für uns alleine zu haben. Perfektes Timing – wie immer! Die sturmbedingte Verzögerung der Weiterreise kommt uns angesichts unserer neuen Einsiedlerunterkunft sehr gelegen. Während ich mich um Feuerholz und Warmwasser kümmere, bäckt Anita saftige Brötchen, knetet Teig für eine Pizza und fährt mit dem Rad in den Ort, um Cathy und John für den Abend einzuladen. Den ganzen Tag sind wir mit großer Freude am Werkeln.

Abends sitzen wir mit Cathy und John gemütlich am rustikalen Holztisch, lassen die vergangenen Wochen Revue passieren und philosophieren über das Leben. Draußen regnet es, wir schlürfen Wein und der Holzofen bringt unsere Gesichter zum Glühen. »Welch' gebührender Abschluss der legendären Carretera Austral«, sind wir uns alle einig. Einen knappen Monat lang durften wir die Wildheit der Region in uns aufsaugen, die uns jeden Tag aufs Neue zum Staunen gebracht hat.

Angeregt unterhalten wir uns über das geplante Staudammprojekt und darüber, was uns wirklich glücklich macht. In der Abgeschiedenheit des südlichen Chiles hat man viel Zeit, um seinen Gedanken freien Lauf zu lassen. »Ich denke, viele Menschen kaufen Dinge, weil sie NICHT wissen, was sie glücklich macht«, meint John gedankenversunken. »Sie glauben, wenn sie dieses oder jenes hätten, wären sie glücklich. Aber das stimmt nicht, denn sobald sie es besitzen, sehen sie jemanden, der etwas anderes hat, das sie nicht haben. Und sie denken nun: Jetzt brauch ich das, um glücklich zu sein!« … »Man sieht so viele Menschen, die fast nichts besitzen und trotzdem glücklich sind«, ergänzt Cathy, »weil sie WÄHLEN, glücklich zu sein«. Ich lege noch ein Scheit Holz in den Ofen, schenke Rotwein nach und lausche dem monotonen Prasseln der Regentropfen auf das Blechdach. »Wenn wir auf unser Leben zurückblicken, waren wir am glücklichsten, als wir nichts hatten. Als wir rund um Australien geradelt sind und gerademal genug Geld hatten, um Haferflocken zu kaufen!«, erzählt Cathy. Bei diesen Worten wird das Lächeln in Johns Gesicht immer strahlender. »Die Welt ist ein unglaublicher Ort, findet Ihr nicht? Vielleicht geht es nur darum, das Hier und Jetzt zu genießen?« – »Du hast recht, Johnny. Und zu wählen, glücklich zu sein!« Cathy drückt ihrem Liebsten ein Küsschen auf die Wange, bevor wir müde und zufrieden in unser Zelt krabbeln. »*Choose to be happy!*« – »Wähle glücklich zu sein!«

Mit der Fähre überqueren wir zwei Tage später den Lago O'Higgins. Dichte, mit Wasser gefüllte Wolken hängen über den vergletscherten Bergen. Gemeinsam mit Cathy und John, den Reiseradlerinnen Megs und Jules (Australien) sowie Chris und Jako (USA/Holland) radeln und schieben wir die steile, achtzehn Kilometer lange Schotterpiste hoch bis zur argentinischen Grenze. Bald lässt der graue Himmel ersten Regen aus, welcher sich in dieser Höhe sofort in Schnee und sogar Hagel verwandelt. Von hier aus führt ein schwieriger Pfad mit tiefen Furchen bis an den Lago El Desierto. Die sechs Kilometer sind unfahrbar. Steil und unwegsam ist das Gelände. Im Teamwork stemmen wir ein Rad nach dem anderen rutschige Böschungen hinauf. Es geht über morsche Baumstümpfe, sumpfige Wiesen und schlammige Flussbette. Die vorderen Packtaschen verhängen sich ständig im Buschwerk. Oft müssen wir sie abnehmen, damit wir nicht im schmalen, ausgewaschenen Pfad steckenbleiben.

Zerschunden, dreckig und mit blauen Flecken stehen wir am Abend unten am argentinischen Grenzposten. Was für eine abenteuerliche Etappe! Der Zollbeamte nimmt uns rasch die Pässe aus den Händen, damit wir ja nicht auf die Idee kommen, mit unseren matschigen Schuhen in sein Büro zu stapfen.

TAGEBUCHEINTRAG ANITA – *Mi, 11.1.12, Lago el Desierto*
»… Kühl war die Nacht, aber ich habe geschlafen wie ein Stein. Kein Wunder nach der Schlepperei von gestern! Die sonst nie beanspruchten Muskeln schreien laut auf, als ich versuche, mich von der Isomatte zu lösen. Chris und Jaco sitzen schon beim Morgenkaffee. Die Mädels schlafen noch und auch der 3.406 Meter hohe Fitz Roy trägt heute Morgen sein »Wolken-Schlafmützchen«. Das eine oder andere Mal nimmt er es kurz für uns ab. Der Vormittag vergeht mit dem vielen Lachen und Geplaudere viel zu schnell, sodass wir alle kurz in Stress geraten, als sich die kleine Fähre dem Bootssteg nähert. In Windeseile bauen wir die Zelte ab, verstauen unser Zeug in den Taschen und satteln die Räder. Puh! …«

Am östlichen Ende des Lago El Desierto erwartet uns eine andere Welt. Die Vegetation ändert sich schlagartig, wir finden uns in trocken-kahler Landschaft wieder. Kleine Grillplätze säumen die Straße, schicke Autos kommen uns entgegen – Ferienzeit in Argentinien. Eine kurze Fahrt bringt uns nach El Chaltén, einem Touristenmagneten mit teuren Supermärkten und All-You-Can-Eat Pizza-Restaurants. Staubige Spitzenbergsteiger und geschminkte Großstadt-Tussis treffen hier auf windgegerbte Reiseradler und an Yedi-Ritter erinnernde Motorradreisende. Es ist die grandiose Gebirgswelt, die die Menschen in diesen entlegenen Winkel der Erde lockt. Zwei Tage quartieren wir uns auf dem gerammelt vollen Campingplatz ein. Wir genießen die Annehmlichkeiten der Zivilisation und die Gesellschaft unserer Radlerfamilie, die mittlerweile auf elf Personen angewachsenen ist.

Doch lange halten wir's hier nicht aus, zu aufgeregt sind wir, wenn wir an die nächsten Wochen denken. Die Fahrt durch die berüchtigt-windige Pampa Südpatagoniens und Feuerlands liegt vor uns, bis die Straße schließlich etwas südlich von Ushuaia enden wird.

234

SÜDPATAGONIEN
UND FEUERLAND

»Wer einmal von den blauen Beeren des Calafate-Strauchs genascht hat, wird immer wieder zurückkehren«, meinen die Patagonier. Dass an dieser Geschichte etwas dran sein muss, wissen wir nun aus eigener Erfahrung. Denn nachdem uns diese wilde Region mit ihrem weiten Horizont und den lieblichen Farbkontrasten in ihren Bann gezogen hat, stellen wir jeden Morgen sicher, dass genügend Calafate-Beeren in unserem Frühstücksbrei landen.

TAGEBUCHEINTRAG ANDI – *Sa, 14.1.12, nach El Chaltén*
»… Erst gegen Mittag brechen wir auf, der starke Wind schiebt kräftig hinten an. Wir befinden uns nun wieder in der kargen Steppe – welch ein Kontrast zu Chilenisch-Patagonien! Die ganze Zeit über haben wir den Fitz Roy im Rückspiegel, welcher sich spektakulär in lichter Wolkenhülle präsentiert. Je weiter wir uns entfernen, desto besser wird der gesamte Gebirgsstock ersichtlich. Mächtig ragen die spitzen, schneebedeckten Felszacken in den Himmel. Der orkanartige Rückenwind ist eine Freude – zumindest meist. Hie und da bläst er uns in den Kurven fast von der Straße. Rechts vor uns taucht der milchig-türkise Lago Viedma auf. Gute drei Stunden benötigen wir für die neunzig einfachsten Kilometer der gesamten Reise. Doch sobald wir an der Kreuzung wieder auf die Ruta 40 abbiegen, ist der Spaß abrupt vorbei. Mit acht Kilometern pro Stunde kämpfen wir nun gegen den patagonischen Wind. Nur mühsam kommen wir voran. Nach achtzehn weiteren Kilometern »hauen wir für heute den Hut drauf« und schlagen unser Lager in einem engen Drainage-Kanal unter der Straße auf. Der einzige windstille Platz weit und breit. …«

Zwei Tage dauert die Fahrt von El Chalten nach El Calafate, einer nach der schon erwähnten, gleichnamigen Blaubeere benannten Kleinstadt vor den Toren des mächtigen Perito Moreno Gletschers. Die Nacht vor der Ankunft campieren wir unweit der Straße in einem Graben. Als wir uns morgens fertig machen, tauchen von Osten zwei Radfahrer auf. »He, das gibt's ja nicht, wir haben keine hundert Meter weiter hinten gezeltet«, meint der sichtlich überraschte Bursche mit unverkennbarem Schweizer Akzent. Auch wir staunen darüber, dass wir uns trotz der geringen Distanz zueinander nicht bemerkt haben. Simone und Samuel sind vor ein paar Monaten in Buenos Aires gestartet und haben eine weniger befahrene Route quer durch die Pampa genommen. »Ihr seid die ersten Radfahrer, die wir treffen«, verkünden sie erfreut. Gemeinsam nehmen wir die letzten Kilometer in Angriff. Bei Kaffee und vorzüglichen *Facturas** feiern wir in einer kleinen Bäckerei unser zufälliges Treffen, bevor wir uns gemeinsam auf den Weg zum Campingplatz machen.

Noch vor wenigen Jahren »lag in El Calafate der Hund begraben«. Mittlerweile hat sich das Städtchen ganz auf den Tourismus eingestellt und wirkt wenig authentisch, geschweige denn charmant. Nichtsdestotrotz genießen wir die Zeit hier, denn wir treffen bald wieder auf einen Teil unserer kleinen Radler-Familie. Da wir alle den Gletscher besichtigen, uns aber die achtzig Kilometer Anfahrt gegen den Wind sparen wollen, mieten wir uns kurzerhand ein Auto und unternehmen einen gemütlichen Familienausflug.

TAGEBUCHEINTRAG ANDI – *Di, 17.1.12, Perito Moreno Gletscher*
»... Bereits um sieben Uhr steht unser Auto als einziges vor den Toren des Nationalparkeingangs. Bis zum Gletscher selbst sind es noch zwanzig kurvige und hügelige Kilometer, welche uns Radfahrern eher schlecht bekommen. Bald taucht die mächtige Gletscherzunge in der Ferne auf. Parken direkt an den Holzstegen und marschieren zu den Aussichtsbalkonen. Vor uns, nahezu in Griffweite, die sechzig Meter hohe und vier Kilometer breite Abbruchkante dieses immer noch wachsenden Gletschers. In sagenhaften Blau- und Weißtönen schimmern die zerzausten Eiszacken in der warmen Morgensonne. Staunend stehen wir vor dem einzigartigen Naturschauspiel, als zur Begrüßung dann auch noch ein mächtiges Stück Eis aus der Wand bricht und in den Lago Argentino stürzt. Es donnert und tost, eine Gischt aus Eisbrocken und Wasser, gefolgt von einer Flutwelle. Die im Wasser treibenden Eisberge bewegen sich im Rhythmus der Wellen, wir sind sprachlos und immer noch die Einzigen im Nationalpark. ...«

---

* *Argentinische Bezeichnung für süßes, oft mit Marmelade oder Dulce de Leche gefülltes Gebäck,*
  das gerne zu Kaffee genossen wird.

Auf der Ruta 40 geht es weiter durch die windumtoste Pampa Argentinisch-Patagoniens. Die Tage sind lange und anstrengend, dementsprechend kurz unsere Tagebucheinträge. Immer das monotone Rauschen des Windes in unseren Ohren. Vereinzelt sehen wir *Nandus** mit ihrem Nachwuchs sowie einsam kreisende Kondore und Füchse, die uns selbstsicher vom Straßenrand aus anstarren. Am endlos weiten Horizont formen Wolken bizarre Strukturen und spätestens im Licht der untergehenden Sonne ist all die Anstrengung des Tages vergessen.

Nach dem hässlichen Kohlebergwerks-Städtchen Rio Turbio wechseln wir erneut nach Chile. Wir rasten einige Tage in Puerto Natales, wo wir uns endgültig von unseren Freunden Cathy und John verabschieden. Während die beiden ein Schiff zurück in das chilenische Seengebiet nehmen, setzen wir die Reise in den Süden, nach Punta Arenas, fort. Die südlichste Kontinentalstadt der Welt liegt direkt an der Magellanstraße, welche bis in die Anfänge des zwanzigsten Jahrhunderts die einzige Ost-West Passage auf dem amerikanischen Kontinent für Handels- und Passagierschiffe war. Ende des neunzehnten Jahrhunderts gründeten europäische Einwanderer hier die ersten *Schaf-Estancias***, die der Stadt zu einem raschen Aufschwung verhalfen. Mit der Fähre queren wir schließlich die legendäre Wasserstraße nach Porvenir. Einige Delfine begleiten uns, in der Ferne erblicken wir zwei durchziehende Wale. Kaum betreten wir den Boden von *Tierra Del Fuego* (Feuerland), bläst uns ein eisig kalter Wind entgegen. Die fast perfekte Schotterpiste zieht sich entlang der schroffen Küste. Nur wenige Autos kommen uns entgegen, über dem schäumenden Wasser gehen Gewitter nieder und unzählige Seevögel ziehen über unsere Köpfe.

TAGEBUCHEINTRAG ANITA – *Mo, 30.1.12, Onaisin, Parque Pingüino Rey*
»… In voller Montur starten wir heute in den Tag. Es ist eisig kalt und der berühmt berüchtigte Wind Patagoniens stellt schon am frühen Morgen seine Kräfte zur Schau. Erfreulicherweise haben wir die ersten dreißig Kilometer bis zur Kreuzung nach Onaisin Rückenwind, wo wir in der kleinen Bushaltestelle Schutz suchen und uns mit Dulce de Leche-Broten stärken. Danach heißt es

---

* Der Nandu (Rhea americana) ist ein flugunfähiger Laufvogel aus Südamerika.
** Riesige Landwirtschaftsbetriebe mit extensiver Viehhaltung

wieder gegen den Wind kämpfen – aber Gott sei Dank nur fünfzehn Kilometer –
bis zum »Parque Pingüino Rey«. Doña Cecilia lässt uns ausnahmsweise herein,
denn eigentlich ist heute geschlossen. Erst seit zwei Monaten ist der Privatpark
für die Öffentlichkeit zugänglich. Vor zwei Jahren noch bestand die Kolonie aus
achtundzwanzig Königspinguinen, inzwischen hat sich ihre Zahl bereits ver-
doppelt. Es ist die einzige bekannte Königspinguin-Kolonie, die sich außerhalb
der subantarktischen Inseln und der Antarktis angesiedelt hat. »Man vermutet,
dass sie von Seeelefanten aus ihrem ursprünglichen Habitat vertrieben wurden,
sodass sie nach einem neuen Lebensraum Ausschau hielten und hier gelandet
sind«, erzählt uns Doña Cecilia. Nach einer kleinen Einführung begleitet sie
uns zu »ihren« Pinguinen. Sechs der Weibchen brüten zurzeit Eier aus, der Rest
der Bande spaziert tapsig durch die Gegend oder scheint sich in kleinen Run-
den gesellig zu unterhalten. Manche bringen ihr Federkleid auf Vordermann
oder zanken um die Wette, um ihre Männlichkeit zu präsentieren. Wir dürfen
den ganzen Tag hier verbringen und unser Zelt hinter einer schützenden Wind-
barriere aufstellen. Fast mütterlich erklärt sie uns alles und überlässt uns da-
nach voller Vertrauen das gesamte Areal. Wir spazieren nochmal zum Strand
runter und haben tatsächlich das Glück, auf drei Königspinguine zu treffen, die
anscheinend richtige Freude am »Wandern« haben. Wir setzen uns in den Kies
und beobachten die drei. Ganz nah kommen sie an uns ran. Nur einige Meter
trennen uns, als sie an uns vorbeiwatscheln. Unsere Gegenwart scheint sie nicht
im Geringsten zu stören. …«

Am Nachmittag treffen die beiden Tandemfahrer Christi und Tauru aus den USA ein. »Wir sind in Ushuaia gestartet und auf dem Weg nach Alaska«, erzählt Tauro begeistert. Es sind ihre ersten Tage auf dem Fahrrad. Anstrengend sei es schon gewesen, aber »awesome« – »fantastisch«. Das Unglaubliche an ihrer Geschichte ist, dass beide eine Sehbehinderung haben. »Tauro leidet an einer Netzhautdegeneration. Sein Sichtfeld ist so eingeschränkt, als würde er durch eine Klopapierrolle gucken. Ich bin auf einem Auge blind, mit dem anderen sehe ich nur verschwommen«, meint Christi. »Wir wollen mit unserer Reise beweisen, dass auch Menschen mit Sehbehinderung unabhängig und frei sein können. Man kann alles tun, wenn man nur dran glaubt!« Christi und Tauro sind ein eingespieltes Team und strahlen viel Zuversicht und Lebensenergie aus. »Wir schaffen das«, sind die beiden überzeugt. Auch wir haben keine Zweifel. Angesichts ihres Vorhabens wirkt unser »Abenteuer« wie ein Sonntagsausflug. Wir haben großen Respekt vor den beiden, vor allem vor ihrer Entschlossenheit und ihrem *Mut**.

TAGEBUCHEINTRAG ANITA – *Di, 31.1.12, kurz vor Camerón*

»… Der Wind dreht über Nacht, rüttelt laut an unserem Zelt, sodass ich trotz Ohropax keinen Schlaf finde. Die dunklen Wolken am Himmel rücken immer näher, auf dem windgepeitschten Meer gehen Gewitter nieder. Bald fallen auch auf uns erste Regentropfen, die kurz darauf von Hagel abgelöst werden. Die heftigen Windböen schießen uns die kleinen Eiskugeln ins Gesicht, wir kämpfen uns Stück für Stück weiter. Als wir in der Ferne eine Estancia sehen, beschließen wir dort anzuklopfen, um das Gewitter abzuwarten. Señor Javier öffnet uns die Türe, bittet uns herein und macht direkt neben dem warmen Holzofen Platz, damit wir uns aufwärmen können. Vier bis sechs Monate pro Jahr lebt er hier alleine auf der Estancia, kümmert sich um Haus und Vieh. Eigentlich ist er aus Punta Arenas, aber am »Campo« (Land) fühlt er sich viel wohler. Ob er seine Frau manchmal vermisse, frage ich ihn. Der rotbackige Herr mittleren Alters grinst nur schelmisch und gibt mir keine Antwort. Aus dem batteriebetriebenen Radio trällern fröhliche Volkslieder und wir schälen uns eine Kleidungsschicht nach der anderen vom Körper. Um Punkt elf Uhr springt Señor Javier wie vom Blitz getroffen auf, holt seinen großen Biberbeutel aus dem Schrank, rutscht den Hocker näher an den Herd und bereitet sich einen Mate zu. Dreimal am Tag trinkt er Mate. Morgens, um elf Uhr und abends. Sehr gesprächig ist er nicht, er scheint unsere Gesellschaft aber sichtlich zu genießen, denn sein Lächeln wird immer breiter. Wir schlürfen heißen Tee, essen aufgebackenes Brot und Señor Javier schiebt extra für Andi noch ein Stück »Cordero« (Lammfleisch) in den Ofen. Der Regen hört bald auf und keine Minute später kommt die Sonne wieder zum Vorschein. …«

Da wir keine Lust haben, unnötige Zeit auf der als langweilig geltenden »Ruta 3« zu verbringen, entscheiden wir uns für die abgelegene Schotter-Variante über den nur im Sommer geöffneten Bellavista-Pass. Die letzte Nacht

---

* *Am 25. August 2013 kamen Christi und Tauro nach 26.000 Kilometern unversehrt und glücklich am Ziel ihrer Reise an.*

in Chile verbringen wir an einem wunderschönen Weiler, an dessen Ufer ein altes Holzhaus steht. »Können wir bei Ihnen Bötchen kaufen?«, fragen wir die Dame des Hauses. »Ja natürlich, aber ich muss sie erst backen. Kommt morgen Früh nach dem Frühstück vorbei!«, antwortet sie. Ganz selbstverständlich dürfen wir auf ihrem Grundstück campieren. Ein wundervoller Platz inmitten der moosbewachsenen Bäume, direkt neben dem kleinen See. Draußen hat es gerade mal acht Grad, aber wir können dem herrlich klaren Nass einfach nicht widerstehen. Stürzen uns trotz der Kälte ins Wasser, um uns den Dreck der vergangenen Tage vom Leib zu waschen. Eine frische Angelegenheit, da das Wasser nicht wirklich wärmer ist als die Luft. Danach können wir uns kaum noch erwärmen, laufen zehn Minuten lang um das Zelt und wickeln uns danach gut in unsere Schlafsäcke ein. Am Morgen statten wir Maria einen Besuch ab. Bei einer wärmenden Tasse Kaffee erzählt sie uns ein wenig von ihrem unfreiwilligen Einsiedlerleben. »Eigentlich bin ich aus Coihaique an der Carretera Austral. Mein Mann hat Arbeit auf der Estancia gefunden, so sind wir hier gelandet. Das Haus stellt uns der Besitzer zur Verfügung. Den Kindern ist oft langweilig, auch mir fällt die Decke manchmal auf den Kopf.« Das kleine Anwesen ohne Strom und Telefon ist wirklich nicht gerade zentral gelegen. Ins nächste Dorf sind es zwei Autostunden, eine größere Stadt gibt's weit und breit nirgends. Nur den idyllischen Weiler, viel Wind und Schafe.

Maria packt uns die frisch gebackenen Brötchen in eine Tüte. Wir bedanken uns und satteln die Räder. Sie und ihre Kinder winken uns noch lange nach, als wir uns immer weiter von ihrem Holzhaus entfernen.

TAGEBUCHEINTRAG ANITA – *Do, 2.2.12, Pampa Guanaco*

»… Eigentlich erhoffen wir uns heute Hilfe vom Wind, doch der kommt zuerst kräftig von der Seite und bremst uns danach gewaltig ein. Nach Mittag kriegen wir uns dann auch noch in die Haare, weil wir beide so geschafft und müde sind. Im Straßengraben suchen wir Schutz vorm unbarmherzigen Wind und schlafen unverzüglich ein. Etwa eine Stunde dösen wir, danach hat der Körper wieder genug Energie und wir beide uns wieder lieb. …«

Der Wind in Feuerland raubt uns oftmals die letzten Kräfte und versetzt uns etliche Male von der Straße. Doch sobald wir uns in die »richtige« Richtung drehen, ist es förmlich, als würden wir durch die Landschaft fliegen. Die

Piste hier ist einsam und ohne Nachschubmöglichkeiten. Auf chilenischer Seite ist sie sehr gut zu fahren, landschaftlich spektakulär und im letzten Teil meist mit Rückenwind! Ein wahrer Genuss! Die »genialen« Straßenverhältnisse gehören jedoch bald der Vergangenheit an, denn Argentinien begrüßt uns mit einer holprigen Waschbrettpiste. Trotz günstiger Windverhältnisse kommen wir nur im Schneckentempo voran, die Handgelenke schmerzen. Durch die endlose Weite der Pampa geht es vorbei an Guanacoherden und riesigen Schafweiden. Nach siebzig Kilometern Durchrütteln stehen wir schließlich an der Kreuzung zur Ruta 3: Endlich wieder Asphalt! Von hier aus trennen uns nur noch langweilige hundert Kilometer vom »Schlaraffenland«, welches laut Berichten anderer Radfahrer kurz vor Ushuaia liegen soll.

TAGEBUCHEINTRAG ANDI – *Fr, 3.2.12, Tolhuin*

»… Emilio zeigt uns ganz selbstverständlich unsere Unterkunft, ein kleiner Verschlag mit vier Betten im Lager seiner Bäckerei. »Bienvenidos a la casa de amistad« – »Willkommen im Haus der Freundschaft«, steht in großen Lettern auf der Türe geschrieben. Die Angestellten der »Panaderia La Union« begrüßen uns freundlich, als würden wir schon lange Teil des Ganzen sein. Wir stellen die Räder unter und schauen rüber in die Bäckerei. Alleine der Arbeitsbereich ist riesengroß. Unzählige Wägelchen mit frischen, heißen und herrlich duftenden Bäckereien parken zum Auskühlen neben den Öfen, fleißige Hände sind am Zaubern. In der angeschlossenen Cafeteria spielt es sich ordentlich ab. Unmengen an Menschen, Busladungen mit Japanern und eine riesige Theke, gefüllt mit verlockend duftenden Dingen, von denen ein ausgehungerter Radler in der patagonischen Pampa träumt. An den Wänden hängen Fotos von berühmten Persönlichkeiten, Dankesworte gesponserter Sportler, Flatscreens mit Fotoshows. Wir holen uns Facturas und Kaffee und freuen uns, dass wir endlich »angekommen« sind. …«

Fast vier Tage verbringen wir in Tolhuin, besser gesagt in Emilios großartiger Panaderia. Unter Reiseradlern hat die Bäckerei »La Union« bereits Kultstatus erreicht, Emilios Gastfreundschaft ist legendär. Jeder Tourenradler, den es in diese abgelegene Weltgegend verschlägt, weiß, dass er hier herzlich willkommen ist. In der Hauptsaison beherbergt Emilio bis zu fünfzehn Pedalritter pro Woche – ohne auch nur einen müden Cent dafür zu verlangen.

Viele davon bleiben einige Tage, alle werden selbstverständlich mit Fakturas, Kaffee und Empanadas versorgt. Wir lassen uns die Gelegenheit nicht entgehen und helfen beim Backen mit. »Wir sind im Himmel«, frohlockt Anita, während an ihr ein Wägelchen mit dutzenden warmen Facturas vorbeizieht. Mittags kochen wir für die gesamte Belegschaft und gewinnen mit unserem delikaten Gulasch einige »Sympathiepunkte«. Emilio serviert der zufällig anwesenden Gouverneurin von Tierra Del Fuego, Fabiana Rios, eine Kostprobe zum Testen. »Muy potente«, ist ihr spontaner Kommentar – was übersetzt so viel wie »sehr deftig« heißen dürfte. Natalia, eine der Verkäuferinnen, lädt uns gleich zweimal zu sich nach Hause ein. Ihr Mann Esequel ist ein leidenschaftlicher, auf üppige Fleischgerichte spezialisierter Koch. Er zaubert aber zusätzlich immer etwas Vegetarisches auf den Tisch, damit auch wirklich niemand Hunger leiden muss. Im Gegenteil, die Portionen sind enorm und wir freuen uns über die Feiertage, die unsere Reserven wieder auf Vordermann bringen.

TAGEBUCHEINTRAG ANITA – *Di, 7.2.12, Tolhuin*

»… Werde gegen sieben Uhr von Normas Musik und den herrlich duftenden Empanadas geweckt. Etwas traurig packen wir unsere Sachen und schauen rüber in die Cafeteria auf ein letztes Faktura-Frühstück. Dann heißt es Abschied nehmen. Mir fällt das Ganze nicht so leicht, habe in den wenigen Tagen alle richtig in mein Herz geschlossen. Emilio drückt uns ein Küsschen auf die Wange, wünscht uns alles Gute und das Erstaunliche daran ist, dass nach so vielen Radfahrerbekanntschaften seine Worte immer noch direkt aus dem Herzen kommen. Mit einem lachenden und einem weinenden Auge hüpfen wir schließlich auf unsere Räder und fahren schweigend entlang des Lago Fagnano. Die letzten Tage waren sehr intensiv. Wir haben viel über uns gelernt, vor allem aber über Großzügigkeit und Freundschaft. Das gesamte Team der »La Union« ist ein wundervoller »Haufen« aufgeschlossener, freundlicher Menschen, die ohne Vorurteile scheinbar Fremde wie einen Teil ihrer Familie behandeln.

Viele Gedanken laufen mir durch den Kopf, während der Wind Patagoniens den See neben uns zum Schäumen bringt. All die Menschen, die uns bisher auf unserer Reise begegnet sind, die Freuden- und Dankbarkeitstränen, die ich verdrückt habe und die vielen Momente, in denen wir alle EINS waren. …«

BREITENGRAD 54° 48':
ANGEKOMMEN AM ENDE DER WELT

TAGEBUCHEINTRAG ANITA – *Mi, 8.2.12, Ushuaia*

»… Am Morgen ist die Luft eisig kalt, dafür haben sich die dunklen Gewitterwolken aufgelöst und strahlend blauer Himmel begrüßt uns. Ein kleines Stück rollen wir bergab, dann heißt es für uns: den letzten »großen« Anstieg in Südamerika erklimmen. Bald liegt der tiefblaue Lago Escondido unter uns. Waldreich ist es nun wieder, die Bäume tragen einen hellgrünen Moos-Bart und sind von einer dicken, knorrigen Rinde umgeben. Die Passhöhe erreichen wir viel schneller als gedacht, in scheinbar greifbarer Reichweite leuchten vergletscherte Gipfel. Wir legen eine weitere Schicht Kleidung an und »surfen« hinunter bis auf Meereshöhe. Als wir schließlich das Ortsschild »Ushuaia« erreichen, können wir es kaum glauben: Einundzwanzig Monate im Sattel und jetzt sind wir endlich hier! Nur leider weiß das niemand außer uns! Witzigerweise tauchen plötzlich wie aus dem Nichts zwei Rennradler auf, die uns den Daumen nach oben zeigen und uns ein Lächeln schenken. …«

Mit einer Flasche argentinischem Rotwein lassen wir die letzten Monate Revue passieren. Es waren Monate voller Herausforderungen und Begegnungen. Mit uns selbst, einer rauen und faszinierenden Natur zugleich und Menschen, die wir ewig in unseren Herzen tragen werden. Intensiv ist wohl das beste Wort, das nur annähernd beschreiben kann, was wir erleben durften. So anstrengend und mühsam manche Tage waren, möchten wir nicht einen davon missen. Diese Reise ist wahrlich das größte Geschenk, das wir uns selbst machen konnten.

Aber nur, weil wir am Ende der Welt angekommen sind, heißt das noch lange nicht, dass wir am Ende sind. Unser Reisefieber ist nicht ganz gestillt, in der Kassa klimpern noch ein paar Münzen und die zuhause herrschende Kältewelle macht es uns nicht sehr schmackhaft, jetzt zurückzukehren. Schon seit Wochen sind wir uns darüber einig, weiterzuradeln. Ushuaia war lange unser Ziel, unser Motivator und Antrieb. Doch eines schönen Abends, irgendwo in der Pampa Argentiniens, erinnerten wir uns an die Begegnung mit Klaus und Parvin an der Baja California. Parvin war gebürtige Iranerin und schwärmte von ihrer Heimat, dem alten Persien. Kurz zuvor hatten uns die Schweizer Ueli und Vreni ein Bündel mit iranischen Banknoten geschenkt, und da kam uns erstmals die Idee, die Reise in Asien fortzusetzen. Als wir dann von den Reiseplänen unserer Freunde Michaela und Richard erfuhren, sahen wir es als Wink des Schicksals und buchten spontan einen Flug nach Mumbai, Indien. Und genau von dort wollen wir dann unsere Heimreise antreten.

Aufgrund unseres ausgedehnten Aufenthalts in Tolhuin bleibt nur wenig Zeit, um Ushuaia zu erforschen. Wir kümmern uns ums Verpacken unserer Räder, treffen auf »alte Bekannte« und lernen neue verrückte Reisende kennen. Die Zeit vergeht schnell und am elften Februar hebt unser Flieger Richtung Buenos Aires ab.

Als wir 2.366 Kilometer später wieder landen, fühlen wir uns, als hätte uns Scotty persönlich in eine andere Welt gebeamt. Es ist heiß und schwül in der dreizehn Millionen Einwohner zählenden Großstadt. Wir sind müde vom Flug und überfordert mit der Reizüberflutung, die uns von Anfang an umgibt. Wie froh sind wir, dass Vanessa und Mike uns während unserer elftägigen Pause bei sich aufnehmen. Wir haben die beiden Amerikaner vor zwei Monaten in Patagonien getroffen. »Meldet euch, wenn ihr in Buenos Aires seid! Wir haben Platz für euch«, meinten sie damals spontan. Die beiden teilen ihr großzügiges Appartement mit Klimaanlage und Pool mit uns. Wir plaudern viel, kochen und essen gemeinsam – genau das, was Radfahrer an Ruhetagen am liebsten machen. Natürlich besuchen wir all die »Must-Sees« der Stadt. Wir lauschen dem argentinischen Tango in La Boca und flanieren durch San Telmo. Viel mehr aber genießen wir es, uns treiben zu lassen und die kulinarischen Vorzüge der Stadt auszukosten. Endlich wieder vegetarische Restaurants!

Ende Februar verlassen wir den amerikanischen Kontinent und schlagen ein neues Kapitel in unserem Reisetagebuch auf.

244

INDIEN – ZWISCHEN CHAOS UND HEILIGEN KÜHEN

Wir hätten niemals gedacht, dass in dem doch sehr allgemein gehaltenen Werbeslogan *»Incredible India«* – »Unglaubliches Indien« tatsächlich so viel Wahrheit liegt. Doch dieses Land belehrt uns von Beginn an eines Besseren. Die Tage sind mehr als intensiv, geballt mit einer schier unendlichen Anzahl an Eindrücken und Begegnungen. Laut ist es und leise zugleich. Abschreckend und heilig, liebevoll und aggressiv. Indien ist alles, in jedem Moment.

Nach über einem Monat fühlen wir uns, als hätten wir bereits mehr als ein halbes Jahr hier verbracht! Selbst unsere seitenlangen Tagebucheinträge können bei Weitem nicht beschreiben, was uns Tag für Tag hier widerfährt. Manchmal würden wir die Zimmertüre in unseren schäbigen Unterkünften am liebsten fünfmal abschließen und die Fenster mit Packpapier verkleben, damit uns auch wirklich niemand mehr beobachten kann und wir endlich Ruhe haben. In Indien bist du niemals alleine – schon gar nicht als Radnomade!

Bevor wir das Abenteuer Indien per Rad wagen, treffen wir uns mit unseren Freunden Michaela und Richard in Goa. Die ehemalige portugiesische Enklave und einstige Hippiehochburg kann man angesichts der Touristenmassen, guten Straßen und für indische Verhältnisse sehr liberalen Gesetzgebung ohne Übertreibung als »Indien Light« bezeichnen. »Das wahre Indien wartet noch auf euch, glaubt mir«, meint Richard, als wir abends auf den im sanften Abendrot orange leuchtenden Felsen über dem Meer sitzen. Er sollte Recht behalten. Doch vorerst schlürfen wir entspannt ein Bier und beobachten, wie die Sonne langsam im Indischen Ozean untertaucht.

Wir genießen die Zeit mit unseren lieben Freunden, stecken die Füße in den Sand und lassen die Seele baumeln. Schön zu spüren, dass wahre Freundschaft weder räumliche noch zeitliche Trennung kennt. Wir lachen, bis uns die Bäuche wehtun und saugen diesen kleinen »Vorgeschmack« auf zuhause in vollen Zügen ein. Die Zeit vergeht viel zu schnell, doch irgendwie scheint sie auch still zu stehen …

Vier Tage nach dem ersten Vollmond im März erreicht das vor allem in Nordindien gefeierte, farbenfrohe Holi-Fest seinen Höhepunkt. »Das ist ja schon in ein paar Tagen«, frohlockt Anita in Vorfreude auf das bunte Spektakel. »Diese einzigartige Chance sollten wir nutzen«, antworte ich begeistert. Kurzerhand verwerfen wir unseren ursprünglichen Plan, der Küste entlang von Goa nach Mumbai zu radeln. Stattdessen nutzen wir das Haupttransportmittel Indiens und reisen per Zug nach Jaipur. Über einen Tag dauert die Fahrt und ist ein weiteres Abenteuer für sich.

TAGEBUCHEINTRAG ANITA – *Di, 6.3.12, Zug nach Jaipur*

»… »Chai, Chai, Chai« – »Tee, Tee, Tee«, ertönt es durch den Wagon, als ich am frühen Morgen aufwache. Meine Nachbarn liegen immer noch im Tiefschlaf, sehen aus wie ein paar Mumien. Das weiße Leintuch unter die Füße geschlagen und über den Kopf gezogen. Ganz langsam wird einer nach dem anderen wach und ich kann endlich nach unten klettern. Die Landschaft hat sich geändert. Etwas kahler und nicht mehr ganz so tropisch, dafür kilometerweites Ackerland.

Verhungern wird man auf einer indischen Zugfahrt mit Sicherheit nicht, denn nahezu im Dreiminutentakt laufen Verkäufer durch: Tee, Kaffee, ganze Mahlzeiten, Obst, Chips, Kekse, Frittiertes. Tja, wenn ich so auf meinen Bauch greife, lässt es sich nicht verleugnen, dass indisches Essen wirklich vorzüglich ist. Meine »Schwimmreifen« um die Hüfte werden immer praller. Doch nach der langen Durststrecke in Südamerika ist Indien für Vegetarier einfach das Paradies. …«

Holi leitet traditionell den Frühling ein und symbolisiert den Sieg des Guten über das Böse. An diesem fünften lunaren Tag, dem »Rangapancami«, werden Streitigkeiten zur Seite gelegt und Frieden geschlossen. Für einen Tag lang existieren keine Klassenunterschiede, keine Kasten. Jeder ist gleichwertig. Gefeiert wird dieses einzigartige Fest mit knallbuntem Farbpulver, das man sich je nach Zustand der Ekstase entweder zurückhaltend auf die Wangen malt oder wild ins Gesicht schleudert. Früher hatte dieses eine heilende Wirkung und wurde pflanzlich hergestellt. Heute ist es jedoch mit Vorsicht zu genießen, da es oft synthetische Herkunft hat.

Wir besorgen uns schicke *Kurta Pyjamas**, basteln für die Kamera ein Ver-
hüterli und ziehen los. Happy Holi!

TAGEBUCHEINTRAG ANDI – *Do, 8.3.12, Jaipur*

*»… Gleich um die Ecke die ersten »Holi-Spieler«, die uns bunte Farbkleck-
se im Gesicht verpassen. Und so geht es den ganzen Weg ins Zentrum. Die
Spielchen mal nett und zivilisiert, mal heftig und ungestüm. Motorräder mit
grölenden Jugendlichen rasen an uns vorbei, alle sind von Kopf bis Fuß voll
mit buntem Farbpulver. Schon nach wenigen Minuten sehen auch wir wie zwei
»bunte Hunde« aus. Bei einer etwas heftigeren »Attacke« versucht ein kleiner
Junge eines der Reißverschlussfächer am Rucksack zu öffnen. Gott sei Dank
bemerke ich es rechtzeitig. Ich blicke ihn böse an und ernte lediglich einen fre-
chen Blick, als würde er mich fragen wollen: »Was hast du denn? Bist ohnehin
reich!« Je weiter wir ins Zentrum kommen, umso mehr Teenager-Gruppen
treffen wir an, die uns oft fast unangenehm belagern. Manche stehen bereits
unter dem offensichtlichen Einfluss von Alkohol oder »Bhang-Lassi**«. …«*

TAGEBUCHEINTRAG ANITA – *Do, 8.3.12, Jaipur*

*»… Teilweise fühle ich mich ziemlich bedrängt. Ich stoße einen aufdring-
lichen, jungen Mann zweimal von mir weg – da kommt ein anderer von der
Seite, schüttet mir viel zu viel Pulver über den Kopf. Das nächste, was ich spüre,
ist eine Hand auf meiner Brust. Drehe mich um und schnalze ihm reflexartig
»Eine« ins Gesicht. Daraufhin läuft er davon und Andi kann ihm gerade noch
einen Arschtritt verpassen. Ein eigenartiges Gefühl, denn plötzlich sehe ich all
die Holi-Männer in einem anderen Licht. Wir entscheiden uns, trotzdem zu
Fuß zurückzugehen, um das Ganze zu verdauen und wieder positive Energie
reinzubringen. Und das ist gut so. Kaum sind wir aus dem Zentrum raus, werden die Begegnungen wieder viel herzlicher und ich habe das Gefühl, als würde
ich großen Respekt ernten, indem ich die indischen Gepflogenheiten (»Colour
yes, touching no« – »Farbe ja, Berühren nein«) ernst nehme und dies von vornherein klarstelle. Tja, jede Medaille hat zwei Seiten – und wir wollen ja auch
immer ALLES sehen. …«*

** Traditionelle indische Kleidung: flattrige, weiße Leinen- oder Baumwollhemden (Kurta),
kombiniert mit einer luftigen Hose (Pyjama) aus dem gleichen Material*
** Mit Marihuana angereicherter Joghurtdrink

Vorwiegend auf Nebenstraßen radeln wir nun entlang der Ganges-Ebene Richtung Agra, Allahabad und weiter nach Varanasi, der ältesten und heiligsten Stadt Indiens.

TAGEBUCHEINTRAG ANDI – *Fr, 9.3.12, vor Telha*
»… Erster »echter« Radtag in Indien. Aufgeregt und voller Vorfreude satteln wir unsere Räder und ziehen los. Uns erwartet ein Gewirr aus Rikschas, Tuktuks, Menschen, Radfahrern, Bussen, LKWs, Autos und Mopeds. Heilige Kühe stehen mitten auf der Fahrbahn. Träge, von Kamelen gezogene Karren bahnen sich ihren Weg durch die verstopften Straßen. Obwohl jeder fährt, als gäbe es keine Straßenverkehrsregeln, klappt alles ganz gut. Ohne Aggression und Unfälle. Man nimmt so gut es geht aufeinander Rücksicht, wobei trotzdem das Gesetz des Stärkeren gilt und man als Radfahrer doch öfter mal die eine oder andere Vollbremsung oder ein waghalsiges Ausweichmanöver hinlegen muss. Bald haben wir das gröbste Stadtchaos hinter uns und biegen auf eine weniger befahrene Nebenstraße ab. Der Verkehr wird lichter, die Gegend ländlicher. Goldene Weizenfelder umgeben uns, die Ernte ist voll im Gange. Des Öfteren kommen uns bunt geschmückte Traktoren entgegen, die einen übervollen, bauchigen Anhänger schleppen. Aus den sich hoffnungslos überschlagenden Boxen dröhnt laute Hindi-Musik. Wir passieren einige Tempel, die wilden Affen als Behausung dienen und denen Anitas Fotofreude gar nicht so geheuer ist. Wieder werden wir mit großen Kontrasten konfrontiert: bettelarme Menschen, die in schmutzigen Zeltlagern hausen. Junge, super-lässige »New-Generation-Inder« auf schnittigen Motorrädern. Schlanke Frauen in wunderschönen, bunten Saris. Kleine, verlauste Kinder, die im Müll herumkugeln. Alte Lehmhäuser, so wie sie seit Jahrtausenden unverändert gebaut werden. Neue, geschmacklose Betonbunker. …«

Indien, dieses unglaubliche Indien! Ehrlich gesagt fordert es uns nicht unbedingt von der radfahrtechnischen Seite, denn an den chaotischen Verkehr gewöhnt man sich recht rasch. Etwas schwieriger zu durchschauen ist da schon die für uns vollkommen fremde Kultur. Das Wort »normal« bekommt auf einmal eine ganz neue Bedeutung. Denn oft müssen wir uns eingestehen, dass eigentlich WIR die Einzigen sind, die viele Begebenheiten nicht normal finden. Aber was ist schon normal?

Vielleicht verdeutlicht folgendes Beispiel besser, was wir meinen. Man stelle sich vor, dass vor dem eigenen Haus plötzlich ein indischer Bauer mit seinem Ochsenkarren vorbeizuckelt. Ganz spontan und ohne Vorankündigung!

Was würde man sich da denken, bei uns in Mitteleuropa?

»Ja, was macht denn der hier? Wohin ist er unterwegs? Und was ist das für ein seltsames Gefährt?«, wären die ersten Fragen, die einem durch den Kopf gehen. Ist ja nicht normal, diese Begegnung! Ihn tatsächlich aufhalten würden aber die wenigsten.

Und jetzt blenden wir zurück nach Indien.

Die exakt gleichen Dinge möchten die Inder natürlich auch von uns wissen, wenn sie uns mit unseren vollbepackten, futuristisch anmutenden Rädern durch ihre Ortschaft fahren sehen. Nur mit dem Unterschied, dass Inder viel neugieriger sind als wir Europäer und so etwas wie Privatsphäre einfach nicht kennen! Wenn etwas aus der Norm fällt, wird dem aus einem tief verwurzelten Impuls heraus auf den Grund gegangen.

Sobald wir eine kurze Pause einlegen, bildet sich im Nu eine Menschenansammlung von mindestens dreißig bis vierzig, manchmal sogar hundert Leuten, die oft wie aus dem Nichts auftauchen. Die meisten stehen einfach nur da und starren uns mit ihren weißen oder vom Betelnusskauen rot gefärbten Zähnen an und reden einfach nix. Nur schauen und lächeln. Ohne ein Wort zu sprechen. (Es ist übrigens eine ganz interessante Erfahrung, mittendrin zu stehen und genau dasselbe zu tun.)

Nur wenige probieren ihr bescheidenes Englisch an uns aus und stellen so lustige Fragen wie: »Was ist dein guter Name? Wer bist du? Was ist dein Zweck? Bist du auf Facebook? Wer ist sie?«

Es ist herrlich, aber oft auch sehr anstrengend. Vor allem wenn man wirklich sehr müde ist. Dann muss man sich immer wieder erinnern, dass diese Menschen ja nicht wissen, dass sie die Vierhundertsten am heutigen Tage sind! Inder kommunizieren sehr gerne und kommen normalerweise gar nicht auf den Gedanken, dass jemand mal seine Ruhe braucht. Tja, wie gesagt: In Indien bist du niemals alleine. Selbst im Internetcafé wird jeder Handgriff akribisch beobachtet, jedes Mail interessiert mitgelesen – obwohl es auf Deutsch verfasst ist. Und selbst das ist normal. Unser europäischer Verstand kommt oft gar nicht mehr mit. Aber wahrscheinlich macht genau DAS Indien so spannend!

TAGEBUCHEINTRAG ANITA – *Sa, 10.3.12, vor Abhaneri*

»… Wir sollen unbedingt mit zu seinem Haus kommen und dort die Nacht verbringen, drängt Sugardhi, nachdem er uns im Dorf aufgelesen und auf eine Tasse Chai eingeladen hat. Warum nicht? Es ist ohnehin schon sehr spät. Schieben die Räder aus dem Dorf raus auf den kleinen, holprigen Pfad zwischen den Weizenfeldern. Die Sonne leuchtet wie ein roter Feuerball und die Vögel zwitschern ein letztes Lied für heute. An einem idyllisch gelegenen, rosaroten Haus parken wir die Räder und werden von einigen jungen, kichernden Damen in Empfang genommen. Sugardhis Freundin wohnt hier mit ihrer Familie. Acht Kinder sind sie insgesamt. Sieben Mädels, ein Junge, Eltern und Großeltern – und Sugardhi, der junge Dorfarzt.

Abhaneri, India
März 2012

Jagdish, der Hausherr, ist ganz neugierig, doch da er kein Englisch spricht, fungieren seine »Ältesten« als Übersetzer. Wir müssen trotzdem mehr mit Händen und Füßen kommunizieren, denn Englisch dürfte in der Schule nicht der Schwerpunkt sein. Die einundzwanzigjährige Seema ist im ersten Monat schwanger, erzählt sie mir später, als wir auf dem Dach des Hauses stehen und auf die Felder im Abendlicht blicken. Heiraten würde sie gerne, aber Sugardhi grinst nur verlegen, wenn sie darüber spricht. Die Kids sind richtig ausgelassen und aufgedreht, zerren uns von einer Ecke in die andere, um uns das ganze Haus zu zeigen. Eigentlich dachten wir, dass wir neben dem Haus zelten dürfen, doch Jagdish zeigt uns ein kleines Zimmer, in dem sonst zwei seiner Kinder schlafen. Er meint, dass es für diese Nacht unseres wäre. Unsere zwei Betten füllen sich nach zwei Minuten mit Mädels, die am liebsten ALLES wissen würden. Was für eine Unterwäsche ich trage, fragt mich Seema. So schnell kann ich gar nicht schauen, hat sie ihre Finger schon an meinem Shirt und zieht es zur Seite, damit sie und ihre Geschwister meinen BH sehen können. Plötzlich spüre ich ihre Hand auf meiner Brust – das gibt's jetzt nicht – oder doch? »Big«, sagt sie. »Das indische Essen ist einfach zu gut«, antworte ich. Teenager. Danach fragen sie mich allen Ernstes, wie oft wir denn Sex hätten!

Gott sei Dank gesellt sich aber Papa Jagdish in die Runde und ich habe wieder meinen Frieden. Keine unangenehmen Fragen mehr. Nach dem super leckeren Essen sind wir alle müde. Vom Tratschen und den vielen, vielen Eindrücken, die erst mal verarbeitet werden müssen. Andi ist schon lange eingeschlafen, als ich mich neben ihn kuschle. Genauso wie Seemas Großvater, der draußen im Freien auf seinem »Charpai« schnarcht. …«*

Tja, eigentlich herrscht in Indien ja Linksverkehr. Offiziell zumindest. Das heißt aber noch lange nicht, dass man nicht auch die rechte Fahrspur nutzen kann. Der direkte Weg scheint demnach immer der bessere zu sein. Oft kommen uns mit Heu beladene Traktoren auf »unserer Spur« entgegen, Kamele mit riesigen Anhängern oder überfüllte Autobusse – und das auf einer zweispurigen Überlandstraße. Motor- und Fahrräder haben ohnehin Narrenfreiheit und wuseln überall und in jede Richtung ihrem Ziel entgegen. Das Radfahren auf Indiens nationalen Highways ist alles andere als entspannend, in unserem Kulturkreis würde man es wahrscheinlich sogar als lebensgefährlich bezeichnen. So versuchen wir, auf kleinere Nebenstraßen auszuweichen, obwohl diese meist in einem haarsträubenden Zustand sind. Aber es macht einfach mehr Spaß. Schulkinder begleiten uns oft für zehn oder zwanzig Kilometer und nicht nur einmal fahren Motorradfahrer eine halbe Stunde neben uns her, um uns mit großen Augen anzustarren. Nicht

---

* Ein mit Stoffgurten bespannter Holzrahmen mit vier Füßen, der in Indien als Liege- und Sitzmöbel dient.

jeder will dabei mit uns reden. Wie sollte es anders sein, manche schauen einfach nur. Andere plappern unaufhörlich in Hindi auf uns ein und reagieren nicht mal, wenn wir lachend auf Österreichisch antworten. Auf die Frage, aus welchem Land wir stammen, ergibt sich in 99,5 Prozent der Fälle wieder mal die »Erkenntnis«, dass wir Australier seien. Nur dass wir keine Ahnung von Indiens (und Australiens) Nationalsport Kricket haben, verstehen sie dann doch wieder nicht.

Ein weiterer, etwas gewöhnungsbedürftiger Punkt auf einer Indienreise ist die Hygiene. Die Vorstellungen in diesem Bezug scheinen von den unseren genauso weit abzuweichen, wie jene über einen geordneten Straßenverkehr. Wie gut, dass die Inder großteils Vegetarier sind, denn bei der Hitze und ohne Kühlung würde Fleisch schon binnen kürzester Zeit wieder zum Leben erwachen. Dass andere Lebensmittel laut unserem Verständnis eigentlich in den Kühlschrank gehören, ist in Indien nebensächlich. Gerade in den trocken-heißen Gegenden sorgen Myriaden von Fliegen dafür, dass dein Mittagsgericht erst nach wildem Gefuchtel mit der Hand sichtbar wird – dann, wenn sich der dunkle, surrende Schwarm aufgelöst und sich auf dem Teller des Tischnachbarn niedergelassen hat. Augen zu und durch, heißt hier oft die Devise. Spülklos sind im armen, ländlichen Indien noch immer selten. Früh morgens, wenn du durch ein Dorf radelst, fallen dir sofort die vielen Kinder auf, die von ihren Eltern aufs »große« Töpfchen an den Dorfrand geschickt wurden. Mit ihren unschuldigen Kulleraugen blicken sie dich an, als wollten sie fragen: »Was'n los, noch nie ein Kind beim Gacken gesehen?«

In Indien muss man ständig »auf der Hut« sein – und das nicht nur im Verkehr. Gehe zum Beispiel niemals in ein Restaurant, ohne vor der Bestellung deines Essens nach den Preisen zu fragen!

TAGEBUCHEINTRAG ANDI – *So, 11.3.12, Bharatpur*
»… In einer »LKW-Dhaba«* bekommen wir von einer freundlichen Crew ausgezeichnetes Mittagessen serviert. Der Hauptgang soll fünfzig Rupees (etwas mehr als ein Euro) kosten. Für uns ein »Indikator«, dass die Preise dem Standard angemessen sind. Also bestellen wir Chapatis und Joghurt dazu und was zu trinken. Als wir nach der Rechnung fragen, verschlucken wir uns fast.*

---

* Kleines, vorwiegend von Lastwagenfahrern frequentiertes Straßenrestaurant

Fünfhundert Rupees will der zuvor so bemühte, junge Inder. Auflisten kann er seine utopische Rechnung jedoch nicht. Er meint, wir hätten zehn Chapatis zu je zwanzig Rupees gehabt, wobei ein Capati normalerweise fünf Rupees kostet und wir lediglich sechs konsumiert haben. Langsam werden wir richtig sauer, denn seine subjektive Preisgestaltung ist nicht nachvollziehbar. Wir einigen uns schließlich auf immer noch zu hohe zweihundert Rupees, und als er mir dann wieder fünfzig zu wenig herausgibt, brüllt ihn Anita lauthals an. Daraufhin greift er unsicher und beschämt in die Kassa und gibt uns das Wechselgeld. Packe es in die Tasche und dreh mich nochmal zu ihm um und frage: »Warum machst du das? Das Essen war vorzüglich, das Lokal nett und dann DAS?«. *Keiner antwortet, also steigen wir wieder auf die Räder. Auch das ist Indien.*

Dass man als »reicher Europäer« *manchmal mehr bezahlt als die lokale Bevölkerung, ist ja akzeptabel und bis zu einen gewissen Grad auch nachvollziehbar. Aber solch dreiste Versuche sind dann doch zu viel! ...«*

Im siebzehnten Jahrhundert ließ der Großmogul Shah Jahan zum Gedenken an seine Lieblingsfrau, Mumtaz Mahal, ein prunkvolles Mausoleum errichten, das allseits berühmte Taj Mahal. Für die Touristen aus aller Welt ist es heute ein faszinierendes Symbol unvergänglicher Liebe und ein Denkmal großer Mogul-Baukunst. Obwohl täglich tausende Besucher durch die Anlage geschleust werden, hat sie ihre Magie nicht verloren und auch wir lassen uns von ihrem Anblick nicht nur einmal verzaubern. Oft weichen wir den großen Sehenswürdigkeiten bewusst aus, doch im Nachhinein sind wir froh darüber, dass Agra, und somit das Taj Mahal, auf unserer Route liegt.

TAGEBUCHEINTRAG ANITA – *Di, 13.3.12, Agra*

»... Kurz vor Sonnenuntergang schlendern wir durch die wuseligen Gassen Agras und landen – wohl eher durch Zufall – auf einem netten, ruhigen Plätzchen am Ostende des Taj Mahal. Nebel zieht über den heiligen Fluss Yamuna, der so schmutzig ist, dass man nicht mal die Steine am Ufergrund sehen kann. Plastik und anderer Müll liegt am Ufer, Mückenschwärme surren und Krähen suchen nach Essbarem. Ein Bootsmann schippert im restlichen Abendlicht ans andere Ufer und das Taj Mahal leuchtet ein letztes Mal für heute auf, bevor es mit der Dunkelheit der Nacht verschmilzt. ...«

TAGEBUCHEINTRAG ANITA – *Do, 15.3.12, Bateshwar*

»… Manche Tage nehmen einen Lauf, an den man in den kühnsten Träumen nicht denken würde. Wie heute. Finden rasch aus Agra raus, der Wind reist heute mit uns. Die kleine Pilgerortschaft Bateshwar erreichen wir viel schneller als wir dachten. Werden von einer Gruppe Kids herzlich und erstaunlich ruhig in Empfang genommen. Finden ein schäbiges, aber riesiges Zimmer um zweihundert Rupees, in dem man den Ventilator nicht einschalten sollte, weil sonst der ganze Staub inklusive toter Insekten auf einen herunterrieseln würde. Waschen uns den Straßenstaub vom Körper und spazieren zu den unzähligen, weißen Tempeln, die dem Gott Shiva gewidmet sind. Tiefer Frieden breitet sich in uns aus, als wir von einem Tempel zum nächsten schlendern. Immer wieder rasten wir auf den »Ghats«, setzen uns auf die uralten, hohen Steinstufen und blicken auf den heiligen Fluss Yamuna. Wir fühlen uns wohl hier, die kleine Ortschaft hat einen ganz besonderen Charme.*

Als wir an einer weißen Stupa vorbeigehen, spricht uns ein älterer Herr auf Englisch an, heißt uns willkommen und meint, dass wir uns später bestimmt wieder sehen werden. Wir sitzen lange auf den Treppen, sehen der Yamuna beim Fließen zu und beobachten die vielen Tiere, die sich am Flussufer tummeln. Affen springen von Stein zu Stein, Esel grasen auf kleinen Flecken Wiese und ab und an strecken Schildkröten ihren Hals aus dem verschmutzten, dunklen Wasser. Weiter unten hält eine Familie eine Zeremonie ab, junge Männer waschen sich und andere schicken Blumenketten mit Wünschen in die Strömung.

Vor dem Haupttempel treffen wir wieder auf den Herrn von vorhin. Er bittet uns, mit ihm zu kommen. Was ab diesem Zeitpunkt geschieht, ist schwer in Worte zu kleiden, denn wie sich herausstellt, ist der Herr Priester eines Shiva-Tempels. Er führt uns an einen kleinen Tisch, an dem einige Leute versammelt sind, spricht einen Segen aus und bittet mich danach, mir an jeden Fuß drei Zehenringe anzulegen. Danach klebt er mir einen roten Punkt auf die Stirn und gibt mir zwei Armreifen. Für jede Hand einen. Andi berührt meine Stirn mit rotem Farbpulver, ich muss Selbiges tun und danach seine Füße berühren. Alles geht so schnell, wir fühlen uns fast ein wenig »überrumpelt«. Doch irgendwie liegt etwas Heiliges in der Luft und wir beide wissen, dass JETZT etwas ganz Besonderes passiert. Plötzlich legt mir der Priester einen rot-goldenen

---

* Zum Fluss führende Steintreppen, oft wichtige Badestellen für rituelle Waschungen der Hindus

Umhang um und verkündet lautstark: »Nach hinduistischer Tradition seid ihr jetzt Mann und Frau!« … Die Einladung zu ihm nach Hause können wir schwer ablehnen. Doch anstatt »nur« Chai zu trinken, beschließen die Töchter des Priesters, aus mir eine »echte« indische Braut zu machen. Schminken, Sari, Nagellack für die Zehen. Danach muss ich sämtliche Nachbarhäuser abklappern, um »Hallo« zu sagen, obwohl niemand auch nur ein Wort Englisch spricht. Das Licht ist so fahl, dass ich nicht mal die Gesichter erkennen kann. Dafür würde mir am liebsten jede der Damen zwanzig Armreifen schenken. Ich kann nur froh sein, dass meine Hand so breit ist, sonst hätt ich jetzt wohl hundert Armreifen auf jeder Hand. Währenddessen bekommt Andi von »unserem« Priester Lektionen über ein harmonisches Eheleben … Wer hätte gedacht, dass wir einen Tag vor Andis 36. Geburtstag »zwangsvermählt« werden! …«

»War das echt oder hab' ich nur geträumt?«, fragt mich Anita, als wir am späten Abend hundemüde im Bett liegen und ungläubig an die Decke starren. »Nie und nimmer glaubt uns das irgendwer«, antworte ich. »Weißt du, was schade ist? Wir konnten nicht mal jemanden einladen!« – *Incredible India!*

Kurz vor Jalaun bremst sich Praveen mit seinem Moped neben uns ein und lädt uns nach einer Chai-Pause zu sich nach Hause ein. Eigentlich wollen wir nach unserer »Hochzeit« ein bisschen Zeit für uns, doch es kommt schon wieder alles anders als erwartet.

TAGEBUCHEINTRAG ANITA – *Sa, 17.3.12, Jalaun*

»… Praveen lotst uns zu der einzigen Herberge im Ort, die einen alles andere als einladenden Eindruck macht. Während er und Andi die Räumlichkeiten begutachten, werden die Inder um mich immer mehr. Weiße Zähne leuchten mich von allen Richtungen an und ich bin diesmal mit meinem neuen »Hobby«, Anstarrer zählen, völlig überfordert. An die hundert werden es wohl schon sein. Kurz darauf kehrt Andi zurück. Die winzigen, fensterlosen Zimmerchen würden kaum Platz für uns und unser Gepäck bieten, geschweige denn für die Räder.

»No problem Sir, genug Platz«, meint der kleinwüchsige Hotelbesitzer und wackelt rhythmisch in wellenförmigen Bewegungen mit seinem Kopf hin und her. »No problem Sir!« Dieses Kopfgewackel ist ja wirklich etwas, das man als Europäer nur schwer durchschaut. Einmal bedeutet es »ja«, einmal »nein«, ein

andermal »vielleicht«, dann wieder »weiß nicht« oder »ich will damit nichts zu tun haben«. Auf jeden Fall aber »No problem Sir!«

Angesichts der Lage nehmen wir Praveens Angebot gerne an. Bei seinem Elternhaus angekommen, lächelt uns sein Vater schon von weitem entgegen und bittet uns herein. Die ganze Nachbarschaft hat mitbekommen, dass Gäste eingetroffen sind. Eine Horde Kinder steht vor der Eingangstür und beobachtet uns mit großen Augen. »Klick, Klick«, macht es ständig und ich sehe mehr Handys vor meinem Gesicht als Köpfe. Gut, dass ich so müde bin, denn so sehe ich alles etwas entspannter. Doch dann wartet schon die nächste Challenge: Waschen auf Indisch, mit Shirt und Sari. Irgendwie klappt's und die Unmengen an Wasser, die ich mir über den Kopf schütte, sind einfach nur herrlich. Kaum bin ich fertig, werde ich von Praveens Schwester vor einen Spiegel gezerrt. Punkt auf die Stirn gedrückt und rotes Farbpulver in den Scheitel. Wir beide sind nur dreißig Sekunden alleine, da stellt sich auch schon die nächste Dame an: »Foto?«, »House?« Sie sind ja wirklich so lieb, dass man fast nicht nein sagen kann. Also gut, rein ins Abenteuer Indien.

Als wir zum Haus der Dame in Türkis gehen, ziehen wir eine Traube von mindestens vierzig Leuten mit. »Namaste« hier, »Namaste« da. Gekicher hinter jeder Haustüre und winkende Hände. Also wenn ich DAS gewusst hätte, hätt' ich ein bisschen genauer in den Spiegel geschaut. Voller Aufregung und Freude bringt sie mich in ihr rosa Haus, hält mich die ganze Zeit über immer noch an der Hand. »Son! Sister! Daughter!« – »Sohn! Schwester! Tochter!« Dann muss ich mich setzen, Cola trinken und mich anschauen lassen. »Klick, Klick.« Englisch spricht niemand, aber erstaunlicherweise ist es nicht unangenehm. Irgendwie ist es lustig, denn alle sind so aufgeregt und gut gelaunt, sogar von den Nachbardächern schauen Leute rüber.

Dann zum nächsten Haus. »My wife, my sister, my mother.« Ich kann die vielen Kinder, Schwestern und Mütter nur noch schwer zuordnen und bin mehr damit beschäftigt, fleißig in die Handykameras zu lächeln. »Foto?«, fragt mich der junge Inder. »Ek foto, panch rupees« – »Ein Foto, fünf Rupees«, antworte ich. Kurz schaut er mich fragend an und greift sogleich in seine Geldtasche. Ich muss laut lachen und kläre ihn auf, dass es nur ein Scherz war.

Irgendwann habe ich alle Häuser durch und darf wieder zurück zu Praveens Elternhaus, wo man zu unserem »Schutz« sofort die Haustüre verschließt. …«

Unsere Flitterwochen verbringen wir in der heiligsten aller indischen Städte, in Varanasi. Seit über 2.500 Jahren pilgern die Hindus in diese Stadt, um sich im heiligen Fluss Ganges von den Sünden zu reinigen oder die letzten Tage ihres Lebens zu verbringen. Denn in Varanasi zu sterben ist laut hinduistischer Mythologie der Ausbruch aus dem ständigen Kreislauf der Wiedergeburt.

TAGEBUCHEINTRAG ANDI – *Sa, 24.3.12, Varanasi*

»… Stehen spät auf, ich hole Brot und Süßes vom Bäcker und wir frühstücken königlich auf unserem Balkon mit Blick auf den heiligen Fluss Ganges. Brot, Käse, Tomaten, Gurken, Kaffee, Guavensaft, Honig-Nusstorte. Gegen Mittag spazieren wir die Ghats entlang, es ist bereits brütend heiß. Viele Pilger unterziehen sich heiligen Zeremonien mit rituellem Bad im Ganges, geführt von einem Priester. Einige Schlepper belästigen uns, wollen uns Bootstouren, Haschisch, Massagen oder sonst was andrehen. Bettler, »Sadhus*« und Kinder verlangen Geld oder Essen von uns, selbst Priester sprechen uns vor »ihren« Tempeln an und wollen eine »Spende«. Vorbei an der Hauptghat, der Dashaswamedh Ghad, gelangen wir zum wichtigsten und am leichtesten zugänglichen Krematorium Varanasis, der Marnikanika Ghat. Meterhoch türmt sich das Holz für die Verbrennungen, keine zehn Meter von uns lodern die Scheiterhau-

---

* *Bettelmönche, die sich einem religiösen, teilweise streng asketischen Leben verschrieben haben*

fen, aus denen halb verkohlte Gliedmaßen und Köpfe herausragen. Der Rauch
beißt in den Augen, ein süßlich-holziger, schwerer Duft liegt in der Luft. Trau-
ergemeinden sprechen Mantras für die Verstorbenen, die »unberührbaren«
Totenwächter sind ständig am Hegen der Feuer, schieben mit Stöcken Leichen-
teile zurück in die Glut. Viele Hindus kommen seit tausenden von Jahren zum
Sterben nach Varanasi. Wer hier stirbt, entzieht sich der Macht Yamas, dem
Herrn des Todes, der laut Mythologie das Recht hat, über alle Toten der Welt zu
verfügen. Außer über jene von Varanasi. Kinder, Schwangere und Sadhus wer-
den nicht eingeäschert, da sie als »rein« gelten. Ihnen werden schwere Steine an
den Leib gebunden und man »übergibt« sie dem heiligen Fluss Ganges. Oft löst
sich der Strick und nicht selten treibt ein Leichnam an der Wasseroberfläche.

An einem Shiva-Tempel, dessen Grundfeste langsam im Schlamm einsinkt,
lassen wir die Eindrücke sickern. Es ist schwierig zu realisieren, was Varanasi
für die Gläubigen bedeutet. Was diese Menschen fühlen, wenn sie ihr heiliges
Bad nehmen, ihren Ritualen nachgehen oder um ihre Verstorbenen trauern.
Für uns ist es ein Ort voller mythischer Rituale und uns fremder Praktiken, ein
verrückter Ort, ein heiliger Ort, schwer zu erfassen. So komplex ist der Hin-
duismus mit seinen tausenden Gottheiten, zahllosen Abwandlungen und Ritu-
alen. Für die Hindus scheint Varanasi wie Rom für die Christen oder Mekka
für die Moslems zu sein. Trotz all der negativen »Begleiterscheinungen« des
Massentourismus hat sich die heilige Stadt am Ganges ihren Zauber bewahrt
und wir tauchen tief ein in diesen magischen, einzigartigen Ort. …«

Vier Tage verbringen wir in Varanasi, tanken neue Energie für die Weiterfahrt und planen an unserer weiteren Route. Nördlich von Gorakpur wollen
wir die Grenze zu Nepal überqueren, etwas Bergluft schnuppern und über
den Mahendra-Highway wieder zurück nach Indien kehren. Alles wunderbar,
einzig meine defekte, vordere hydraulische Felgenbremse macht mir Sorgen.
Seit zwei Wochen bremse ich nur noch mit der Hinterbremse. Die Hydrau-
likleitung ist durchgescheuert, undicht und somit nutzlos. Ersatzteile haben
wir keine dabei, da die Bremse als schier unverwüstlich gilt. Solange es flach
dahingeht, ist es mit nur einer Bremse halbwegs vertretbar. Doch sobald wir
in die Berge kommen würden, könnte ich ernsthafte Schwierigkeiten bekommen, die hundertzwanzig Kilo Gesamt-Masse (Fahrrad, Gepäck und Fahrer)
bei einer Abfahrt wieder zum Stillstand zu bringen.

Nach anfänglicher Ratlosigkeit löst sich das Problem wieder mal von selbst. Immer mit der Ruhe, sag ich mir. Kommt Zeit, kommt Rad! Oder wie in diesem Fall: *Kommt Zeit, kommt Bart!*

Bart ist Holländer und checkt am gleichen Tag wie wir in unserem Hotel ein. Seit zehn Monaten ist er mittlerweile mit dem Fahrrad unterwegs und soll auch der einzige Radreisende bleiben, den wir in Indien treffen. Ich erkenne ihn an seiner Fahrrad-Lenkertasche, die neben ihm auf dem Tisch steht. »Hey, wo bist du denn her?«, erkundige ich mich neugierig. »Aus Holland«, antwortet er. »Ich bin auf einer Fahrradreise und auf dem Weg nach Katmandu, Nepal.« »Du hast nicht zufällig Magura-Bremsen und dazugehörige Ersatzteile?«, möchte ich wissen. »Ja, klar!« Ich kann's nicht glauben! Bart hat die so dringend benötigten Komponenten dabei! »Meine Freundin kann mir in zwei Wochen Nachschub mitnehmen, sie kommt mich besuchen«, meint er lächelnd und übergibt mir die heißbegehrte Ware – *Incredible India!*

Nach erfolgreicher Reparatur gehen wir gemeinsam etwas essen. Bart erzählt uns ein wenig über seine Motivation, mit dem Fahrrad zu reisen. »Ich hatte eigentlich einen super Job in einer Bank, doch den hab' ich geschmissen. Ich fühlte mich eingeschränkt und reduziert auf meine Arbeit. Musste ausbrechen aus dem Hamsterrad. Es war die einzig richtige Entscheidung«, resümiert er. Seine Reise steht unter dem Banner der Wohltätigkeit. Bart nutzt seine Wirtschaftskontakte, um Geld für ein Kinderkrankenhaus in Katmandu und eine Schule im philippinischen Manila zu sammeln. »Die Banker fahren voll auf mein Projekt ab! Ich hab' bereits knapp *40.000 Euro** sammeln können«, verkündet er stolz. Persönlich und vor Ort wird er sich über den Status der Bauarbeiten ein Bild machen. Er freut sich sichtlich über den Erfolg seiner Aktion. »Das Geld reicht locker aus, um einen Operationssaal in Katmandu und ein einfaches Schulgebäude in Manila zu finanzieren.«

Mit einer frischen Bremse und ausgeruhten Waden nehmen wir die vorerst letzten dreihundert indischen Kilometer in Angriff – der Ruf NEPALs wird immer lauter!

---

* Bis Herbst 2012 konnte Bart rund 60.000 Euro für seine Projekte sammeln.

NEPAL EINMAL ANDERS

Drei weitere Tage in der heißen, staubigen und dicht besiedelten Ganges-ebene bis zur nepalesischen Grenze. Die Nächte stickig, mit Myriaden von Moskitos. Der Verkehr wie gewohnt verrückt und die Stadtdurchfahrten chaotisch und stressig. Doch je näher wir der Grenze kommen, desto ruhiger wird es auf der Straße, die Menschen sind weniger neugierig und Kinder grü-ßen ungewöhnlich freundlich. Goldene Weizenfelder links und rechts von uns, Ochsenkarren und Radfahrer dominieren das Straßenbild. Der indische Ausreisestempel wird uns rasch und unbürokratisch in den Pass gedrückt und wir werden förmlich dazu gedrängt, auf die nepalesische Seite zu wechseln, denn eine kleine Gruppe grölender Demonstranten nähert sich dem Zollge-bäude. Für Fragen bleibt keine Zeit, doch die Vorfreude auf Nepal ist diesmal größer als unsere Neugier.

»Namaste in Nepal«, begrüßen uns die überaus netten, nepalesischen Grenzbeamten. Man serviert uns ungefragt ein Glas kaltes Wasser, bevor uns mit einem Lächeln unser Visum ausgestellt wird. Nepal fühlt sich von Anfang an gut an.

Dass dieses Land NICHT Indien ist, hat selbst die nepalesische Regierung mit einem symbolischen Akt fest verankert. Sie hat die Uhrzeit einfach eine viertel Stunde nach vorne gedreht! Die Menschen sind weniger aufdringlich, wirken tatsächlich um einiges entspannter als im hektischen Nachbarland und sprechen durch die Bank gutes Englisch. Selbst alte Männer und kleine Kinder probieren ihre Kenntnisse stolz an uns aus. Nach der intensiven Zeit in Indien fühlen wir uns fast ein wenig einsam, wenn wir am Straßenrand eine Pause einlegen und nicht sofort von dutzenden Menschen umringt wer-den. Positiv ist auch die Tatsache, dass man in Restaurants nicht schon im Vorhinein alle Preise erfragen muss. Kein Feilschen und keine blauen Wunder beim Bezahlen. Das macht das Leben um einiges angenehmer!

Wenn man an Nepal denkt, kommen einem unweigerlich die schneebe-deckten, hohen Berge des Himalaya in den Sinn. Für die meisten Besucher Fokus ihrer Reise. Wir wollen einen Blick auf die spektakuläre Anapurna-Kette werfen, die man von Pokhara aus gut sehen sollte. Doch leider haben wir Pech, denn der etwas verfrüht einsetzende Monsun sorgt dafür, dass sich die Gipfel entweder hinter einer dicken Wolkenfront verstecken oder dichter Dunst keine Ausblicke zulässt. Gut, also keine Berge. Man muss schließlich einen Grund haben, um wiederzukommen!

Nach einigen meditativ-entspannenden Tagen im »Ganden Yiga Chozin Meditation & Retreat Centre« verabschieden wir uns erneut von Bart, mit dem wir wieder einige Tage verbracht haben und nehmen den flachen, brütend heißen Terai im Südwesten des Landes in Angriff.

In Lumbini besuchen wir den Geburtsort Buddhas, den Maha Devi Tempel, der nicht ganz so viel Eindruck auf uns macht wie der riesengroße, heilige *Bodhi-Baum** davor. Wir nehmen im Schatten Platz, saugen die Atmosphäre in uns auf und lauschen dem Gesang der unzähligen Gebetsfahnen, die im Wind flattern. Um den heiligen Baum sitzen buddhistische Mönche, sprechen Mantras und Gebete. Die Zeit scheint still zu stehen. Zum ersten Mal auf der Reise haben wir nicht mehr das Gefühl, irgendwas sehen oder tun zu »müssen«, sondern einfach nur zu sein. »Nichts wollen, nichts sollen, nur sein.«

Der Terai ist eine einsame, wenig entwickelte Gegend mit lichtem Verkehr, die sich stark vom typischen Nepal-Bild unterscheidet. Leicht hügelig zieht sich der Mahendra-Highway durch dichte Wälder, einfache Dörfer und wenig besuchte Nationalparks. Die Infrastruktur ist schlecht, das Essen etwas eintönig. Vorwiegend bekommt man chinesische Gemüse-Nudeln (*Chow Mein*) oder Nudelsuppe (*Chau Chau*), einfache, frittierte Snacks wie Samosas, gekochte Eier und Unmengen an Gurken, die hier geschält, halbiert und mit Limette, Chili und Salz gewürzt, gegessen werden. Essenstechnisch sind es harte Zeiten am Mahendra Highway – vor allem für hungrige Radfahrer. Wir genießen die stressfreien, heißen Radtage, die herzlich-unaufdringliche Art der Nepalis und eine mehrtägige Pause im wunderschönen Bardia Nationalpark.

TAGEBUCHEINTRAG ANDI – *Do, 19.4.12, Bardia Nationalpark*
»... Um sieben Uhr in der Früh starten wir mit unserem Guide Ram zu unserer Wildtiersafari. Es ist noch angenehm kühl, als wir durch den Park-

---

* *Gilt in der buddhistischen Kunst als Symbol des Buddha, der unter diesem die Erleuchtung erlangte.*

eingang Richtung »Wildnis« marschieren. Schwarzgesichtige Languren-Affen turnen waghalsig in den Bäumen, die Vögel scheinen sich mit ihrem Geträller gegenseitig übertrumpfen zu wollen. Wir queren einen Fluss und bekommen eine kurze Sicherheitseinweisung, denn ab jetzt befinden wir uns im Territorium von Tiger, Nashorn und Elefant. An einer Lichtung erspähen wir das erste Wild, kurz darauf einen mächtigen Zwölfender, der erst ganz spät die Flucht vor uns ergreift. Bald erreichen wir einen Flusslauf und betreten eine savannenartige, karg bewachsene Ebene. Lassen uns eine Zeitlang am Waldrand nieder und spähen hinaus in die Landschaft. Die Temperatur steigt und lässt die erhitzte Luft über der Ebene flimmern.

Wir folgen ab nun dem Flusslauf. Ram liest Spuren, zeigt uns frische Tigerpfoten-Abdrücke und Tigerkot, der ungewöhnlich weiß ist. Erste Nashornspuren steigern Rams Wachsamkeit. Ab jetzt sind wir immer auf der Hut, um nicht unvorbereitet auf eines der gefährlichen Tiere zu stoßen. Bis zu siebzig Kilometer pro Stunde können die schlecht sehenden Nashörner schnell werden und greifen mit ziemlicher Sicherheit an. Auf einer hölzernen Aussichtsplattform halten wir eine ausgedehnte Pause, es ist mittlerweile brütend heiß. Der Wind weht durch die Holzlatten, bläst die Mittagshitze vom Körper.

Etwas später gehen wir ein Stück den Fluss entlang, setzen uns an eine Flussbiegung und warten. Erst als die Temperaturen sinken, erwacht auch die Tierwelt wieder zum Leben. Affen kommen zum Trinken ans Flussufer, wir beobachten einen balzenden Pfau und eine Herde Wild. Gegen Abend haben wir dann doch Glück und können aus sicherer Distanz vier mächtige Nashörner beobachten, die gemächlich durch die Savanne ziehen. …«

Je mehr wir uns der indischen Grenze nähern, desto höher klettern die Temperaturen. Auf unserer Haut steht eine dicke Schweißschicht, die Hitze ist fast unerträglich. Selbst um neun Uhr abends hat es immer noch 34 Grad.

Nach gut drei Wochen Nepal reisen wir erneut in Indien ein. Dreieinhalb Tage lang kämpfen wir uns durch eine stickig-staubige, dicht besiedelte und absolut unattraktive Gegend. Die endlose Stadteinfahrt nach Delhi schaffen wir nur unter Zuhilfenahme unserer Ohrstöpsel, ohne die wir wahrscheinlich bleibende Gehörschäden davongetragen hätten. Wir checken in einem billigen Hotel in Delhi ein, bringen unsere Sachen wieder auf Vordermann, treffen einige Vorkehrungen für die Weiterreise und checken das Iran-Visum.

»Weißt du, wie ich mich manchmal fühle?«, fragt Anita, als wir nach einem anstrengenden Tag auf Delhis Straßen abends in unserem muffigen Zimmerchen liegen. »Wie eine volle Tasse Tee, in die man ständig nachgießt, obwohl sie schon lange voll ist.« Ich verstehe, was sie meint. Auch mir geht es mittlerweile ähnlich.

Wir schreiben Ende April 2012. Knapp zwei Jahre sind wir jetzt unterwegs und haben bereits die 30.000-Kilometermarke gesprengt. Unsere Köpfe sind voll mit Eindrücken, Erlebnissen und Erfahrungen, mit jedem Tag werden es mehr. Das Reisen ist immer noch wunderschön, aber wir spüren beide, dass es an der Zeit wäre, ein wenig zur Ruhe zu kommen. Unterbewusst wissen wir es schon länger, denke ich. Doch ausgesprochen haben wir's bisher noch nicht. Insofern sind wir mit unserer Routenplanung auf dem »richtigen Weg« – wie immer.

Nach reichlicher Überlegung und langem Hin und Her kommen wir zu dem Schluss, aufgrund der aktuellen Sicherheitslage nicht durch Pakistan zu radeln. Wir steigen in Delhi ein letztes Mal in den Flieger und treten vom Iran aus endgültig die Heimreise an. Das Flugticket haben wir bereits in der Tasche, fehlt nur mehr ein Kopftuch für Anita.

NEPAL
April 2012

IRAN – HAND AUFS HERZ

Mal ehrlich: Wenn man bei uns im »Westen« vom Iran spricht, sind es meist negative Dinge, um die es sich dreht. Der aktuelle Atom-Konflikt mit Israel und dem Rest der Welt, eine engstirnige Regierung, Frauen »ohne Rechte«, keine Pressefreiheit und, und, und. Doch wer sich etwas näher mit diesem Land beschäftigt oder gar eine Reise dorthin wagt, wird mit Sicherheit eine ganz andere Seite des Irans kennen lernen. So ist es auch uns ergangen. Siebenundzwanzig Länder haben wir bisher bereist, viele unterschiedliche Kulturen und Menschen durften wir kennen lernen. Doch noch nie zuvor ist es uns so schwer gefallen, all die positiven Erlebnisse und Erfahrungen in würdige Worte zu kleiden. Die überwältigende Gastfreundschaft, die uns täglich begleitet, eine aufgeschlossene, gut gebildete Gesellschaft und die selbstlose Hilfsbereitschaft der Iraner machen das Reisen hier zu einem unvergesslichen Erlebnis. Trotz der restriktiven und menschenunwürdigen Vorgehensweisen des weitgehend unbeliebten Regimes begegnen uns das Land und seine Leute viel moderner als angenommen. Frauen tragen ihr Kopftuch provokant locker als Modeaccessoire und unterziehen sich gerne einer kosmetischen *Nasenoperation**. Nicht nur einmal bietet man uns hinter verschlossenen Haustüren Bier oder Whiskey an. Das regierungsseitig gefilterte Internet wird von Hackern geknackt und Couchsurfing, Facebook und Twitter sind, obwohl juristisch eine heikle Grauzone, bei etwa zwanzig Millionen Iranern total angesagt. Zum Gruß oder Abschied legen die Iraner öfters ihre rechte Hand auf ihr Herz – und wir denken, dass keine andere Geste die Mentalität der Menschen besser zum Ausdruck bringen könnte …

Unser Iran-Abenteuer beginnt mit der Landung am Flughafen Teheran. Der Einreisestempel wird uns mit einem Lächeln in den Pass gedrückt, und nach kurzem Bangen um ein verloren geglaubtes Gepäckstück nehmen wir ein Taxi, welches uns in rasanter Fahrt zum Bahnhof der iranischen Hauptstadt bringt. Wir haben beschlossen, mit dem Zug weiter südlich nach Esfahan zu reisen, von dort mit dem Bus nach Yazd zu fahren und danach quer durch das

---

* Der Iran liegt bei Nasenoperationen weltweit an erster Stelle.

Land zu radeln. In der langen Warteschlange vor dem Fahrkartenschalter werden wir ganz selbstverständlich vorgenommen. Dann heißt es geduldig sein, denn wir haben einige Stunden zu überbrücken, in denen wir schon einen kleinen Vorgeschmack auf die Gastfreundschaft der Menschen bekommen: Chai, duftendes Fladenbrot, Äpfel, viele Fragen und Einladungen. Eine junge Lehrerin bekundet mitten in der Wartehalle ihre Unzufriedenheit mit der Regierung und interessiert sich brennend für unsere Meinung zu diesem Thema.

TAGEBUCHEINTRAG ANITA – *Sa, 5.5.12, Zugfahrt nach Esfahan*

»... Die Fahrt im Zug ist ganz schön holprig und kurvig. Ab und zu öffne ich meine Augen, sehe, wie sich die Landschaft immer mehr ändert. Kleine, kahle Hügel tun sich links und rechts von uns auf. Ich fühle mich wie auf einen anderen Planeten versetzt und schlafe kurz darauf wieder ein. Fünf Minuten bevor der Zug in Esfahan eintrifft, weckt uns der Schaffner. Erfreulicherweise brauchen wir unsere Taschen nur aus dem Abteil bringen und können sie bequem mit einem kleinen Wagen in die Wartehalle schieben. Es ist halb sieben in der Früh, als wir am Bahnhof ankommen. Befreien unsere Räder aus dem Plastik, schrauben sie wieder zusammen und packen die Taschen. Hoffentlich zum letzten Mal. Nach getaner Arbeit holen wir uns Kaffee und frühstücken. Zwei Stunden vergehen, bis wir uns und unsere Räder auf die Straße bewegen – ohne ein einziges Mal von jemandem gestört zu werden. Auf dem zweispurigen Highway radeln wir leicht bergauf Richtung Zentrum. Immer wenn ich in den Spiegel sehen will, schau ich auf die falsche Seite, denn ab jetzt heißt es wieder rechts fahren. Schon nach dem ersten Kilometer bremst sich ein Auto ein und der nette Herr gibt uns seine Telefonnummer und Adresse. Für den Fall, dass wir Hilfe bräuchten. Als wir uns etwas später nach dem Weg erkundigen, entpuppt sich ein junger Iraner als hilfsbereiter Deutsch-Student. Er zeichnet uns eine super Wegbeschreibung auf, mit der wir problemlos ins Zentrum finden. Wir staunen, wie sauber plötzlich alles ist. Die Kleidung der Leute, die Schuhe, ja sogar die kleinen Bächlein neben der Straße. Nur der Verkehr ist nach wie vor chaotisch und die Fahrzeuge bewegen sich mit weit höherer Geschwindigkeit als in Indien. ...«

In den ersten Tagen tauchen wir als »normale« Touristen unter und erkunden die beiden persischen Prunkstädte Esfahan und Yazd. In der lebhaften Universitätsstadt Esfahan spazieren wir durch den alten Bazar, einem Labyrinth aus Arkadengängen, bestaunen den Imam-Platz und lassen die Abende an den Jahrhunderte alten, aufwändig restaurierten Bogenbrücken, die Jung und Alt als Treffpunkt dienen, ausklingen. Teenager und verliebte Pärchen lassen ihre Füße von der Brücke baumeln, andere sitzen am Ufer, trinken Chai und plaudern. Wir genießen die angenehme Atmosphäre, lauschen den Gitarrenklängen junger Musiker und lassen uns von der lockeren Frühsommer-Stimmung anstecken.

TAGEBUCHEINTRAG ANITA – *So, 6.5.12, Esfahan*

»… Im kleinen Teehaus serviert man uns ganz selbstverständlich eine Kanne bernsteinfarbenen Chai und fragt, ob wir eine Ghalyan (Wasserpfeife) rauchen wollen. Währenddessen sind wir mehr damit beschäftigt, die skurrile Raumdeko zu betrachten. An den Wänden hängen uralte Bilder von schnurrbärtigen Ringern und Fußballern, mittelalterliche Speere und Schilder drücken uns von hinten ins Kreuz. An den Tischen gegenüber wird an Ghalyans genuckelt, die etwas vom Leben gezeichneten Herren in der Küche arbeiten mit Zigarette im Mund. Der uralte Mann an der Kasse scheint sich nur zu bewegen, wenn jemand mit Geldscheinen vor ihm steht. Man könnte wohl Tage hier verweilen, Tee trinken und beobachten. …«

Das historische Zentrum der Wüstenstadt Yazd fasziniert uns mit seinen schmalen, verwinkelten Gassen, den hohen Lehmwänden und den wunderschönen Moscheen, die dazwischen hervorglitzern. Es macht Spaß, sich hier ein bisschen zu »verlieren«, vor allem in den kühleren Abendstunden. Wir treffen auf einige Radler-Kollegen, die allesamt im legendären Silk Road Hotel abgestiegen sind. Wie immer, wenn man anderen Reiseradlern begegnet, gibt es viel zu tratschen. Die Stunden rasseln nur so dahin, wir tauschen Geschichten, lachen und genießen die Gesellschaft. Mit dem Bus geht's schließlich wieder zurück nach Esfahan, wo unsere treuen Drahtesel auf uns warten und ungeduldig »mit den Hufen scharren«.

TAGEBUCHEINTRAG ANITA – *Do, 10.5.12, Alavijeh*

»… Finden recht einfach aus der Stadt raus, nur der Verkehr wird lange nicht weniger. Jedes Mal, wenn wir halten, bleibt jemand stehen, um uns behilflich

zu sein oder Wasser anzubieten. Autos hupen uns an, Hände winken aus den Fenstern. Gegen halb zwei machen wir Mittag und kämpfen uns danach weiter in die Wüste. Landschaftlich wirklich nichts Besonderes. Hässliche Atomkraftwerke und tausende Strommasten verschandeln die Gegend. Gott sei Dank dürfen wir bald abbiegen und es wird endlich interessanter. In der kleinen Ortschaft Jahad Abad kaufen wir uns was zu trinken und plaudern mit dem Ladenbesitzer und seinem Sohn, die gerade die neue Lieferung in den Regalen verstauen. Sie schenken uns Äpfel und schälen sie sogar für uns. Zwei ihrer Freunde lotsen uns mit alten Motorrädern zur richtigen Schotterpiste, doch kurz davor werden wir von einem Soldaten gestoppt, der meint, die Straße sei für Touristen gesperrt. Nach langem Hin und Her geht's dann doch – aber nur in Begleitung unserer Freunde. Gemeinsam holpern wir durch eine wunderschöne, mit wildem Mohn und gelben Blüten übersäte Landschaft. Langsam tuckern die zwei Iraner neben uns her, zünden sich eine Zigarette nach der anderen an und schenken uns ein breites Lächeln, wenn wir zu ihnen rübersehen. Fahren an großen Schafherden und vielen Bienenstöcken vorbei. Die beiden halten extra, um uns eine Landschildkröte zu zeigen, die hier heimisch ist. Kurz vor der Einmündung in die Asphaltstraße verabschieden sie sich. Das Benzin wird knapp. Wir radeln noch ein kleines Stück weiter und schlagen unser Lager im Schutze einer kleinen Bergkette auf. Schafherden ziehen hinter uns ihre Runden und das Surren der fleißigen Bienen klingt wie Musik in unseren Ohren. ...«

TAGEBUCHEINTRAG ANDI – *Sa, 12.5.12, nach Shazand*

»... Kurz vor Tureh zweigt eine vielversprechende Nebenstraße Richtung Norden ab, via Javarsian, Khondab und Komeyan, eine schöne Umfahrung des Ballungsraumes rund um die Großstadt Hamedan. Mit Rückenwind, meist leicht bergab und wenig Verkehr – ein wahrer Genuss! Ein weißer Peugeot bremst sich auf gleicher Höhe ein. Der Fahrer stellt auf Farsi einige Fragen, die wir nur mit Schulterzucken beantworten können. Langsam fährt er weiter und bleibt einige hundert Meter vor uns stehen. Wir überholen ihn erneut, bald aber schließt er wieder auf, bleibt stehen und hält auch uns an. Nachdem wir ihm mittels Landkarte unsere geplante Route zeigen, meint er, wir müssen wieder umdrehen und über Hamedan fahren. Erklären ihm, dass wir dies nicht wollen, da uns in der Stadt zu viel Verkehr sei. Er besteht aber darauf und plappert etwas von »Police«. Sie werden uns stoppen und zurückschicken, meint er.

Hin und Her. Anita ist ungeduldig, will abhauen. Der Herr greift zum Telefon und reicht mir eine englisch sprechende Person. Zu gefährlich sei es auf dieser Straße, daher ist sie für Ausländer gesperrt, erklärt man mir. Ich diskutiere mit ihm, frage, wer er und sein Freund denn seien. Von der Polizei, antwortet er, weitere Kollegen seien bereits auf dem Weg. Keine drei Minuten später bremsen sich ein Polizei-Pickup und ein weiteres Fahrzeug ein. Vier nervöse Polizisten in Uniform, vier in Zivil, einer mit Schnellfeuergewehr. Keiner spricht Englisch. Unsere Pässe werden kontrolliert. Die Situation ist seltsam. Keine klaren Anordnungen. Einmal heißt es weiter, dann doch wieder nicht. Schließlich müssen wir mit Eskorte den Rückweg antreten. Etwa zehn Kilometer zurück zur Kreuzung. Bergauf, gegen den Wind. Dann fällt den Herrschaften plötzlich noch ein, dass sie im nächsten Ort unsere Pässe kopieren wollen. In einem Copy-Shop beginnt der Beamte sämtliche Seiten meines Passes zu kopieren. Ich protestiere. Die Hauptseite und das Iran-Visa könne er haben, der Rest sei Eigentum der Republik Österreich! Das scheint zu sitzen, denn tatsächlich wandern die restlichen Kopien vor meinen Augen im Aktenvernichter. Schließlich werden wir bis ans Ende des Städtchens begleitet und in die benachbarte Provinz »entlassen«. Was genau uns die Polizei hier vorenthalten will, werden wir wohl nie konkret erfahren. …«

Was für uns Ausländer als ein kleines, unangenehmes und im Nachhinein doch ganz interessantes Reiseerlebnis ausgelegt werden kann, ist für viele Iraner leider bitterer Alltag. Eingeschränkt von einem religiös motivierten, radikalen Regime ist es für »regierungsuntreue« Personen oft ein Grenzgang zwischen Freiheit oder Gefängnis. Wer sich zu kritisch äußert oder hinderlich für die Regierung zu sein scheint, wird einfach aus dem Weg geräumt. Wie in so vielen anderen Ländern auch, ist dies keinesfalls ein Spiegel der Gesellschaft, die unter diesen massiven Repressionen leidet und machtlos in eine ungewisse Zukunft blickt. Nichtsdestotrotz scheinen sich die Menschen mit dieser Situation zu arrangieren und versuchen, so gut es geht ein normales, würdevolles Leben zu führen.

»Dank« der Begegnung mit den iranischen Ordnungshütern sind wir nun gezwungen, über die Stadt Hamedan zu reisen. Die Straße zieht sich durch eine wenig interessante, kahle und leicht hügelige Landschaft. Der permanente Nordwestwind drosselt unsere Geschwindigkeit, es werden mühsame Etappen. Bald nähern wir uns der Stadt, der Verkehr wird dichter, das Straßennetz unübersichtlich. Ein netter Ladenbesitzer zeichnet uns kurzerhand eine ganz brauchbare Karte, mit der wir das Zentrum so gut es geht vermeiden können. Am nördlichen Stadtrand bitten wir an einem Fischteich um Trinkwasser. »Wollt ihr ein Glas Tee«, fragt Ahmad freundlich und bietet uns an, unser Zelt neben seinem Teich aufzustellen. »Es ist schon sehr spät«, meint er fast väterlich.

TAGEBUCHEINTRAG ANITA – *Mo, 14.5.12, Hamedan*

»… Ahmad hat diese Nacht im kleinen Häuschen neben seinem Fischteich geschlafen. Als wir uns Frühstück kochen, wird auch er wach. Ob wir Hamedan schon gesehen haben. »Was, nicht? Und ihr wollt auch nicht? Warum?« Unter ständigem Kopfschütteln versucht er uns klar zu machen, dass dies ein großer Fehler sei. Er schafft es schließlich, uns in sein Auto zu bekommen. »Eine Stunde«, sagt er und hat richtige Freude daran, uns umstimmen zu können. In rasantem Tempo geht's zurück ins Zentrum, wo Ahmad mit seiner Frau und seinem Sohn wohnt. An einer Kreuzung sitzen unzählige Gelegenheitsarbeiter, hoffen und warten, dass sie jemand zu den umliegenden Feldern mitnimmt. Erstaunlich grün ist Ahmads Stadt – und sehr hügelig. In den vielen Parks sind Frauen am Trainieren, sei es an Geräten oder in der Gruppe beim Step-Aerobic. Mit Kopftuch und Tschador, versteht sich. Wir müssen unbedingt den Berg hoch, denn dort sind alte Felsinschriften. Es ist in der Tat sehr beeindruckend und dank der Tageszeit recht ruhig. Neben den Inschriften stürzt ein klarer Wasserfall in die Tiefe und bildet einen kleinen Regenbogen. Ahmad strahlt immer noch vor Freude, obwohl er beim Treppensteigen ganz schön aus der Puste kommt. Am Rückweg statten wir Ahmads Familie einen Besuch ab. Nach einem herzlichen Empfang nehmen wir auf dem prachtvollen Teppich Platz und werden mit selbst gemachten Leckereien versorgt. Ahmads Frau ist im dritten Monat schwanger und strahlt genauso wie er. Sein fünfjähriger Sohn hüpft, während wir plaudern, auf seinem Papa herum und drückt ihm ein Küsschen nach dem anderen auf die Wange. …«

Die Iraner scheinen von Natur aus ein sehr neugieriges Volk zu sein und gehen ohne Scheu auf uns zu. Sehr oft ergeben sich aus einfachen Fragen nette Begegnungen. Wie zum Beispiel in Bijar, wo uns der Eigentümer eines

Supermarkts auf die Frage, ob es in der Stadt ein Internetcafe gäbe, einfach zu sich nach Hause mitnimmt, sein Drahtlos-Internet benutzen lässt und dann auch noch zum Essen einlädt. Oder die netten Herrschaften, die es sich nicht nehmen lassen, uns mit ihrem Auto quer durch die Stadt Poldasht zu lotsen. Gastfreundschaft und Hilfsbereitschaft sind im Iran allgegenwärtig. Selbst wenn wir es abends den Iranern gleichtun und unser Zelt im Stadtpark aufschlagen, werden wir mit süßem Chai, vorzüglichen Snacks und netten Worten versorgt. Es ist wirklich unglaublich, wie selbstverständlich die Menschen ihr Essen mit uns teilen und uns geben, ohne etwas dafür zu wollen! Doch ein wenig »vorsichtig« sollte man beim Annehmen von Geschenken schon sein. Denn im Iran wird man unweigerlich mit dem Taarof, dem Spiel des Anbietens und höflichen Ablehnens oder Annehmens von Gesten und Dingen, konfrontiert. In solchen Situationen sind Gefühl und die richtigen Worte gefragt. Erst nachdem man ein Geschenk dreimal abgelehnt hat und es dann immer noch angeboten bekommt, darf man es ruhigen Gewissens annehmen. Das gleiche Spiel am Markt: Man möchte etwas kaufen und der Ladenbesitzer meint, dass es ein Geschenk sei. Auch hier handelt es sich meist um Taarof und man muss quasi auf die Bezahlung bestehen. Klingt kompliziert, ist es aber nicht. Nach einer Weile bekommt man ein recht gutes Gespür dafür und genießt das durchaus charmante Hin und Her.

»Fünfmal am Tag beten? Dafür hat doch heute keiner mehr Zeit – und vor allem keine Lust«, klärt uns Ahmad über die moderne Auslegung der Religion im heutigen Iran auf. Wir sind überrascht, dass der Islam in der Öffentlichkeit kaum spürbar ist. Oft bekundet man uns, dass man zwar religiös sei, dem aber bei weitem nicht so viel Beachtung schenkt, wie es die Regierung gerne hätte.

Die letzten Tage vor Tabriz sind radfahrtechnisch anspruchsvoll, da steil-hügelig, meist herrscht fieser Gegenwind. Dafür ist die Landschaft umso schöner, die kahle Steppe wird von baumbestandenen Tälern, grünen Wiesen und klaren Bächen abgelöst. Die Frauen sind etwas lockerer gekleidet als gewohnt, farbenfroher, ein breites Tuch um die Hüften. So gut wie nie sieht man den traditionellen, schwarzen Tschador. Bald erfahren wir auch, warum »alles« ein wenig anders ist. Wir befinden uns nun im kurdisch geprägten Teil des Iran. Besonders am Freitag, dem islamischen »Sonntag«, feiern die Kurden ausgelassen, meist im Kreise der Familie, mit einem Picknick in der Natur. Es wird getanzt, musiziert und viel gelacht.

TAGEBUCHEINTRAG ANDI – *Sa, 19.5.12, Miyandoab*

»… Kurz vor Miyandoab wird es flacher und die Besiedelung nimmt zu. Ist zwar einfacher zu radeln, jedoch bei weitem nicht mehr so interessant. Im Stadtpark von Miyandoab werden wir von den Mitgliedern des hiesigen Fahrrad-Clubs »entdeckt«. Man lädt uns in ihre Club-Räumlichkeiten ein und stellt neugierig Fragen. Der Youngster der Truppe ist der neunzehnjährige Navid. Er besteht darauf, dass wir die Nacht im Hause seiner Familie verbringen. Ein kurzes Telefonat mit der Mutter und die Sache ist geritzt. Mit offenen Armen werden wir von seinen Eltern, der Schwester und dem kleinen Bruder empfangen. Uns zu Ehren wird abends groß aufgekocht. Gegessen wird, wie überall im Iran, auf dem Boden. Der gesamte Radclub wird eingeladen und so verbringen wir einen lustigen Abend mit viel Radlerlatein und geschmuggeltem Bier. Tags darauf versorgt uns Mama Hatje mit einem viel zu großen Verpflegungspaket und schenkt Anita als Andenken eine kleine Keramikfigur. Unsere Schuhe, die wir gestern vor der Tür ausgezogen haben, wurden um hundertachtzig Grad gedreht, sodass wir bequem hineinsteigen können. Ich bin wieder einmal erstaunt darüber, wie schnell und selbstverständlich die Menschen ihre Türen und Herzen öffnen und uns wie einen Teil ihrer Familie behandeln. …«

Noch zwei eintönige Tagesetappen, meist auf mehrspurigem Highway mit gutem Seitenstreifen, trennen uns von Tabriz. Hier sind wir mit Amir und Aadish verabredet, die wir über Couchsurfing kontaktiert haben und die uns für zwei Nächte bei sich zuhause aufnehmen. Die Gastfreundschaft der beiden sprengt jeden Rahmen. Für die gesamte Zeit werden alle Pflichten auf Eis gelegt, um ganz für uns da zu sein. Bei zauberhafter, iranischer Gänsehautmusik fahren wir tanzend und singend durch das nächtliche Lichtermeer von Tabriz. Die beiden bringen uns die kulinarische Seite des Irans näher, zeigen uns ihre Stadt und erzählen uns, wie es ist, als junger Mensch im Iran zu leben.

TAGEBUCHEINTRAG ANITA – *Di, 22.5.12, Tabriz*

»… Eigentlich wollten wir was typisch Österreichisches kochen, doch als wir zum ersten Mal im Kochtopf umrühren, ist es schon nach zehn. Also doch Pasta. Das Essen ist lecker, die Gespräche intensiv. Amir, Aadish und ihr Freund Mitra geben uns einen tiefen Einblick in ihr Leben, in all die Zuversicht, die sie

bei der vorletzten Wahl 2009 hatten und die schlimme Enttäuschung, mit der sie immer noch zu »kämpfen« haben. Amir hat damals für die Opposition als Wahlbeobachter agiert und in der Parteizentrale die Ergebnisse zusammengetragen. Der Sieg der Opposition war, so Amir, glasklar. Doch auf einmal wurde im Fernsehen der Sieg Ahmadinedschads verkündet. »Lauf um dein Leben!«, schallte es damals in sein Telefon. Amir blieb nur der Rückzug über die Feuerleiter. Er flüchtete über die Dächer der Stadt. Das Wahlergebnis trieb die Massen auf die Straße, zur »grünen Revolution*«. Zwei Millionen Menschen warfen der Regierung Wahlbetrug vor. Friedvoll standen sie da, mit Schildern in den Händen »Wo ist meine Stimme?« Doch Ahmadinedschad schlug die Proteste mit äußerster Brutalität nieder. Irans Städte wurden zu einem blutigen Schlachtfeld. Polizisten prügelten auf wehrlose Menschen ein, es gab zahlreiche Tote. Als Europäer kann man nur schwer nachvollziehen, wie es ist, nicht frei zu sein. Wie diese warmherzigen Menschen ständig belogen werden und immer wieder aufs Neue Hoffnung schöpfen. Ich will gar nicht alles niederschreiben, was uns die drei erzählt haben, aber ich werde weder die Worte noch die Bilder vergessen – und auch nicht die Tränen, die uns in die Augen gestiegen sind …

Ich wünsche ihnen von ganzem Herzen, dass sie irgendwann wirklich FREI sind und endlich Frieden einkehrt. Wir reden bis in die frühen Morgenstunden und ich habe das Gefühl, als würde an diesem Abend unser aller Herz noch heller leuchten als sonst. …«

»Kommt bald wieder! Ihr gehört ja jetzt zur Familie!«, ruft uns Amir nach, als wir uns schweren Herzens wieder auf den Weg machen. »Sehr gerne! Und falls du mal nach Österreich kommst – unser Haus ist dein Haus!« »Wenn ihr Probleme habt, ruft mich bitte an! Ich werde euch helfen!« »Danke, Amir!« Alles nur Taroof? Egal, die Abschiedszeremonie tut uns allen gut und erleichtert den Abschied um einiges. Und irgendwie spüre ich, dass die Worte nicht nur hohle Höflichkeitsphrasen sind, die wir uns gegenseitig ums Maul schmieren. Ich schaue Amir tief in die Augen und frage: »Taarof?« »Kein Taarof! Wir werden euch sehr vermissen!« Er spricht mir tief aus der Seele.

Amir lotst uns mit seinem Auto aus dem Zentrum hinaus und verursacht

---

* *Die Farbe Grün gilt als Farbe des Islam. Sie wurde damals von der Opposition gewählt um zu zeigen, dass ihre Bestrebungen nicht politisch-religiös motiviert waren und wurde zum Symbol der Protestbewegung.*

dabei eine hupende Autoschlange, die sich hinter uns wie eine offene Perlenkette nachzieht. Traditionell schüttet er uns beim endgültigen Abschied Wasser hinterher. Er lacht und meint: »Das bringt dem Reisenden Glück!« Die Gedanken und Gespräche wirken lange nach, als wir aus der Stadt pedalen.

TAGEBUCHEINTRAG ANDI – *Mi, 23.5.12, von Tabriz nach Marand*
»… Aus der Stadt finden wir schließlich mit Hilfe einer weiteren Eskorte und bekommen bei einem kurzen Stopp bei einem Obsthändler auch noch Bananen und Gurken geschenkt. Über die vierspurige, stark befahrene Stadtautobahn lassen wir Tabriz hinter uns und es dauert eine Weile, bis die Landschaft wieder an Reiz gewinnt. Was meistens gleichbedeutend mit hügeliger ist. Obwohl der Tag recht kurz ist, schaffen wir insgesamt zweiundsiebzig Kilometer, die letzten in Begleitung von Akbad, selbst begeisterter Radler. Er lässt es sich nicht nehmen, die Rechnung der getrockneten Marillen für uns zu übernehmen, die wir an einem kleinen Straßenstand kaufen wollen und spendiert uns noch zwei Dosen Fruchtsaft. Nach einem langen Anstieg der ersehnte Downhill.
Akbad zeigt uns kurz vor Marand einen wunderschönen Park zum Campen. Wir bauen unser Zelt auf und keine fünf Minuten später offeriert uns eine der netten Familien, die neben uns picknicken, gefüllte Weinblätter und Chai. Später bekommen wir Besuch von Akbads Freunden, die uns freudestrahlend österreichisches »Null Komma Josef Bier« mitgebracht haben. Alle zehn Minuten besucht uns irgendjemand anderer, bietet uns Chai, Süßes oder Brot an. Stadtparkcamping macht Spaß! …«

Im Zelt halten wir die islamischen Gebetsketten in der Hand, die wir von Amir und Aadish als Geschenk bekommen haben. »Zum Gedankenordnen«, meinte Aadish bei der Übergabe. Wie bei einem Rosenkranz drehen wir jede einzelne Kugel, greifen daraufhin zur nächsten. Die Geschichten unserer Freunde sitzen tief und werden unser »Iranbild« nachhaltig prägen.

TAGEBUCHEINTRAG ANITA – *Do, 24.5.12, Qezel Qeshlag*
»… Entlang des Rud-E-Aras folgen wir einem wunderschönen Tal, auf der gegenüberliegenden Seite liegt bereits Azerbaijan. Rote Felsen, grünbewachsene Hänge, junge Männer beim Fischen. Die steilen Felsen ragen hunderte Meter neben uns in die Höhe und der späte Frühling schmückt die Wiesen mit

bunten Blumen. Die ersten Kilometer sind leicht hügelig, easy Biking. Doch je mehr wir uns dem »Kloster Sankt Stephanos«« nähern, umso steiler wird es. So steil, dass mich die letzte Bergwertung in die Knie zwingt – oder besser gesagt auf die Füße. In der letzten Kurve brauche ich eine Verschnaufpause und setze mich im Schatten eines Busches auf den Boden. Der Polizist vom nahen Checkpoint winkt freundlich rüber und steht kurz darauf mit einem Krug kaltem Wasser und zwei Schokoriegeln da. Sehr nett, doch beim weiteren Gespräch weist er uns zurecht, dass es hier streng verboten sei, zu campieren. Was? Verboten? Es ist bereits halb sechs, eigentlich wollten wir uns die Kirche ansehen und dort die Nacht verbringen! Wenn wir noch fünfzehn Kilometer weiter ins nächste Dorf müssen, läuft uns die Zeit davon. Andi ist ganz und gar nicht begeistert von dem, was wir zu hören bekommen. Aber irgendwie denke ich mir, dass heute Abend anscheinend was anderes mit uns geplant ist. Beschließen, trotz mangelnder Zeit zur Kirche hochzupedalen. Die halbe Strecke schaffe ich, dann muss ich absteigen. Zu lange, zu steil. Komm selbst beim Schieben aus der Puste. Andi tritt alles durch und ist danach selbst so fertig, dass ich auf keine Hilfe warten brauche. Doch plötzlich läuft ein junger Bursche lächelnd auf mich zu und schiebt die letzten Meter hinten mit an. Was für ein Glück! Ganbarphor ist mit seinen Eltern und seiner Schwester hier, um an der Quelle Wasserkanister aufzufüllen. Als sie uns beim Plaudern erzählen, sie seien aus Qezel Qeshlag, kommt mir eine Idee. Vielleicht haben sie auf ihrem Pickup noch Platz für uns, dann wäre das Problem gelöst! »Klar könnt ihr mitfahren««, meint Papa Hamid und seine vielen Lachfalten werden gleich ein wenig tiefer. Geduldig warten die vier auf uns und sehen sich – wahrscheinlich zum zweihundertsten Mal – das alte Kloster an. Danach verladen wir die Räder auf die Ladefläche und Mama Khobra bringt mir eine Decke, damit ich weicher sitze. Hamid grinst mich vom Rückspiegel aus an und Khobra stellt alle fünf Minuten sicher, ob wir es auch bequem haben. Wir plaudern mit dem fünfzehnjährigen Sohn, der mit uns auf der Ladefläche sitzt und ein wenig Englisch spricht. Im Sonnenuntergang fahren wir durch das wunderschöne Tal und saugen den warmen Fahrtwind in uns auf. Als ob die Mitfahrgelegenheit nicht Geschenk genug wäre, lädt uns die Familie auch noch zu sich nach Hause ein. Widerstand zwecklos! Aus gegebenem Anlass trommelt*

---

* Aus dem 9. Jahrhundert stammendes, armenisch-apostolisches Kloster, seit 2008 UNESCO Weltkulturerbe

Papa Hamid die gesamte Großfamilie zusammen. Kinder samt Partner, Enkel, Bruder und Schwägerin. Nur leider spricht niemand gut Englisch, aber wir unterhalten uns auch so prächtig und genießen den einzigartigen Abend. Punkt Zehn wird ein riesiges Tuch auf dem Teppichboden ausgebreitet und vorzügliches Essen serviert. Über zwanzig Leute sind versammelt, die Kids tollen übermütig durchs Zimmer und der zehn Monate alte Enkel watschelt wackelig durchs Wohnzimmer. Hamid sitzt zufrieden und mit einem breiten Lächeln auf seinem Couchsessel und beobachtet alles schweigend. Muss ein schönes Gefühl sein, seine gesamte Familie um sich zu haben, alle fröhlich und glücklich. …«

TAGEBUCHEINTRAG ANDI – *Fr, 25.5.12, Qezel Qeshlag*
»… Schlafe einfach wunderbar! Khobra und Hamid haben darauf bestanden, dass wir diese Nacht auf ihren Matratzen schlafen sollen. Wir bekommen ein leckeres Frühstück serviert und ein riesiges Lunch-Paket von Khobra gepackt. Nüsse, Brot, Früchte und Gemüse. Die Hälfte der Sachen müssen wir ihr wieder zurückgeben, da einfach nicht genug Platz in den Taschen ist. Es ist wirklich, als wäre man bei seinen eigenen Eltern zuhause. Der Abschied ist mehr als herzerwärmend und die Tochter Jila schenkt uns im Auftrag von ihrem Papa das persische Auge, das im Wohnzimmer vom Kristallluster hängt. Khobra umarmt Anita, als wäre sie ihre Tochter und drückt ihr viele Küsschen auf die Wange. Selbst der sechzehnjährigen Jila kullern Tränen über die Wangen. Als ich Hamid umarme, merke ich, wie sein Atem immer länger und tiefer wird und auch er mit den Tränen zu kämpfen hat. Sie winken uns so lange hinterher, bis wir um die Ecke biegen. …«

Besonders in diesem Land finden wir es sehr schade, dass wir uns aufgrund der Sprachbarriere nicht intensiver austauschen können. Aber vielleicht ist es oft gar nicht so wichtig. Vielleicht ist es noch viel wichtiger, einfach Zeit miteinander zu verbringen, gemeinsam zu essen und sein Herz so weit zu öffnen, wie es nur geht. Man weiß nie, was Begegnungen in einem selbst und anderen bewirken …

TÜRKEI – VOM WILDEN KURDISTAN BIS ISTANBUL

TAGEBUCHEINTRAG ANITA – *Sa, 26.5.12, Gürbulak*

»… Immer den Berg Ararat zu unserer Rechten radeln wir entlang der ruhigen, vierspurig ausgebauten Hauptstraße. In einem kleinen Ort füllen wir die Wasserflaschen an einem Brunnen und plaudern mit dem kleinen Ahmad und seinem Bruder, die sich freuen, dass sie einige Worte auf Englisch verstehen und auch sprechen können. Die Turnschuhe voller Löcher, die Socken bis zu den Knien gezogen, aber ein breites Lächeln auf den Lippen und lautes Gekicher nach jedem gesprochenen Wort. Weit kommen wir nicht mehr, denn aufgrund der dunklen Regenfront, die sich nähert, schlagen wir unser Lager früher auf. Perfektes Timing, wie immer! Denn sobald wir in unserer »Casita del Sol« sitzen, beginnt es heftig zu regnen. Dunkle Wolken verhüllen den Ararat, dicke Regenschlieren ziehen darunter vorbei – ein beeindruckendes Naturschauspiel! So muss sich auch Noah gefühlt haben, als sich seine Arche nach hundertfünfzig Tagen auf diesem Gebirgszug niederließ. Bald bessert sich das Wetter, einige Schafhirten ziehen mit ihren Herden an uns vorbei und statten uns einen Besuch ab. Ein junger Hirte, etwa zehn Jahre alt, steckt schüchtern, aber neugierig seine Nase zu uns ins Zelt, als wir gerade essen. Hunger hat er keinen, den Keks nimmt er nach dem dritten Mal Anbieten aber gerne an. Doch anstatt ihn selbst zu essen, lockt Mehmed damit seinen Widder und posiert stolz mit ihm für ein Foto. Am liebsten würde man ihm fettige Creme auf seine verbrannten Wangen schmieren, denn für sein junges Alter ist sein Gesicht stark vom Wetter gegerbt. Sonne, Wind, Kälte … »Bus, bus, bus …« – schnell spitzen die Geißen ihre Ohren und laufen auf Mehmed zu. Während wir scherzen und lachen, wird der Blick auf den Ararat wieder frei. Der Schnee reicht fast bis ins Tal. …«

Ost-Anatolien verzaubert uns mit seiner einzigartigen, wilden Landschaft und wenn wir jede Einladung zum Tee annehmen würden, kämen wir wohl auf zehn bis fünfzehn Tassen pro Tag. Das Land der Kurden begegnet uns mit vielen unterschiedlichen Gesichtern. Die sagenhafte Natur, die herzliche

Gastfreundschaft, aber leider auch eine ganz andere, nicht so schöne Seite. Penetrant bettelnde Kinder und aggressive Hirtenhunde machen uns das Radlerleben oft schwer. Vor allem dann, wenn wir all unsere Energie benötigen, um einen steilen Berg hochzustrampeln. Wir versuchen es mit Gelassenheit und Verständnis, doch wenn dann sogar Steine fliegen, ist das nicht mehr so einfach. Ost-Anatolien ist ein »gutes« Übungsfeld, um sich immer wieder neutral zu stimmen, denn nicht jeder ist gleich. So haben wir auch ganz oft neugierige Frühstücksgäste und treffen auf freundliche Hirtenjungen, die dankbar dafür sind, an uns ihr spärliches Englisch üben zu können. Und manchmal erweckt man in den Kids richtige Lernfreude, indem man ihnen viele Fragen stellt.

Im Vergleich zum Iran ist hier die Religion viel präsenter. In den Parks werden große Open-Air Gebete abgehalten, die Moscheen sind stark frequentiert und der Muezzin ruft fünfmal täglich und vor allem lautstark zum Gebet. Generell scheinen die Menschen in Ost-Anatolien konservativer als in ihrem Nachbarland zu sein. Auf den ersten Blick finden wir uns inmitten einer patriarchalen, islamischen Kultur wieder. Doch selbst der äußerste Osten der Türkei, der oft als hinterwäldlerisch und »anders als der Westen der Türkei« bezeichnet wird, befindet sich in einem rasanten Wandel. Die Städte wachsen, eine starke Möbel- und Textilindustrie hat sich entwickelt und gerade die Stadtbevölkerung sieht sich als Teil der »modernen« Türkei. Die Kontraste zu den abgelegenen Dörfern in den Bergen sind jedoch immer noch markant. Wieder einmal erweist sich das Fahrrad als DAS Fortbewegungsmittel, um diese Unterschiede hautnah kennenzulernen.

TAGEBUCHEINTRAG ANITA – *Mo, 28.5.12, Van-See*

»… Nach einem langen Downhill stehen wir endlich am Ufer des Van-Sees. Der erste Eindruck ist nicht besonders. Abscheulicher Gestank und hunderte tote Fische am Uferrand. Absurderweise verkaufen direkt daneben zwei Burschen »fangfrischen« Fisch. Fragen in einem kleinen Laden, ob wir drinnen Pause machen dürfen. Der elfjährige Servet freut sich über die Abwechslung, spricht sogar ein wenig Englisch und bietet uns einen Platz in der Ecke an. Fünf Brüder sind sie. Er ist der älteste, hat die Stellvertretung für seinen Vater über und kennt alle Preise ganz genau. Gewissenhaft bedient er die Kundschaft und weist nebenbei seine Brüder in die Schranken. Während wir genüsslich essen,

werden die Kinder im Laden immer mehr. Richtig übermütig sind sie, tra-
gen ein Tier nach dem anderen zu uns rein: eine Katze, ein Kaninchen, einen
Welpen, begleitet von lautem Gelächter. Mit vollem Bauch steigen wir auf die
»Gäule« und verabschieden uns von Servet. Da höre ich, wie er seine Freun-
de ersucht, »Nichts« zu sagen. Doch die kümmert das wenig und probieren
es etwas unsicher mit der »Money, Money!«-Masche. Radeln einige Kilometer
weiter und suchen uns einen Stellplatz am Seeufer, bevor sich die Straße wieder
in die Berge dreht. Der Ausblick ist fantastisch, der Van-See ist hier viel schö-
ner, glitzert wie tausend Sternchen. Doch leider vertreibt uns der aufkommen-
de, eisige Wind ins Zelt. Aber zuhause ist's doch am Gemütlichsten – »Home,
sweet Home«. ...«

Die Stadt Van liegt am Ostufer des gleichnamigen, größten Sees der Türkei.
Vor einem halben Jahr hat sich hier ein Erdbeben der Magnitude 7,2 ereignet.
Rund 2.300 Häuser stürzten ein, knapp 600 Menschen starben in den Trüm-
mern. Kurz vor der Stadteinfahrt werden wir erstmals mit den Auswirkun-
gen dieses verheerenden Bebens konfrontiert. Leerstehende Häuser, zerstörte
Wohnblöcke und weitflächige Containersiedlungen, die den Menschen in der
Übergangszeit als Heim dienen. Sie werden von der Regierung zur Verfügung
gestellt, mit Warmwasser und Stromanschluss.

Eineinhalb Stunden, bevor die Erde bebte, kam der junge Turnusarzt Lokman in Van an, um seinen Dienst in der hiesigen Klinik anzutreten. Ganze
drei Monate hat er durchgehend im Krankenhaus gearbeitet und geschlafen.
»Eine schlimme Zeit«, betont er immer wieder. »Aber was willst du machen?
Die hiesigen Ärzte sind alle davongelaufen. Hätten wir die vielen Verletzten
einfach im Stich lassen sollen?«

Wir verbringen ein paar erholsame Tage bei ihm und seinem Arbeits- und
Wohnungskollegen Barış, die sich über unsere Gesellschaft sichtlich freuen.
»Wisst Ihr, nur selten verirren sich Couchsurfer nach Van. Es ist uns eine
Ehre!« Auch für uns ist der Aufenthalt eine Freude, denn wir können eine
unserer größten Leidenschaften ausgiebig mit ihnen teilen: Essen. »Das berühmte Van-Frühstück dürft Ihr Euch nicht entgehen lassen«, meint Lokman
begeistert und lädt uns in sein Lieblingslokal ein. Er hat nicht zu viel verspro-
chen. Der Tisch im schattigen Teehaus ist zum Brechen voll: Käse, Honig,
Sahne, Omelette, Nussmarmelade, Haselnusscreme, ofenfrisches Brot, Tee.

Unsere Bäuche platzen fast, als wir uns eineinhalb Stunden später wieder aus unseren Sesseln erheben. Dem nicht genug, veranstalten wir abends ein ausgedehntes Grillfest am Ufer des Van-Sees. Dazu müssen wir aber erst mal ordentlich einkaufen. Die Auswahl im üppig bestückten Supermarkt überwältigt uns. Die Produkte sind großteils in der Türkei hergestellt, ausländische Waren sündhaft teuer. »Wegen der hohen Importzölle – die heimische Wirtschaft wird somit gefördert«, erzählt Bariş. Seit unserer Ankunft in Indien haben wir ausschließlich in kleinen Läden eingekauft, wir sind heillos überfordert. Entsprechend voll sind unsere Tüten, als wir zum Auto wackeln. »Kein Problem, wir haben immer Hunger«, beruhigt mich Lokman lachend. Dass wir angesichts unseres Kalorienverbrauchs solche Unmengen an Essen ohne Bedenken verdrücken können, leuchtet uns ja noch ein. Aber dass unsere Gastgeber einen mindestens genauso großen Appetit wie wir aufweisen, nehmen wir schmunzelnd und mit großem Staunen zur Kenntnis. »Naja, die sind ja noch unter dreißig«, meint Anita und reibt sich nach dem Grillgelage zufrieden den Bauch.

Nach den vielen kulinarischen Highlights fällt es uns im wahrsten Sinne des Wortes schwer, wieder weiterzuradeln. Mit einer uralten, rostigen Eisenbahnfähre geht's raus auf den Van-See. Wir setzen nach Tatvan über, von wo aus wir weiter südwestlich, Richtung syrischer Grenze, strampeln. Es wird nun mit jedem Tag heißer, die Vegetation spärlicher und trockener. Kurz vor Hasankeyf treffen wir auf den biblischen Fluss Tigris, der die umliegende Gegend in ein fruchtbares Paradies verwandelt. Doch bald könnte Schluss sein mit der Idylle hier im Tal.

TAGEBUCHEINTRAG ANDI – *Mo, 4.6.12, Hasankeyf*

»… Die Häuser in den kleinen Dörfern verfügen über üppige Obstgärten, auf den Weinreben sind erbsengroße Trauben zu erkennen. Von einem alten Herrn kaufen wir frische Marillen und Kirschen. Links von uns tauchen erste Tuffsteinwände auf, in die mühsam Höhlen gehauen wurden. Der Tigris hat sich wie ein blau-grünes Band durch das weiche Gestein gefräst, die warme Morgensonne trägt zum friedlichen Gesamtbild bei. Wir erreichen die antike Stadtfestung Hasankeyf über eine große Brücke, die sich über den Fluss spannt. An den Felswänden über dem Städtchen befinden sich unzählige Felsenwohnungen. Stiegen wurden im Zickzack in die senkrechten Wände gemeißelt, eine

Kapelle thront am höchsten Punkt. Wir haben die zauberhafte Anlage fast für uns alleine und werden nach der Besichtigung von den Wachmännern auf eine Tasse Çay (Tee) eingeladen. Ihr Arbeitsplatz ist ungewiss, denn die Regierung baut seit 2008 am umstrittenen Ilisu Staudamm, der Hasankeyf unter Wasser setzen und die Mesopotamischen Sümpfe im Süden des Irak trocken legen würde. »Nach drei Jahren öffentlichen Widerstands und ständiger Missachtung internationaler Standards kündigten die Investorenländer Deutschland, Österreich und die Schweiz ihre Verträge mit der Türkei«, erzählt mir Hossein. Im Sommer 2009 kam es dadurch zu einem Baustopp, der aber nur ein Jahr währte. »Die Türkei versucht nun das Projekt aus eigener Tasche zu finanzieren. Das Kulturerbe wird früher oder später unter den Wassermassen begraben liegen«, ergänzt er kopfschüttelnd. Wieder einmal ist die Gier einiger machthungriger Sturköpfe größer als deren Verstand. …«

Je mehr wir uns der syrischen Grenze nähern, desto häufiger treffen wir auf Panzerfahrzeuge, schwer bewachte Militär-Checkpoints und bewaffnete Soldaten. Wir befinden uns in einer Region, in der die kurdische Arbeiterpartei PKK nach wie vor für einen unabhängigen, kurdischen Staat kämpft. Obwohl uns die Menschen wie gewohnt freundlich gestimmt sind und uns mit Çay und regionalen Leckereien den Tag versüßen, fühlen wir uns nicht ganz wohl. Nach einem wirklich unangenehmen Erlebnis mit aggressiven, hormongesteuerten »Halbwüchsigen« werden wir als Draufgabe mitten in der Nacht von vier Schüssen aus dem Schlaf gerissen. Einen Tag später fliegt ein Stein gegen unser Zelt. Wir flüchten zu einer benachbarten Großfamilie, die uns für die Nacht bei sich aufnimmt.

TAGEBUCHEINTRAG ANITA – *Di, 5.6.12, Mardin*

»… Es reicht! Wir nehmen lieber doch das Angebot von Güşan an und siedeln in ihre Wohnung um. Man muss das Schicksal nicht herausfordern. In fünf Minuten ist alles erledigt. Als ich die letzte Tasche reinschleppe, ruft mir einer der Jugendlichen »Sex« nach. Er deutet auf mein Rad und meint, er würde es sich holen. Nix da, die Räder kommen mit in die Wohnung! Bin echt froh, als die Tür hinter uns abgeschlossen wird. Endlich Ruhe, wenn man das bei einer Familie mit zehn Kindern so sagen kann. Trotzdem ist alles sehr ordentlich und sauber, doch für so viele Kinder so gut wie nichts zum Spielen. Ein paar

Zettel Papier und einige Kugelschreiber. Kein Spielzeug, nichts. Fröhlich tollen sie im Wohnzimmer umher, spielen Fangen. Außer einer kleinen Couch, einem Fernseher und einem Kästchen sind keine Einrichtungsgegenstände vorhanden. Das große Zimmer, in dem wir schlafen dürfen, ist komplett leer. Keine Kästen, keine Bilder an den Wänden, nur eine Matratze, zwei Polster und eine Decke für uns, die im rechten hinteren Eck platziert wird. Güşan kocht Nudeln und Gemüse und lädt uns zum Essen ein. Ein großes, rotes Tuch wird auf dem Boden ausgebreitet, darauf ein rundes Alutablett mit den Speisen, einigen Tellern, Gläsern und einem Krug »Ayran*« platziert. Zuerst dürfen wir mit unserer Gastgeberin und der ältesten Tochter essen. Die Kleinen warten geduldig, bis wir fertig sind. Dann wird der »gedeckte Tisch« ins Vorzimmer zur »Raubtierfütterung« gezogen.

Als ich mitten in der Nacht aufstehe, um aufs Klo zu gehen, sehe ich die ganze Familie im Wohnzimmer liegen. Einige Matratzen haben sie ausgebreitet, doch die meisten schlafen einfach nur auf dem Teppichboden. ...«

Die folgenden zweihundert Kilometer nach Sanliurfa überwinden wir angesichts der vergangenen Ereignisse mit dem Bus. Die Etappe durch die syrische Ebene wäre ohnehin eintönig, viel zu heiß, gegen den starken Westwind und schwerverkehrsreich gewesen. In der muslimischen Pilgerstadt nehmen wir uns wieder mal ein nettes Hotelzimmer. Endlich durchatmen! In der Geburtsstadt des Propheten Abraham herrscht ein bunter Mix an Kulturen. Kurden, Araber, Türken. Viele Männer tragen weite Ali Baba-Hosen aus Anzugstoff, den Schritt bei den Knien. Einige Frauen haben einfache Tätowierungen im Gesicht, meist am Kinn. Andere lassen sich im schwarzen Tschador blicken. Schnauzbärtige Männer palavern in den unzähligen Teehäusern und Obstverkäufer bringen spottbillige Marillen an den Mann.

Die nächste Teiletappe führt uns in neun Tagen nach Kappadokien. Wir streifen den mächtigen Atatürk-Staudamm, freuen uns, dass uns die Menschen – vor allem die Kinder – zunehmend entspannter und freundlicher begegnen und genießen das etwas gemäßigtere Klima in Zentralanatolien.

Immer öfter werden wir von älteren Herren, die jahrelang als Gastarbeiter in Deutschland lebten, auf Deutsch angesprochen. Wir bewegen uns vor-

---

* Erfrischungsgetränk aus Joghurt, Wasser und Salz

wiegend auf kleineren Nebenstraßen, die zwar nie die kürzeste Verbindung von A nach B darstellen, aber insgesamt viel stressfreier zu fahren sind. Die Gegend bergig und abwechslungsreich, teils trocken und langweilig, oft aber auch üppig-grün mit hohen Kiefern. Kleine Erdmännchen flüchten pfeifend vor uns in ihre Löcher und träge Schildkröten queren gemächlich die Straße. Fast jeden Tag finden wir wunderschöne Plätze zum Campieren, mal mit Badefluss, mal mit See-Panorama. Das Radeln macht wieder riesig Spaß, auch wenn es doch sehr anstrengend ist. Benötigen wir mal eine Pause, steuern wir eine der zahlreichen Tankstellen an. Die freundlichen Besitzer servieren uns meist ungefragt eine Tasse Çay und lassen uns ganz selbstverständlich ihr drahtloses Internet benutzen, über das erstaunlicherweise jede noch so kleine und schäbige Tankstelle verfügt.

Wir nehmen uns einige Tage Zeit, um die märchenhafte Tuffstein-Landschaft Kappadokiens zu erkunden und genießen die schönen, aber harten Etappen zwischen Ankara und Istanbul. Der schlechte Asphalt ist oft derart von der Hitze aufgeweicht, dass er unser Reifenprofil heillos verlegt und wir auf einer Schicht aus Asphalt, Kieselsteinen und Dreck dahinholpern. Es dauert dann meistens ein paar Tage, bis wir den ärgsten »Schlotz« wieder loswerden.

Ab Nallihan zeigt sich die Türkei von ihrer mediterranen Seite. Wir folgen dem dunkelgrünen Sakaraya-Fluß, an dessen Ufer zahllose Obst- und Gemüseplantagen angelegt sind. Es scheint, als würde hier »alles« wachsen: Tomaten, Gurken, Äpfel, Birnen, Feigen, Marillen, Wein, Pfirsiche und Oliven … ein wahres Paradies! Vor allem, weil für uns immer wieder die eine oder andere Kostprobe abfällt.

Vorbei geht es schließlich am glasklaren Iznik-See, der uns mit seinen zahllosen Olivenplantagen, der sehr guten Wasserqualität und den freundlichen Dörfern besonders gut gefällt. Der letzte Lagerplatz vor Istanbul liegt direkt am See. Wir nehmen ein ausgedehntes, herrlich erfrischendes Bad und entspannen bei einem Glas seegekühlten Raki. Von Yalova aus bringt uns eine moderne Schnellfähre in gut einer Stunde über das Marmara-Meer nach Istanbul.

Nach über fünfundzwanzig Monaten haben wir nun wieder europäischen Boden unter unseren Füßen. Schwupp, sind wir wieder zurück auf »unserem« Kontinent. Ohne Fanfaren und Konfetti. »Das ging ja fast ein wenig zu schnell«, resümiere ich. Anita schaut mich fragend an und meint: »Was hättest du erwartet? Ein Empfangskomitee?« »Aaaah, Europa«, frohlockt sie und saugt die kühle Morgenluft in sich ein.

Istanbul ist eine kosmopolitische Stadt, die uns von Beginn an fasziniert. Das Herz einer modernen und progressiven Türkei. Breite, kilometerlange Einkaufsmeilen mit noblen Geschäften befriedigen die ungezähmte Konsumsucht der jungen Türken. Die historische Altstadt ist von Touristen aus aller Welt bevölkert, die staunend durch die alten Moscheen und den historischen Bazar marschieren, sich in einem der Restaurants stärken und dem Klischee von tausend und einer Nacht nachjagen. In schattigen Teehäusern pflegen Türken aller Klassen ihre ausgeprägte Tabaksucht und saugen genüsslich an einer Wasserpfeife. Nach Sonnenuntergang erwacht das exzentrische Nachtleben der Stadt. In den Dachbars der Stadt wird ausgelassen getanzt, am Galataturm trifft sich die Alternativ-Szene zum Biertrinken und Musizieren und an der Uferpromenade wird fangfrischer Fisch serviert. Wir holen Luft, tauchen tief ein und lassen uns einfach treiben. Für uns die beste Art, eine fremde Stadt zu erkunden.

Anatolien
TÜRKEI
Juni 2012

BULGARIEN UND RUMÄNIEN – DELTA, DONAU, PFERDEKUTSCHEN

TAGEBUCHEINTRAG ANDI – *Mo, 2.7.12, Malko Tarnovo*

»… Von der neuen, zweispurigen türkischen Autopiste wechseln wir kurz nach dem bulgarischen Grenzbalken auf eine einspurige Fahrbahn mit tiefen Schlaglöchern. Die EU hat uns wieder. Wir holpern durch herrlich duftenden, dichten Mischwald bergab, direkt in die kleine Ortschaft Malko Tarnovo, wo uns ein »verlebter« Herr Mitte Vierzig mit »welcome to hell« begrüßt.

»Gar nicht so billig hier, die Packung Nudeln kostet einen Euro«, stellt Anita verwundert fest, als wir uns im kleinen Dorfladen mit Lebensmitteln eindecken wollen. »Die sind vielleicht importiert«, meine ich und möchte unseren Einkauf bezahlen. Die Verkäuferin schenkt mir einen fragenden Blick, als ich ihr einen Fünf-Euro-Schein hinhalte. Sie denkt kurz nach, klimpert in der Kassa rum und reicht mir das Wechselgeld. Nun ist mir klar, warum sie etwas verwundert reagiert hat. »Die haben noch gar keinen Euro«, sage ich schmunzelnd zu Anita. Demnach kosten die Nudeln einen Lewa, was in etwa fünfzig Euro-Cent entspricht. Und wir sind fest davon ausgegangen, dass Bulgarien bereits Mitglied der Währungsunion ist! Das kommt davon, wenn man seine »Hausaufgaben« nicht macht. Mit unserem Wechselgeld gönnen wir uns einen Becher süßen Automatenkaffee, danach radeln wir aus dem etwas heruntergekommenen Ort raus. Die Häuser alt und schäbig, genauso wie die Autos – rostige Dacias, Ladas und Gebraucht-Importe aus Westeuropa. Kurz darauf eine moderne Tankstelle mit Drahtlos-Internet, wo wir unsere Mails checken dürfen. Dass wir nicht in der Hölle gelandet sind, stellt sich einige Kilometer später heraus. Wir finden einen neu angelegten, schattigen Picknickplatz mit Pavillons, Quellwasser, einem klaren, eiskalten Fluss und einer perfekten Campingwiese. Spontan hauen wir für heute den Hut drauf und verbringen einen entspannten, ersten Abend in Bulgarien. …«

Entlang der Schwarzmeerküste geht es in den nächsten Tagen bis ans Donaudelta, das sich bereits in Rumänien befindet. Doch zuerst legen wir in

Burgas eine kleine Pause ein. Die Stadt ist überraschend schön herausgeputzt – eine moderne Fußgängerzone mit zahlreichen Geschäften, Boutiquen, Restaurants und Cafes, riesigen Shoppingmalls, einem netten Stadtstrand, ausgedehnten Parkanlagen und ruhigen Wohnvierteln. Die Menschen genießen den Sommer, flanieren, kaufen ein, braten in der Sonne und trinken Bier.

Die Strecke entlang der Schwarzmeerküste entpuppt sich als eine schlechte Wahl. Hässliche Pauschal-Hochburgen und geschmacklose Appartement-Blocks säumen die mit Sonnenschirmen zugepflasterten Strände. Der Großteil in »russischer Hand«. Mit ihren protzigen Autos rasen sie waghalsig an uns vorbei, die Fahrbahn viel zu eng und die LKWs nehmen es mit dem Sicherheitsabstand auch nicht so genau. In den Wäldchen vor und nach den Ortschaften warten verwelkte Huren auf Freier. Sie blicken uns gelangweilt nach und richten sich die löchrigen Strapse. Doch so abtörnend wie die Verkehrsverhältnisse und die Damen des horizontalen Gewerbes ist glücklicherweise nicht alles hier.

TAGEBUCHEINTRAG ANITA – *Do, 5.7.12, Byala*

»… Das absolute Highlight des Tages ist der Einkauf beim Lidl. Denn den gibt's erstaunlicherweise sogar schon in Bulgarien. Als ich reingehe, fühle ich mich wie im Paradies. Haferflocken, Müsli, tausende Käsesorten, eingelegtes Gemüse, Milch, Joghurt, sogar Joghurtdrinks, ofenfrisches Gebäck und saftiges Mehrkornbrot! Muss mich echt zusammenreißen, dass ich vor lauter Begeisterung nicht zu viel kaufe. Aber das Angebot ist einfach zu verlockend und die Produktpalette »wie zuhause«! Ertappe mich sogar dabei, wie ich mir im Prospekt die Angebote der nächsten Woche durchsehe.

Als wir später unter einem schattigen Baum Mittag machen, meine ich voller Ernst zu Andi (und checke erst beim Reden, was ich sage): »Für uns wär's am besten, wenn wir immer zum Lidl gehen, weil der hat einfach alles, was wir brauchen«. Dann müssen wir beide laut lachen. Tja, Lidl lohnt sich – und der Mensch ist ein Gewohnheitstier. …«

Es ist schön, sich Stück für Stück der Heimat zu nähern – nicht nur geografisch sondern auch kulinarisch. Und manchmal sind es gerade die vertrauten Dinge, die uns erfreuen. Tja, so ändern sich die Perspektiven!

Erst kurz vor der rumänischen Grenze wird es ruhiger, die Highlights wieder authentischer. Wir können auf kleinere Nebenstraßen ausweichen, die durch weite Weizen- und Sonnenblumenfelder führen. Einige Kilometer nach der Grenze finden wir uns in einer ganz anderen Welt wieder. Vama Veche war zu Ceaușescus Zeiten ein Zufluchtsort für Systemkritiker und Querdenker und gilt auch heute noch als DER Sommerort der Alternativszene Rumäniens. Nette Bars, Reggae-, Club- und Heavy Metal Musik, Ethnomode und viel nackte Haut. Erst vor einigen Jahren hat das erste Hotel seine Pforten geöffnet. Seitdem »entwickelt« sich die Enklave mehr und mehr zu einer Party-Destination. Aber ganz ehrlich: Trotz der vielen Leute, die heute hierherkommen, um sich zu betrinken, hat sich dieser Ort doch einen Funken Spirit bewahrt. Wir stellen unser Zelt am Ende der Camper-Reihe auf, schwimmen im Meer, zählen Muscheln und starren Löcher in die Luft.

Breite Schilfgürtel, kleine Bächlein, die durch üppiges Grün mäandern, klappernde Störche, knallbunte Vögel, Steppenseen mit Kormoranen und Reihern und eine wunderschöne Geräuschkulisse – die ersten Anzeichen, dass wir uns dem Donaudelta nähern. Dem »Amazonas Europas«. Im kleinen Dorf Murighiol gönnen wir unseren Drahteseln eine Pause und erkunden per Boot das Labyrinth an Wasserkanälen und Seen.

TAGEBUCHEINTRAG ANDI – *Fr, 13.7.12, Murighiol*

»... Die Luft ist noch kühl und feucht, restliche Wolkenfetzen vom gestrigen Abendgewitter ziehen über unsere Köpfe und die Morgensonne hebt sich grell-orange über die Baumwipfel. Leise tuckert der kleine Außenbordmotor, wir gleiten langsam hinein in einen schmalen Kanal. Das Ufer üppig verwachsen, lichte Nebelschwaden ziehen über die schattige Wasseroberfläche. Wir gleiten an Uzlina vorbei, einem kleinen Fischerdorf, in dem Ceaușescus eine prächtige Villa für seine Deltaausflüge erbauen ließ. Bald befinden wir uns in der Abgeschiedenheit eines schmalen Wasserlaufes. Ein sattgrünes Blätterdach wölbt sich über das Wasser, riesige Reiher suchen im seichten, von Wasserlilien gesäumten Uferbereich nach Essbarem. Einige Fischer – zähe, wettergegerbte Burschen, die offensichtlich gerne mal zu tief ins Schnapsglas lugen – versuchen, ihren stattlichen Fang an uns zu verkaufen. Ihr Boot voller Karpfen, Hechte und Welse. Am Ende des Wasserlaufs gelangen wir in einen großen, von riesigen Vogelschwärmen bevölkerten See. Ein Paradies für Ornithologen! Aber

auch Laien wie wir erfreuen sich an der wunderbaren Vielfalt der Natur. Eine
Gruppe von weit über hundert Pelikanen flüchtet gemächlich gleitend vor uns
und lässt sich nicht weit von uns wieder nieder. ...«

Das UNESCO Biosphären-Reservat Donaudelta hinterlässt einen bleiben-
den Eindruck in unseren Köpfen. Wir hoffen, dass sich die Region ihre Ur-
sprünglichkeit noch lange bewahren wird.

Ab nun soll der Rest des Weges ein Kinderspiel sein, denn wir müssen jetzt
nur noch der Donau stromaufwärts folgen.

TAGEBUCHEINTRAG ANITA – *So, 15.7.12, Parches*
»... Zwischen den Feldern dürfen wir vor einem einsamen Security-Häus-
chen unser Zelt aufschlagen und freuen uns, dass sogar die Sonne nochmal
rauskommt. »Duschen«, kochen, essen königlich und fragen uns ernsthaft, was
der nette Herr hier eigentlich bewachen muss. Die unzähligen Windräder dre-
hen sich im Abendlicht und wir werden bald von den blutrünstigen Moskitos
ins Zelt vertrieben.
Kurz vor dem Frühstück tritt der Kollege seinen Dienst an. Ein freundlicher
Mann Mitte vierzig, mit dicker Hornbrille und leichter Bierfahne von gestern
Nacht. Wir laden ihn auf eine Tasse Kaffee ein und plaudern ein wenig. Sein
Englisch ist viel besser als das seines Kollegen. Jeden zweiten Tag arbeitet er
hier, bewacht den Masten, der aussieht wie ein Sender und irgendwas mit den
Windrädern zu tun haben soll. Einen Sohn mit elf Jahren hat er, doch der ist
vor einem Jahr mit seiner Mutter nach Amerika gezogen. Sie hat wieder ge-
heiratet. »That it is« – »So ist es«, sagt er. Das Schicksal hat ihn hart getroffen,
denn im gleichen Jahr hat er auch seine Mutter verloren und jetzt kümmert er
sich alleine um seinen Vater, der an Parkinson erkrankt ist.
»So is life« – »So ist das Leben«, meint er. »Up and down. That it is. That's
the situation« – »Hoch und runter. So ist es. So ist die Situation«.
»Like cycling« – »Wie Radfahren«, antworte ich. »But for us down is better
than up.« – »Nur für uns ist es besser, wenn's runtergeht.« ...«

Manchmal fühlen wir uns im ländlichen Rumänien wie auf einer kleinen
Zeitreise. Siebzig Prozent des Verkehrs auf dem Lande bestehen aus Pferde-
oder Eselskarren, in den Dörfern bekommt man kaum junge Menschen zu

Gesicht, viele Häuser sind heruntergekommen, mit *Partezettel** an den Gartentoren.

TAGEBUCHEINTRAG ANDI – *Mo, 16.7.12, Topalu*

»… Über verkehrsarme Nebenstraßen geht es heute etwas flacher durch lichte Alleen und weite Felder. Die Menschen hier leben von dem, was sie selbst erwirtschaften. Für uns wirkt dies sehr idyllisch, doch für die Leute ist es harter Alltag. Die Selbstversorger-Wirtschaft sichert ihnen einen reichhaltigen Speiseplan – zumindest im Sommer. Für den Winter werden Obst und Gemüse getrocknet, eingekocht und -gelegt. Meist wuchert es in den Gärten nur so: Tomaten, Paprika, Gurken, Wein, Mais, Zucchini, Auberginen, Karotten, Kartoffeln, Fallobst … Oft wird Gemüse in kleinen Kistchen vor dem Haus feilgeboten. Gänsescharen watscheln über die lehmigen Dorfstraßen.

Vor dem »Magazin Mixt«, dem kleinen Dorfladen, laden Tisch und Bank zum Rasten ein. Oder zum Frühstücks-, Pausen-, Mittags-, Nachmittags- oder Abendbier. Gesoffen wird viel hier, was einigen auch deutlich ins Gesicht geschrieben steht. So auch Ivo und Vasilji, die sich, während wir im schwülen Schatten eines Baumes Mittag machen, mit ihrem Pferdekarren einbremsen. Sofort bieten sie uns einen Schluck Bier aus der gängigen und spottbilligen Zweieinhalb-Liter PET-Flasche an. Der letzte Schluck, warm und ohne Kohlensäure. »Buna!« – »lecker«, betonen sie und freuen sich, dass ich nach mehrmaligem Ablehnen doch noch annehme. Wir plaudern eine Weile und setzen unsere Reise schließlich fort. Die beiden fahren langsam vor uns her, doch als ich zum Überholen ansetze, zückt Vasilji die Peitsche. Das Pferd weiß instinktiv, was zu tun ist und beginnt neben mir zu traben. Ich lege einen Zahn zu, Vasilji lässt die Peitsche erneut knallen und der Hengst geht in wilden Galopp über. Kurz kann ich das Tempo halten, dann entfernt sich der Karren gefährlich schlingernd. »Yuuuu! Yiiii!«, höre ich die beiden euphorisch rufen. Kurz danach stehen sie triumphierend am Straßenrand, eine frische Bierflasche in der Hand. Na dann Prost, auf den Sieger! …«

Unsere Tage in Bulgarien und Rumänien sind geprägt von einer extremen Hitzewelle. Temperaturen um die vierzig Grad und die hügeligen Etappen

---

* *Österreichische Bezeichnung für die schriftliche Mitteilung über einen Todesfall* lassen uns ordentlich schwitzen. Nicht mal am Abend kühlt es ab und wir liegen oft bis spät in die Nacht schweißgebadet in unserer »Casita del Sol«. Die starken Abendgewitter vertreiben die Hitze zwar für einige Stunden, doch dafür stellt sich raus, dass auch unser treues Zelt nicht mehr jedem Regenguss hundert Prozent Stand hält.

Nichtsdestotrotz genießen wir die Zeit, finden wunderschöne Lagerplätze direkt an der Donau und sind wieder mal überwältigt von der Gastfreundschaft der Menschen. Sowohl in Bulgarien als auch Rumänien werden wir fast jeden Tag mit frischem Obst und Gemüse aus dem Hausgarten versorgt, bekommen beim Radeln ein Glas Honig in die Hand gedrückt oder werden nach Hause eingeladen.

TAGEBUCHEINTRAG ANITA – *So, 22.7.12, Somovit*

»… Schweißtriefend schiebe ich das vollbepackte Fahrrad den steilen Berg hoch. Unter meinem T-Shirt haben sich schon kleine Flüsse gebildet und mein Kopf leuchtet hellrot wie eine Ampel. »That's half way« – »Das ist die halbe Strecke«, sagt Javor nach zwanzig Minuten bergauf. Puhh, wenn ich gewusst hätte, dass der Weg zu seinem Haus nur rauf geht und die zwanzig Minuten vierzig sind, hätte ich mir das mit der Einladung vielleicht anders überlegt. Gerade, als ich mir denke, dass wir unser »Ziel« erreicht haben, biegen wir auf einen richtig steilen Waldweg ein, der uns den Rest gibt. Vor allem Andi, denn der hat beim Losgehen auch noch einen platten Vorderreifen entdeckt.

Javors fünfjährige Tochter watschelt angestrengt und unmotiviert hinter uns her und scheint einen letzten Energieschub zu bekommen, als ihr Vater endlich das Gartentor öffnet. Nervös und aufgeregt läuft Javor von einer Ecke in die andere, schenkt uns und sich selbst ein Glas Bier ein und zeigt uns danach voller Stolz seinen Garten mit Blick auf die Donau. Staunend stehen wir da, sehen der Sonne zu, wie sie sich immer tiefer über den mächtigen Fluss legt und die Landschaft in mystisches Licht taucht. 5.000 Euro hat ihn sein kleines Reich gekostet, doch wenn man daran denkt, dass er als Sozialpädagoge 250 Euro im Monat verdient, dann relativiert sich wieder alles. Renovierungsbedürftig ist es, aber der Ausblick im wahrsten Sinne des Wortes Gold wert. Der Garten voll mit Obstbäumen und uralten Weinreben. Wir sitzen lange in der Küche, plaudern über das Leben und sehen der kleinen Joanna zu, wie sie den Türstock auf und ab klettert. …«

»Hallo! Wo kommt ihr her, wo geht's hin?« Wir stehen am Straßenrand und winken verdutzt einem Radfahrerpaar auf der anderen Straßenseite nach, welches sich nicht einmal die Mühe macht, für einen kurzen Plausch zu stoppen. »Warum bleiben die nicht stehen? Das ist uns ja noch nie passiert!«, entrüstet sich Anita über das reservierte Verhalten der beiden. »Tja, wir sind ja nun auf dem *Eurovelo 6**«, antworte ich etwas enttäuscht. Seit geraumer Zeit treffen wir fast täglich auf andere Radfahrer, die meist in Richtung Schwarzmeer unterwegs sind. Angesichts der »Massen« an Radtouristen haben viele einfach nicht das Bedürfnis, ihre meist akribisch durchgeplante Tour für einige Minuten zu unterbrechen, um mit zwei ungepflegten Radkollegen auf rostigen Drahteseln ein wenig zu quatschen. Wir hingegen sind hungrig nach Kontakten mit Gleichgesinnten, haben wir doch bis vor kurzem nur sehr selten andere Reiseradler getroffen. Doch manchmal ergeben sich auch hier ganz nette Begegnungen, wie zum Beispiel mit den drei Salzburgern Helmut, Julia und Gabriel (Vater, Tochter und Sohn), oder dem drahtigen Nürnberger, der in sage und schreibe sechzehn Tagen von seiner Heimatstadt nach Istanbul radelt – bei einer stattlichen Tagesleistung von 200 bis 220 Kilometern! Wir sind direkt verwundert und erstaunt zugleich, dass gerade ER sich Zeit für ein kurzes Gespräch nimmt.

---

* Europa-Radroute vom Atlantik ans Schwarze Meer

STROMAUFWÄRTS
RICHTUNG HEIMAT

»Was? Das alles mit dem Rad? So lange auf Achse? Ich freue mich für euch, denn wir Serben haben es nicht so einfach.« Die kräftige, ausgesprochen nette Grenzbeamtin an der bulgarisch-serbischen Grenze fragt uns Löcher über unsere Reise in den Bauch und winkt uns nach geduldiger Beantwortung dieser lächelnd und ohne Gepäckkontrolle durch. Willkommen in Serbien!

Über eine schöne, aber sehr hügelige Nebenstraße gelangen wir nach Negotin. Riesige, moderne Neubauten und aufwändig sanierte Häuser reihen sich aneinander. Durch die Straßen kutschieren teure Luxusschlitten, die fast ausschließlich österreichische Kennzeichen tragen. Warum dies so ist, sollten wir sogleich erfahren. Vor einem üppig bestückten Supermarkt sprechen uns Bojan und Emilija an. Wie viele ihrer Landsleute sind sie nach dem Jugoslawienkrieg als Gastarbeiter nach Österreich gegangen und haben dort ein neues Zuhause gefunden. Jeden Sommer kommen sie für ein paar Wochen zurück in ihre alte Heimat, die Kinder bleiben mittlerweile lieber »daheim« in Wien. »Wenn du Geld mitbringst, geht es dir sehr gut hier! Wenn nicht, dann erntest du keine Anerkennung«, so ihre Erklärung dafür, warum Auslands-Serben immer das größte Auto und das schönste Haus besitzen müssen.

Obwohl dieses protzige Gehabe für uns etwas gewöhnungsbedürftig ist, sind uns die Serben gut gesinnt. Ein netter Plausch hier, eine Einladung zu Slibowitz da. Man beschenkt uns mit Melonen, frischem Obst und Gemüse aus dem Garten. Richtig weiter kommen wir aber nicht, denn sobald man einmal in ein Gespräch verwickelt ist, lassen einen die neugierigen Serben nicht so schnell wieder ziehen – was angesichts der Extra-Pausen besonders Anita sehr freut.

Bald passieren wir einen der imposantesten Taldurchbrüche Europas, das »Eiserne Tor«. Die Donau zwängt sich hier durch die südlichen Karpaten, bildet dabei eine mächtige Schlucht mit bis zu dreihundert Meter hoch aufragenden Felswänden und zählte vor dem Bau zweier Kraftwerke zu den gefährlichsten Stellen der Donauschifffahrt. Herrlich ruhig ist es hier zu radeln, die enge Schlucht spendet viel Schatten. Eine Abkühlung, die wir sehr begrüßen, denn nach wie vor zwingt uns die anhaltende Hitzewelle, enorme Wassermengen in uns hineinzuschütten und auch die Gewitter werden nicht sanfter.

TAGEBUCHEINTRAG ANITA – *Mo, 30.7.12, Lepenski Vir*

»... Gerade, als wir ins Zelt wollen, zieht eine schwarze Gewitterfront auf. Andi spannt die Leinen. Nach zehn Minuten im Zelt beschließt er, sicherheitshalber einen Drainagekanal zu bauen, da unser Zelt leicht bergab steht und wir das gesamte Wasser der darüber liegenden Asphaltstraße abbekommen würden. Bestimmt zwanzig Minuten werkelt er, bis alles fertig ist. Ich bekomme gar nichts mit, schlafe schon tief und fest. Das dumpfe Donnergrollen wird immer lauter, grelle Blitze lassen unser Zelt im Sekundentakt hell aufleuchten. Wenig später setzt heftiger Wind ein und erste Regentropfen prasseln auf unsere Casita. Spätestens jetzt liege auch ich hellwach und bete, dass die Blitze nicht zu knapp neben uns einschlagen. Es dauert eine gefühlte Ewigkeit, bis sich das Unwetter beruhigt und wir etwas Schlaf finden. ...«

Besonders im warmen Licht der frühen Morgenstunden ist der Zauber der alten »Dunav«, wie der Strom hier genannt wird, noch richtig zu spüren. Die Abendgewitter haben dann die Luft angenehm abgekühlt, Nebelschwaden hängen über dem spiegelglatten Wasser, Reiher flüchten, sobald sie uns erblicken und über die grünen Hügelketten ziehen letzte, zarte Wolkenfetzen. Auf unserem Weg Richtung Belgrad geht es nun durch wunderschöne Auenlandschaften. Die Nähe zur Hauptstadt lockt natürlich viele Erholungssuchende hierher, so entwickelt sich manches verschlafene Dorf langsam zu einem Ressort für vergnügungssüchtige Sommerurlauber und Stadtflüchtlinge.

Leider scheint jedoch das Umweltbewusstsein so mancher Serben mehr als unterentwickelt zu sein. Überraschend oft werden wir mit völlig vermüllten Plätzen inmitten der Natur konfrontiert, die uns wieder einmal nachdenklich stimmen. Am liebsten würden wir auf all diesen Flecken der Erde Schilder aufstellen: »*Unsere Natur ist kein Mülleimer!*« Es ist erschreckend zu sehen, wie wenig die Menschen auf ihr kostbarstes Hab und Gut achten.

Selbst die alte Slobodanka, die ganz alleine in ihrem idyllisch gelegenen Häuschen nahe dem Dammweg wohnt, hält es mit dem Umweltschutz nicht so genau.

TAGEBUCHEINTRAG ANITA – *Mi, 1.8.12, nach Kovin*

»... *Ekeliger Gestank beim Rausfahren aus Kovin, überall Müll. Wenig später radeln wir wieder durch eine wunderschöne Sumpflandschaft mit morschen Baumstümpfen, bemoosten Bäumen und unzähligen Vögeln. Finden keinen »optimalen« Zeltplatz, also schlagen wir unser Lager heute neben dem Damm auf. Während des Kochens bekommen wir von Slobodanka Besuch, die gleich nebenan wohnt und uns zu sich nach Hause einlädt. Es ist unglaublich lieb, aber da das Zelt schon steht und wir beim Kochen sind, lehnen wir dankend ab.*

Ob wir genug zu essen haben, will sie wissen und als sie einen Blick in unseren Gemüsesack wirft, springt sie wie vom Blitz getroffen auf und radelt mit ihrem Fahrrad weg. Kurz darauf kehrt sie freudestrahlend mit einer riesigen Wassermelone, Gurken, Tomaten und Paprika aus ihrem Garten zurück. Wirklich unterhalten können wir uns mit unserer Nachbarin leider nicht, denn wir sprechen kein Serbisch und sie kein Wort Deutsch oder Englisch. Unsere Einladung zum Essen nimmt sie aber gerne an. Lustig irgendwie, da sitzen wir zu dritt in der Wiese, essen gemeinsam Nudeln und trinken einen Schluck Weißwein, während der hellrot leuchtende Vollmond hinter den Bäumen aufgeht. Nach den ersten paar Schluck Wein beginnt Slobodanka zu kichern und gibt uns zu verstehen, dass sie schon beschwipst sei. So was wird ihr mit ihren siebenundsechzig Jahren auch noch nie passiert sein: eine Essenseinladung von zwei Reiseradlern direkt neben ihrem Haus!

Als der Teller leer und auch der Nachschlag verputzt ist, hat es unsere Nachbarin plötzlich eilig und verabschiedet sich von uns. Sie versichert aber, dass sie morgen Früh nochmal vorbeikommen wird.

Wir essen fertig, waschen ab – und wissen dann auch, warum Slobodanka rechtzeitig vor Einbruch der Dämmerung das Weite gesucht hat: Tausende Moskitos fallen auf uns ein, die wahrscheinlich nicht nur wegen des Vollmondes so aggressiv und blutrünstig sind. Ziehen uns zurück ins Zelt, wo wir vor den Biestern sicher sind und beobachten den wunderhübschen Vollmond durchs Moskitonetz. ...«

TAGEBUCHEINTRAG ANDI – *Do, 2.8.12, morgens am Damm*

»... *Zeitig in der Früh wieder Besuch von Slobodanka. Neugierig beobachtet sie uns beim Frühstücken und Lagerabbauen. »Gib her den Müllsack, den hau ich gleich in den Wald«, gibt sie uns mit unmissverständlichen Gesten zu ver-*

stehen. Anita schnappt ihn sich gerade noch, bevor Slobodanka zur Tat schreiten kann. »Nein, mit Sicherheit nicht! Der kommt mit bis zur nächsten Mülltonne«, zeigt sich Anita wenig begeistert von ihrer Idee. Slobodanka jedoch will ihr unbedingt die Schlepperei ersparen und meint, das sei doch ganz normal hier in Serbien! Sie versteht einfach nicht, warum wir's nicht so machen wie »alle«! Fast etwas beleidigt gibt sie schließlich klein bei und schüttelt den Kopf. Kurz darauf sind wir abfahrbereit, es heißt Abschied nehmen. Slobodanka gibt uns tausend Küsschen auf die Wange und winkt uns noch lange hinterher. ...«

Wir treffen bald am südöstlichen Rand der pannonischen Tiefebene ein, in Serbiens Hauptstadt Belgrad. Natürlich nehmen wir auch die selbst für serbische Verhältnisse ungewöhnlich brütende Hitzewelle mit und so kommt das klassische Sightseeing etwas zu kurz. Klar, denn wer hat schon Lust drauf, sich bei vierzig Grad im Schatten schweißtriefend durch die glühenden Häuserschluchten zu schleppen? Fahrradfahren ginge ja noch, aber zu Fuß? Bloß nicht! Unsere Tage verbringen wir deshalb lieber unter Schatten spendenden Weiden am teils überbevölkerten Stadtstrand an der Sava, gemeinsam mit unseren temporären Reisebegleitern Hans (Anitas Papa) und meinem Bruder Christian, die per Flieger aus Österreich eingetrudelt sind und uns bis nach Podersdorf begleiten wollen. Irgendwie kommt uns das Ganze bekannt vor. Hans will wohl diesmal auf »Nummer Sicher« gehen, dass wir auch wieder heimfinden!

Am sechsten August brechen wir zu viert zu unserer gemeinsamen Etappe Richtung Österreich auf. Wir haben alle schlecht geschlafen, in unserem nicht klimatisierten Zimmer hat es über Nacht gerademal auf dreißig Grad abgekühlt. Es soll, so erzählt man uns später, einer der heißesten Tage der letzten Jahrzehnte werden, was sich bald an unserem immens hohen Wasserverbrauch bemerkbar macht. Ein durstiges Kamel an der Wasserstelle säuft mit Sicherheit weniger als wir vier gemeinsam an diesem Tag! Unsere zwei Mitradler schlagen sich trotz der Hitze wacker und abends werden wir mit einem tollen Lagerplatz direkt an der Donau belohnt. So macht Campen Spaß!

Bei Backa Palanka überqueren wir tags darauf am späten Nachmittag die Grenzbrücke nach Kroatien. Im nahen Šarengrad landen wir durch Zufall auf einem gratis Campingplatz an der Donau, der zu einem angeschlossenen Restaurant gehört.

TAGEBUCHEINTRAG ANDI – *Di, 7.8.12, Šarengrad*

»… »Hallo Fremde! Fühlt euch wie daheim, ich freue mich, wenn ihr eine gute Zeit habt«, meint der Besitzer Tomislav freundlich und betont, dass wir keinen Konsumzwang hätten. Nach dem Abendessen gesellen wir uns zu ihm in die einfach-rustikal eingerichtete Gaststube. Er hat nur zwei weitere Gäste, mit denen er Weißwein aus einem Fünf-Liter Plastikkanister bechert. Nach ein paar Gläsern in geselliger Runde wird Tomislav nachdenklich. Chris und ich sitzen alleine an einem der schweren Vollholztische. Er hockt sich zu uns und beginnt zu erzählen.

»Im Jugoslawienkrieg habe ich gedient, grauenhafte Dinge gesehen. Bei einem schweren Gefecht wurde ich mehrfach verwundet. Seitdem beziehe ich eine bescheidene Pension, mit der ich mir das Wirtshaus aufgebaut habe. Vor einigen Jahren habe ich dann meinen Sohn tot in seiner Wohnung aufgefunden – Selbstmord. Jeden Tag, sobald ich meine Augen schließe, besucht er mich in meinen Träumen. »Dada! Dada! Wo bist du?«, ruft er dann. Ich erwache schweißgebadet und kann nicht mehr weiterschlafen. Tag für Tag. Deshalb habe ich die Campingwiese eingerichtet. Zumindest im Sommer kommen dann und wann Touristen aus aller Herren Länder und verbreiten gute Stimmung. Dies hilft mir, gemeinsam mit genügend Wein, auf andere Gedanken zu kommen und die Vergangenheit für eine Weile zu vergessen«.

Wie klein doch auf einmal die eigenen »Problemchen« wieder werden, denke ich mir schwermütig und ziehe mich zurück ins Zelt. …«

Die Reise führt uns durch Slawonien, eine im Kroatien-Krieg schwer umkämpfte Region. Die Spuren dieser Zeit sind auch heute noch sichtbar, ganz besonders in der Stadt Vukovar, die während der »Schlacht von Vukovar« fast völlig zerstört wurde. Was sich hier im November 1991 abgespielt haben musste, ist erschütternd. Wir besuchen eine an das Massaker von Vukovar erinnernde Gedenkstädte, fahren sprachlos an völlig zerschossenen Häusern vorbei und benötigen eine Weile, um das Gesehene zu verdauen. Wir sind zutiefst traurig darüber, was hier vor doch noch gar nicht allzu langer Zeit Grausames geschehen ist. Doch so schlimm die vergangenen Ereignisse auch gewesen waren, das Leben geht weiter und die Menschen scheinen bewusst und optimistisch nach vorne zu blicken. Neben von abertausenden Kugeln durchsiebten Häusern befinden sich schicke Cafés und Restaurants, in denen junge Kroaten genüsslich Kaffee trinken, lachen und mit ihren Smartphones spielen. Daneben moderne Geschäfte, schnittige Autos, junge Mütter und fröhliche Musik. Wir atmen tief durch und setzen unsere Reise fort.

Etwas nördlich von Osjek beginnt der Naturpark Kopoacki Rit, eines der größten Sumpfgebiete Europas. Auf einsamen, teils miesen Dammwegen bahnen wir uns unseren Weg durch dieses Naturparadies. Wir überraschen zwei Wildschweine, die vor uns die Flucht ergreifen, beobachten scheue Kormorane, stolze Seiden-, Grau- und Silberreiher und erfreuen uns im Allgemeinen an der Schönheit der Natur. Eine willkommene Abwechslung, die uns wieder positiver stimmt.

Wir lassen Slawonien hinter uns und betreten bald unser nächstes Reiseland, Ungarn. In der für ihre delikate Fischsuppe bekannten Kleinstadt Baja legen wir einen wohltuenden Ruhetag ein. Zwei Tage später erreichen wir Budapest, wo Chris leider seine Reise abbrechen muss und mit dem Zug zurück nach Österreich kehrt. Doch zuvor geben wir uns einen gemeinsamen Sightseeing-Tag in dieser tollen Stadt! Mit den Rädern düsen wir von einer Sehenswürdigkeit zur anderen, tanzen auf der Margareteninsel zu den Klängen des Donauwalzers, der das synchrone Wasserspiel eines Springbrunnens untermalt und genießen ein herzhaftes Abendessen nebst »Kaiserplatte« (für die Herren) und gebackenem Camembert (für die Dame).

Nördlich von Budapest erfreuen wir uns an der historischen Stadtarchitektur wunderschöner Kleinstädte wie Szentendre, Vac oder Esztergom. Das Radfahren entlang des flachen Ufers ist einfach und sehr reizvoll. Wir passieren das grün-hügelige Donauknie und queren bald auf das nördliche Donauufer, wo wir unser letztes Reiseland vor Österreich unter die Räder nehmen, die Slowakei. Mit fünfundsechzig Euro-Cent für die Halbe Bier im Wirtshaus haben wir schließlich das billigste Bierland der gesamten Reise erreicht! Hans kann's gar nicht glauben. »Vielleicht sollte ich meinen Wohnsitz ein paar hundert Kilometer in den Osten verlegen«, scherzt er und nimmt einen herzhaften Schluck.

TAGEBUCHEINTRAG ANDI – *Fr, 17.8.12, Bratislava*
»… »Mann, ist das fad hier! Wie lange geht's noch geradeaus?«, quengelt Anita sichtlich gelangweilt, nachdem wir schon seit geraumer Zeit dem schnurgeraden Privodny-Kanal oberhalb des Kraftwerks Gabcikovo folgen – gegen

den stramm blasenden Gegenwind. Über achtunddreißig Kilometer ist dieser Weg lang und reicht bis Bratislava, welches wir spät nachmittags etwas ausgelaugt erreichen. Mangels günstiger Unterkünfte landen wir nach Empfehlung der hiesigen Touristeninformation in einem alten Studentenheim aus Ostblock-Zeiten, welches den Sommer über als Hostel betrieben wird. Wir bekommen zwei einfache Zimmer, duschen uns im komplett veralteten Gemeinschafts-Duschsaal und währenddessen denke ich mir, dass dieser Sanatorium-anmutende Bunker wirklich ein guter Schauplatz in einem Psychothriller wäre. Bratislava selbst ist eine moderne Stadt mit reicher Geschichte, atemberaubenden Ausblicken, gemütlichen Kaffeehäusern und Restaurants und einer einzigartigen Atmosphäre. Wir haben zwar nur wenige Stunden für die Erkundung der Stadt, genießen diese aber in vollen Zügen. Der letzte Abend vor der Grenze zu Österreich. …«

TAGEBUCHEINTRAG ANITA – *Sa, 18.8.12, Grenze Slowakei/Österreich*

»… Frühstücken in unserer »Zelle«, checken aus und radeln »illegal« über die für Radfahrer eigentlich gesperrte »Novi Most« Brücke. Über einen Radweg geht's raus aus Bratislava. Neun Kilometer sind es noch bis zur österreichischen Grenze, die Gefühle überschlagen sich. Nach so langer Zeit wieder zurückzukehren …

Gott sei Dank haben wir aber eine kleine »Ablenkung«, denn ausgerechnet an der Grenze springt unser Tacho auf 36.000 Kilometer um! Das gibt's ja eigentlich wirklich nicht! Aufgeregt bauen wir die Vorderräder aus und basteln die Nummer 36.000 auf dem Boden. Wir machen lustige Fotos und tanzen um die »magische« Zahl. Ein Radler aus Brasilien gratuliert uns zu unserem Jubiläum und erzählt uns, dass er vor einem Jahr den Krebs besiegt hat und jetzt den »Freibrief« fürs Reisen von seiner Frau erhalten hat.

Gemütlich radeln wir auf heimatlichem, hügeligem Boden bis Hainburg. Die Gegend ist waldreich und herrlich grün. In Bad Deutsch Altenburg biegen wir auf den »Verbindungsradweg Donau – Neusiedlersee« ab, der sich als gewaltiger Zick-Zack-Kurs entpuppt. Die unzähligen Radwegschilder machen die Orientierung nicht einfacher. Vorbei an Windrädern und durch abgeerntete Felder, dann müssen wir auch noch den Gewerbepark Parndorf queren – anstrengend, aber irgendwie lustig und ungewöhnlich für uns, denn plötzlich spricht jeder »österreichisch« – und wir verstehen jedes Wort! Im Supermarkt *werde ich mit »Auf Wiederschaun« verabschiedet und ich muss doch tatsächlich kurz nachdenken, was eigentlich »danke« in der hiesigen Landessprache heißt! Willkommen zurück in der Heimat. ...«*

Angekommen in Podersdorf, machen wir es uns auf dem Campingplatz gemütlich. Die Besitzer staunen nicht schlecht, als wir ihnen berichten, dass wir vor achtundzwanzig Monaten von hier weggefahren sind. Wir verbringen ein paar gemütliche Akklimatisationstage, bevor es auf zur allerletzten Etappe geht.

Wie Anita bereits festgestellt hat, ist es für uns sehr ungewohnt, dass wir plötzlich wieder jedes Gespräch verstehen können. So fremd und neu, dass wir sehr sensibel auf Gespräche rundherum reagieren und oft ungewollt den Konversationen am Nachbartisch folgen. Wir amüsieren oder wundern uns oft, worüber »Mann« sich so unterhält. Der Nachbartisch beim Heurigen zum Beispiel, an dem sich die Herrschaften den ganzen Abend lang über das »Fehlverhalten« anderer Verkehrsteilnehmer aufregen: »Wenn ich mit hundertachtzig Sachen auf der Autobahn fahren will, ist das meine Sache! Und wenn der Trottel vor mir mit Hundertdreißig dahinkriecht, soll er sich gefälligst schleichen! Ich zahl mir meine Strafen alle selbst, also sehe ich nicht ein, warum ich für so einen Schauer bremsen muss!« Tja, da hilft nur die Flucht zum Mühlenfest, wo schon die nächste lustige Episode auf uns wartet.

Ein etwas »holpriger« Heiratsantrag übers Mikrofon vor versammelter Festgemeinde: »Man sagt mir nach, ich wäre beim letzten Fest geistig umnachtet gewesen. Darum frag i sie heut noch einmal. Zum letzten Mal! Zum allerletzten Mal frag i sie: Willst du meine Frau werden?« Die angesprochene Dame gibt der »Drohung« augenblicklich nach und fällt ihrem Zukünftigen glücklich um den Hals. Eng umschlungen tanzen sie vor der alten Mühle zum herzhaften Geklimper der Musikanten.

Nach und nach füllt sich der Tanzboden und auch wir beide wagen ein Tänzchen. Als mich der Sänger der hiesigen Musikkapelle mit Anita übers Parkett fegen sieht, meint er: »Man soll's nicht glauben, in Podersdorf gibt's noch richtige Seemänner!« Mit meinem Vollbart sehe ich ja wirklich ein wenig aus wie Käpt'n Iglo in jungen Jahren.

Die letzte Etappe wollen wir wieder zu zweit radeln, deshalb bricht Hans einen Tag früher als wir auf. Es tut gut, sich nochmal zurückzulehnen und alle Gedanken sprudeln zu lassen. Gemeinsam in Erinnerungen zu schwelgen, bevor es nachhause geht. Quer durch die Landeshauptstadt und wie gewohnt an der Donau stromaufwärts radeln wir über Zwentendorf, Krems und Melk bis nach Wallsee, wo wir ein letztes Mal an der Donau campieren.

Idyllisch an einem Altarm gelegen, finden wir einen wunderschönen Lagerplatz für die letzte Nacht. Alles ist wie immer, nur anders. Außergewöhnlich ruhig sind wir beide. Etwas nervös und aufgeregt, voller Vorfreude und doch etwas schwermütig, weil wir beide jetzt schon die Zeit mit unseren treuen Eseln und unserer Casita vermissen. In nicht einmal vierundzwanzig Stunden wird unser Traum zu Ende gehen und ein neuer Lebensabschnitt beginnen.

DAHOAM IS DAHOAM

Oft haben wir uns vorgestellt, wie es wohl sein wird, nach der langen Zeit wieder nachhause zurückzukehren. Doch wenn es dann tatsächlich so weit ist, kann man es kaum glauben, einfach nicht fassen …

Es ist ein Tag wie jeder andere. Wir frühstücken an unserer lieb gewonnenen Donau, satteln unsere Gäule ein allerletztes Mal und rollen die Räder zur Straße raus. »Wollt ihr weit fahren heute?«, fragt mich der alte Herr in Gummistiefeln. »Nein«, antworte ich, »nur bis nach Steyr«. »Oh je, das ist aber schon ein ganzes Stück! Hoffentlich kriegt euch der Regen nicht!« Ein »normaler« Tag, nur mit etwas mehr Aufregung im Bauch. Wir sind viel zu früh dran, legen in Haag einen Kaffeestopp ein und trinken in Vestenthal noch einen G'spritzten zur Beruhigung.

Pünktlich um halb eins rollen wir nervös durch das alte Steyrer Stadttor. Es ist ein bedeckter und warmer Augusttag. Das alte Kopfsteinpflaster rüttelt uns kräftig durch, als wir Richtung Stadtplatz pedalen. Überall Menschen mit großen Einkaufstüten, die Marktstände werden bereits abgebaut, doch die Gastgärten versperren uns jegliche Sicht auf den vereinbarten Treffpunkt. Spätestens jetzt schlagen unsere Herzen Purzelbäume. Gespannt rollen wir weiter, und dann plötzlich stehen sie alle vor uns! Tränen steigen uns in die Augen und eine Welle von Liebe überflutet unsere Herzen. Es fühlt sich an, als würde die Zeit für ein paar Sekunden lang still stehen. Etwa sechzig Leute heißen uns applaudierend und jubelnd willkommen. All unsere Freunde und die Familien, sogar Oma und Opa sind hier! Wir lachen und weinen gleichzeitig und können es immer noch nicht fassen. Wir sind überwältigt von all den Emotionen und davon, wie viele Menschen hier versammelt sind, um uns willkommen zu heißen. Fassungslos und zitternd vor Glück fallen wir unseren Liebsten in die Arme und tauchen ein in den Strom der Wiedersehensfreude … WIR SIND ZUHAUSE!!

Unser Abenteuer geht zu Ende, doch dies zu realisieren wird noch viel Zeit in Anspruch nehmen – oder vielleicht geht es auch schneller, als es uns lieb ist? All das, was wir in den letzten achtundzwanzig Monaten erleben und erfahren durften, ist nur schwer in Worte zu fassen.

Es ist nicht einfach zu beschreiben, wie es sich anfühlt, wenn man sich von seiner vertrauten Heimat langsam entfernt und eintaucht in ein ungewisses Abenteuer. Wie es ist, wenn man undurchdringliche, moskitoverseuchte Sumpflandschaften erkundet oder tagelang im Dauerregen radelt. Auf engen Straßen von rücksichtslosen LKW-Fahrern fast in den Straßengraben gedrängt wird und im Gegensatz dazu auf den einsamsten Pisten der Welt nur den weiten Horizont vor Augen hat. Wie es ist, wenn man auf 4.000 Metern nachts vom Sturm überrascht wird und um sein Zelt bangt oder am heißesten Ort der Welt die unbändige Kraft der Sonne zu spüren bekommt. Auf einer Jahrhunderte alten Maja-Ruine sitzt und die Sonne über dem dichten, dampfenden Dschungel aufgehen sieht oder vor dem Krater eines rauchenden, grollenden Vulkans steht. Wie man sich fühlt, wenn man einem Fuchs vom Zelt aus in die Augen blickt oder vom Ruf der Wale geweckt wird. Sich durch eine stinkende, chaotische Millionenstadt kämpft oder der Stille der Anden lauscht. In Lumpen gekleidete Kinder betteln sieht und von Menschen, die nahezu nichts besitzen, zum Essen eingeladen wird. Wie es ist, an die Grenzen seiner physischen und mentalen Kräfte zu stoßen und trotzdem noch weitere zwanzig Kilometer radeln muss. Wie es sich anfühlt, an einem Platz zu stehen, an dem tausende von Menschen getötet wurden oder eine junge Familie mit ihren Kindern auf stinkenden Müllbergen wühlen sieht. Wenn man die Kostbarkeit des Wassers in der Wüste zu schätzen lernt und in den gefährlichsten Ländern der Welt Getränke, Früchte oder sogar ein Dach über dem Kopf angeboten bekommt. Was man fühlt, wenn man am Ufer eines heiligen Flusses sitzt, dessen Wasser mit Schwermetallen und Plastik verseucht ist oder im Gegensatz dazu in eiskalten, klaren Gletscherseen schwimmt. Wie es ist, wenn man sich mit dem Fahrrad über einen der höchsten Pässe der Welt quält und bei Temperaturen weit unter dem Gefrierpunkt in einer heißen Quelle liegt und das Erwachen der Natur erleben darf …

Wir werden oft gefragt, ob wir uns verändert haben. Ehrlich gesagt: Ja! Aber tut das nicht jeder in mehr als zwei Jahren? Und ganz ehrlich: Wie können einen all diese Begegnungen und Erfahrungen nicht prägen? Vieles hat sich verändert und vieles wird immer gleich bleiben.

Wir leben zwar in einer Welt voller Gegensätze, verschiedener Kulturen und Wertvorstellungen, kochen aber alle mit dem gleichen Wasser. Haben die gleichen Bedürfnisse, Ängste und Hoffnungen. Egal, ob wir arm oder reich, weiblich oder männlich, schwarz, weiß oder regenbogenfarben sind – die Essenz des Lebens bleibt gleich. Und eines ist uns ganz besonders bewusst geworden: Die politischen Grenzen unserer Erde haben nichts mit der Verbundenheit der Menschen zu tun. Wir alle leben auf dem gleichen Planeten. Wir arbeiten, um unsere Kinder zu ernähren. Wir lieben, wir weinen und wir haben Sorgen und Träume. Wir sind alle gleich und doch ein bisschen verschieden. Vielleicht ist es genau das, was wir uns alle zu Herzen nehmen sollten:

Dass uns viel mehr verbindet
als wir denken.

DANKE!

Eines möchten wir auf keinen Fall missen, nämlich uns nochmal aus tiefstem Herzen zu bedanken. Danke an all unsere Sponsoren, die wesentlich zum Gelingen unserer Reise beigetragen haben. Danke an unsere Familien und Freunde, die von Beginn an hinter unserem Vorhaben standen und so geduldig auf uns gewartet haben. Die uns mit ihren Worten, Zeilen und Gedanken immer wieder motiviert haben, auch dann, wenn wir selbst nicht mehr gewusst haben, wie es weitergehen soll. Danke an die vielen Menschen, denen wir begegnet sind. Die uns Gemüse aus ihrem Garten geschenkt, uns auf ein Glas Tee eingeladen oder ihr Essen mit uns geteilt haben. Danke für die vielen Einladungen und wunderschönen Gespräche. Danke für die offenen Herzen und liebevollen Menschen auf der ganzen Welt, die uns wie ihre Kinder aufgenommen haben und uns sogar in ihren Betten schlafen ließen. Danke für all die wunderbaren Wesen der Natur, die unsere Wege gekreuzt haben. Für die vielen Hunde, die mit uns ein Stück mitgelaufen sind und unseren Tag versüßt haben. Danke für jedes einzelne Lächeln, jedes Wort und das unglaubliche Gefühl ein Teil des Ganzen zu sein. Danke an all die Reisenden, die wir auf dem Weg getroffen haben und die uns immer aufs Neue beflügelt haben. Danke für eure Freundschaft, eure Offenheit und das Stück Familie, das wir manchmal so sehr vermisst haben. Danke an alle, besonders an unsere Freunde, die mit so viel Freude und Geduld an der Realisierung dieses Buches mitgewirkt haben. Aus tiefstem Herzen: DANKE an jeden Einzelnen von Euch!!!

Da gibt es die,
die die Welt so sehen, wie sie ist,
und fragen: »Warum?«

Und dann gibt es die,
die die Welt so sehen, wie sie sein könnte,
und fragen: »Warum nicht?«

(George Bernard Shaw)

DIE AUTOREN

Anita Burgholzer, geb. 1980, und Andreas Hübl, geb. 1976, lernten sich 2002 in ihrer Geburtsstadt Steyr in Oberösterreich kennen. Die selbstständige Grafikdesignerin und der Betriebswirt entdeckten schnell ihre gemeinsame Leidenschaft, das Reisen. Von Beginn an unternahmen sie ausgedehnte Touren, unter anderem nach Australien, in den Jemen und nach Südost-Asien.

2010 starteten die beiden zu ihrer 28-monatigen Fahrrad-Weltreise. Heute leben Anita und Andreas wieder in Steyr und arbeiten nebenberuflich als Buchautoren und Vortragsreferenten.

QUELLNACHWEIS

S. 11: Paulo Coelho, Quelle unbekannt.
S. 51: Aus: Wie Island dem Staatsbankrott entkam. Alexander Budde, ARD Stockholm 2013. www.tagesschau.de/wirtschaft/island342.html
S. 93: Weisheit der Hopi-Indianer, Quelle unbekannt.
S. 130: Aus: Janosch – Oh, wie schön ist Panama. Verlagsgruppe Beltz, Weinheim 2013.
S. 138: Lateinamerika BikeBuch. Reise Know-How, Bielefeld 2007.
S. 202: Lateinamerika BikeBuch. Reise Know-How, Bielefeld 2007.
S. 303: George Bernard Shaw, Quelle unbekannt.